張祜詩集校注

〔唐〕張祜 著
尹占華 校注

上

上海古籍出版社

圖書在版編目(CIP)數據

張祜詩集校注 / (唐) 張祜著;尹占華校注. —上海:上海古籍出版社, 2020.5 (2021.4重印)
(中國古典文學叢書)
ISBN 978-7-5325-9599-0

Ⅰ. ①張… Ⅱ. ①張… ②尹… Ⅲ. ①唐詩—注釋 Ⅳ. ①I222.742

中國版本圖書館 CIP 數據核字(2020)第 066507 號

中國古典文學叢書
張祜詩集校注
(全二册)
[唐] 張 祜 著
尹占華 校注
上海古籍出版社出版發行
(上海瑞金二路 272 號 郵政編碼 200020)
(1) 網址: www.guji.com.cn
(2) E-mail: guji1@guji.com.cn
(3) 易文網網址: www.ewen.co
常熟人民印刷有限公司印刷
開本 850×1168 1/32 印張 23.875 插頁 11 字數 418,000
2020 年 5 月第1版 2021 年 4 月第 2 次印刷
印数: 1,251—2,050
ISBN 978-7-5325-9599-0
I·3485 平裝定價: 98.00 元
如有質量問題,請與承印公司聯繫

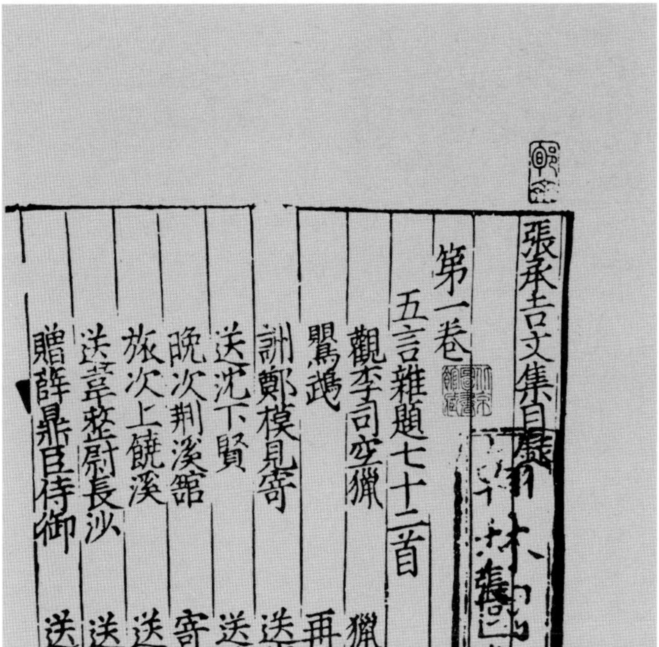
張承吉文集目録

第一卷

五言雜題七十二首

觀李司空獵　獵

鸜鵒　再吟鸜鵒

訓鄭模見寄　送蘇紹之

送沈下賢　送盧弘本

晚次荆溪館　寄徐員外

旅次上饒溪　送徐彦夫南遷

送韋整尉長沙　送外生

贈薛鼎臣侍御　送曾黯游夔州

宋蜀刻本張承吉文集（書影一）

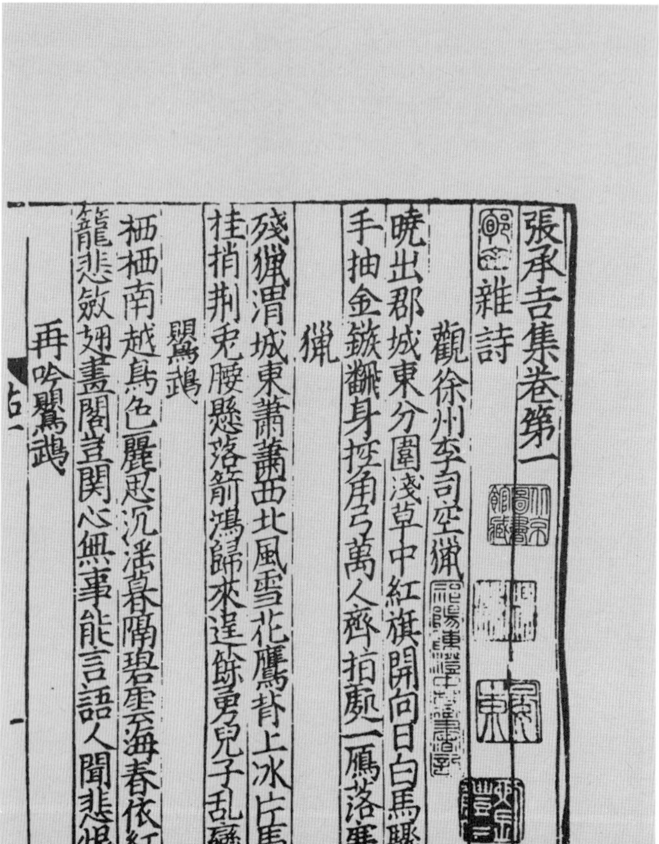
張承吉集卷第一

雜詩

觀徐州李司空獵

曉出郡城東分圍淺草中紅旗開向日白馬驟迎風背

手抽金鏃翻身控角弓萬人齊指處一鴈落寒空

獵

殘獵渭城東蕭蕭西北風雪花鷹背上冰片馬蹄中臂

挂捎荆兎腰懸落箭鴻歸來逞餘勇兒子亂彎弓

鸚鵡

栖栖南越鳥色麗思沉淫暮隔碧雲海春依紅樹林雕

籠悲斂翅畫閣豈關心無事能言語人聞悲恨深

再吟鸚鵡

宋蜀刻本張承吉文集（書影二）

論張祜及其詩（代前言）〔一〕

一

張祜字承吉，是中晚唐之際的著名詩人。他早在元和時就有詩名，陸龜蒙説他：「元和中作宫體小詩，辭曲豔發，當時輕薄之流能其才，合噪得譽。」（和過張祜處士丹陽故居詩序）不過這時張祜并非祇寫宫詞，他也和當時的許多詩人才子一樣，胸懷濟世之志，探求治亂之源，頗想有一番作爲，振興日趨衰落的唐朝。他在元和直言詩中説：「願以所支流，却尋到崑崙。但窮此生感，没齒寧爲冤。」因而向憲宗皇帝提出：「陛下欲垂衣，一與夔契論。成湯事不盡，勿更隨波翻。直者舉其材，曲者尋其根。直固不可遺，曲亦不可焚。用材苟端審，帝道即羲軒。陛下復土階，四方敢高垣？陛下喜雕墻，四方必重藩。畋獵豈無娱？湯泉豈無温？始知堯爲心，清净自成尊。」這裏主要提出了兩個問題：一是任賢，二是節儉。當時唐憲宗寵信宦官，疏遠正直大臣；又喜好「羨餘」，奢侈逸樂，迷信道教，希求長生，可見張祜所言正中憲宗痼疾。但詩人人微言輕，這篇直言詩能否爲皇帝所見到還是個問題。

唐自安史亂後，國內主要問題是中央朝廷和藩鎮割據勢力之間的矛盾鬭爭。從歷史發展的觀點來看，統一有利於人民群衆的安居樂業，有利於生產力的發展，所以當時進步的政治家、思想家和詩人，無不站在朝廷一邊，反對藩鎮割據，謳歌朝廷對藩鎮鬭爭的每一次勝利。張祜也是這樣的。他的大唐聖功詩，借歌頌太宗皇帝的文治武功，論證唐朝上得天命、下應人心，無疑是針對那些覬覦大唐江山的藩鎮而發的。遊蔚過昭陵十六韻歌頌了唐太宗掃平群雄、奠定統一大業的傑出軍事才能，既是對這位英明君主的無限崇拜，又是對當時朝廷再無像太宗這樣雄才大略君主的感歎惋惜。入潼關云「何處梟雄輩，干戈自不閑」，更是直接指斥藩鎮製造戰禍的罪行。他的投陳許李司空二十韻、投魏博田司空二十韻、投魏博李相國三十二韻等詩，熱情稱頌李光顏、田弘正、李愬在平叛戰爭中的功績，特別是對田弘正主動以魏博歸順朝廷、一遵朝廷約束，給予極高的評價，這些是不能看作詩人對投獻對象照例的、無聊的吹捧與奉承的。

張祜直接反映勞動人民生活以及重大政治事件的作品爲數不多，他一生的生活基本上是穩定、安逸、富足的，又以處士終身，遠離政治中心，無緣身經目睹朝廷中的政治鬭爭，這樣的生活與地位自然限制了他的眼界。江西道中作三首其一有「凄涼哭途意，行處又饑凶」；憂旱吟所寫大災之年，農民還必須繳納「公租與私稅」，富商豪門則是乘機囤積擡價，以致人民群衆「閉廩幾絶糧」；去求天乞雨，也毫無結果：「彼蒼豈降割，以重吾民殃？」這些至少可以説明詩人絶不是一個對勞動人民的苦難熟視無睹的人。又，丁巳年仲冬月江上作：「南來驅馬渡江濆，消息前年此月聞。唯是賈生先慟哭，不堪天意重陰雲。」丁巳即文宗開成二年，「消息前年」無疑是指發生於大和九年十一月的甘露事變。這是朝臣與宦官之間一次公開的較量，朝臣以失敗告終。之後宦官挾持皇帝，操縱朝權，朝臣只有俯首聽命的份。此詩即表現了詩人對這種形勢的憂慮。又作於宣宗大中元年投謁盧弘止的投滑州盧尚書云「新年幾話南遷客」，「南遷客」顯然是指此年十二月已貶潮州司馬的李德裕。武宗會昌期間李德裕爲相，取得了削平劉稹之叛與抗擊回鶻等一系列政績，宣宗即位，以個人恩怨對李德裕實施打擊報復。張祜的詩不僅表現了對李德裕的同情，也包含對會昌政治的評價。晚年的張祜早已無心仕進，由上述二詩可以看出詩人對國家大事絶不是漠不關心。張祜尚有一首喜聞收復河隴，自安史亂後，河西隴右之地爲吐蕃侵佔，後因吐蕃内亂，大中三年二月秦、原、安樂三州及石門七關人民驅逐吐蕃統治者，回歸唐朝。當時宰相白敏中、馬植、魏扶、崔鉉皆有賀詩，杜牧亦有二首。身爲布衣的張祜揮筆爲詩，足見詩人由衷的喜悦之情了，其意義當與上述在朝爲高官顯宦不同。

張祜雖然也像當時的絶大多數文人知識分子一樣，以入仕和求取功名作爲人生的目標，但最終却失敗了。究其原因，自然是他的性格與行爲有難以爲當時倫理道德觀念所接受的地方。張祜早期生活狂放縱肆，計有功便説：「祜在元白時，其譽不甚持重。」（見唐詩紀事卷五二徐凝條）〔二〕他名聲「不甚持重」的原因不外乎下列幾項：

一是嗜酒。曾自云「十年狂是酒，一世癖緣詩」（閑居作五首一）；「酒狂詩癖舊無雙」（所居即事六首四）；「余生唯愛酒，師長是山翁。定葬糟丘下，須沉釀甕中」（江南雜題三十首二十）。桂苑叢談説他「常嗜酒」；孫光憲説「唐李群玉校書……然多狎酒徒，疑其爲張祜之流」（北夢瑣言卷六），已視張祜爲酒徒了。唐詩人不乏嗜酒者，如王績、賀知章、李白等，然多爲初、盛唐時人，大概自中唐起，嗜酒如命者已不大爲輿論所認可了。

二是疏狂。令狐楚薦表便説張祜「近多放誕」（進張祜詩册表）；雲溪友議辭雍氏條載「崔涯者，吴楚之狂生也，與張祜齊名」；又雜嘲戲條云「祜平生傲誕，至於公侯」，上述記載已足見其個性特點。觀其至杭州取解而謁見白居易時，也是「甚若疏誕」（雲溪友議錢塘論），可見張祜行爲不拘禮法，且頗有些傲氣。當白居易説他的詩「鴛鴦鈿帶抛何處，孔雀羅衫付阿誰」爲「款頭詩」時，他立即反唇相譏白的「上窮碧落下黄泉，兩處茫茫皆不見」爲「目連變」（見本事詩嘲戲第七及唐摭言卷一三）。他謁見李紳，自稱「釣鰲客」（見鑑誡録卷七及孔氏談苑卷五）；又作詩嘲笑顏郎中射獵技術之低劣（見雲溪友議雜嘲戲）。桂苑叢談云：「進士崔涯、張祜下第後，多遊江淮，常嗜酒，侮謔時輩。」這種嘲謔他人以及狂妄自大的態度，自然不受人們的歡迎。他却頗以狂自詡，傲慢不羈，自云「嗜酒幾曾群衆小，爲文多是諷諸侯」（到廣陵）；「憶作江東客，倡狂事頗曾」（憶江東舊遊四十韻寄宣武李尚書）。嚮往李白狂放的行爲，偶題云「古來名下豈虛爲，李白顛狂自稱時」，以李白自比；又夢李白寫李白見面首先問他「問余曰張祜，爾則狂者否？」恐怕當時人并不欣賞他的「狂」，中唐以來李白的名氣漸不如杜甫便是明證。他又好以俠士自居，「逢人説劍三攘臂」（到廣陵），自道中頗有些俠士的風度。桂苑叢談説他「或乘飲興，即自稱俠」；劉崇遠也説「嘗作俠客傳，蓋祜得隱俠術，所以托詞自叙也」（金華子雜編卷下）。張祜是否真的得隱俠之術不得而知，桂苑叢談却載有客夜訪張祜，稱其「張俠士」，張遂大喜，當即慷慨解囊相贈，結果被騙去十萬緡，「豪俠之氣自此而喪矣」，真是可笑而又可悲。唐代文人尚俠之風甚盛，似此可以舉出陳子昂、李白、高適、劉叉等，但張祜尚俠帶有自我標榜、招摇過市的意味，正如他受騙後自歎「虛其名無其實」，所以爲時人所譏，自然也是「其譽不甚持重」的一個方面。

三是狎妓。雲溪友議辭雍氏載張祜、崔涯在揚州縱遊倡館，「呼吸風生，頗暢此時之意也」。驗之張祜詩篇，事當有之。其到廣陵云「一年江海恣狂遊，夜宿倡家曉上樓」；縱遊淮南云「十里長街市井連，月明橋上看神仙。人生只合揚州死，禪智山光好墓田」。又有途次揚州贈崔荆二十韻云「酒漿曾不罷，風月更何逃」。按説唐代達官貴人或社會名流幾乎都有和妓女來往之事，如李白有金陵子，韓翃有柳氏，白居易有阿軟、陳結之，劉禹錫有鄂妓，趙嘏有浙姬，本來不算什麽；但若到妓院與妓女廝混恐怕就「有礙名教」了。唐闕史載杜牧在揚州爲淮南節度使牛僧孺掌書記，「常出没馳逐於倡樓之中」，「無虛夕」，後徵拜侍御史，牛僧孺於臨行特規誡之。温庭筠狂遊狹斜，「士行有缺，縉紳薄之」（北夢瑣言卷四）。可知張祜行爲也必爲時議所非。杜牧自叙其行徑云：「落魄江湖載酒行，楚腰纖細掌中輕。十年一覺揚州夢，贏得青樓薄倖名。」多少帶有反省之意。張祜却公然宣稱「人生只合揚州死」，葛立方評曰「則是戀嫪此境，生死以之者也」（韻語陽秋卷一三），這種態度難免要受到責難。

可知，張祜先爲元稹所抑，又爲白居易所屈，其中最主要的原因恐怕不是詩作得不好，而是因其行爲不大檢束之故。元稹就對穆宗皇帝説「或奬激之，恐害風教」；計有功説「樂天方以實行求才，薦凝而抑祜」（皆見唐詩紀事卷五二），正是道出了其中的緣由。

張祜一生遊蹤甚廣，自云「南窮海徼北天涯」（所居即事六首五）。北曾至蔚州及受降城一帶，其詩遊蔚過昭陵十六韻及塞下「問看行遠近，西去受降城」句可證。南至南海，戊午年感事書懷一百韻……云「傷心從楚塞，垂淚到湘川」，以及湘中行、將之衡陽道中作諸詩可證。陸龜蒙云「從知南海間罷職，載羅浮石筍還」，可知他曾短期擔任過南海縣令。至於吴越一帶則足迹遍及，且許多地方到過不只一次。移居丹陽之後仍屢屢出遊，赴池州會杜牧，北遊河陽、滑州，又至宣州、湖州，寓居臨平。一般來説，中唐文人大多爲科舉死守長安，已失去了如盛唐文人那種雲遊天下的興致，但張祜要算一個例外。張祜早期遊陳許、魏博、太原，主要目的尚是拜謁達官貴人以求引薦，但在一系列求仕活動失敗之後，便真心寄情於山水了。李群玉寄張祜云「越水吴山任興行，五湖雲月掛高情」，正是真實的寫照。

張祜又喜遊佛寺，集中題寫寺院的作品多達三十三首，這在唐詩人中首屈一指。韻語陽秋卷四説「張祜喜遊山而多苦吟，凡歷僧寺，往往題詠」；唐才子傳也説他「性愛山水，多遊名寺」。他在遭受挫折之後，爲寄託自己的失意之情，遂遊心物外，到大自然之中、到僧寺與禪理之中，去逍遥自在了。「悟色心無染，觀空事不生」（題贈志凝上人）；「黄葉不經意，青山無事身」（題贈仲儀上人院）；「世事静中去，道心塵外逢」（題萬道人禪房）；「貧知交道薄，老信釋門空」（秋夜宿靈隱寺師上人居）。在欣賞山水、談論佛理之中，心境漸趨平和，精神上也得到了超脱。李白在雄偉壯麗的山河之景中得到了滿足，王維在幽雅寧静的别墅園林裏找到了歸宿。但李白向往仙道帶有幾分天真，王維崇佛帶有幾分虔誠。而張祜却説「燒得硫黄謾學仙，未勝長付酒家錢」（勸飲酒）；「道門演空言，未必死録除」（寓言），明確表示并不相信仙道之説。其遊仙一詩模仿李白，僅得其毛皮；夢李白學李白風格亦似是而非。他對佛教也是如此，如云「寄謝香花叟，高蹤不可攀」（題善權寺），可見他并不虔心皈佛，當然也做不到「便知心是佛，堅坐對寒灰」（贈廬山僧）。晚年所作丹陽新居四十韻「觀心知不二，叩齒問羅千」，寄情佛道恐怕也只是説説而已。這和王維不同，和白居易也不同。張祜其實是始終不甘心於隱居的，一方面需借佛理化解失意的苦悶，一方面又不願成爲一個超然於世外的避世者，這在張祜身上是矛盾的，又是統一的。那麽，張祜的交接僧侣、題詠佛寺，意義也是雙重的，既是標舉自己的高潔，又是借機揚名的手段。詩以名寺，寺以傳名，相輔相成。再説，佛教在唐朝也是一支很重要的政治勢力，那些高級僧侶甚至受到皇帝的禮遇。唐代文士幾乎都與僧侶交往，這也是時代的風氣。

張祜曾自稱「遍識青霄路上人」（偶作）；陸龜蒙和過張祜處士丹陽故居云「一代交遊非不貴，五湖風月合教貧」，序則說「由是賢俊之士，及高位重名者，多與之遊」；潘若沖郡閣雅談也說「張祜素藉詩名，凡知己者皆當世英儒」（詩話總龜前集卷二四引）。據祜詩，其交遊確多名公鉅卿，如李光顔、李載義、田弘正、李愬、令狐楚、蕭俛、裴度、李德裕、李程、李紳。唐代一般知識分子的政治出路不外兩條：一是科舉，一是入幕。科舉之路自然爲大多數文人所熱衷，由於録取名額的限制，科場競争十分激烈，便使得這條道路異常艱難。於是許多人便通過入幕謀求出路。但爲幕職也不是一件容易的事，入幕者必須有一定的名氣，否則便不會有人辟請；另外，還須處處看幕主的臉色行事，這種仰人鼻息的滋味也不好受。陸龜蒙序説張祜「亦受辟諸侯府，性狷介不容物，輒自劾去」，由此觀之，張祜有過入幕的經歷。平原路上題郵亭殘花云「自從身逐征西府，每到花時不在家」，似乎也説明了這一點。張祜的一大部分投獻各方節鎮之作，就是希求爲一幕職的。其中投陳許崔尚書（「崔」爲「馬」之誤，謂馬總）「大幕賓名瑀，長裾客姓馮。恥爲狂狷者，强厠滑稽雄」，便很像是已入幕的口吻。王世貞説：「唐自貞元以後，藩鎮富强，兼所辟召，能致通顯。一時遊客詞人，往往挾其所能，或行卷贄通，或上章陳頌，大者以希拔用，小者以冀濡沫。而干旄之吏，多不能分別黑白，隨意支應，故剽竊雲擾，諂諛泉湧，取辦俄頃以爲捷，使事餖飣以爲工。」（藝苑卮言卷四）説的正是這種情況。這類投獻的作品，難免要爲對方歌功頌德，甚至有些肉麻，但張祜的此類詩作，在抒寫自己的窘況時，也時常流露出一種抑鬱不平之氣，如「接坐羞人識，還家畏嫂輕」（投陳許李司空二十韻）；「阻轍羞偏轂，蟠泥渴一泓」（投魏博李相國三十韻）；「敢望憐哀鳥，何煩敬朽株」（投兗陵裴尚書二十韻）。這些詩句充滿了痛苦和壓抑之感。劇談録載張祜於徐州武寧節度使王智興席上，被促當筵作詩，遂敷衍云：「古來英傑動寰區，武德文經未有餘。王氏柱天勳業外，李陵章句右軍書。」又被批評爲「書生之徒，務爲諂佞」，王智興還是很高興，誇他「張秀才海内知名」，臨行贈絹千匹。這財物是扭曲自己的人格換來的。可是當自己有求於人時，不這樣做又怎麽能行呢？李白聲稱「安能摧眉折腰事權貴，使我不得開心顔」，却也曾誤拜韓朝宗（見魏顥李翰林集序）。杜甫説「朝扣富兒門，暮隨肥馬塵，殘杯與冷炙，到處潛悲辛」（奉贈韋左丞丈二十二韻），更是這種痛苦的自白。早期的張祜確也敬佩李白的「數十年爲客，未嘗一日低顔色」（任華雜言寄李白），却到處碰壁。旅次岳州呈徐員外説：「笑命詩思苦，莫信狂李白。於狂是空踈，於仙是遐謫。」使他領悟到疏狂只會觸犯大官們的忌諱，不如投其所好。但最終依然一事無成時，「却厭長裾曳，寧辭短褐穿。憤窮長自樂，不佞少人憐」（戊午年感事書懷一百韻……）；「闕下非才入，江南是性牽……戲傲東方朔，文輕司馬遷……醉卧捫雲扃，狂歌上釣船……朽心降杞梓，生意慕蘭荃」（同上），便決然從奉承侍應之中抽身而退了。他的思想經歷了一個「之」字，最後還是回歸從前，選擇了保留個性這樣一條道路。這對於詩人來説，不是自覺的，而是不得已的，但畢竟由虛僞和扭曲中回到了自我本然狀態。

張祜於會昌元年由蘇州移居丹陽，陸龜蒙序說：「以曲阿地古澹，有南朝之遺風，遂築室種樹而家焉。」風雲不偶，僻居鄉野，其遭際與孟浩然有相似之處，正如他自己所說「還似襄陽孟浩然」（感歸）；「孟浩然身更不疑」（寓懷寄蘇州劉郎中）。閑居期間作有丹陽新居四十韻、所居即事六首、窮居、寓言、江南雜題三十首等。丹陽新居四十韻說：「閑吟招隱詠，静賦篤終篇……坐甘塵外老，來幸酒中仙。潘岳因成賦，揚雄便草玄。散襟梳短髮，揭指上遊絃。」詩人大概也只好做一個隱士了。江南雜題三十首其九說「汩没非兼濟，終窮是獨醒」；其十七說「平生心未遠，徒欲效鴟夷」；其二十七說「自當甘朽拙，安敢慕羲皇」。其中流露着牢騷與無可奈何。其十九說「幸因重醖熟，聊作醉鄉遊」；其二十四說「幽棲日無事，痛飲讀離騷」；其二十五說「大笑俯塵甑，高歌敲酒盆」。作者又恢復了那豪放不羈的個性。但瀟灑對於他的意義是雙重的，不僅是豪放的佐料，又是苦悶的排遣。平凡的生活究竟也具有無窮的樂趣，試看他所寫的「日夕愛琴憐犬子，春風詠雪喜胡兒」（所居即事六首三）；「三茅道士朝攜手，五柳先生夜對棋」（同上五）；「喜客加籩食，邀僧長路棋」（閑居作五首二）；「人憐貧好學，自笑老吟詩」（江南雜題三十首一）；「盡日題書標，無風下釣絲」（同上二）；「汲池澆韭壠，占石坐松根」（同上二十五）。其中有訪友、待客、弈棋、彈琴、垂釣、灌田、讀書、賦詩，悠閑而又自在，大可自得其樂。「且賴身無事，窮愁亦自甘」（同上十六），不妨就這樣做一個隱士吧。唐才子傳說他「樂高尚，稱處士，騷情雅思」，即是針對此時的生活與思想而言。

陸龜蒙序言其「性嗜水石，常悉力致之……不蓄善田利産爲身後計」。他也知道自己「理生且自昧」，又不可一日無酒，「但願致樽酒，豈憂無斗儲」（皆見寓言），以至「死未二十年，而故姬遺孕，凍餒不暇」（陸龜蒙序）。至張祜故友之子顏萱「適經其故居，已易他主」（顏萱過張祜處士丹陽故居詩序）。顏萱序記張祜生前愛姬崔氏向他訴苦：「葛帔練裙，兼非所有；琴書圖籍，盡屬他人。」詩云：「書齋已换當時主，詩壁空題故友名。」陸龜蒙和詩云：「魂應絶地爲才鬼，名與遺編在史臣。」皮日休和詩云：「幾篋詩編分貴位，一林石筍散豪家。」命運似乎只想使張祜成爲一個詩人，生前之窮窘，死後家道之淒涼，似乎都是必然的。辛文房評論説：「祜能以處士自終其身，聲華不借鍾鼎，而高視當代，至今稱之。不遇者天也，不泯者亦天也。豈若彼取容阿附，遺臭之不已者哉！」（唐才子傳卷六）

這就是張祜的一生，狂士、浪子、遊人、陪客、隱者，曾以多種角色出現在人生的舞臺上，平凡而又獨特，暢意而又痛苦，享盛譽而又遭詆毀，成名而又被埋沒。以至皮日休感歎説：「唯我共君堪便戒，莫將文譽作生涯！」（魯望憫承吉之孤爲詩序邀予屬和……）

二

張祜是中晚唐之際的著名詩人，體裁上長於七絶和五律（包括排律），七律也有特色；題材上則以宮詞與描寫山水風景見稱於世。他的詩帶有由中唐向晚唐過渡的時代色彩。試分論之。

張祜的最初得名，便是由他的樂府與宮詞。陸龜蒙説他：「元和中作宮體小詩，詞曲豔發。」（和過張祜處士丹陽故居詩序）計有功也説：「祜初得名，乃作樂府豔發之詞，其不羈之狀，往往間見。」（唐詩紀事卷五二徐凝）可見這部分作品大部分作於早期。陸龜蒙所云「豔發」之作到底包括哪些作品，我們今天難以準確界定，那些以宮女爲描寫對象的宮詞以及舊題樂府，甚至那些歌詠開元天寶遺事的作品，恐怕都是要計算在内的。但這些作品很難歸入「豔詩」之列，倒是陪范宣城北樓夜宴、途次揚州贈崔荆二十韻等詩，稍許有些「豔」的味道。但若與元稹夢遊春、會真詩，白居易吴宮詞、和夢遊春等詩相比，實在算不得什麼。元白才是此體的倡始者。元稹有爲樂天自勘詩集因思頃年城南醉歸馬上遞唱豔曲十餘里不絶……，計有功亦云「凡言之浮靡豔麗者，謂之元白體」（唐詩紀事卷五二），遂因元白之抑張祜而引發一段公案。計有功説：「樂天方以實行求才，薦凝而抑祜，理其然也。」（同上）賀裳説：「樂天號爲與物無競，乃致張祜坎壈終身，事雖成於元稹，要不能辭『伯仁由我』之譏也。祜自不能爲徐凝俛首，何與於白，更何與於元而泥令狐楚之薦乎？」（載酒園詩話又編張祜）潘德輿説：「然樂天薦徐凝而抑承吉，心實不公，計敏夫乃謂樂天以實行取人，殆喜凝之朴略椎魯，而以祜之宮體豔詩爲輕薄，不知凝詩如『恃賴傾城人不及，檀妝惟約數條霞』，『一日新妝抛舊樣，六宮争畫黑煙眉』，『憶得倡門人送客，深紅衫子影門時』，何嘗非宮體，何嘗非豔詩耶？」（養一齋詩話卷五）杜牧作李戡墓誌，盛稱其欲以法治元白詩，并贈張祜詩云「睫在眼前長不見」（登池州九峰樓寄張祜），爲祜大抱不平，却被楊慎譏諷説：「杜牧嘗譏元白云：『淫詞媟語，入人肌膚，吾恨不在位，不得以法治之。』而牧之詩淫媟者與元白等耳，豈所謂『睫在眼前猶不見』乎？」（升庵詩話卷九）蓋當時風氣就是如此，不足以作爲抑此揚彼的理由。張祜此類作品較之元白乃至李賀等，實在不足爲譏。至於那些宮詞，張祜則對於青春被幽閉於深宮之中的女性寄寓了深切的同情，如宮詞二首一：「故國三千里，深宮二十年。一聲河滿子，雙淚落君前。」此詩在當時膾炙人口，流傳甚廣，武宗孟才人臨死前唱的就是此詞。葛立方説「張祜以是得名」（韻語陽秋卷四），是不錯的；白居易曾云「何足奇」（見范攄雲溪友議錢塘論），不是由衷之言。此詩好處在於短短的二十字當中，把宮女的思鄉之情、對深宮生活的厭倦、對自己命運的傷感，非常含蓄而真切地表達了出來，正如馬位所評「得言外之旨，諸人用淚字不及也」（秋窗隨筆）。再如贈内人：「禁門宮樹月痕過，媚眼惟看宿燕窠。斜拔玉釵燈影畔，剔開紅焰救飛蛾。」此詩僅僅寫了内人的外部動作，却非常深入地表現了她們空虛無聊、悲苦憂戚的内心世界。孫洙説是「慧心仁術」（唐詩三百首卷八），實乃内人見飛蛾而聯及自己的命運，自己不也是一隻投火的飛蛾嗎？這正是詩人的滿腔同情所在。在宮女們容貌嬌美、能歌善舞時，可能備受寵愛：「自倚能歌日，先皇掌上憐」（宮詞二首二）；一旦年老色衰，便被君王一脚踢開：「歌喉漸退出宮闈，泣話伶官上許歸」（退宮人二首二）。或隨便嫁人，或流落爲倡：「開元皇帝掌中憐，流落人間二十年」（退宮人二首一）。命運是十分悲慘的。留在她們心中的那些宮廷生活的回憶，不是正好説明了帝王的無情嗎？

張祜最著名的還是那些歌詠開元天寶遺事的作品。許學夷説：「張祜元和中作宮體七言絶三十餘首，多道天寶宮中事，入録者較王建工麗而寬裕勝之。」（詩源辯體卷二九）如果我們把這些詩編排一下的話，則是一幅幅絶妙的開元天寶時期的風俗人情畫卷，其中有元日的慶典、正月十五夜的放燈、上巳節的競渡、東都洛陽的大酺、京城的千秋節等。洪邁説：「唐開元天寶之盛，見於傳記、歌詩多矣，而張祜所詠尤多，皆他人所未嘗及者……皆可補開、天遺事，絃之樂府也。」（容齋隨筆卷九）管世銘也説：「張祜喜詠天寶遺事，合者亦自婉約可思。」（讀雪山房唐詩序例七絶凡例）如大酺樂二首一：「車駕東來值太平，大酺三日洛陽城。小兒一技竿頭絶，天下傳呼萬歲聲。」曾慥類説卷七引教坊記（佚文）：「上於天津橋南設帳殿，酺三日。教坊一小兒筋斗絶倫，乃衣以彩繒，梳洗，雜於内伎中上。頃緣長竿上，倒立，尋復去手，久之，垂手抱竿，翻身而下。樂人等皆捨所執，宛轉於地，大呼萬歲。百官拜慶。」張祜詩所寫的正是這個場面，詩與唐人所記正可互相印證。再如熱戲樂：「熱戲争心劇火燒，銅槌暗執不相饒。上皇失喜寧王笑，百尺幢竿果動摇。」崔令欽教坊記序載：玄宗在藩邸，有散樂一部，及膺大位，嘗於九曲閲太常樂，卿姜晦押樂以進。凡戲，輒分兩棚以判優劣，人心競勇，謂之熱戲。於是詔寧王主藩邸樂以敵之。一伎戴百尺幢，鼓舞而進，太常樂所戴即百餘尺，群樂鼓噪，自負其勝。明皇不悦，命内養五六十人各執一物，皆鐵馬鞭、骨撾之屬，潛匿袖中，候復鼓噪，當亂捶之。太常樂人於是奪氣喪魄，戴幢者方振摇其幢，上顧謂内人曰：「其竿即當自折。」斯須中斷，上撫掌大笑，内伎咸稱慶。（見全唐文卷三九六）張祜詩所寫即此種娱樂兼帶競賽性質的活動，類似現代雜技中的「頂杠」，但唐玄宗的做法顯然違背了公平競争的原則。邠娘羯鼓：「新教邠娘羯鼓成，大酺初日最先呈。冬兒指向貞貞説，一曲乾鳴兩杖輕。」陳暘樂書卷一八二載：「唐邠王家馮正正、心兒，薛王家高大山、李不藉，岐王家江張生，俱以善鼓聞……宋娘、祁娘俱稱善歌，宋能作曲及舞鼓，祁工落花、吹笛，李阿八善鼓架。」雖未提到邠娘，但無疑也是宋娘、祁娘一流人物。黄周星評此詩説：「唐之去今千餘年，其人久已朽矣，誰復知有邠娘、冬兒、真真者？賴此一詩，便覺鼓聲歷亂，雙鬟笑語如在耳目之前，且并諸美之名字亦傳矣。詩固神物也哉！」（唐詩快卷一五）再如容兒鉢頭：「争走金車叱鞅牛，笑聲唯是説千秋。兩邊角子羊門裏，猶學容兒弄鉢頭。」舊唐書音樂志二：「撥頭出西域，胡人爲猛獸所噬，其子求獸殺之，爲此舞以像之。」這些詩具有極大的資料價值，凡是研究唐代雜技、樂舞、戲曲者，没有不重視上述作品的。徐應秋説：「唐人詩中往往有紀當時戲劇，如弄鉢頭，張祜詩曰：『兩邊角子羊門裏，猶學容兒弄鉢頭。』長竿，張祜詩曰：『傾城人看長竿出，一技初成趙解愁。』劉晏詩：『惟有長竿妙入神。』椀舞，張祜詩曰：『揭手便拈金椀舞，上皇驚笑悖拏兒。』熱戲，張祜詩：『熱戲争心劇火燒，銅鍾暗執不相饒。』」（玉芝堂談薈卷三一）反映在這些詩中的完全是一派歌舞昇平的景象，自然表現了詩人對於太平盛世的向往和眷戀。但是，如果把這些詩僅僅看作是對於當年開天之盛的謳歌，那就錯了。作爲當時最高統治者的唐玄宗，豢養一批梨園弟子，整天吹拉彈唱、歌舞取樂，對潛在的社會政治危機視而不見、聽而不聞，終於導致安史之亂，張祜作這些詩當然也是在提醒當政者要以歷史爲鑒，其中的諷諭之意不言而喻。它們雖不與白居易的秦中吟、新樂府同調，用心與長恨歌當是一致的。

唐玄宗與楊貴妃之事，一直爲中唐以來的文人所津津樂道，張祜的那些歌詠天寶遺事的作品也不例外。試看集靈臺二首一：「日光斜照集靈臺，紅樹花迎曉霧開。昨夜上皇新授籙，太真含笑入簾來。」楊玉環原爲玄宗之子壽王李瑁的妃子，玄宗爲了使其入宫，先度她爲女道士，還説是「自出妃意」，完全是掩耳盜鈴。對於這種醜惡行爲，長恨歌有意加以掩飾，算是「爲尊者諱」吧。李商隱驪山有感不客氣地寫了：「平明每幸長生殿，不從金輿惟壽王」，衛道士們便責其「大傷名教」。張祜此詩雖然不是鋒芒畢露，諷刺得也夠辛辣的。集靈臺者，祀神之所也；然而「新授籙」即「入簾來」，唐玄宗玩的這一套掩人耳目的把戲以及急不可耐之情，不是昭然若揭嗎？潘德輿責怪張祜：「專覓宫闈瑣事，被之諷詠，揚其闕失，得不有妨名教？」（養一齋詩話卷五）純是衛道的口氣。再看其二：「虢國夫人承主恩，平明騎馬入宫門。却嫌脂粉污顔色，淡掃蛾眉朝至尊。」仇兆鰲對此詩有極好的解説：「乍讀此詩，語似稱揚，及細玩其旨，却諷刺委婉。曰虢國，濫封號也；曰承恩，寵女謁也；曰平明上馬，不避人目也；曰淡掃蛾眉，妖姿取媚也；

曰入門朝尊，出入無度也。當時濁亂宮闈如此，已兆陳倉之禍矣。」（杜詩詳注卷二，然斷此詩爲杜甫作，則大誤。）徐增説：「虢國既爲貴妃之妹（按：當作姊），玄宗貴之可也，何至『平明騎馬入宮門』以承主恩？大是醜事。」（而庵説唐詩卷一一）王堯衢也説：「内作色荒，明皇其有之乎？……此詩譏刺太甚，然却極佳。」（唐詩合解箋注卷六）虢國夫人爲楊貴妃之姊，與玄宗有私情，王銍默記卷下曾引唐人所撰達奚盈盈傳，言虢國窩藏美少年，爲明皇所獲，戲之曰：「何久藏少年不出耶？」夫人亦大笑。調謔淫蕩，無所顧忌，皇室之風氣可想而知。既然唐玄宗可以喜新厭舊，且已置倫理道德於不顧，貴妃也未必不自尋其樂。舊唐書楊貴妃傳便載其兩次被遣出宮。樂史楊太真外傳云：「妃子無何竊寧王紫玉笛吹，故詩人張祜詩云……於是又忤旨，放出。」張祜還有一首寧哥來，詩云：「日映宮城霧半開，太真簾下畏人猜。黄翻綽指向西樹，不信寧哥迴馬來。」洪邁曾辨貴妃與寧王之事純屬杜撰（見容齋續筆卷二）；王楙則信其有（見野客叢書卷二四），然皆以「寧哥」謂唐玄宗之兄寧王李憲，是大謬不然。李憲與貴妃年齡相差懸遠，貴妃入宮時即使李憲没死，也已風燭殘年，且李憲行事謹慎，尤懼其弟（唐玄宗）於己有猜忌，安敢招惹玄宗心愛之貴妃？楊貴妃外傳所引張祜詩實即邠王小管，云：「虢國潛行韓國隨，宜春深院映花枝。金輿遠幸無人見，偷把邠王小管吹。」細玩詩意，是説唐玄宗已與虢國、韓國姐妹二人鬼混去了，貴妃無聊，於是偷吹邠王小管。其實此詩作「邠王」也罷，作「寧王」也罷，與寧哥來之「寧哥」是一人，皆謂邠王李守禮之子李承寧，襲封邠王，爲唐玄宗之侄，亦即元稹連昌宮詞

「二十五郎吹管逐」之「邠二十五郎」。張祜詩自然是在暗示貴妃與李承寧有曖昧關係，只是此事不見於其他記載，難尋佐證。貴妃兩次被遣出宫，無非是因爲争風吃醋。唐人筆記中不乏楊貴妃與安禄山有私情的記載，那麽貴妃與李承寧有私情，又何足怪！其實，封建帝王與其妃嬪之間有什麽愛情可言？而一些作品包括膾炙人口的長恨歌在内，却正忽略了這一點，似乎唐玄宗與楊貴妃恩恩愛愛，不求同生但願共死，成了一雙對愛情忠貞不渝的典範，因而給我們造成了一種假象。張祜的詩才是比較近乎事實的。大概正因爲這些詩道出了一些宫闈秘事，在當時才爲「本乎立教」的元白所不滿，以至後來的皮陸對他也頗有微詞。其實他們都多少誤解了張祜，張祜的本意并没有背離諷諭懲勸的詩教，只不過詩意委婉含蓄、隱而不露，才使一向追求明白易諭的新樂府詩人們一時没有理解其中的真諦。倒是陸龜蒙説他「講諷怨譎，時與六義相左右」，尚爲知音。張祜華清宫四首、折楊柳枝二首便充滿了對唐玄宗與楊貴妃的無限悵惋之情，葛立方曾評「至今風俗驪山下，村笛猶吹阿濫堆」（華清宫四首三）一首説：「二君（按指陳後主與唐玄宗）驕淫侈靡，耽嗜歌曲，以至於亡亂。世代雖異，聲音猶存，故詩人懷古，皆有『猶唱』『猶吹』之句」（韻語陽秋卷一五），可謂得其意。

張祜古題樂府的風格特色與上述宫詞不同，且靈動多樣。車遥遥寫棄婦之悲，思歸引抒宫女思鄉，捉搦歌感大女思嫁，雉朝飛操歎老者無妻，可謂内容豐富多彩。它們都有古樂府的樸實自然又清新别致的特點。宋育仁評張祜的樂府詩説：「七言構體生新，勁過張（籍）王（建），而同其風味。琢詞洗骨，在東野（孟郊）、長吉（李賀）之間。雁門、思歸，尤推高唱。」（三唐詩品卷二）再如團扇郎：「白團扇，今來此去捐。願得入郎手，團圓郎眼前。」拔蒲歌：「拔蒲來，領郎鏡湖邊。郎心在何處？莫趁新蓮去。拔得無心蒲，問郎好看無？」語言幾同口語，手法純是白描，洋溢着一種痛快淋漓、熱情活潑的氣息，民歌風味極爲濃烈。二題皆爲清商曲辭，源於南朝，原五言四句，形式單調，張祜改動了形式，頓時給人以清新生動的感覺。他寫的絶句體宮詞，格律謹嚴，藴藉婉轉，高雅而工麗，恰如宮廷女性身份，寫樂府民歌，自由活潑，坦誠奔放，純樸而清新，與鄉村少女又十分切合。他又繼承了南朝樂府民歌諧音雙關的藝術表現手法，如自君之出矣「千尋葶藶枝，争耐長長苦」；蘇小小歌三首三「中擘庭前棗，教郎見赤心」；讀曲歌五首四「三更機底下，摸著是誰梭」，便皆是。洪邁説：「自齊梁以來，詩人作樂府子夜四時歌之類，每以前句比興引喻，而後句實言以證之，至唐張祜、李商隱、温庭筠、陸龜蒙亦多此體。」（容齋三筆卷一六）胡震亨稱此種爲「風人詩」（唐音癸籤卷二九）。再看讀曲歌其二：「碓上米不春，窗中絲罷絡。看渠駕去車，定是無四角。」怨恨車輪不生出四個角來，使車輪不能轉動，因而也就不能把親人載走，想象便十分奇妙。陸龜蒙古意：「君心莫淡薄，妾意正棲托。願得雙車輪，一日生四角。」辛棄疾木蘭花慢席上送張仲固帥興元：「安得車輪四角，不堪帶減腰圍」，皆由張詩化出。至於張祜的塞下、塞下曲、塞上曲、雁門太守行、從軍行等詩，則可以歸入邊塞詩之列。作者本人就有邊塞之行的經歷，所以這些作品并非憑空擬想。塞上曲：「磧迴三通角，山寒一點旗」，境界開闊，立意高遠；塞下曲：「小儒何足問，看取劍横腰」，氣魄雄偉，風格豪邁，筆力皆有盛唐遺響。陸龜蒙所謂「稍窺建安風格」者，即指此類詩歌作品，在中晚唐確爲不可多得。雁門太守行：「城頭月没霜如水，趚趚踏沙人似鬼。燈前拭淚試香裘，長引一聲殘漏子。駝囊瀉酒酒一杯，前頭啑血心不回。寄語年少妻莫哀，魚金虎竹天上來，雁門山邊骨成灰。」則衰颯悲涼，心情凝重而沮喪，便已與盛唐邊塞詩大相異趣。即使與李賀的同題之作相比，那些多少還殘留一些的理想主義色彩也消失了。晚唐邊塞詩多寫戰場的白骨與陰魂，渲染戰争的恐怖與殘酷，張祜的邊塞詩，就是這種過渡的標誌。

張祜集中描寫音樂歌舞的作品很多，這也是他的詩歌創作的一大領域，計有二十首，其中描寫柘枝舞的就有八首。今人任半塘唐聲詩在考證柘枝舞的演出情況時，便多引張祜詩爲證，甚有發明。可見張祜精通音樂。他的許多詩曾被配樂用於演唱，其孟才人歎詩序説：武宗皇帝疾篤，召所寵愛者孟才人，遂於武宗前歌「一聲何滿子」，氣殛立殞。詩云：「偶因歌態詠嬌顰，傳唱宫中十二春。却爲一聲何滿子，下泉須弔舊才人。」就是指他的宫詞「故國三千里」。杜牧酬張祜處士見寄長句四韻也説「可憐故國三千里，虚唱歌詞滿六宫」。他的詠開天遺事之作，郭茂倩樂府詩集收入有千秋樂、大酺樂、熱戲樂、上巳樂、春鶯囀、雨霖鈴七篇，除熱戲樂外，其餘皆爲曲調名。洪邁云「皆可補開天遺事，絃之樂府」，即是説可用於演唱。或以爲上述諸作皆題詠紀事，并非直接歌辭。唐聲詩大多爲七言絶句，既然王昌齡、王之涣、高適之詩可入樂，焉知張祜詩不曾入樂演唱？如張祜的題宋州田大夫家樂丘家箏，樂府詩集題作氏州第一，柳塘詞話又作小秦王〔三〕，便是入樂之證。陸龜蒙序云「元和中作宮體小詩，詞曲豔發」，亦從側面説明其宮詞多入樂。徐獻忠説「其宮體小詩，聲唱流美，頗諧音調」（唐詩品，朱警唐百家詩集張處士詩集引），也説明了這一點。既然如此，張祜的那些寫開天遺事的題詠紀事之作，未嘗不可以看作「新樂府」。它們和元白所倡導的「新樂府」不同之處在於：元白新樂府皆古體，張祜的爲近體；元白新樂府未曾用於歌唱，徒具樂府之名，張祜的則多曾入樂。當然現在來區分唐人詩哪些是聲詩，哪些是徒詩已比較困難。再説，一首詩入樂與否并不取決於作者，而是取決於樂工。但那些聲調熟美、語句流暢的詩多被選入，也是不可否認的。

張祜的題詠山水風景之作，是體現他詩歌創作成就的又一領域。在張祜筆下，無論樓臺廟宇，還是名勝古迹，也無論是江南的名山秀水，還是北方的浩瀚山河，無不引人入勝，各具特色。這些作品雖不如李白的氣勢宏闊，也不如王維的境界空靈，但特色却十分突出。其中最負盛名的又是那些題詠佛寺的作品。李涉岳陽別張祜説：「岳陽西南湖上寺，水閣松房遍文字。新釘張生一首詩，自餘吟著皆無味。」葛立方説：「張祜喜遊山而多苦吟，凡歷僧寺，往往題詠……如杭之靈隱、天竺，蘇之靈巖、楞伽，常之惠山、善卷，潤之甘露、招隱，皆有佳作……信知僧房佛寺，賴其詩而標榜者多矣。」（韻語陽秋卷四）張祜集中題詠佛寺作品之多，的確爲其他詩人所不及，共計有五律二十七首、五古四首、七絶八首、七律六首。題潤州金山寺「樹影中流見，鐘聲兩岸聞」，曾被時人認爲超過了綦毋潛的「塔影掛青漢，鐘聲和白雲」。馬令南唐書孫魴傳載：「金山寺題詠，衆因稱道唐張祜有『僧歸夜船月，龍出曉堂雲』之句，欲和，衆皆閣筆。」劉斧青瑣高議前集卷九說：「潤州金山寺，張祜以江防留題二篇，雖名賢經過，縮手袖間，不敢落筆。蓋兹山居大江中，迥然孤秀，詩意難見其寺與山出於水中之意也，祜詩久爲絶唱。」此詩尾聯筆力稍弱，楊慎便批評說：「張祜詩雖佳，而結句『終日醉醺醺』，已入張打油、胡釘鉸矣」（升庵詩話卷六）；毛先舒也斥之爲「村鄙乃爾，不脱善和坊題帕手段」（詩辨坻卷三）。賀裳說：「祜自謂可敵綦毋潛靈隱寺禪院詩，余則謂正與王灣北固山下作並驅耳。結語稍淒，不能損價也。」（載酒園詩話又編張祜）賀裳的話當是比較公允的。至於題杭州孤山寺，詩板一直懸掛到宋朝，被林逋贊爲「張祜詩牌妙入神」（孤山寺，林和靖集卷二）。周珽說：「珽幸生長其郡，常讀書寺中，登臨嘯望，無分晴雨朝昏，泓澄掩映，葱翠回合，每吟『不雨山長潤，無雲水自陰』，始信非熟炙其景說不出也。」（刪補唐詩選脈箋釋會通評林卷三五）題惠山寺，李懷民針對「泉聲到池盡，山色上樓多」兩句說：「嘗遊張氏漪園，見壁有王阮亭（士禛）題句，即以『山色上樓多』分韻，方知此句之妙也。」（重訂中晚唐詩主客圖說卷下）題虎丘東寺，方回則評曰：「此詩非親到虎丘寺，不知第四句之工。高堂之後，俯視石澗，兩壁相去數尺，而深乃數十丈，其長蜿蜒曼衍而坼裂到底，泉滴滴然，真是奇觀。故其詩曰『石壁地中開』，非虚也。故選此詩以廣見聞。『登樓海氣來』，此一句亦佳。」（瀛奎律髓卷四七）張祜的作品都能抓住那個特定地方的特定風貌，並加以集中、提煉與概括，因而「個性」特別突出。如潤州金山寺「僧歸夜船月，龍出曉堂雲」的超然，潤州甘露寺「日月光先到，山河勢盡來」的開闊，潤州招隱寺「竹光寒閉院，山影夜藏樓」的靜謐，蘇州虎丘東寺「寺門山外入，石壁地中開」的奇峻，蘇州楞伽寺「樹隔夫差苑，溪連勾踐城」的僻遠，常州善權寺「峻阪依巖壁，清泉瀉洞門」的奇異，常州惠山寺「泉聲到池盡，月色上樓多」的幽清，常州重居寺「重廊標板榜，高殿鎖金環」的空寂，杭州孤山寺「斷橋荒蘚澀，空院落花深」的幽靜，杭州龍泉寺「天晴花氣漫，地暖鳥聲和」的明媚，杭州普照寺「潭黑龍應在，巢空鶴未還」的奇清，都能抓住每一地方環境氛圍，創造出獨特的藝術境界。令狐楚進張祜詩册表云其「研機甚苦，搜象頗深」（見唐摭言卷一一）；陸龜蒙云「善題目佳境，言不可刊置別處」（和過張祜處士丹陽故居詩序），就是指張祜的這一類作品。胡震亨也說：「張承吉祜五言律詩，善題目佳境，不可刊置他處。當時以樂府得名，未是定論。」（唐音癸籤卷七）翁方綱解釋說：「所謂不可刊置別處，非如今日八股體，曲曲鈎貫之謂也，乃言每一篇各有安身立命處耳。」（石洲詩話卷二）袁枚也論「言不可刊置別處」說：「自古文章所以流傳至今者，皆即情即景，如化工肖物，著手成春，故能取不盡而用不竭。不然，一切語古人都已說盡，何以唐、宋、元、明才子輩出，能各自成家而光景常新耶？」（隨園詩話卷一）的確，這些作品描寫環境景物，重在寫實，給人以身臨其境之感；描寫中又能略去次要的、特色不突出的地方，突出重要的、最具代表性的地方，因而個性鮮明。徐獻忠說：「處士詩長於模寫，不離本色，故覽物品遊，往往超絕，所謂五言之匠也。」（唐詩品）余成教說：「張承吉五言詩，善題目佳境……皆時地各肖，有聲有色，宜乎杜司勳有『誰人得似張公子，千首詩輕萬户侯』之贈也。」（石園詩話卷二）所論皆極是。

張祜不乏寫景開闊的作品，胡應麟說：「晚唐句『日月光先到，山河勢盡來』……皆有盛唐餘韻。」（詩藪内編卷四）所舉便是張祜題潤州甘露寺詩中的句子。再試看其西江行「日下西塞山，南來洞庭客。晴空一鳥渡，萬里秋江碧」，氣勢磅礴，意境開闊，真有面臨浩渺無際的江天之感。再如登廣武原「廣武原西北，華夷此浩然。地盤山入海，河繞國連天。遠樹千門邑，高檣萬里船」，蒼茫渾厚，境界高遠，鍾惺評其「曠而渾」（唐詩歸卷三二）；沈德潛則評其「有氣頗，有筆力」（唐詩別裁集卷一二）。許印芳曾因瀛奎律髓不選此詩而爲張祜大抱不平，說：「外有登廣武原詩……氣魄筆力，亦近盛唐，且通體完善，而虛谷（方回）不選，其無識如此。」（見瀛奎律髓彙評卷四七張祜題虎丘東寺）入潼關「地勢遥尊嶽，河流側讓關」，又可謂雄險壯觀，一如潼關威踞扼守關中之勢。周珽删補唐詩選脈箋釋會通評林卷三五曰：「總言關中天險，秦漢帝王所居，非城狐、社鼠可得跳梁覬覦者。通篇雄渾雅曠，又登廣武原一詩亦開暢，豈得概以元和後詩目之？」題樟亭「地盤江岸絶，天映海門空」，恰如錢塘江驟開陡絶的形勢；題松汀驛「海明先見日，江白迥開風」，則是平遠闊大、色彩鮮明的江南水國之景。這些詩顯然不同於韓愈的雄奇，柳宗元的清峭，姚、賈的幽僻，而在某種程度上承傳了杜甫蒼勁渾厚的風格。蓋中、晚唐詩境漸狹，因而張祜的上述作品便顯得獨到了。

但是，張祜的意境開闊之作畢竟不多，更多地會寫一些幽清的境界。如題上饒亭「早霜紅葉静，新雨碧潭深」；題常州水西館「盡日草深映，無風舟自閑」；濠州水館「清流中落鳥，白石下游魚」；處士隱居「清香芙蓉水，碧冷琅玕風」。又特别愛寫夜景，如題法雲寺雙檜「高臨月殿秋雲影，静入風廊夜雨聲」；秋夜登潤州慈和寺塔「人行中路月生海，鶴語上方星滿天」；題潤州李尚書北固新樓「青山半在潮來處，碧海先看月滿時」；酬張權宣州新橋秋夜對月見寄「風定遠帆依郡郭，夜深寒笛起江樓」；鍾陵旅泊「龍笻迴泊灘聲下，略彴深行樹影邊」。流傳甚廣的題金陵渡：「金陵津渡小山樓，一宿行人自可愁。潮落夜江斜月裏，兩三星火是瓜洲。」也是寫夜景。由上述作品已經可以看出，他的詩有由幽清轉向清冷的傾向。如風景幽美的杭州，在他的筆下是：「青壁遠光凌鳥峻，碧湖深影鑒人寒」（陪杭州郡使宴西湖亭）；「雲横海雁天風夕，月照城鴉水霧寒」（杭州晚眺）。池州也是「九峰叢翠宿危檻，一夜孤光懸冷沙」（和池州杜員外題九峰樓）。這或許是張祜以處士終身，早年浪迹江湖，於旅泊與拜謁之中飽嘗世態炎涼，因而將其感受移之於詩的結果吧。至於湘中行「遠地毒蛇冬不蟄，深山古木夜爲精」，已導致陰冷恐怖，大有李賀詩的味道了。作者由於求仕受挫，故對人生也産生了一種冷漠、晦暗的感覺，這是可以理解的。

張祜最終還是選擇了隱居這條道路，其中自然有難言的苦衷。隱居生活中的他心境變得平和了，所以詩的格調也發生了變化，即由清冷而轉向幽細。其實這種變化是逐漸而來的，如

「蟻行蟬殼上，蛇竄雀巢中」（題聖女廟）；「雨氣朝忙蟻，雷聲夜聚蚊」（題平望驛）；「雨燕銜泥近，風魚咂網遲」（題程氏書齋）。境界幽清而狹小，描寫也轉向了細小的事物。到了描寫隱居生活的閑居作五首、江南雜題三十首，這個特點更加突出。如「補窠新燕子，争食乳鵝兒」（閑居作五首一）；「屋磚懸蝪蜥，蟲網礙蜻蜓」（同上三）；「壁泥根長麥，籬柱葉生楊」（同上四）；「水蛇驚去疾，山鳥自來多」（江南雜題三十首六）；「鸂鶒穿蘆葉，蟛蜞上竹根」（同上七）；「紅蕉心半卷，白練尾長垂」（同上十三）；「碧瘦三棱草，紅鮮百葉桃」（同上二十四）；「井鮒依頹壁，鄰花出敗牆」（同上二十七）；「竹翠静含粉，榴花輕曳裙」（同上二十八）。作者觀察得多麽仔細，描寫得又是多麽細緻。隱居中的詩人只好把注意力轉向自己周圍環境中的事物，轉向身邊瑣事，不嫌其小，不厭其煩，對它們進行觀察和描寫，以此消遣度日。這些詩幽細而清淡，直如「早嘗甘蔗淡」（江南雜題三十首八）之「淡」，「陰螢草裏微」（同上三）之「微」。這是詩人已淡薄於名利的結果。

清李懷民作重訂中晚唐詩主客圖説張祜傳，稱：「獨五言近體，刻入處太逼閬仙（賈島），或亦私淑賈氏者也，斷爲及門一人。」又於卷下評張祜送曾黯遊夔州説：「承吉本多情人，而撰力極生狠，所以定爲賈派。『下來千里峽，入去一條天』，生刻峭直，純是賈生腕力。」李懷民是以賈島爲清新僻苦主的，以張祜爲其及門，甚有見地。賈島長於五言律，張祜也是作五言律的好手，二人詩都有清寒幽細的特點，確有相似之處。如賈島「石縫銜枯草，查根上净苔」（訪李甘原居）；「螢從枯樹出，蛩入破階藏」（寄胡遇）；「穴蟻苔痕靜，藏蟬柏葉稠」（寄無可上人），寫螞蟻、寫螢火蟲，眼界已狹。其實上述傾向還可追溯到杜甫，如「鸕鷀窺淺井，蚯蚓上深宮」（秦州雜詩二十首十七）；「芹泥隨燕嘴，花蕊上蜂鬚」（徐步）；「啅雀爭枝墜，飛蟲滿院遊」（落日），寫實且微細，賈、張所追蹤的正是杜甫的這條創作道路。

總的來說，張祜的這些詩不如杜甫傳神，也不似賈島的怪僻，但在一個方面上却超過了杜甫和賈島，那就是「巧」。張祜詩對仗精巧，主要體現在以下三個方面：一曰拆合皆成對。如「野橋經亥市，山路過申州」（途中逢李道實遊蔡州），亥日之集市、申州爲地點，但亥、申又皆屬十二地支，將其用於對仗之中又絲毫不露痕迹。余成教說：「劉夢得詩云『午橋群吏散，亥市老人迎』；張祜詩云：『野橋經亥市，山路過申州』；陸（龜蒙）詩云：『閑教辨藥僮名甲，靜識窺巢鶴姓丁』；皮（日休）詩云：『共守庚申夜，同看乙巳占』；李洞詩云：『一谷勢開午，孤峰聳起丁』。開後人以干支相對法門。」（石園詩話卷二）再如「小鳥聞批頰，微蟲弄叩頭」（江南雜題三十首十一）。批頰，鳥名；叩頭，蟲名。拆開看：「批」對「叩」，皆動作；「頰」對「頭」，皆體器：巧妙之極。盧延讓冬夜：「樹上諮諏批頰鳥，窗間壁駁叩頭蟲」，正是由張詩化出。似此還可舉出：「慈姑交宛葉，喜子抱遊絲」（江南雜題三十首五）；「舊巢飛巧婦，新葉長宜男」（同上十六）；「澇水聞歌女，枯枝見宛童」（同上二十三）；「生風貝母葉，活蠱鼠姑花」（同上二十九）。二曰顯隱皆成對。如「雀語嘉賓笑，蛩鳴懶婦愁」（同上十九），以「懶婦」對「嘉賓」，字面便十分工巧。詩經小雅鹿鳴：「我有嘉賓，鼓瑟吹笙。」陸璣毛詩草木鳥獸蟲魚疏卷下引諺語：「趨織鳴，懶婦驚。」崔豹古今注鳥獸：「雀一名嘉賓。」又同書蟲魚：「蟋蟀一名吟蛩……濟南呼爲懶婦。」都有出處，且都一語雙關，可謂銖稱兩對。三曰雙聲疊韻對。如「屋磚懸蝎蜥，蟲網礙蜻蜓」（閑居作五首三）；「簇脚蠨蛸挂，拋身翡翠沉」（江南雜題三十首二十一）；「桑生壠上螟蛉挂，竹在沙頭翡翠沉」（題李山人園林），蝎蜥、蜻蜓、蠨蛸、翡翠、螟蛉，不僅爲蟲鳥名，且都是疊韻，同時符合上述條件的詞語又能有多少！其七言律詩的對仗也很工巧，特別是「杜鵑花落杜鵑叫，烏臼葉生烏臼啼」（所居即事六首二）一聯，詩人敏鋭地抓住花、鳥中皆有杜鵑，恰好樹、禽中亦皆有烏臼這個特點，將其用於對仗，因難見巧，因險出奇。許承欽浣溪沙「蛺蝶花間蛺蝶舞，杜鵑枝上杜鵑啼」，雖模擬之而不及。吴師道説：「舊作集句，用東坡『庭下已生書帶草』對唐人『馬頭初見米囊花』，以爲的切。近閲張祜詩，有云『碧抽書帶草，紅節米囊花』，已有此句矣。」（吴禮部詩話）白居易作詩就已求工求巧，如「紅袖織綾誇柿蒂，青旗沽酒趁梨花」（杭州春望）；「樹暗小巢藏巧婦，渠荒新葉長慈姑」（履道池上作）；「眉月晚生神女浦，臉波春傍窈娘堤」（天津橋），對仗皆極精致。白詩也好寫身邊瑣事，又都有清淺的特點，難怪張爲詩人主客圖將張祜列爲廣大教化主白居易的入室了。雲仙雜記卷五載：「張祜苦吟，妻孥唤之不應，以責祜，祜曰：『吾方口吻生花，豈恤汝輩。』」可見張祜也是一苦吟詩人。張祜苦吟求巧，與孟郊苦吟求古樸、李賀苦吟求奇豔皆不同。桂苑叢談崔張自稱俠載張祜詩句「椿兒繞樹春園裏，桂子尋花夜月中」，張祜有子名椿兒、桂兒，遂發現「椿兒」與「春園」、「桂子」與「夜月」之間的嵌合關係，但「椿」與「春」同音，「桂」與「夜」并不同音，作爲對仗終有不夠理想的地方，也許因此而終未成篇吧。由此可知張祜的很多詩就是這樣作出的。

張祜喜歡用典故，多用人名作對仗，如「偶因魏舒別，聊爲殷浩吟」（送外甥）、「棋因王粲覆，鼓是禰衡撾」（題僧壁）、「翻經謝靈運，畫壁陸探微」（毀浮圖年逢東林寺舊僧）、「成龍須讓邴，展驥莫先龐」（投常州從兄十七中丞十韻）、「張憑逆旅逢新唱，王粲從軍值勝遊」（酬張權宣州新橋秋夜對月見寄）、「文翁莫厭分虎竹，韓信終須仗鉞行」（投滑州盧尚書）、「謝安近日違朝旨，傅説當時允帝求」（寄獻蕭相公）、「任子偶垂滄海釣，戴逵虛認少微星」（酬答柳宗言秀才見贈）、「不堪孫盛嘲時笑，願送王弘醉夜歸」（奉和池州杜員外重陽日齊山登高）等皆是。題陸墉金沙洞居「莫道遺名品，嘗聞入洛初」，用陸機事；寄盧載「少見雙魚信，多聞八米詩」，用盧思道事；憶江東舊遊四十韻寄宣武李尚書「鷲嶺因支訪，龍門憶李登」，用李膺事；送鄭灊判官歸冬寧「摘句競推梁記室，談經今紹漢司農」，用鄭衆事；池州周員外出柘枝「長恐周瑜一私顧，不教閑客望瑶臺」，用周瑜事；題宛陵新橋兼獻裴尚書「富平津路遠陵開，武庫森森又姓裴」，以裴頠喻裴尚書（休），所用皆同姓人之典，論詩者稱之爲「當家事」。費衮梁溪漫志卷四論蘇軾說：「而於用事對偶，精妙切當，人不可及。如張子野買妾詩，全用張氏事；送李方叔下第詩，用古戰場（李華）、日五色（李程），皆當家事，殆如天成。」可以看出，張祜實是開此風氣之先者。總之，在對仗中使用人名，早在杜甫詩中就已較多地這樣做了。王贊說「張祜升杜甫之堂」（玄英先生詩集序），好用典故就是張祜學杜甫的一個方面。其後有李商隱，更是把律詩的用典發揮到極致，以至有「獺祭魚」之稱，又極大地影響了宋代西崑體以及江西詩派的詩人們。從這個意義上來說，張祜也是此演進鏈條上的一個重要環節。

由上述可見，我們很難將張祜歸入中唐韓孟或元白任何一派，他的詩具有獨特的風格、獨到的造詣。無論就數量、質量還是對於後世的影響而言，他都取得了相當的成功，成就與地位應不在賈島、姚合、温庭筠之下。可是這位詩人較長時間地被冷落、被忽視了，這與他的十卷本張承吉文集不爲廣大讀者所知有關。今天，對張祜作重新評價是非常必要的，特將張祜詩集全部注出，以供研究唐詩者所參考。

【注釋】

〔一〕此文的第一部分原題作張祜叙論，發表於社科縱横一九九四年第四期；第二部分題爲論張祜的詩，發表於文學遺産一九九四年第三期。今將兩篇合爲一篇，作爲本書的代前言。

〔二〕計有功唐詩紀事卷五二徐凝條：「樂天薦徐凝屈張祜，論者至今鬱鬱，或歸白之妒才也。余讀皮日休論祜云……」以下文字遂被收入全唐文卷七九七皮日休名下，實誤。計有功所引，其實就是陸龜蒙和過張祜處士詩序中的話，唐詩紀事卷五二張祜條同樣誤將陸龜蒙的詩與序作皮日休、皮日休詩則誤作陸龜蒙，可見是計有功張冠李戴了。其引陸龜蒙語自「祜元和中作宫體小詩」至「此爲才子之最也」便告結束，以下便是計氏本人的評論。因其下云「(徐)凝之操履不見於史」，若作皮日休語，日休生平與徐凝相接，安得有史書可稽？故以此語是計有功的。清余成教石園詩話卷二：「計敏夫(即計有功)云：樂天薦凝屈祜，論者至今鬱鬱……」潘德輿養一齋詩話卷五：「然樂天薦徐凝而抑承吉(張祜字)，心實不公，計敏夫乃謂樂天以實行取人……」都是以唐詩紀事之評爲計有功語。

〔三〕沈雄古今詞話詞話上卷唐人詠六州歌條：「張祜氏州第一云：『十指纖纖玉筍紅，雁行輕度翠絃中。分明自説長城苦，水闊雲寒一夜風。』」同書詞辨上卷小秦王條：「柳塘詞話曰：唐人絶句作樂府歌曲，皆七言而異其名，如無名氏之小秦王，一名丘家箏者。楊慎曰：予愛無名氏三闋……其三『十指纖纖玉筍紅』，爲張祜氏州第一，乃所舉之訛者。」所舉之詩實即張祜的宋州田大夫家樂丘家箏。

凡例

一、張祜别集，傳世有宋蜀刻本張承吉文集十卷、明朱警輯刻唐百家詩集本張處士詩集五卷、明刻本張處士集二卷、明末葉奕抄本張處士詩集六卷、清席啓寓刻唐詩百名家全集本張祜詩集二卷等。明、清所傳之六卷、五卷、二卷者，六卷本實即宋蜀刻張承吉文集之前六卷（第六卷殘）；五卷本即文集的前五卷；二卷本則爲五卷本的合并。清編全唐詩因未見到十卷本張承吉文集，所收録的張祜詩是以六卷本爲基礎，再輯以各種總集、詩話、方志中所存之詩，仍僅是張承吉文集中的一部分。故宋蜀刻張承吉文集是收録張祜詩作最多的集子。今人嚴壽澂張祜詩集（江西人民出版社一九八三年出版）即據宋蜀刻張承吉文集收録，并與其他幾種張祜詩集作了校對，但不作注釋。

二、關於張祜之詩，宋蜀刻本張承吉文集十卷共收四百六十八首。全唐詩卷五一〇、五一一收其詩二卷，又由卷八七〇諧謔、卷八八三補遺中，共檢得文集所無者四十四首。又廣求各書，再輯得佚詩四首、斷句六、聯句一。如此共得張祜詩五百一十六首、斷句六、聯句一。遂將張承吉文集所無之詩編爲集外詩。但其中頗有僞作。僞作也照出處輯録，但在校記中予以説明。文集之詩亦有疑僞者，或重出者，這些皆不作删削，只是在各詩的校記中説明。

三、此書主體之十卷即以宋蜀刻本張承吉文集（上海古籍出版社影印）爲底本，編次一仍其舊。宋蜀刻本各卷類目或爲「雜詩」，或爲「雜題」，或標「長韻」，不盡一致。今綜合原目與卷下類目，分雜詩與長韻兩類；原目各卷所計篇數今據實校正。書中不再一一出校。此十卷校以明刻本張處士集（校記中簡稱處士集）、清代席啓寓刻張祜詩集（校記中簡稱張祜集）。校以總集類書如下：

韋莊又玄集，上海古籍出版社唐人選唐詩（十種）本；

韋縠才調集，同上；

李昉等編文苑英華，中華書局影明刊本（校記中簡稱英華）；

王安石王荆公唐百家詩選，清康熙宋犖、丘迥刊刻本（校記中簡稱百家）；

郭茂倩樂府詩集，中華書局一九七九年校點本（校記中簡稱樂府）；

洪邁萬首唐人絶句，書目文獻出版社據明萬曆趙宧光、黄習遠刊刻的排印本（校記中簡稱萬首）；

全唐詩，中華書局一九六〇年據揚州書局刻本的排印本（校記中簡稱全詩）；

全唐詩録,影印文淵閣四庫全書本。

敦煌遺書編號爲斯四四四四、伯四八七八抄有張祜詩數首,徐俊敦煌寫本張祜詩集二種(文獻一九九三年第二期)曾撰文介紹。伯四八七八殘頁尚可辨「張祜詩」三字,可證確爲張祜詩。有的雖僅存題目,亦大有價值。本校所據書爲黄永武主編敦煌寶藏,爲據原卷的影印本,新文豐出版公司印行。

四、爲避免繁瑣,若底本不誤,他書的無甚歧義的異字一般不出校。若底本有誤或不佳者,則據他書改正。

五、關於箋注,本書重在詮釋地理、人事、掌故、詞語出處、古代名物等,一般不作串講。考慮到閲讀者的方便,重出詞語不採用「見某詩注某」的方式,但又要儘量避免重複,便儘可能在不同的地方引不同的書。

六、凡有關詩的本事或歷代評論家對於個别作品的評述或詮釋,本書設輯評一欄,分繫於該作品之後。

七、書後附録一爲有關張祜的文獻資料,分評論、紀事、藝文、著録、雜録五大類。皆照録原文。張祜之名,或作「祐」,或作「祜」,今一律引作「祜」,不再作説明。

八、附録二爲校注者本人所作的張祜繫年考。最早發表於唐代文學研究第二輯(一九九〇年),今已作了較大的修改。

張祜詩集校注目録

第三卷　五言雜詩四十七首

第四卷　七言雜詩五十首

第五卷　七言雜詩四十七首

第六卷　五七言雜詩六十首

第七卷　七言雜詩三十八首

第八卷　五七言雜詩六十四首

第九卷　五七言長韻三十首

第十卷　五七言長韻十五首

集外詩四十八首　附斷句、聯句

張承吉文集卷第一　雜詩

觀徐州李司空獵〔一〕

曉出郡城東，分圍淺草中。紅旗開向日，白馬驟迎風。背手抽金鏃，翻身控角弓。萬人齊指處，一雁落寒空。

【校記】

又玄集題作「觀魏博何相公獵」。考魏博軍亂殺史憲誠，推何進滔爲留後在大和三年，然長慶三年張祜在杭州與徐凝争鄉試白居易已提到此詩，云「張三作獵詩以較王右丞」，見雲溪友議卷中錢塘論，故不取。

【箋注】

〔一〕徐州：新唐書地理志二：「徐州彭城郡，緊。」今江蘇徐州。唐興元四年置徐泗濠三州節度，元和二年號武寧軍，治徐州。李司空爲李愿，元和十年十月至十三年七月爲武寧軍節度使，見吴廷燮唐方鎮年表。

【輯評】

莊綽雞肋編卷下：黄魯直在衆會作一酒令云：「虱去乙爲蟲，添几却是風，風暖鳥聲碎，日高花影重。」坐客莫能答。他日，人以告東坡，坡應聲曰：「江去水爲工，添糸却是紅，紅旗開向日，白馬驟迎風。」雖創意爲妙，而敏捷過之。

施閏章蠖齋詩話綦毋潛：至白尚書以（張）祜觀獵詩，謂張三較王右丞未敢優劣，似尚非篤論。祜詩曰：……細讀之，與右丞氣象全別。

李懷民重訂中晚唐詩主客圖説卷下評領聯：「開」字、「驟」字鍊。又評尾聯：聲色俱到。

吴喬圍爐詩話卷二：張祜觀李司空獵詩，精神不下右丞，而丰采迥不同。

獵

殘獵渭城東〔一〕，蕭蕭西北風。雪花鷹背上，冰片馬蹄中。臂挂捎荆兔，腰懸落箭鴻。歸來逞餘勇，兒子亂彎弓。

【箋注】

〔一〕渭城：秦時咸陽，漢改稱渭城，屬長安。見漢書地理志上。

【輯評】
李懷民重訂中晚唐詩主客圖説卷下：二詩無大好處，但取其寫興逼真。又評頷聯：純是賈生句。

鸚鵡〔一〕

栖栖南越鳥，色麗思沉淫。暮隔碧雲海，春依紅樹林。雕籠悲斂翅，畫閣豈關心。無事能言語，人聞怨恨深。

【校記】
怨恨深：「怨」原作「悲」，重出，故從處士集。

【箋注】
〔一〕鸚鵡：舊題師曠禽經：「鸚鵡摩背而瘖。」張華注：「鸚鵡出隴西，能言鳥也，人以手撫拭其背，則瘖瘂矣。」

【輯評】
李懷民重訂中晚唐詩主客圖説卷下：寄託。又評「色麗」句：神匠。

再吟鸚鵡

萬里去心違，奇毛覺自非。美人憐解語，凡鳥畏多機〔一〕。未勝無丹觜，何勞事緑衣〔二〕。雕籠終不戀，會向故山歸。

【校記】

凡鳥：「凡」原作「此」，據全詩改。

【箋注】

〔一〕凡鳥：既謂一般的鳥，又合成「鳳」字。世説新語簡傲：「嵇康與吕安善，每一相思，千里命駕。安後來，直康不在，（嵇）喜出户延之，不入，題門上作『鳳』字而去。喜不覺，猶以爲欣，故作。『鳳』字，凡鳥也。」

〔二〕丹觜、緑衣：文選禰衡鸚鵡賦：「紺趾丹觜，緑衣翠衿。」

【輯評】

李懷民重訂中晚唐詩主客圖説卷下評頷聯：題鸚鵡詩，自太白後，大概皆有感寓。又評頸聯：一憤至此。

酬鄭模司直見寄〔一〕

故人滄海曲，聊復話平生。喜是狂奴態〔二〕，羞爲老婢聲〔三〕。宦途終日薄，身事長年輕。猶賴書千卷，長隨一棹行。

【校記】

題中「模」：英華校「一作楧」。

宦途：「宦」原作「官」，據全詩改。

【箋注】

〔一〕鄭模：闕名寶刻類編卷五鄭模：「宣歙觀察使王質碑，劉禹錫撰并書，題額。開成四年十一月，洛。」畢沅關中金石記卷四：「司直廳石幢，庚申正月立，鄭模撰文，裴諸正書，在西安府學。」當即此人。

〔二〕狂奴：後漢書逸民傳嚴光：「司徒侯霸與光素舊，遣使奉書……光不答，乃投札與之，口授曰：『君房足下：位至鼎足，甚善。懷仁輔義天下悅，阿諛順旨要領絕。』霸得書，封奏之，帝笑曰：『狂奴故態也。』」

〔三〕老婢：世說新語輕詆：「人問顧長康何以不作洛生詠，答曰：『何至作老婢聲。』」同書雅量

「桓公伏甲設饌」條劉孝標注引宋明帝文章志：「（謝）安能作洛下書生詠，而少有鼻疾，語音濁，後名流多學其詠，弗能及，手掩鼻而吟焉。」

送蘇紹之歸嶺南〔一〕

孤舟越客吟〔二〕，萬里曠離衿。夜月江流闊，春雲嶺路深。珠繁楊氏果，翠耀孔家禽〔三〕。無復天南夢，相思空樹林。

【箋注】

〔一〕嶺南：唐貞觀二年置嶺南道，治廣州，後分爲東、西二道。蘇紹之未詳。

〔二〕越客：史記張儀列傳：「越人莊舄，仕楚執珪，有頃而病，楚王曰：『舄，故越之鄙細人也，今仕楚執珪，貴富矣，亦思越否？』中謝對曰：『凡人之思故，在其病也，彼思越則越聲，不思越則楚聲。』使人往聽之，猶尚越聲也。」王粲登樓賦：「鍾儀幽而楚奏，莊舄顯而越吟。」

〔三〕楊氏果、孔家禽：世説新語言語：「梁國楊氏子五歲，甚聰惠。孔君平詣其父，父不在，乃呼兒出爲設果。果有楊梅，孔指以示兒曰『此是君家果。』兒應聲曰：『未聞孔雀是夫子家禽。』」

【輯評】李懷民重訂中晚唐詩主客圖説卷下評第三句：匠在「闊」字。又評第四句：匠在「深」字。又勿認作杜，尚不能入少陵之室，然賈氏固由杜出。

送沈下賢謫尉南康〔一〕

秋風江上草，先是客心摧。萬里故人去，一行新雁來。山高雲緒斷，浦迥日波頹。莫怪南康遠，相思不可裁。

【箋注】

〔一〕沈下賢：沈亞之字下賢，吳興人，元和十年進士。大和初李同捷反，柏耆宣慰德州，奏亞之爲判官。會横海節度使李祐平德州，同捷降，柏耆擅斬同捷，亞之亦受累，見新唐書柏耆傳。舊唐書文宗紀上：「（大和三年五月）貶滄德宣慰使、諫議大夫柏耆循州司户，宣慰判官、殿中侍御史沈亞之虔州南康尉。」南康：縣名，今屬江西。

送盧弘本浙東覲省〔一〕

東望故山高，秋歸值小舠。懷中陸績橘〔二〕，江上伍員濤〔三〕。好去寧雞口〔四〕，加餐及蟹螯〔五〕。知君思無倦，爲我續離騷〔六〕。

【箋注】

〔一〕浙東：唐乾元元年置浙江東道觀察使，治越州，今浙江紹興。盧弘本：未詳。

〔二〕陸績：三國志吴書陸績傳：「績年六歲，於九江見袁術，術出橘，績懷三枚，去，拜辭墮地。術謂曰：『陸郎作賓客而懷橘乎？』績跪答曰：『欲歸遺母。』術大奇之。」

〔三〕伍員：王充論衡書虚：「吴王夫差殺伍子胥，煮之於鑊，乃以鴟夷橐投之於江。子胥恚恨，驅水爲濤，以溺殺人。今時會稽、丹徒大江、錢唐浙江，皆立子胥之廟，蓋欲慰其恨心，止其猛濤也。」伍員字子胥。

〔四〕雞口：戰國策韓策一蘇秦爲楚合從説韓王：「臣聞鄙語曰：『寧爲雞口，無爲牛後。』」史記蘇秦列傳張守節正義解曰：「雞口雖小，猶進食，牛後雖大，乃出糞也。」

〔五〕蟹螯：世説新語任誕：「畢茂世云：『一手持蟹螯，一手持酒杯，拍浮酒池中，便足了一生。』」

〔六〕續離騷：史記屈原列傳：「故憂愁幽思而作離騷，離騷者，猶離憂也。」

晚次荆溪館呈崔明府〔一〕

艤舟陽羨館〔二〕，飛步繚疏楹。山暝水雲碧，月涼煙樹清。長橋深漾影〔三〕，遠檣下摇聲。況是無三害〔四〕，絃歌政初成〔五〕。

【箋注】

〔一〕荆溪：李吉甫元和郡縣圖志卷二五常州：「義興縣，本漢陽羨縣，故城在荆溪南。……荆溪是周處斬蛟處。」顧祖禹讀史方輿紀要卷二五：「荆溪在（宜興）城南，其在城西者亦曰西溪，在城東者亦曰東溪。」崔明府：未詳。唐稱縣令爲明府。

〔二〕陽羨：縣名，唐武德八年省入義興，見新唐書地理志五。

〔三〕長橋：樂史太平寰宇記卷九二常州：「長橋，在（宜興）縣城前二十步。」

〔四〕三害：晉周處爲義興陽羨人，少時縱情肆虐，州人患之，並以南山白額猛虎、長橋下蛟爲三害。處爲鄉人射虎斬蛟，己亦改過自新，三害皆除。見晉書周處傳。

〔五〕絃歌：論語陽貨：「子之武城，聞絃歌之聲。夫子莞爾而笑，曰：『割雞焉用牛刀？』」時子游爲武城宰。

寄朗州徐員外〔一〕

江嶺昔飄蓬，人間值俊雄。關西今孔子〔二〕，城北舊徐公〔三〕。清夜遊何處，良辰此不同。傷心幾年事，一半在湖中。

【箋注】

〔一〕郎州：唐朗州武陵郡，今湖南常德。徐員外爲徐縝。林寶元和姓纂卷二東海剡州徐氏：「縝，朗州刺史。」劉禹錫集卷一八四劉禹錫上杜司徒啓：「近本州徐使君至，奉手筆一函。」即此徐縝。時劉禹錫爲朗州司馬。

〔二〕關西孔子：後漢書楊震傳：「震明經博學，無不窮究，諸儒語曰：『關西孔子楊伯起。』」

〔三〕城北徐公：戰國策齊策一：「（鄒忌）窺鏡，謂其妻曰：『我孰與城北徐公美？』……城北徐公，齊國之美麗者也。」

旅次上饒溪〔一〕

碧溪行幾折，凝棹宿汀沙。角斷孤城掩，樓深片月斜。夜橋昏水氣，秋竹静霜華。更想曾題壁，凋零可歎嗟。

【箋注】

〔一〕上饒：唐屬信州，今江西上饒。

【輯評】

李懷民重訂中晚唐詩主客圖説卷下評頷聯：「斜」字從「深」字出，此畫有不能到也。

送徐彥夫南遷

萬里客南遷，孤城漲海邊〔一〕。瘴雲秋不斷，陰火夜長然〔二〕。月上行墟市，風迴望舶船。知君還自潔，更爲酌貪泉〔三〕。

【箋注】

〔一〕漲海：南海。文選鮑照蕪城賦：「南馳蒼梧漲海，北走紫塞雁門。」

〔二〕陰火：文選木華海賦：「陽冰不冶，陰火潛然。」太平廣記卷四六六引嶺南異物志：「海中所生魚蜃，置陰處有光，初見之，以爲怪異，土人常推其義，蓋鹹水所生，海中水遇陰物，波如然火滿海，以物擊之，迸散如星火，有月即不復見。木玄虛海賦云『陰火潛然』，豈謂此乎？」

〔三〕貪泉：晉書良吏傳吳隱之：「隆安中，以隱之爲龍驤將軍、廣州刺史、假節，領平越中郎將。未至州二十里，地名石門，有水曰貪泉，飲者懷無厭之欲。隱之……乃至泉所，酌而飲之，因賦詩曰：『古人云此水，一歃懷千金。試使夷齊飲，終當不易心。』及在州，清操踰厲。」李吉甫元和郡縣圖志卷三四廣州：「石門水一名貪泉，出（南海）縣西三十里平地，即晉廣州刺史吳隱之飲水賦詩之處。」

【輯評】

謝榛四溟詩話卷三：木玄虛海賦「陰火潛然」；顧況送從兄使新羅詩「陰火暝潛燒」；張祜

送徐彦夫南遷詩「陰火夜長然」，王（仲）初南中詩「陰火雨中生」。凡作詩不惟專尚新奇，雖雷同必求獨勝，王能鍊句，晚唐亦知此邪？

李懷民重訂中晚唐詩主客圖説卷下：此等詩從老杜秦州詩來，即亦不必苦分盛、中。又評頷聯：二句下三字著力。又評尾聯：箴勉乃古人贈言之義，然迥異後來一味膚泛。

送韋整尉長沙〔一〕

遠遠長沙去，憐君屈一官。風帆彭蠡疾，雲水洞庭寬。木客提蔬束〔二〕，江鳥接飯丸〔三〕。莫言卑濕地〔四〕，未必乏新歡。

【校記】

遠遠：全詩校「一作遠道」。

屈一官：「屈」原作「利」，全詩校「一作屈」。「利」字於詩意顯忤，故據全唐詩録改。

【箋注】

〔一〕長沙：唐潭州長沙郡屬縣有長沙，見新唐書地理志五。韋整未詳。

〔二〕木客：初學記卷八引異物志：「廬陵有木客鳥，大如鵲，千百爲群，不與衆鳥相厠，云是木客所化。」

〔三〕江烏：太平御覽卷二〇引地理志：「孤山正在江中，有烏飛入船，人以飯與之，烏且飛且啖。」樂史太平寰宇記卷一一一江州：「有乞飯烏，隨船行，舟人擲摶飯，烏接之，高下不失粒。今此烏沿江靈廟多有，不獨在彭蠡湖。」

〔四〕卑濕：史記賈生列傳：「賈生既以適（謫）居長沙，長沙卑濕，自以爲壽不得長，傷悼之。」

【輯評】

李懷民重訂中晚唐詩主客圖説卷下評「江烏」句：衹五字而湘湖間之風景如目接矣，須想其用筆鍊字之妙處。

宋長白柳亭詩話卷二九：江湖行旅，崇祀水神，風檣雨檝之間，嘗有群烏飛繞，舟人拋食空中，競接以去，謂之神鴉。張裕（按：祜之訛）送韋整詩：「風帆彭蠡疾，雲水洞庭寬。木客提蔬束，江烏接飯丸。」此則在長沙也。顧況小孤山詩：「古廟楓林江水邊，寒鴉接飯雁橫天」；熊孺登過董監廟詩：「神烏慣得商人食，飛趁征帆過蠡湖」，此則在鄱陽也。蘇子瞻巫山廟詩：「群飛來去噪行人，得食無憂便可馴」，此則在三峽也。

送外生

衰年生姪少，唯爾最關心。偶作魏舒別〔一〕，聊爲殷浩吟〔二〕。白波舟不定，黄葉路難尋。自此樽中物，誰當更共斟？

【箋注】

〔一〕魏舒：晉書魏舒傳：「少孤，爲外家甯氏所養。甯氏起宅，相宅者云：『當出貴甥。』外祖母以魏氏甥小而慧，意謂應之，舒曰：『當爲外氏成此宅相。』久乃别居。」

〔二〕殷浩：晉書殷浩傳：「浩甥韓伯，浩素賞愛之，隨至徙所。經歲還都，浩送至渚側，詠曹顏遠詩云：『富貴他人合，貧賤親戚離。』因而泣下。」

送劉崇德尉睦州建德縣〔一〕

一命前途遠，雙曹小邑閑。夜潮人到郭，春霧鳥啼山。淺瀨横沙堰，高巖峻石斑。不堪曾倚棹，猶復夢昇攀。

【校記】

題原作「贈薛鼎臣侍御」，誤。張祜有贈薛鼎臣侍御七言律詩一首，方是贈薛之作，與此詩意思全别，故從英華。

【箋注】

〔一〕建德：唐屬睦州新定郡。此詩云「雙曹小邑閑」，據新唐書百官志下，上縣令一人，尉二人；

下縣令一人，尉一人。案新唐書地理志五睦州新定郡：「縣六：建德，上。」正合。

【輯評】

李懷民重訂中晚唐詩主客圖説卷下：賈生復出。又評「夜潮」句：妙。又評「春霧」句：又妙。

送曾黯遊夔州〔一〕

不遠夔州路，層波灩澦連〔二〕。下來千里峽，入去一條天。樹色秋帆上，灘聲夜枕前。何堪正危側，百丈半山顛。

【箋注】

〔一〕曾黯：太平廣記卷三〇八引河東記：「柳澥少貧，遊嶺表，廣州節度使孔戣遇之甚厚，贈百餘金，諭令西上。遂與秀才嚴燭、曾黯數人，同舟北歸……時唐元和十四年八月也。」當即此曾黯。夔州雲安郡，唐爲下都督府，見新唐書地理志四。今四川奉節。

〔二〕灩澦：即灩澦堆，長江三峽瞿塘峽中的險灘。李肇唐國史補卷下：「（三峽）大抵峽路峻急……四月五月爲猶險時，故曰：『灩澦大如馬，瞿塘不可下。灩澦大如牛，瞿塘不可留。灩澦大如幞，瞿塘不可觸。』」

【輯評】李懷民重訂中晚唐詩主客圖説卷下：承吉本多情人，而撰力極生狠，所以定爲賈派。又評頷聯：生刻峭直，純是賈生腕力。又評：與許洞庭「石形相對聳，天勢一條長」正同一用意。

送李長史歸涪州〔一〕

涪江江上客〔二〕，歲晚却還鄉。暮過高唐雨〔三〕，秋經巫峽霜。急灘船失次，疊嶂樹無行。好爲題新什，知君思不常。

【箋注】

〔一〕涪州：唐涪州涪陵郡，今四川涪陵。李長史未詳。

〔二〕涪江：又稱内江，源出今四川北部南坪縣南、雪欄山東南，至合川縣入嘉陵江。

〔三〕高唐：范成大吳船録卷下：「戊午，乘水退，下巫峽……神女廟乃在諸峰對岸小岡之上，所謂陽雲臺、高唐觀，人云在來鶴峰上，亦未必是。神女之事，據宋玉賦云以諷襄王。」

【輯評】李懷民重訂中晚唐詩主客圖説卷下評頸聯：此梅都官所謂發難顯也，非此奇筆，不能狀此奇景。

贈契衡上人

小門開板閣，終日是逢迎。語笑人同坐，修持意别行。水花秋始發，風竹夏長清。不恨栖惶久，憐師記姓名。

走筆贈許玫赴桂州命〔一〕

桂林真重德，蓮幕藉殊才〔二〕。直氣自消瘴，遠心無暫灰。劍稜叢石險，箭激亂流迴。莫説雁不到〔三〕，長江魚盡來。

【校記】

題中「玫」：處士集誤作「玖」。唐詩紀事卷四五有許玫，云玫「大和元年登第」。

【箋注】

〔一〕桂州：唐桂州始安郡，中都督府，見新唐書地理志七上。今廣西桂林。

〔二〕蓮幕：南史庾杲之傳：「庾杲之字景行……（王儉）乃用杲之爲衛將軍長史。安陸侯蕭緬與儉書曰：『盛府元僚，實難其選。庾景行泛緑水、依芙蓉，何其麗也。』時人以入儉府爲蓮花池，故緬書美之。」

〔三〕雁不到：古時傳説雁至衡陽便不再南飛。范成大驂鸞録：「登迴雁峰，郡南一小山也。世傳陽鳥不過衡山，至此而迴，然聞桂林尚有雁聲。」

題上饒亭

溪亭拂一琴，促軫坐披衿。夜月水南寺，秋風城外砧。早霜紅葉静，新雨碧潭深。唯是壺中物，憂來且自斟。

【輯評】

李懷民重訂中晚唐詩主客圖説卷下：自是眼前景，寫得出由鍊功深也。又評頷聯：此等氣味，令人諷之不能盡，置之不能忘，而不可以訓詁求之。

題僧壁

出門無一事，忽忽到天涯。客地多逢酒，僧房却厭花。棊因王粲覆〔一〕，鼓是禰衡撾〔二〕。自喜疏成品，生前不怨嗟。

【箋注】

〔一〕王粲：三國志魏書王粲傳：「觀人圍棋，局壞，粲爲覆之。棋者不信，以帊蓋局，使更以他局爲之，用相比較，不誤一道。」

〔二〕禰衡：後漢書文苑傳下禰衡：「（曹操）聞衡善擊鼓，乃召爲鼓史，因大會賓客，閲試音節……次至（禰）衡，方爲漁陽參撾，蹀躞而前，容態有異，聲節悲壯，聽者莫不慷慨。」

寄盧載〔一〕

故人盧氏子，十載曠佳期。少見雙魚信〔二〕，多聞八米詩〔三〕。侏儒他甚飽〔四〕，款段爾應羸〔五〕。勿謂今劉二，相逢不熟槌〔六〕。

【箋注】

〔一〕盧載：全唐文卷七八四穆員陝虢觀察使盧公（岳）墓誌銘：「三子：載、戣、戡。」唐尚書省郎官石柱題名司封郎中有盧載。白居易有天平軍判官盧載可協律郎制。舊唐書郭承嘏傳：「詔下，兩省迭詣中書，求承嘏出麾之由，給事中盧載封還詔書。」全唐文卷八〇七司空圖書屏記：「先大夫初以詩師友兵部盧公載從事於商於，因題紀唱和。」盧載自撰唐朝議郎守太子賓客分司東都上柱國賜紫金魚袋盧載墓志銘并序云載字子蒙，少好作詩，長兼叙事，曾爲同州、商州刺史，開成五年爲太子賓客分司東都，大中二年五月卒於東都，享年七十五。見吴鋼主編全唐文補編千唐志齋新藏專輯，參王學文盧載墓志及其妻鄭氏墓志考釋，黄河科技大學學報二〇一四年第一期。

〔二〕雙魚：漢樂府飲馬長城窟行：「客從遠方來，遺我雙鯉魚。呼兒烹鯉魚，中有尺素書。」

〔三〕八米：北史盧思道傳：「文宣帝崩，當朝文士各作挽歌十首，擇其善者而用之。魏收、陽休之、祖孝徵等，不過得一二首，惟思道獨得八篇，故時人稱爲『八米盧郎』。」姚寬西溪叢語卷下：「關中語，歲以六米、七米、八米分上中下，言在穀取八米，取數之多也。」王應麟困學紀聞卷二〇：「或謂『米』當爲『采』。」徐鍇云：八米以稻喻之，若言十稻之中得八粒米也。」

〔四〕侏儒：漢書東方朔傳：「朱（侏）儒長三尺餘，奉一囊粟，錢二百四十；臣朔長九尺餘，亦奉一囊粟，錢二百四十。朱儒飽欲死，臣朔飢欲死。」

〔五〕款段：後漢書馬援傳：「乘下澤車，御款段馬。」李賢等注：「款尤緩也，言形段遲緩也。」

〔六〕「勿謂」二句：太平廣記卷二五三引啓顔録：「魏高祖山陵既就，詔令魏收、祖孝徵、劉逖、盧思道等，各作挽歌詞十首，尚書令楊遵彦詮之。魏收四首，祖、劉各二首被用，而思道獨取八首。故時人號『八詠盧郎』。思道嘗在魏收席，舉酒勸劉逖，收曰：『盧八勸劉二邪？』中書郎趙郡李愔亦戲之曰：『盧八問訊劉二。』逖銜之，及愔後坐事被鞭撲，逖戲之曰：『高槌兩下，熟鞭一百，何如言問訊劉二時？』」北史劉逖傳作「高槌兩下，執鞭一百」。

送楊秀才遊蜀

鄂渚逢遊客〔一〕，瞿塘上去船。峽深明月夜，江静碧雲天。舊俗巴渝舞〔二〕，新聲蜀國絃〔三〕。不堪揮慘恨，一涕自潸然。

【箋注】

〔一〕鄂渚：楚辭屈原涉江：「乘鄂渚而反顧兮。」洪興祖補注：「楚子熊渠封中子紅於鄂。鄂州武昌縣地是也，隋以鄂渚爲名。」

〔二〕巴渝舞：後漢書南蠻傳：「閬中有渝水，其人多居水左右，天性勁勇，初爲漢前鋒，數陷陳（陣）。俗喜歌舞，高祖觀之，曰：『此武王伐紂之歌也。』乃命樂人習之，所謂巴渝舞也。」

〔三〕蜀國絃：郭茂倩樂府詩集卷三〇四絃曲：「古今樂録曰：張永元嘉技録有四絃一曲，蜀國四絃是也，居相和之末，三調之首。古有四曲，其張女四絃、李延年四絃、嚴卯四絃三曲，闕蜀國四絃。」

【輯評】

黄周星唐詩快卷九評頷聯：峽中風景，十字寫盡。

送楊秀才往夔州

鄂渚逢遊客，瞿塘上去船。江連萬里海，峽入一條天。鳥影沉沙日，猿聲隔樹煙。新詩逢北使，爲草幾巴牋。

【校記】

題「往夔州」：百家作「遊雲南」。按：此詩與送楊秀才遊蜀首聯同，頷聯又與送曾黯遊夔州大致相同，故當與送楊秀才遊蜀爲一首，傳抄致歧，遂誤作兩首。當刪併。

逢北使：百家作「北來使」。

【輯評】

程大昌演繁露續集卷四：詩思豐狹自其胸中來，若思同而句韻殊者，皆象其人，不可强求也。張祜送人遊雲南固嘗張大其境矣，曰「江連萬里海，峽入一條天」，至老杜則曰「窗含西嶺千峰雪，門泊東吳萬里船」，又曰「路經灩澦雙蓬鬢，天入滄浪一釣舟」。以較祜語雄偉而又優裕矣。

途中逢李道實遊蔡州〔一〕

征馬漢江頭，逢君上蔡遊。野橋經亥市〔二〕，山路過申州〔三〕。僻地人行澀，荒林虎跡稠。殷勤話新守，生物賴諸侯。

【箋注】

〔一〕新唐書地理志二河南道：「蔡州汝南郡，緊。」其屬縣有上蔡。李道實未詳。

〔二〕亥市：徐筠水志：「荆吳俗，以寅、巳、亥日集於市。」張籍江南曲：「江村亥日常爲市。」白居易江州赴忠州至江陵以來舟中示舍弟五十韻：「亥市魚鹽聚，神林鼓笛鳴。」

〔三〕中州：唐中州義陽郡屬淮南道，見新唐書地理志五。

【輯評】

陳郁藏一話腴外編卷上：荆吳之俗，取寅、申、巳、亥日集，故亥日爲亥市。張祜詩曰：「野橋經亥市。」張籍江南曲有曰：「江村亥日長爲市。」山谷詩曰：「漁收亥日妻到市。」謝艮齋詩曰：「已向三長觀亥市，便從雙井問寅庵。」

余成教石園詩話卷二：劉夢得詩云「午橋群吏散，亥市老人迎」，張祜詩云「野橋經亥市，山路過申州」，陸（龜蒙）詩云「閑教辨藥僮名甲，静識窺巢鶴姓丁」，皮（日休）詩云「共守庚申夜，同看乙巳占」，李洞詩云「一谷勢開午，孤峰聳起丁」。開後人以干支相對法門。

富陽道中送王正夫〔一〕

枏枏上荒原〔二〕，霜林赤葉翻。孤帆天外出，遠戍日中昏。摘橘防深刺，攀蘿畏斷根。何堪衰草色，一酌送王孫〔三〕。

【箋注】

〔一〕富陽：縣名，唐屬杭州餘杭郡。見新唐書地理志五。王正夫未詳。

〔二〕��：風聲。枒同析。

〔三〕王孫：楚辭淮南小山招隱士：「王孫遊兮不歸，春草生兮萋萋。」這裏暗切其姓。

【輯評】

李懷民重訂中晚唐詩主客圖説卷下評「遠戍」句：絶妙燕僧（賈島）。又評頸聯：唐人體物入微。

送韋正貫赴制舉〔一〕

可愛漢文年，鴻恩蕩海壖〔二〕。木雞方備德〔三〕，金馬正求賢〔四〕。大戰希遊刃〔五〕，長途在着鞭〔六〕。竚看晁董策〔七〕，便向史中傳。

【校記】

英華題作送韋正字赴制科，并於「字」下校曰「集作貫」。全詩題作送韋正字枒貫赴制舉，并於「舉」

下校曰「一作科」。全詩顯然將英華題中夾註竄入正題，且有誤字。

【箋注】

〔一〕韋正貫：新唐書韋皋傳韋皋兄平：「平子正貫，字公理……不得意，棄官去，改今名。舉賢良方正異等，除太子校書郎，調華原尉。後又中詳閑吏治科，遷萬年主簿，擢累司農卿。」全唐文卷七六四蕭鄴嶺南節度使韋公神道碑，即此韋正貫。册府元龜卷六四四長慶元年十二月辛未制：「賢良方正能言極諫……第五上等人韋正貫。」又寶曆元年三月丁亥制：「詳閑吏理達於教化科，第五上等韋正貫。」制舉：唐代由皇帝親自在殿廷詔試的科舉稱制科舉，簡稱制舉或制科。新唐書選舉志中：「其天子自詔者曰制舉，所以待非常之才焉。」名目繁多，著者如賢良方正能言極諫科、才識兼茂明於體用科等。

〔二〕海壖：海邊。史記河渠書：「五千頃故盡河壖棄地。」裴駰集解：「韋昭曰：壖，音而緣反，謂緣河邊地也。」

〔三〕木雞：莊子達生：「紀渻子爲王養鬬雞，十日而問：『雞已乎？』曰：『未也，方虚驕而恃氣。』十日又問，曰：『未也，猶應嚮景。』十日又問，曰：『未也，猶疾視而盛氣。』十日又問，曰：『幾矣，雞雖有鳴者，已無變矣，望之似木雞矣，其德全矣，異雞無敢應者，反走矣。』」成玄英疏：「神識安閒，形容審定……其猶木雞不動不驚，其德全具。」

〔四〕金馬：後漢書馬援傳：「孝武皇帝時，善相馬者東門京鑄作銅馬法獻之，有詔立馬於魯班門外，則更名魯班門曰金馬門。」漢書載東方朔、公孫弘皆曾待詔金馬門。

〔五〕遊刃：莊子養生主：「彼節者有間而刀刃者無厚，以無厚入有間，恢恢乎其於遊刃必有餘地矣。」

〔六〕着鞭：晉書劉琨傳：「聞(祖)逖被用，與親故書曰：『吾枕戈待旦，志梟逆虜，常恐祖生先吾著鞭。』」

〔七〕晁董：晁錯、董仲舒。漢文帝時，晁錯對策，時對策者百餘人，唯錯高第。武帝時，舉賢良文學，前後百數，董仲舒以賢良對「天人三策」，深得武帝賞識。晁、董對策皆載漢書本傳。

贈貞固上人

南國披僧籍，高標一道林〔一〕。律儀精疊布〔二〕，真行止吞針〔三〕。掇火身潛起，焚香口旋吟。非論坐中社，余亦舊知音。

【箋注】

〔一〕道林：支道林，晉僧，名遁，字道林。精通莊子及維摩經。釋慧皎高僧傳卷四晉剡沃洲山支遁傳云其「聰明秀徹……每至講肆，善標宗會……一代名流皆著塵外之狎」。

〔二〕疊布：玄奘、辯機大唐西域記卷一縛喝國：「昔者如來初證佛果，起菩提樹，方詣鹿國，時二長者遇被威光……如來以僧伽胝方疊布下，次鬱多羅僧，次僧却崎，又覆鉢竪錫杖，如是次第爲窣堵波。」僧伽胝等皆僧衣名，云將其疊成方形，鋪在地上，用僧衣及錫杖演示造塔的過程與樣式。

〔三〕吞針：晉書藝術傳鳩摩羅什：「（姚興）遂以伎女十人，逼令受之。……諸僧多效之，什乃聚針盈鉢，引諸僧謂之曰：『若能見效食此者，乃可畜室耳。』因舉匕進針，與常食不別，諸僧愧服乃止。」

贈志凝上人

悟色身無染，觀空事不生。道心長日笑，覺路幾年行。片月山林静，孤雲海棹輕。願爲塵外契，一就智珠明〔一〕。

【校記】

題原作「題贈志凝上人」，據英華删「題」字。

【箋注】

〔一〕智珠：喻菩提大道。廣弘明集卷一九梁簡文帝蕭綱重請御講啓：「智珠法炬，人人並持；四忍五明，家家可望。」釋道原景德傳燈録卷二第二十七祖般若多羅記香至王又施無價寶珠，第三子菩提多羅曰：「珠不自珠者，要假智珠而辨世珠；寶不自寶者，要假智寶以明法寶。然則師有其道，其寶即現。」

送瓊真發述懷

送出南溪日，離情不忍看。漸遥猶顧首，帆去意難判。最恨臨行夜，相期幾百般。但能存歲節，終久得同懽。

【校記】

題中「真」：全詩作「貞」。

寄靈澈上人〔一〕

老僧何處寺，秋夢繞江濱。獨樹月中鶴，孤舟雲外人。榮華長指幻，衰病久觀身。應笑無成者，滄洲垂一綸。

【校記】

題中「澈」：原作「徹」，據英華改。

衰病久觀身：英華作「病久不觀身」，并於「不」字下校云：「一作有。」
垂一綸：「綸」原作「輪」，據英華改。

【箋注】

〔一〕靈澈：劉禹錫集卷一九澈上人文集紀：「上人生於會稽，本湯氏子。聰察嗜學，不肯爲凡夫，因辭父兄出家。號靈澈，字源澄。……元和十一年終於宣州開元寺，年七十有一。」靈澈性好遊歷，辛文房唐才子傳卷三靈徹上人云其「初居嵩陽蘭若，後來住匡廬東林寺，如天目、四明、棲霞及衡、湘諸名山，行錫幾遍」。

溪行寄京師故人道侶

白日長多事，清溪偶獨尋。雲歸秋水闊，月出夜山深。坐想天涯去，行悲澤畔吟〔一〕。東郊故人在，應笑未抽簪〔二〕。

【校記】

英華題作「溪行寄道侶」。

【箋注】

〔一〕澤畔：史記屈原列傳：「屈原至於江濱，被髮行吟澤畔，顔色憔悴，形容枯槁。」

〔二〕抽簪：簪即冠笄，連冠於髮者，仕宦所用，故以抽簪指棄官引退。文選張協詠史：「抽簪解朝衣，散髮歸海隅。」

贈僧雲栖

麈尾與邛杖〔一〕，幾年離石壇。梵餘林雪厚，棋罷岳鍾殘。開卷喜先悟，漱瓶知早寒。衡陽寺前雁，今日到長安。

【校記】

麈尾：「麈」原作「塵」，據全詩改。

石壇：「壇」原作「檀」，據全詩改。

按：此詩重温庭筠，見全唐詩卷五八二、顧嗣立補注温飛卿詩集卷八别集。顧氏於後記中云：「依宋本分爲詩集七卷、别集一卷。」則八卷皆爲宋槧本舊貌。文苑英華卷二二六一收作温庭筠。雲栖生平不詳，故此詩難以確指。疑作温是。

【箋注】

〔一〕麈尾：吴曾能改齋漫録卷一引釋藏音義指歸：「名苑曰：『鹿之大者曰麈，群鹿隨之，皆看麈所往，隨麈尾所轉爲準。』今講僧執麈尾拂子，蓋象彼有所指麾故耳。」邛杖：邛竹杖。史記西南夷傳：「博望侯張騫使大夏來，言居大夏時見蜀布、邛竹杖。」裴駰集解引臣瓚曰：「邛，山名。此竹節高實中，可作杖。」

【輯評】

李懷民重訂中晚唐詩主客圖説卷下評首聯：起便似賈。又評頷聯：賈氏口吻。又評尾聯：看他結處。

送魏尚書赴鎮州行營〔一〕

河塞日騤騤〔二〕，恩酬報盡深。伍員忠是節〔三〕，陸績孝爲心〔四〕。坐激書生憤，行歌壯士吟。慚非燕地客，不得受黄金〔五〕。

【校記】

恩酬：「酬」全詩作「讎」。

【箋注】

〔一〕魏尚書：未詳。考憲宗至宣宗朝，赴鎮州者未有一魏姓之尚書，故疑詩題當作「送魏州尚書赴鎮州行營」，「州」字脱去。魏州尚書指田布，田弘正之子。長慶元年七月，成德都知兵馬使王庭湊鼓動牙兵殺節度使田弘正，自爲留後。詔諸道進討。會魏博節度使李愬病不能軍，乃以田布爲魏博節度使代李愬。舊唐書穆宗紀：「（長慶元年八月）乙亥，以前涇原節度使田布起復檢校工部尚書、兼魏州大都督府長史、充魏博節度使。」田布此行負忠、孝雙重之使命，故用伍員、陸績之事以激勵之。鎮州爲成德節度使駐地。魏州爲魏博節度使駐地。赴鎮州行營者，討伐王庭湊也。

〔二〕騣騣：馬行疾貌。詩經小雅四牡：「駕彼四駱，載驟騣騣。」毛傳：「四牡，勞使臣之來也。」

〔三〕伍員：字子胥，春秋楚國人，因父兄遇害逃亡吴國，爲吴王闔閭所任用，戰敗楚國。夫差繼爲吴王，大敗越國後，子胥因屢諫夫差留意越國報復，爲夫差所惡，賜其自殺。見史記伍子胥列傳。

〔四〕陸績：東漢末吴郡人。六歲見袁術，懷橘三枚，欲歸以遺母，術大奇之。見三國志吴書陸績傳。

〔五〕黄金：文選鮑照代放歌行李善注：「上谷郡圖經曰：黄金臺在易水東南十八里，燕昭王置千金於臺上，以延天下之士。」

寄遷客

萬里南遷客，辛勤嶺路遥。溪行逢水弩〔一〕，野店避山魈〔二〕。瘴海須求藥，貪泉莫舉瓢〔三〕。但能堅志義，白日甚昭昭。

【校記】

逢水弩：「逢」百家作「防」。

【箋注】

〔一〕水弩：詩經小雅何人斯：「爲鬼爲蜮。」鄭玄箋：「（蜮）狀如鼈，三足，一名射工，俗呼之水弩，在水中含沙射人。」太平廣記卷四七八引録異記：「（水弩）見人影則射，中影之處，人身隨有瘡腫，大小與沙虱之毒同矣。速須禁氣制之，剜去毒肉，固保其命。不爾，一兩日死矣。」

〔二〕山魈：太平御覽卷八八四引鄧德明南康記：「山有木客，形骸皆人也，但鳥爪耳。巢於高樹，伐樹，必害人。一名山魈。」廣韻四宵「魈」字：「山魈出汀州，獨足鬼。」

〔三〕貪泉：世説新語德行「吴道助、附子兄弟」劉孝標注引晉安帝紀：「桓玄欲革嶺南之弊，以爲廣州刺史。去州二十里有貪泉，世傳飲之者其心無厭。（吴）隱之乃至水上，酌而飲之，因賦詩曰：『石門有貪泉，一歃重千金。試使夷齊飲，終當不易心。』爲盧循所攻，還京師。」

【輯評】

瀛奎律髓卷四三：馮班評：妙極，真詩人之文也。後四句沈宋不過矣。紀昀評：純作戒詞，立言有體，愈於感慨之言。末二句立意尤正大，惜其詞未工，病在「甚昭昭」三字太腐氣。無名氏

（甲）評：水弩即蜮，有箭射人。地有貪泉，飲之者多黷賄，惟吴隱之偏酌而不改其廉。
丘迥刊刻王荆公唐百家詩選何焯批：第六不是勵遷客語，便不可謂之真詩。

題蘇小小墓〔一〕

漠漠窮塵地，蕭蕭古樹林。臉濃花自發，眉恨柳長深。夜月人何待，春風鳥自吟。不知誰共穴，徒願結同心〔二〕。

【校記】

鳥自吟：「自」全詩作「爲」。

【箋注】

〔一〕蘇小小墓：郭茂倩樂府詩集卷八五引樂府廣題：「蘇小小，錢塘名倡也，蓋南齊時人。」祝穆方輿勝覽卷三：「蘇小小墓在嘉興縣西南六十步，乃晉之歌妓。今有片石在通判廳，題曰蘇小小墓，豈非家在錢塘而墓在嘉興乎？」

〔二〕同心：同心結，用錦帶製成的菱形連環迴文結，青年男女以之相贈表示愛情。樂府詩集卷八五蘇小小歌：「妾乘油壁車，郎乘青驄馬。何處結同心，西陵松柏下。」

【輯評】

陸時雍唐詩鏡卷四八：五、六佳。

江南作

楚塞南行久，秦城北望遥。少年花已過，衰病柳先彫。客淚收迴日，鄉心寄落潮。殷勤問春燕，何處是煙霄？

【校記】

英華題作「江上旅泊」。

【輯評】

陸時雍唐詩鏡卷四八：脆嫩。

題王右丞山水障子二首〔一〕

精華在筆端，咫尺匠心難〔二〕。日月中堂見，江湖滿坐看。夜凝嵐影濕，秋浸壁光寒。料得昔人意，平生詩思殘。

【校記】

中堂見：「中堂」原作「堂中」，此從全詩。

嵐影濕：「影」全詩作「氣」。

【箋注】

〔一〕王右丞：王維，唐詩人兼畫家。字摩詰，蒲州人，開元九年進士。官至尚書右丞，上元二年卒。兩唐書有傳。山水障子：畫有山水的屏風。屏風以遮蔽内外，故稱障子。

〔二〕咫尺：周尺八寸爲咫。此言畫幅。南史竟陵文宣王蕭子良傳附蕭賁：「能書善畫，於扇上畫山水，咫尺之内，便覺萬里爲遥。」

其二

右丞今已殁，遺畫世間稀。咫尺江湖盡，尋常鷗鳥飛〔一〕。山光全在掌，雲氣欲生衣。以此長爲玩，平生滄海機。

【箋注】

〔一〕尋常：古代八尺爲尋，倍尋爲常。此言畫幅。

【輯評】

董逌廣川畫跋卷五書王摩詰山水後：余見世以畫石者，無復生動氣象，不過聚石爲山，分畫寫水，又豈可以與論「山光全在掌，雲氣欲生衣」者耶？

將之衡陽道中作

萬里南方去，扁舟泛自身。長年無愛物，深話少情人。醉卧襟長散，閑書字不真。衡陽路猶遠，獨與雁爲賓。

【校記】

扁舟泛自身：「扁」全詩校「一作孤」。「泛自」全詩校「一作白販」。

【輯評】

李懷民重訂中晚唐詩主客圖説卷下評「扁舟」句：「自」字率。又評頷聯：閲歷語，少年不知。

讀狄梁公傳〔一〕

失運廬陵厄〔二〕，乘時武后尊。五丁扶造化〔三〕，一柱正乾坤。上保儲皇位〔四〕，深然國老勳〔五〕。聖朝雖百代，長合問王孫〔六〕。

【箋注】

〔一〕狄梁公：狄仁傑字懷英，并州太原人。高宗朝爲大理丞，武則天天授二年入爲地官侍郎、同鳳閣鸞臺平章事。卒贈文昌右相。睿宗時追封梁國公。兩唐書有傳。

〔二〕廬陵：中宗李顯爲武則天所廢，改封廬陵王，先後被幽於均州、房州。武則天自立爲皇帝，改國號爲周。

〔三〕五丁：常璩華陽國志卷三：「蜀有五丁力士，能移山，舉萬鈞。每一王死，輒爲立大石，長三丈，重千鈞，爲墓誌。」此以喻張柬之、桓彦範、敬暉、崔玄暐、袁恕己。武則天病重，五人謀誅張昌宗、張易之，迎中宗李顯復位。五人皆爲狄仁傑所薦進。

〔四〕儲皇：武后欲以武三思爲太子，仁傑諫止。后又夢雙陸不勝，仁傑乘機進言曰：「雙陸不勝，無子也。……先帝寢疾，詔陛下監國，陛下掩神器而取之，十有餘年。又欲以三思爲後，且姑侄與母子孰親？陛下立廬陵王，則千秋萬歲後常享宗廟。三思立，廟不附姑。」武后感悟，即日遣徐彦伯迎廬陵王於房州。見新唐書狄仁傑傳。

〔五〕國老：劉向説苑至公：楚令尹虞丘子薦孫叔敖於莊王，「莊王從之，賜虞子采地三百，號曰國老。以孫叔敖爲令尹」。資治通鑑卷二〇七武則天久視元年：「太后信重内史梁文惠公狄仁傑，群臣莫及，常謂之國老而不名。」

〔六〕王孫：漢書竇嬰傳：「竇嬰字王孫……吴楚反，上（景帝）察宗室諸竇無如嬰賢，召入見。……上曰：『天下方有急，王孫寧可以讓邪？』」

【輯評】

葛立方韻語陽秋卷八：張祜觀狄梁公傳詩云：「失運廬陵厄，乘時武后尊。五丁扶造化，一柱正乾坤。」而山谷有「鯨波横流砥柱，虎口亂國忠臣」之句，可謂善論仁傑者。余謂仁傑不畏武后羅織之獄、三族之夷，强犯逆鱗，敢以廬陵王爲請者，非特天資忠義，亦以先得武后之心故也。且張易之、昌宗，后之嬖臣也，欲歸廬陵，事大體重，非二嬖之言，后孰信之？吉頊能以危言撼二嬖，陳易弔爲賀之計，故二嬖敢從容以請，而后意遂定，於是仁傑之諫得行。卒之遣徐彦伯迎廬陵王於房州者，由仁傑之言也。

題真娘墓 墓在虎丘西寺内〔一〕

佛地葬羅衣，孤魂此是歸。舞爲蝴蝶夢〔二〕，歌謝伯勞飛〔三〕。翠髮朝雲在，青娥夜月微。傷心一花落，無復怨春暉。

【校記】

英華詩題中無「題」字，小注亦無「墓」字。

朝雲在：「在」英華作「斷」。

怨春暉：「怨」英華作「戀」。

【箋注】

〔一〕真娘：全唐詩卷四八二李紳真娘墓詩序：「吴之妓人，歌舞有名者，死葬於吴武丘寺前，吴中少年從其志也。墓多花草，以滿其上。」范攄雲溪友議卷中譚生刺：「真娘者，吴國之佳人也，時人比於蘇小小，死葬吴宫之側。」

〔二〕蝴蝶夢：莊子齊物論：「昔者莊周夢爲胡蝶，栩栩然胡蝶也，自喻適志與，不知周也。俄然覺，則蘧蘧然周也。不知周之夢爲胡蝶與？胡蝶之夢爲周與？」

〔三〕伯勞飛：文苑英華卷二〇六梁武帝蕭衍東飛伯勞歌：「東飛伯勞西飛燕，黄姑織女時相見。」

【輯評】

陸時雍唐詩鏡卷四八：三、四好，襯帖。

李懷民重訂中晚唐詩主客圖説卷下評「青蛾」句：唐人詩快。

洞庭南館

一徑逗霜林，朱欄繞碧岑。地盤雲夢角〔一〕，山鎮洞庭心〔二〕。樹白看煙起，沙紅見日沉。還因此悲屈〔三〕，惆悵又行吟。

【箋注】

〔一〕雲夢：李吉甫元和郡縣圖志卷二七安州：「雲夢澤在（安陸）縣南五十里。史記司馬相如傳云：『楚有七澤，其小者名雲夢，方九百里。』左傳云：『邧子之女，棄子於夢中。』無『雲』字。『楚子濟江入雲中』。復無『夢』字。以此推之，則雲、夢二澤，本自別矣。而禹貢及爾雅皆曰雲夢者，蓋雙舉二澤而言之，故後代以來，通名一事，左傳曰『畋於江南之雲夢』是也。」

〔二〕洞庭：洞庭湖中小山甚多，君山最爲著名。酈道元水經注卷三八湘水：「（洞庭）湖中有君山、編山。……是山，湘君之所遊處，故曰君山矣。」

〔三〕悲屈：水經注卷三八湘水：「汨水又西爲屈潭，即汨羅淵也。屈原懷沙，自沈於此，故淵、潭皆以屈爲名。昔賈誼、史遷皆嘗逕此，弭檝江波，投弔於淵。淵北有屈原廟。」

題贈仲儀上人院〔一〕

星霜幾朝寺，香火静居人。黄葉不驚意，青山無事身。抛生臺上日，結坐履中塵〔二〕。自説一乘果〔三〕，别來詩更新。

【校記】

英華詩題中無「題」字，并校「儀」字「集作義」。按：「題」「院」字皆衍，題當作「贈仲儀上人」。

静居人：「居」英華作「中」。

不驚意：「驚」全詩作「經」。

一乘果：「乘果」原作「時課」，英華作「乘課」，全詩校「一作乘果」。佛教講因果，故從全詩校。

【箋注】

〔一〕仲儀：全唐詩卷五二八許渾有寄天鄉寺仲儀上人富春孫處士，當是同一仲儀。全唐文卷三二〇李華有潤州天鄉寺故大德雲禪師碑，可知天鄉寺在潤州。

〔二〕結坐：即結跏趺坐，佛教坐禪的一種姿勢，交疊兩足背於股上而坐。法苑珠林卷二四玄奘譯贊彌勒四禮文：「佛有難思自在方，能以多刹内塵中。況今現處兜率殿，師子牀上結跏坐。」

〔三〕一乘：指佛教教義。廣弘明集卷一五沈約佛記序：「廓不二之法門，廣一乘之長陌。」

題聖女廟〔一〕

古廟無人入，蒼皮澀老桐。蟻行蟬殼上，蛇竄雀巢空。淺水孤舟泊，輕塵一座濛。晚來雲雨去，荒草是殘風〔二〕。

【校記】

雀巢空：「空」全詩作「中」。

一座濛：「濛」全詩作「蒙」。

【箋注】

〔一〕聖女廟：在陳倉、大散關間。酈道元水經注卷二〇漾水：「故道水又西南入秦岡山，尚婆水注之。山高入雲，遠望增狀，若嶺紆曦軒，峰枉月駕矣。懸崖之側，列壁之上，有神象，若圖指狀婦人之容，其形上赤下白，世名之曰聖女神。」亦即李商隱聖女祠、重過聖女祠之聖女祠。

〔二〕雲雨：文選宋玉高唐賦序：「昔者先王嘗遊高唐，怠而晝寢，夢見一婦人，曰：『妾巫山之女也，爲高唐之客，聞君遊高唐，願薦枕席。』王因幸之。去而辭曰：『妾在巫山之陽，高丘之阻，旦爲朝雲，暮爲行雨，朝朝暮暮，陽臺之下。』」

題山水障子

一見秋山色，方憐畫手稀。波濤連壁動，雲物下簷飛。嶺樹冬猶發，江帆暮不歸。端然是漁叟，相向日依依。

【輯評】

李懷民重訂中晚唐詩主客圖説卷下評頷聯：「動」字、「飛」字是匠物，而其妙尤在連下二字。又評頸聯：二句同意而此句尤妙。

詠風

摇摇歌扇舉，悄悄舞衣輕。引笛秋臨塞，吹沙夜遶城。向峰迴雁影〔一〕，出峽送猿聲〔二〕。何似琴中奏〔三〕，依依别帶情。

【箋注】

〔一〕迴雁：衡陽有迴雁峰。顧祖禹讀史方輿紀要卷八〇：「迴雁峰在府城南，相傳雁至衡陽不過，遇春而迴，或曰峰勢如雁之迴也。」

〔二〕猿聲：三峽多猿。酈道元水經注卷三四江水引漁歌：「巴東三峽巫峽長，猿鳴三聲淚沾裳。」

〔三〕琴中：琴曲有秋風，南朝吴邁遠、湯惠休、江洪皆有作，内容皆離人思婦之情。見樂府詩集卷六〇。

奉和令狐相公送陳肱侍御〔一〕

高館動離瑟，親賓聊歎稀。笑歌情不盡，歡待禮無違。清露府蓮結〔二〕，碧雲皋鶴飛〔三〕。還家與詡惠，雨露豈殊歸。

【箋注】

〔一〕令狐相公：令狐楚，憲宗元和十四年七月至十五年七月守中書侍郎、同中書門下平章事，文宗大和三年十一月至六年二月爲天平軍節度使。見兩唐書令狐楚傳。陳肱未詳。

〔二〕府蓮：南齊書庾杲之傳：「出爲王儉衛軍長史，時人呼儉府爲入芙蓉池。」又李肇唐國史補卷下：「于司空以樂曲有想夫憐，其名不雅，將改之，客有笑者曰：『南朝相府曾有瑞蓮，故歌相府蓮，自是後人語訛，相承不改耳。』」此處雙關。

〔三〕皋鶴：詩經小雅鶴鳴：「鶴鳴于九皋，聲聞于野。」文選謝莊月賦：「聆皋禽之夕聞，聽朔管之秋引。」李善注：「皋禽，鶴也。」

陪范宣城北樓夜宴〔一〕

華軒敞碧流，官妓擁諸侯。粉項高叢鬢，檀妝漫裹頭。亞身摧蠟燭，斜眼送香毬〔二〕。何處偏堪恨，千迴下客籌〔三〕。

【校記】

官妓：「官」原作「宮」，據全詩改。

【箋注】

〔一〕范宣城：范傳正，元和七年八月至十一年十一月爲宣州刺史、宣歙觀察使。見吴廷燮唐方鎮年表。

〔二〕香毬：酒令所用抛打之物。太平廣記卷四八九引冥音録，云穆宗皇帝「每宴飲，即飛毬舞盞，爲佐酒長夜之歡」。白居易醉後贈人：「香毬趁拍回環匝，花盞抛巡取次飛。」又想東遊五十韻：「柘枝隨畫鼓，調笑從香毬。」

〔三〕籌：籌碼，用於罰酒。一九八二年江蘇丁卯橋出土文物唐代銀器九百多種，其中有金龜負論語玉燭筒一件、酒令籌五十枚、令旗一枚，皆爲酒令所用者。詩話總龜前集卷二三引雜誌載封特卿與同年李大諫詩酒唱酬，以疾阻歡，及愈，有詩曰：「已負數條紅畫燭，更辜雙帶繡香毬。白蘋洲上風光好，扶病須拚到後籌。」

憲宗皇帝挽歌詞〔一〕

嗚咽上攀龍〔二〕，昇平不易逢。武皇虚好道〔三〕，文帝未登封〔四〕。壽域無千載，泉門是九重〔五〕。橋山非遠地〔六〕，雲去莫疑峰。

【箋注】

〔一〕舊唐書憲宗紀下：「（元和十五年正月庚子）是夕，上崩於大明宮之中和殿，享年四十三。……五月丁酉，群臣上謚號曰聖神章武孝皇帝，廟號憲宗。庚申，葬於景陵。」

〔二〕攀龍：史記封禪書：「黄帝采首山銅，鑄鼎於荆山下。鼎既成，有龍垂胡髯下迎黄帝。黄帝上騎，群臣後宮從上者七十餘人，龍乃上去。餘小臣不得上，乃悉持龍髯，龍髯拔，墮，墮黄帝之弓。百姓仰望黄帝既上天，乃抱其弓與胡髯號。故後世因名其處曰鼎湖，其弓曰烏號。」

〔三〕武皇：謂唐玄宗。群臣曾上玄宗尊號聖文神武皇帝，見舊唐書玄宗紀下開元二十七年。

〔四〕文帝：謂唐太宗。太宗謚號文皇帝，見舊唐書太宗紀下。登封：登泰山封禪。

〔五〕九重：指宫禁。楚辭宋玉九辯：「豈不鬱陶而思君兮，君之門以九重。」王逸注：「君門深邃，不可至也。」

〔六〕橋山：史記五帝本紀：「黄帝崩，葬橋山。」司馬貞索隱：「地理志：橋山在上郡陽周縣，山有黄帝塚也。」

發蜀客

風吹魯國人，飄蕩蜀江濱。濕地饒蛙黽〔一〕，衰年足鬼神。時清歸去路，日復病來身。千萬長堤柳，從他爛漫春。

【校記】

饒蛙黽：「黽」全詩作「黽」。

【箋注】

〔一〕黽：當作「鼃」，音促，即蟾蜍。爾雅釋魚：「鼃黿，蟾諸，在水者黽。」許慎説文解字：「鼃，圥鼃，詹諸也。其鳴詹諸。」

江城晚眺

重檻構雲端，江城四鬱盤。河流出郭静，山色對樓寒。浪草侵天白，霜林映日丹。悠然此江思，樹杪幾檣竿。

【輯評】

李懷民重訂中晚唐詩主客圖説卷下評頷聯：賈氏語。又評：凡畫所能寫者，猶非至文也，即如此二句，評者謂妙如畫矣，細思「静」字、「寒」字，如何畫得出？

題樟亭〔一〕

曉霽憑虚檻，雲山四望通。地盤江岸絶，天映海門空。樹色連秋靄，潮聲入夜風。年年此光景，催盡白頭翁〔二〕。

【箋注】

〔一〕樟亭：周淙乾道臨安志卷二：「晏公輿地志云：樟亭驛，在錢塘縣舊治之南五里。」

〔二〕白頭翁：藝文類聚卷二引長沙耆舊傳：「文虔字仲孺，時霖雨廢民業，太守憂色，虔補户曹掾。虔奉教齋戒，在社三日，夜夢見白頭翁謂曰：『爾來何遲？』虔具白所夢，太守曰：『昔禹夢繡衣男子，稱滄水使者，禹知水脈當通。若掾此夢，將可比也。』明日果大霽。」

【輯評】

孫能傳剡溪漫筆卷四：蕭山縣西興驛前，有坊題曰莊亭古迹。按西興即古之西陵，舊有樟亭樓，唐人題詠甚衆，孟浩然、張祜、岑參、喻坦之、許渾皆有樟亭樓詩。今以「樟」作「莊」，恐誤筆也。

李懷民重訂中晚唐詩主客圖説卷下評頷聯：狀得出，妙下「絶」字、「空」字。意在寫真，非力求闊大。又評「潮聲」句：鍊在「入」字、「風」字。

樂　靜

引手强簪巾，徐徐起病身。遠心群野鶴〔一〕，閒語對村人。發匣琴徽靜，開瓶酒味真。縱聞兵賦急，原憲本家貧〔二〕。

【箋注】

〔一〕野鶴：世説新語容止：「有人語王戎曰：『嵇延祖卓卓如野鶴之在雞群。』答曰：『君未見其父耳。』」

〔二〕原憲：孔子學生。原憲居魯，子貢往見之，原憲應門，振襟則肘見，納履則踵決。子貢曰：「嘻，先生何病也！」憲曰：「憲貧也，非病也。仁義之匿，車馬之節，憲不忍爲也。」子貢慚，不辭而去。見韓詩外傳卷一。

登廣武原〔一〕

廣武原西北，華夷此浩然。地盤山入海，河遶國連天。遠樹千門邑，高檣萬里船。鄉心日云暮〔二〕，猶在楚城邊。

【箋注】

〔一〕廣武原：史記項羽本紀「與漢俱臨廣武而軍。」裴駰集解：「孟康曰：於滎陽築兩城相對爲廣武，在敖倉西三皇山上。」張守節正義：「括地志云：東廣武、西廣武在鄭州滎陽縣西二十里。戴延之西征記云：三皇山上有二城，東曰東廣武，西曰西廣武，各在一山頭，相去百步。汴水從廣澗中東南流，今涸無水。城各有三面，在敖倉西。郭緣生述征記云：一澗横絶上過，名曰廣武，相對皆立城壍，遂號東西廣武。」

〔二〕日云暮：左傳成公十二年：「子反曰：『日云莫矣，寡君須矣，吾子其入也。』」

【輯評】

唐詩歸卷三二首聯：鍾（惺）云：曠而渾。

沈德潛重訂唐詩别裁集卷一二：有氣魄，有筆力。

黄生唐詩矩晚唐：尾聯見意格。「浩然」二字寫盡登臨眼界，句法却是「此」字安得老。三、四句法，作兩折腰，謂之雙折句。後仿此。結句言日云暮矣，望鄉之心猶在楚城邊，登此未忍即去也。

王壽昌小清華園詩談卷上：何謂健？曰：「廣武原西北……」（張祜登廣武原）暨少陵之「風急天高猿嘯哀……」（登高）是也。

又：何謂奇？曰……然必爾哉？但如右丞之「日落江湖白，潮來天地清」，少陵之「路危行木杪，身遠宿雲端」，張祜之「地盤山入海，河繞國連天」，曹松之「汲水疑山動，揚帆覺岸行」，柳子厚之「山腹雨晴添象迹，潭心日暖長蛟涎」，可矣。

觀宋州田大夫打毬〔一〕

白馬頓紅纓，梢毬紫袖輕。曉冰蹄下裂，寒瓦杖頭鳴〔二〕。叉手膠粘去〔三〕，分鬃線道絣〔四〕。自言無戰伐，髀肉已曾生〔五〕。

【箋注】

〔一〕宋州：唐宋州睢陽郡，今河南商丘。田大夫爲田穎。册府元龜卷一二八長慶二年八月：「以亳州刺史田穎爲宋州刺史。」又卷一三四：「穎前爲李光顔部將……以忠勇著聞。及汴州平，策勳拜宋州刺史。人皆謂穎宜受方任，會以疾卒。」打毬：打馬毬。資治通鑑卷二五三胡三省注：「凡擊毬，立毬門於毬場，設賞格，天子按轡入毬場，諸將拜迎……神策軍吏讀賞格訖，都教練放毬於場中，諸將皆驟馬趨之，以先得毬而擊過毬門者勝。先勝者得第一籌。其餘諸將再入場擊毬，其勝者得第二籌焉。」

〔二〕寒瓦：擊毬用杖，其末端作彎月形。蔡孚打毬篇：「奔星亂下花場裏，初月飛來畫杖頭。」閻寬温湯御毬賦：「珠毬忽擲，月杖争擊。」皆可證。月形杖頭内凹如瓦，故稱。

〔三〕叉手：兩人手臂交叉。閻寬温湯御毬賦：「并驅分鑣，交臂疊迹。」叉手即交臂。膠粘：言毬隨杖走，如膠粘住。段成式酉陽雜俎前集卷八：「崔承寵少從軍，善擊鞠，逗脱杖捷如膠焉。」

〔四〕分鬃：馬跑時鬃毛張揚的様子。楊巨源觀打毬：「下勒回時霑赤汗，花騣分處拂紅纓。」線道：線路。絣：直。

〔五〕髀肉：大腿肉。三國志蜀書先主劉備傳：「劉備曰：『吾常身不離鞍，髀肉皆消，今不復騎，髀裏肉生，日月若馳，老將至矣，而功業不建，是以悲耳。』」

題丹陽永泰寺練湖亭〔一〕

小檻俯澄鮮，龍宫浸浩然〔二〕。孤光懸夜月，一片割秋天。淺派亂沙草，餘波漂岸船。聊當因畎澮〔三〕，披拂坐潺湲。

【箋注】

〔一〕練湖：新唐書地理志五潤州丹楊郡丹楊縣：「有練塘。」李吉甫元和郡縣圖志卷二五潤州：「練湖，在（丹陽）縣北一百二十步，周迴四十里。晉時陳敏爲亂，據有江東，務修耕績，令弟諎遏馬林溪以溉雲陽，亦謂之練塘，溉田數百頃。」陸游入蜀記卷一：「十六日，早發雲陽，汲玉乳井水。井在道旁觀音寺。……寺前又有練光亭，下闞練湖，亦佳境。距官道甚近。」

〔二〕龍宮：水中龍居之處。此指亭臺的倒影。

〔三〕畎澮：田間水溝。尚書益稷：「濬畎澮，距川。」孔穎達疏：「一耦之伐，廣尺深尺謂之畎……同間廣二尋深二仞謂之澮。是畎、遂、溝、洫、澮，皆通水之道也。」

題程氏書齋

僻巷難通馬，深園不藉籬。青虀燻柏葉，紅粉瑞蓮枝。雨燕銜泥近，風魚咂網遲。緣君尋小阮〔一〕，好是更能詩。

【校記】

燻柏葉：「燻」全詩作「纏」。

瑞蓮枝：「瑞」全詩作「墜」。

小阮：「阮」原作「岸」，據全詩改。

【箋注】

〔一〕小阮：晉阮籍、阮咸叔侄皆爲當時名士，名列竹林七賢，時稱阮咸爲小阮。後以小阮爲侄兒的通稱。此處當指程氏之侄。

毀浮圖年逢東林寺舊僧〔一〕

可惜東林寺，空門失所依。翻經謝靈運〔二〕，畫壁陸探微〔三〕。隙地泉聲在，荒途馬跡稀。殷勤話僧輩，未敢保儒衣。

【箋注】

〔一〕毀浮圖：會昌五年，武宗下詔毀佛，凡毀天下佛寺四千六百餘區，歸俗僧尼二十六萬五百人，大秦穆護、祆僧二千餘人，毀招提、蘭若四萬餘區，見資治通鑑卷二四八唐武宗會昌五年。東林寺：在廬山。王象之輿地紀勝卷三〇江州：「東林寺，晉武帝太和十年建，唐號太平興龍寺，最爲廬山之古刹。寺有遠公袈裟、梁武帝鉢囊、謝靈運翻經貝葉五六斤。」祝穆方輿勝覽卷二二江州：「東林寺，晉武帝建，遠師道場。作殿時神運梁木。」

〔二〕「翻經」句：闕名蓮社高賢傳：「謝靈運爲康樂公主孫，襲封康樂公。至廬山，一見遠公，肅然心服。乃即寺築臺，翻涅槃經，鑿池種白蓮。時遠公諸賢同修浄土之業，因號白蓮社。」

〔三〕「畫壁」句：陸探微爲南朝畫家，然與廬山無關，其畫亦非畫於壁上。南史隱逸傳上宗測載宗測字敬微，「永明三年，詔徵太子舍人，不就。欲遊名山，乃寫祖少文（宗炳）所作尚子平圖於壁上。……遂往廬山，止祖少文舊宅。」若易「陸探微」作「宗敬微」，則更切。疑作者誤記。

貴池道中作〔一〕

羸驂驅野岸，山遠路盤盤。清露月華曉，碧江星影寒。離群徒長泣，去國自加凔。霄漢寧無舊，相哀是語端。

【校記】

是語端：「是」全詩作「自」。

【箋注】

〔一〕貴池：顧祖禹讀史方輿紀要卷二七池州府：「池口河，城西五里，一名杜塢……亦謂之貴池。」

喜王子載話舊〔一〕

相逢青眼日〔二〕，相歎白頭時〔三〕。累話三朝事，重看一局棊。歡娛非老大，成長是嬰兒。且盡樽中物，無煩更後期。

【箋注】

〔一〕王子載當即王直方。張祜宋城道中逢王直方「二年離子載，發迹自江南」，可證王直方即王子載。子載當是直方字。舊唐書隱逸傳崔觀：「大和八年，左補闕王直方上疏論事。」册府元龜卷四六四：「王直方爲右補闕，太和八年三月，爲鎮州册贈副使。」同書卷四八一：「大和九年，（王直方）出爲興元府城固縣令。」

〔二〕青眼：晉書阮籍傳：「籍又能爲青白眼，見禮俗之士，以白眼對之。及嵇喜來弔，籍作白眼……喜弟康聞之，乃齎酒挾琴造焉，籍大悦，乃見青眼。」

〔三〕白頭：史記鄒陽列傳鄒陽獄中上書：「諺曰：『白頭如新，傾蓋如故。』何則？知與不知也。」

秋日病中

析析簷前竹，秋聲拂簟涼。病知陰已久，愁覺夜初長。坐拾車前子〔一〕，行看肘後方〔二〕。無端憂食忌，開鏡倍萎黃。

【校記】

病知：「知」處士集作「加」。

【箋注】

〔一〕車前子：陸璣毛詩草木鳥獸蟲魚疏卷上：「芣苢，一名馬舄，一名車前，一名當道，喜在牛跡中生，故曰車前、當道，今藥中車前子是也。」太平御覽卷九九八引神仙服食經：「車前實，雷之精也，服之形化。八月采地衣，地衣者，車前實也。」

〔二〕肘後方：隋書經籍志三：「肘後方六卷，葛洪撰。」

訪許用晦〔一〕

遠郭日曛曛，停橈一訪君。小橋通野水，高樹入江雲。酒興曾無敵，詩情舊逸群。怪來音信少，五十我無聞〔二〕。

【校記】

題中「用晦」：原乙作「晦用」，據處士集與全詩改。

【箋注】

〔一〕辛文房唐才子傳卷七：「（許）渾字仲晦（「仲」爲「用」之訛），潤州丹陽人，圉師之後也。大和六年李珪榜進士。爲當塗、太平二縣令。少苦學勞心，有清羸之疾，至是以伏枕免。久之，起爲潤州司馬。大中三年拜監察御史，歷虞部員外郎，睦、郢二州刺史。嘗分司朱方，買田築室，後抱病退居丁卯澗橋村舍。暇日輒録所作，因以名集。」詩中所寫景象無疑即許渾之丁卯別墅。樂史太平寰宇記卷八九潤州：「丁卯橋在（丹徒）城南……許渾別墅在其側。」

〔二〕五十：論語子罕：「子曰：『後生可畏……四十、五十而無聞焉，斯亦不足畏也已。』」

題海鹽南館〔一〕

故人營此地，臺館尚依依。黑夜山魈語〔二〕，黄昏海燕歸。舊陰楊葉在，殘雨槿花稀。無復南亭賞，高簷紅燭輝。

【箋注】

〔一〕海鹽：縣名，唐屬蘇州吴郡。

〔二〕山魈：傳説中的山中怪物，又名山繅、山臊。國語魯語下「木石之怪曰夔、蝄蜽」句韋昭注：「夔一足，越人謂之山繅，或作猱，富陽有之，人面猴身，能言。或云獨足。」

晚秋江上作

萬里窮秋客，蕭條對落暉。煙霞山鳥散，風雨廟神歸〔一〕。地遠蟲聲切，天長雁影稀。那堪正砧杵，幽思想寒衣。

【校記】

蟲聲切：「蟲」全詩作「蛩」。

【箋注】

〔一〕廟神：烏鴉。烏鴉常到廟中取食供物，故云。

【輯評】

李懷民重訂中晚唐詩主客圖説卷下評頷聯：陰慘。詩到此地位，方可言氣韻。

吴宫曲〔一〕

日下苑西宫，花飄香徑紅〔二〕。玉釵斜白燕〔三〕，羅帶弄青蟲〔四〕。皓齒初含雪，柔枝欲斷風。可憐傾國豔〔五〕，誰信女爲戎。

【校記】

傾國豔：「豔」全詩校「一作色」。

【箋注】

〔一〕吴宫：即館娃宫。吴王夫差於硯石山所建以館西施。揚雄方言卷二：「吴有館娃之宫。」

〔二〕香徑：採香徑。范成大吴郡志卷八：「採香徑在香山之旁，小溪也。吴王種香於香山，使美人泛舟以採香。」

〔三〕白燕：郭憲别國洞冥記：「神女留玉釵以贈（漢武）帝，帝以賜趙婕妤。至昭帝元鳳中，宫人猶見此釵……既發匣，有白燕飛昇天。後宫人學作此釵，因名玉燕釵。」

〔四〕青蟲：此爲帶上環飾。李賀惱公：「腰裊帶金蟲。」王琦注：「宋祁益部記：利州山中有金蟲，其體如蜂，緑色，光若泥金，俚人取作婦女釵環之飾。」見李長吉歌詩彙解卷二。

〔五〕傾國：漢書外戚傳孝武李夫人李延年歌：「北方有佳人，絶世而獨立。一顧傾人城，再顧傾人國。寧不知傾城與傾國，佳人難再得。」

賦昭君塚〔一〕

萬里關山塚，明妃舊死心〔二〕。恨爲秋色晚，愁結暮雲陰。夜切胡風起〔三〕，天高漢月臨〔四〕。已知無玉貌，何事送黄金〔五〕？

【箋注】

〔一〕昭君塚：在今内蒙古自治區呼和浩特市南。嘉慶重修一統志卷一六〇：「青塚，在歸化城南二十里。……大同府志：漢明妃墓在府西五百里，古豐州西六十里。塞草皆白，惟此獨青，故名。」

〔二〕明妃：即王昭君。漢元帝宮人王嬙字昭君，晉人避司馬昭諱，改稱明君，後人又稱明妃。後漢書南匈奴傳：「時呼韓邪來朝，帝敕以宮女五人賜之。昭君入宮數歲，不得見御，積悲怨，乃請掖庭令求行。」

〔三〕胡風：邊地之風。庾信昭君詞：「胡風入骨冷，夜月照心明。」

〔四〕漢月：梁簡文帝蕭綱明君詞：「秋簷照漢月，愁帳入胡風。」

〔五〕黄金：西京雜記卷二：「元帝後宮既多，不得常見，乃使畫工圖形，案圖召幸之。諸宮人皆賂畫工，多者十萬，少者亦不減五萬，獨王嬙不肯，遂不得見。後匈奴入朝，求美人爲閼氏，於是上案圖，以昭君行。及去召見，貌爲後宮第一，善應對，舉止閒雅。帝悔之，而名籍已定，帝重信於外國，故不復更人，乃窮案其事，畫工皆棄市。」

哭汴州陸大夫〔一〕

利劍太堅操，何妨拔一毛〔二〕。寃深陸機霧〔三〕，憤積伍員濤〔四〕。直道非無驗，明時不録勞。誰當青史上，卒爲顯詞褒〔五〕。

【校記】

題中「汴州」：英華校「一作夷門」。

非無驗：「驗」英華校「一作險」。

【箋注】

〔一〕汴州：唐宣武軍節度使治汴州，今河南開封。陸大夫：陸長源。資治通鑑卷二三五唐德宗貞元十五年二月：「宣武節度使董晉薨……長源知留後，揚言曰：『將士弛慢日久，當以法齊之耳。』衆皆懼。或勸之發財以勞軍，長源曰：『我豈河北賊，以錢買健兒求節鉞邪？』故事，主帥薨，給軍士布以製服，長源命給其直，（孟）叔度高鹽直，下布直，人不過得鹽三二斤，軍中怨怒，長源亦不爲之備。是日，軍士作亂，殺長源、叔度，臠食之，立盡。」

〔二〕一毛：孟子盡心上：「楊子取爲我，拔一毛而利天下，不爲也。」

〔三〕陸機：陸機從事成都王司馬穎，穎起兵，假機爲後將軍、河北大都督，牽秀忌之，譖機有異志，遂被殺。晉書陸機傳：「機既死非其罪，士卒痛之，莫不流涕。是日昏霧晝合，大風折木，平地尺雪，議者以爲陸氏之冤。」

〔四〕伍員：字子胥，爲春秋吴王闔閭、夫差謀士，後爲夫差所殺。趙曄吴越春秋夫差内傳第五：「吴王乃取子胥尸，盛以鴟夷之器……投之於江中。子胥因隨流揚波，依潮來往，激蕩崩岸。」藝文類聚卷九引作「隨流揚波，成濤激岸，隨潮來往」。

〔五〕顯詞褒：舊唐書憲宗紀上：「（元和元年二月）癸卯，贈宣武軍節度使陸長源爲右僕射。」

晚夏歸别業

古岸扁舟晚，荒園一徑微。鳥啼新果熟，花落故人稀。宿潤侵苔甃，斜陽照竹扉。相逢盡鄉老，無復話時機。

【輯評】

陸時雍唐詩鏡卷四八：三、四可口。

公子行〔一〕

春色滿城池，杯盤看處移。鐙金斜燕子，鞍帕嫩鵝兒。買笑歌桃李，尋歌折柳枝〔二〕。可憐明月夜，長是管絃隨。

【校記】

看處移：「看」全詩作「著」。「著」通「着」，可釋爲用，疑是。

歌桃李：「歌」樂府作「欹」。桃李，全唐詩録作「桃葉」。按：以與下句作對仗觀之，當以「欹桃葉」

爲是。桃葉爲晉王獻之之妾。樂府詩集卷四五引古今樂録：「桃葉歌者，晉王子敬（獻之）之所作也。桃葉，子敬妾名，緣於篤愛，所以歌之。」

【箋注】

〔一〕郭茂倩樂府詩集卷九〇歸入新樂府辭。

〔二〕柳枝：宋書五行志二：「太康末，京洛始爲折楊柳之歌。」舊唐書音樂志二：「梁胡吹歌云：『快馬不須鞭，反插楊柳枝。下馬吹横笛，愁殺路傍兒。』此歌元出北國。」

題曾氏園林

十畝長堤宅，蕭疏半老槐。醉眠風卷簟，棊罷日移堦。斫樹遺桑斧，澆花濕筍鞋。還將齊物論〔一〕，終歲自安排。

【校記】

日移堦：「日」全詩作「月」。

遺桑斧：「桑」原誤作「乘」，據處士集與全詩改。

齊物論：「齊」原誤作「濟」，亦據上改。

【箋注】

〔一〕齊物論：莊子内篇中的篇名。主旨爲事物的彼此、認識上的是非，都是相對的，應做到無知無覺、無見無識，回復到虚無。

讀始興公傳〔一〕

歿世議方存〔二〕，昇平道幾論。詩情光日月，筆力動乾坤。亂首光雄算〔三〕，朝綱在典墳〔四〕。明時封禪績〔五〕，山下見丘門〔六〕。

【箋注】

〔一〕始興公：張九齡。九齡字子壽，韶州曲江人。玄宗朝累官至中書侍郎、同中書門下平章事，遷中書令。爲李林甫所排，貶荆州長史。後封始興縣伯。有曲江集。兩唐書有傳。

〔二〕「歿世」句：九齡在朝直言敢諫，反對以官爵賞邊功。曾預料安禄山的反叛，然不爲玄宗所採納。新唐書張九齡傳：「帝後在蜀，思其忠，爲泣下。且遣使祭於韶州，厚幣恤其家。」

〔三〕亂首：指安禄山。新唐書張九齡傳：「安禄山初以范陽偏校入奏……九齡謂裴光庭曰：『亂幽州者，此胡雛也。』及討奚、契丹敗，張守珪執如京師，九齡署其狀曰：『穰苴出師而誅莊賈，孫武習戰猶戮宫嬪，守珪執法於軍，禄山不容免死。』帝不許，赦之。」

〔四〕典墳：三墳五典的簡稱。左傳昭公十二年：「是能讀三墳、五典、八索、九丘。」杜預注：「皆古書名。」後人附會爲伏羲、神農、黃帝之書爲三墳，少虞、顓頊、高辛、堯、舜之書爲五典。

〔五〕封禪：開元十三年，玄宗東巡封禪於泰山，九齡隨從。

〔六〕丘門：孔子之門。論語先進：「由之瑟，奚爲於丘之門？」

中秋月

碧落桂含姿，清秋是素期〔一〕。一年逢好夜，萬里見明時。絶域行應久，高城下更遲。人間繫情事，何處不相思？

【箋注】

〔一〕素期：古代五行説，以金配秋，其色白，故稱秋爲素期。

張承吉文集卷第二　雜詩

江西道中作三首〔一〕

日落江村遠，煙雲度幾重。問人孤驛路，驅馬亂山峰。夜入霜林火，寒生水寺鍾。淒涼哭途意〔二〕，行處又饑凶。

【箋注】

〔一〕江西：唐乾元元年置洪吉都防禦團練觀察處置使，廣德二年號江南西道，治洪州。見新唐書方鎮表五。

〔二〕哭途：晉書阮籍傳：「時率意獨駕，不由徑路，車迹所窮，輒慟哭而反。」

【輯評】

楊慎升庵詩話卷一水寺鐘「夜入霜林火，寒生水寺鐘」，張祜詩也。「芳草漁家路，斜陽水寺鐘」，李國用句也。

其二

西江江上月〔一〕，遠遠照征衣。夜色草中網，秋聲林外機。渚田牛路熟，石岸客船稀。無復是鄉井，鷓鴣聊自飛〔二〕。

【箋注】

〔一〕西江：指信江。信江源出江西懷玉山，西經上饒弋陽爲弋陽江，又經貴溪爲錦江，又西北經餘干縣南，入鄱陽湖。

〔二〕鷓鴣：舊題師曠禽經：「隨陽，越雉，鷓鴣也。飛必南翥，晉安曰懷南，江左曰逐隱。」太平御覽卷九二四引南越志：「鷓鴣雖東西回翔，然開翅之始，必先南翥。其鳴自呼。」

【輯評】

唐詩歸卷三二鍾惺評尾聯：悲滄之極。

其三

秋灘一望平，遠遠見山城。落日啼烏臼〔一〕，空林露寄生〔二〕。燒畲殘火色〔三〕，蕩槳夜溪聲。況是曾遊處，桑田小變更〔四〕。

【校記】

遠遠見山城：「遠遠」原作「遠望」，「望」字重上句，故從全詩。

【箋注】

〔一〕烏臼：爾雅釋鳥「鵖鳩鵧鵖」句郭璞注：「小黑鳥，鳴自呼。江東名爲烏鵖。」

〔二〕寄生：詩經小雅弁「蔦與女蘿」句毛傳：「蔦，寄生也。」陸璣毛詩草木鳥獸蟲魚疏卷上：「蔦一名寄生，葉似當盧，子如覆盆子，赤黑，甜美。」蔦實爲落葉小灌木，攀援古木上。又漢書東方朔傳：「乃覆樹上寄生。」顔師古注：「寄生者，芝菌之類，淋潦之日，著樹而生，形有周環象寠數者，今關中俗亦呼爲寄生。」

〔三〕燒畬：范成大石湖居士詩集卷一六勞畬耕詩序：「畬田，峽中刀耕火種之地也。春初斫山，衆木盡蹶，至當種時，伺有雨候，則前一夕火之，藉其灰以爲糞。明日雨作，乘熱土下種，即苗盛倍收。無雨反是。」

〔四〕桑田：葛洪神仙傳卷三王遠：「麻姑自説云：『接待以來，已見東海三爲桑田。向到蓬萊，水又淺於往昔會時略半耳，豈將復還爲陵陸乎？』」

【輯評】

宋長白柳亭詩話卷二〇：烏舅，鵯鵊鳥也，亦名批頰。楊去奢曰一名山呼；廖百子曰即戴勝。張祜詩：「落日啼烏舅，空林露寄生。」胡宿詩：「二月辛夷猶未落，五更烏舅最先啼。」陸龜蒙詩：「行歇每依烏舅影，挑頻時見鼠姑心。」題云掇野蔬也，對仗尤工。

題常州水西館〔一〕

隙地叢筠植，修廊列堵環。樓臺疎占水，崗岸遠成山。盡日草深映，無風舟自閑。聊當俟芳夕，一泛芰荷間。

【箋注】

〔一〕常州：唐常州晉陵郡，今江蘇常州，古又稱毘陵。水西館：全唐詩卷四八二李紳毘陵東山自注：「東山在毘陵驛，南連水西館。館即獨孤及在郡所置，荒廢已久，至孟公簡重修，植以花木松竹等，可翫。」

題李瀆山居玉潭〔一〕

古樹千年色，蒼崖百尺陰。髮寒泉氣静，神駭玉光沉。上穴青冥小，中連碧海深。何當煙月下，一聽夜龍吟〔二〕。

【校記】

題中「山居玉潭」，全詩校「一作玉潭山居」。

【箋注】

〔一〕李濆：唐尚書省郎官石柱題名司勳員外郎李濆在盧渥後；闕名玉泉子：「及咸通中，韋保衡、路巖作相，除不附己者十司户：崔沆循州，李濆繡州……」上述李濆年代較晚，恐非此詩之李濆。王讜唐語林卷七：「大中三年，李褒侍郎知貢舉，試堯仁如天賦，宿州李使君弟濆，不識題……」未知是否此李濆。玉潭：在常州。計有功唐詩紀事卷二七：「（李）幼卿字長夫，隴西人，大曆中以右庶子領滁州。別業在常州義興曰玉潭莊，在滁州時以書托獨孤至之（及），獨孤以詩寄云……」當即此玉潭。如此，李濆當爲李幼卿之後。

〔二〕龍吟：龍鳴之聲。常以喻笛聲。初學記卷二八劉孝先詠竹：「誰能製長笛，當爲作龍吟。」此處雙關。

題陸墉金沙洞居〔一〕

東溪泉一眼，歸卧愜高疏。決水金沙净，梯雲石壁虚。細吟搔短髮，深話笑長裾〔二〕。莫道遺名品，嘗聞入洛初〔三〕。

【箋注】

〔一〕陸墉：林寶元和姓纂卷一〇：「陸亘生墉。」「墉」爲「墉」之誤，見岑仲勉元和姓纂四校記。陳公亮嚴州圖經卷一：「陸墉，咸通五年十二月五日自鹽鐵江淮知後金部郎中拜。」舊唐書僖宗紀：「（乾符三年十二月）前陝西虢觀察使陸墉爲太子賓客。」金沙洞：在常州宜興。嘉慶重刊宜興縣舊志卷一：「金沙洞在湖㳇金沙寺，俗名鮎魚洞。」

〔二〕長裾：孔叢子儒服：「子高曳長裾，振褒袖，方屐麤翣，見平原君。平原君曰：『吾子亦儒服乎？』子高曰：『此布衣之服，非儒服也。儒服非一也。』」

〔三〕入洛：晉書陸機傳：「至太康末，與弟雲俱入洛，造太常張華。華素重其名，如舊相識。」

題陸敦禮山居伏牛潭〔一〕

伏牛真怪事，餘勝幾人諳。日彩沉青壁，煙容静碧潭。泛心何慮泠，漱齒詎忘甘。幸挈壺中物，期君正興酣。

【箋注】

〔一〕陸敦禮：無考。伏牛潭：在常州。史能之咸淳毗陵志卷一五：「金牛潭在張公洞後，水泓澄不竭。舊傳金牛入此潭，一號伏牛潭。」

旅次石頭岸〔一〕

行行石頭岸，身事兩相違。舊國日邊遠〔二〕，故人江上稀。水聲寒不盡，山色暮相依。惆悵未成話，數行鵶又飛。

【校記】

未成話：「話」英華作「語」。

【箋注】

〔一〕石頭：石頭城。戰國楚威王滅越，置金陵邑，東漢末孫權徙治秣陵，改名石頭。吴時爲土塢，晉義熙中加磚壘石，因山爲城，因江爲池。故址在今南京石頭山後。

〔二〕日邊：李白送王孝廉覲省：「姑蘇在日邊。」楊齊賢曰：「姑蘇，蘇州吴郡，以其近東海日出之地，故云日邊。」見分類補注李太白集卷一八。張祜家居蘇州吴縣。

【輯評】

李懷民重訂中晚唐詩主客圖説卷下：暮天寥落，旅客悲愁，千古一情。又評「水聲」句：三字妙。又評「山色」句：三字尤妙。

觀宋州于使君家樂琵琶〔一〕

歷歷四絃分，重來上界聞。玉盤飛夜雹，金磬入秋雲。隴霧笳凝水，砂風雁咽群。不堪天塞恨，青塚是昭君〔二〕。

【校記】

笳凝水：「凝」原作「疑」，據處士集、全詩改。

【箋注】

〔一〕宋州：今河南商丘。于使君爲于季友。新唐書宰相世系表二下于頔子：「季友，絳、宋等州刺史，駙馬都尉。」新唐書本傳未及。琵琶：舊唐書音樂志二：「琵琶，四絃，漢樂也。初，秦長城之役，有絃鼗而鼓之者，及漢武帝嫁宗室女於烏孫，乃裁箏、筑爲馬上樂，以慰其鄉國之思。」

〔二〕青塚：樂史太平寰宇記卷三八振武軍：「青塚在（金河）縣西北，漢王昭君葬於此，其上草色常青，故曰青塚。」文選石崇王明君辭序：「昔公主嫁烏孫，令琵琶馬上作樂，以慰其道路之思。其送明君，亦必爾也。」

箏〔一〕

綽綽下雲煙，微收皓腕鮮。夜風生碧柱，春水咽紅絃。翠珮輕猶觸，鶯枝澀未遷〔二〕。芳音何更妙，清月共嬋娟。

【箋注】

〔一〕箏：急就篇卷三：「竽瑟空侯琴筑箏。」顔師古注：「箏，亦瑟類也，本十二絃，今則十三。」應劭風俗通卷六：「箏，謹按禮樂記：五絃筑身也。今并、涼二州，箏形如瑟，不知誰所改作也。或曰秦蒙恬所造。」

〔二〕鶯枝：詩經小雅伐木：「伐木丁丁，鳥鳴嚶嚶。出自幽谷，遷于喬木。」古以嚶鳴之鳥爲黄鶯。此以鶯鳴喻箏聲。

歌

一夜列三清〔一〕，聞歌曲阜城〔二〕。雪飛紅爐影，珠貫碧雲聲。皓齒嬌微發，青蛾怨自生。不知新弟子，誰解囀喉輕。

【箋注】

〔一〕三清：道家認爲人、天兩界之外，别有三清，即玉清、太清、上清，爲神仙所居之仙境。靈寶本元經：「四人天外曰三清境，玉清、太清、上清，亦名三天。」

〔二〕曲阜：縣名，孔子故里。

笙〔一〕

董雙成一妙〔二〕，歷歷韻風篁。清露鶴聲遠〔三〕，碧雲仙吹長。氣侵銀項濕〔四〕，膏胤漆瓢香〔五〕。曲罷不知處，巫山空夕陽〔六〕。

【箋注】

〔一〕笙：爾雅釋樂郭璞注：「列管瓠中，施簧管端，大者十九簧，（小者）十三簧者。」

〔二〕董雙成：傳爲西王母侍女。王母命侍女董雙成吹雲和之笙。見漢武内傳。

〔三〕鶴聲：劉向列仙傳卷上：「王子喬者，周靈王太子晉也。好吹笙作鳳皇鳴，遊伊、洛之間，道士浮丘公接以上嵩高山。三十餘年後求之於山上，見柏良曰：『告我家七月七日待我於緱氏山巔。』至時果乘白鶴駐山頭，望之不得到，舉手謝時人，數日而去。」

〔四〕銀項：箍笙管的金屬圈。

〔五〕漆瓢：黑色葫蘆。崔豹古今注音樂：「瓠，壺蘆也……懸瓠可作笙，曲沃者猶善。秋乃可用，則漆其裏。」舊唐書音樂志二：「匏，瓠也……今之竽、笙，並以木代瓠而漆之，無復音矣。荆、梁之南，尚存古製云。」

〔六〕巫山：文選宋玉高唐賦李善注引襄陽耆舊傳：「赤帝女曰姚姬，未行而卒，葬於巫山之陽，故曰巫山之女。楚懷王遊於高唐，晝寢，夢見與神遇，自稱是巫山之女，王因幸之，遂爲置觀於巫山之南，號爲朝雲。」

五絃〔一〕

小小月輪中，斜抽半袖紅。玉瓶秋滴水，珠箔夜懸風。徵調侵弦乙〔二〕，商聲過指攏〔三〕。祇愁纔曲罷，雲雨去巴東〔四〕。

【箋注】

〔一〕五絃：新唐書禮樂志十一：「五絃如琵琶而小，北國所出，舊以木撥彈，樂工裴神符初以手彈。」

〔二〕乙：演奏技法，大概同勾。乙作爲讀書記止的符號就是勾，如史記滑稽列傳褚少孫補：「(東方)朔初入長安，至公車上書，凡用三千奏牘……人主從上方讀之，止，輒乙其處。」

〔三〕攏：彈奏技法之一。段安節樂府雜録：「曹綱善運撥，若風雨，而不事扣絃，（裴）興奴長於攏撚。」白居易琵琶行：「輕攏慢撚抹復挑，初爲霓裳後六么。」

〔四〕巴東：唐夔州雲安郡，本信州巴東郡，有巫山。楚襄王遊高唐，夢神女薦枕，去而辭曰：「妾在巫山之陽，高丘之阻，旦爲朝雲，暮爲行雨，朝朝暮暮，陽臺之下。」見文選宋玉高唐賦。

觱篥〔一〕

一管妙清商〔二〕，纖紅玉指長。雪藤新換束，霞錦旋抽囊。并揭聲猶遠〔三〕，深含曲未央〔四〕。坐中知密顧，微笑是周郎〔五〕。

【箋注】

〔一〕觱篥：段安節樂府雜録：「觱篥者，本龜兹國樂也，亦名悲栗，有類於笳也。」陳暘樂書卷一三〇：「觱篥一名悲栗，一名笳管，羌胡、龜兹之樂也。以竹爲管，以蘆爲首，狀類胡笳而九竅，所發者角音而已。其聲悲栗。」

〔二〕清商：魏書樂志：「江左所傳中原舊曲，明君、聖主、公莫、白鳩之屬，及江南吴歌、荆楚四聲，總謂之清商。」

〔三〕揭：手指擡起，露出音孔。温庭筠觱篥歌：「皓然纖指都揭血，日暖碧霄無片雲。」

〔四〕含：觱篥的吹法之一。含時把吹嘴都吞進去，嚼時吐至唇齒之間，含聲壯，嚼聲高。李賀申鬍子觱篥歌：「顔熱感君酒，含嚼蘆中聲。」

〔五〕周郎：三國志吴書周瑜傳：「瑜少精意於音樂，雖三爵之後，其有闕誤，瑜必知之，知之必顧。故時人謡曰：『曲有誤，周郎顧。』」

笛〔一〕

紫清人一管，吹在月堂中〔二〕。雁起雪雲夕，龍吟煙水空〔三〕。虜塵深漢地，羌思切邊風。試弄陽春曲〔四〕，西園桃已紅。

【箋注】

〔一〕笛：舊唐書音樂志二：「笛，漢武帝工丘仲所造也，其元出於羌中。短笛，修尺有咫。長笛、短笛之間，謂之中管。」

〔二〕月堂：偃月堂，半圓形庭堂。如新唐書李林甫傳：「林甫有堂如偃月，號月堂。」

〔三〕龍吟：形容笛聲。文選馬融長笛賦：「近世雙笛從羌起，羌人伐竹未及已，龍鳴水中不見己，截竹吹之聲相似。」

〔四〕陽春：文選宋玉對楚王問：「客有歌於郢中者，其始曰下里巴人，國中屬而和者數千人。其爲陽阿薤露，國中屬而和者數百人。其爲陽春白雪，國中屬而和者不過數十人。」

舞

荆臺呈妙舞〔一〕，雲雨半羅衣。袅袅腰疑折，褰褰袖欲飛。霧輕紅躑躅〔二〕，風豔紫薔薇。强許傳新態，人間弟子稀。

【箋注】

〔一〕荆臺：即楚臺，楚懷王夢見神女之陽臺。見文選宋玉高唐賦。

〔二〕紅躑躅：即杜鵑花。洪邁容齋隨筆卷一〇：「潤州鶴林寺杜鵑，乃今映山紅，又名紅躑躅者。」

箜篌〔一〕

星漢夜牢牢，深簾調更高。亂流公莫渡〔二〕，沉骨嫗空嗥。向月輕輪甲〔三〕，迎風重紉絛〔四〕。不堪聞別引，滄海恨波濤。

【箋注】

〔一〕箜篌：劉熙釋名釋樂器謂箜篌師延造，爲空國之侯所有，故名空侯。宋書樂志一謂初名坎侯，漢武帝令樂人侯暉依琴製造，言其坎坎應節奏。隋書音樂志下謂出自西域。箜篌實有兩種，即卧箜篌與豎箜篌。舊唐書音樂志二：「今按其形，似瑟而小，七絃，用撥彈之。」是爲卧箜篌。又云：「豎箜篌，胡樂也，漢靈帝好之，體曲而長，二十有二絃，豎抱於懷，用兩手齊奏，俗謂之擘箜篌。」

〔二〕亂流：崔豹古今注音樂：「箜篌引，朝鮮津卒霍里子高妻麗玉所作也。子高晨起刺船而濯，有一白首狂夫，披髮提壺，亂流而渡，其妻隨呼，止之不及，遂墮河而死。於是援箜篌而鼓之，作公無渡河之歌，聲甚悽愴。曲終，亦投河而死。子高還，以其聲語妻麗玉，麗玉傷之，乃引箜篌而寫其事，聞者莫不墮淚飲泣。麗玉以其聲傳鄰女麗容，名曰箜篌引焉。」

〔三〕甲：用手指演奏樂器時所用的護甲。楊慎升庵詩話卷一二劉言史「迸却玻璃義甲聲」：「義甲，妓女彈箏護甲也，替指，或以銀，或以玻璃。杜詩『銀甲彈箏卸』是也。」

〔四〕絛：繫絃的絲帶。

簫〔一〕

清籟遠愔愔，秦樓夜思深〔二〕。碧空人已去，滄海鳳難尋。杳妙和雲絕，依微向水沉。還將九成意〔三〕，高閣竚芳音。

【箋注】

〔一〕簫：排簫。爾雅釋樂：「大簫謂之言。」郭璞注：「編二十三管，長尺四寸。」又「小者謂之筊」，郭璞注：「十六管，長尺二寸。」應劭風俗通卷六：「舜作簫，其形參差以象鳳翼。」

〔二〕秦樓：劉向列仙傳卷上：「蕭史者，秦穆公時人也，善吹簫，能致孔雀、白鶴於庭。穆公有女字弄玉，好之，公遂以女妻焉，日教弄玉作鳳鳴。居數年，吹似鳳聲，鳳凰來止其屋。公爲作鳳臺，夫婦止其上不下數年，一旦皆隨鳳凰飛去。」

〔三〕九成：尚書益稷：「簫韶九成，鳳皇來儀。」孔穎達疏：「鄭（玄）云：成，猶終也。每曲一終，必變其奏，故經言九成，傳言九奏，周禮謂之九變。」

溪行寄京城故人

白日長多事，清溪偶獨尋。雲歸秋水闊，月出夜山深。坐想天涯去，行悲海畔吟。京華故人在，誰復念浮沉〔一〕？

【校記】

此詩實即卷一之溪行寄京師故人道侶，文字小有異同，不校。爲重出作品，當删。

【箋注】

〔一〕浮沉：史記袁盎列傳：「(袁)盎病免家居，與閭里浮湛，相隨行鬭雞走狗。」

夕次桐廬〔一〕

百里清溪口，扁舟此去過。晚潮風勢急，寒葉雨聲多。戍出山頭鼓，樵通竹裏歌。不堪無酒夜，回首夢煙波。

【箋注】

〔一〕桐廬：縣名，唐時與清溪皆屬睦州新定郡。今屬浙江。

入潼關〔一〕

都城連百二〔二〕，雄險此迴環。地勢遥尊嶽，河流側讓關。秦皇曾虎視〔三〕，漢祖昔龍顔〔四〕。何處梟雄輩〔五〕，干戈自不閑。

【校記】

樂府題作「入關」。

連百二：原作「三百里」，據樂府改。
此迴環：「此」樂府作「北」。
昔龍顏：「昔」樂府作「亦」。
何處梟雄輩：「處」樂府作「事」。「雄」樂府作「兇」。

【箋注】

〔一〕潼關：李吉甫元和郡縣圖志卷二：「潼關，在（華陰）縣東北三十九里，古桃林塞也，春秋時晉侯使詹嘉處瑕以守桃林之塞是也。關西一里有潼水，因以名關。又云河在關内，南流衝激關山，因謂之『衝關』。」

〔二〕百二：史記高祖本紀：「秦，形勝之國，帶河山之險，縣隔千里，持戟百萬，秦得百二焉。」裴駰集解：「蘇林曰：得百中之二焉。秦地險固，二萬人足當諸侯百萬人也。」司馬貞索隱：「虞喜曰：百二者，得百之二，言諸侯持戟百萬，秦地險固，一倍於天下，故云得百二焉，言倍之也，蓋言秦兵當二百萬也。」

〔三〕虎視：文選班固西都賦：「周以龍興，秦以虎視。」

〔四〕龍顏：史記高祖本紀：「高祖爲人，隆準而龍顏。」

〔五〕梟雄：文選陳琳爲袁紹檄豫州：「而（曹）操豺狼野心，潛包禍謀……除滅忠正，專爲梟雄。」

【輯評】

周珽删補唐詩選脈箋釋會通評林卷三五：三、四「尊」「讓」二字，蓄意深遠。加「遥」字、「側」

字，更奇。宜處士自舉爲得意句也。總言關中天險，秦漢帝王所居，非城狐社鼠可得闚梁覬覦者。通篇雄渾雅曠。又登廣武原一詩亦開暢，豈得槩以元和後詩目之？

南宮嘆亦述玄宗追恨太真妃事〔一〕

北陸冰初結〔二〕，南宮漏更長。何勞却睡草〔三〕，不驗返魂香〔四〕。月隱仙娥豔〔五〕，風殘夢蝶揚〔六〕。徒悲舊行跡，一夜玉階霜。

【箋注】

〔一〕南宮：即興慶宮，又稱南内。新唐書地理志一：「興慶宮在皇城東南，距京城之東，開元初置，至十四年又增廣之，謂之南内。」太真妃：即楊玉環。新唐書后妃傳上玄宗楊貴妃：「幼孤，養叔父家。始爲壽王妃……或言妃姿質天挺，宜充掖廷，遂召内禁中，異之，即爲自出妃意者，丐籍女官，號『太真』。……天寶初，進册貴妃……及西幸至馬嵬，陳玄禮等以天下計誅國忠，已死，軍不解，帝遣力士問故，曰：『禍本尚在。』帝不得已，與妃訣，引而去，縊路祠下，裹尸以紫茵，瘞道側。年三十八。」

〔二〕北陸：左傳昭公四年：「古者日在北陸而藏冰。」孔穎達疏：「日在北陸，謂夏之十二月也。」

〔三〕却睡草：郭憲别國洞冥記：「有五味草，初生味甘，花時味酸，食之使人不眠，名曰却睡草。」

〔四〕返魂香：張華博物志卷二：「武帝時，西域月氏國度弱水，貢返魂香三枚，大如燕卵，黑如桑椹。值長安大疫，西使請燒一枚避之，宮中病者聞之即起，香聞百里，數日不歇。疫死未三日者，薰之即活，乃返生神藥也。」

〔五〕仙娥：此謂嫦娥。後漢書天文志上李賢等注引張衡靈憲：「羿請無死之藥於西王母，姮娥竊之以奔月。」

〔六〕夢蝶：莊子齊物論：「昔者莊周夢爲胡蝶，栩栩然胡蝶也，自喻適志與！不知周也。俄然覺，則蘧蘧然周也。不知周之夢爲胡蝶與？胡蝶之夢爲周與？」

題平望驛〔一〕

一派吴興水〔二〕，西來此驛分。路遥經幾日，身去是孤雲〔三〕。雨氣朝忙蟻〔四〕，雷聲夜聚蚊〔五〕。何堪秋草色，到處重離群〔六〕。

【校記】

朝忙蟻：「蟻」原作「蟣」，據英華、全詩改。

雷聲：「雷」原作「雪」，據全詩改。

【箋注】

〔一〕平望驛：顧祖禹讀史方輿紀要卷二四：「平望鎮，（吴江）縣南四十五里，爲控接嘉、湖之要道。……於此今有平望巡司，亦設平望驛。」在今江蘇吴江縣南。

〔二〕吴興：唐湖州吴興郡，今浙江湖州。

〔三〕孤雲：陶淵明詠貧士：「萬族皆有托，孤雲獨無依。」

〔四〕「雨氣」句：東觀漢紀卷七：「沛獻王（劉）輔，善京氏易。永平五年秋，京師少雨，上御雲臺，召尚席取卦具自卦……其繇曰：『蟻封穴户，大雨將集。』明日大雨。上即以詔書問輔……輔上書曰：『……蟻穴居而知雨……故以蟻爲興。』」

〔五〕「雷聲」句：漢書景十三王傳中山靖王劉勝對言：「夫衆煦漂山，聚蚊成雷。」

〔六〕重：文選宋玉九辯：「重無怨而生離兮。」五臣劉良注：「重，念也。」去聲。

隋宫懷古〔一〕

廢宫深苑路，煬帝此東行〔二〕。往事餘山色，流年是水聲。古牆丹雘盡，深棟黑煤生。惆悵從今客，經過未了情。

【箋注】

〔一〕隋宮：此處當指洛陽的隋宮苑。隋書煬帝紀：「(大業元年)三月丁未，詔尚書令楊素、納言楊達、將作大匠宇文愷營建東京……又於皁澗營顯仁宫，採海内奇禽異獸草木之類，以實園苑。」隋書地理志中河南郡：「壽安……有顯仁宫。」

〔二〕東行：隋書煬帝紀：「(大業元年三月)辛亥，發河南諸郡男女百餘萬，開通濟渠，自西苑引穀、洛水達於河，自板渚引河通於淮。庚申，遣黄門侍郎王弘、上儀同於士澄往江南採木，造龍舟、鳳艒、黄龍、赤艦、樓船等數萬艘。……八月壬寅，上御龍舟，幸江都……舳艫相接，二百餘里。」

偶蘇求至話別

幾年滄海別，萬里白頭吟〔一〕。夜月江流闊，春雲嶺路深。珠繁楊氏果，翠耀孔家禽。無復天南夢，相思空樹林。

【校記】

此詩與卷一之送蘇紹之歸嶺南除首二句外，餘皆同，顯然是同一首，因傳抄致歧。蘇求與蘇紹之當是一人，紹之爲其字。正德袁州府志卷六職官有蘇球，在韓愈前若干人，未知是否即此蘇求。

【箋注】

〔一〕白頭吟：西京雜記卷二：「相如將聘茂陵人女爲妾，卓文君作白頭吟以自絶，相如乃止。」古詩白頭吟：「願得一心人，白頭不相離。」

秋齋

垂老歸休意，棲棲陋巷中〔一〕。暗燈棋子落，殘語酒瓶空。滴冪侵簷露〔二〕，虚疎入檻風。何妨一蟬嘒〔三〕，自抱木蘭叢〔四〕。

【校記】

處士集與全詩題作「秋霽」。

一蟬嘒：「嘒」原作「吟」。此字不當作平聲，故從處士集與全詩。

自抱：「抱」原作「䀎」，亦從上二書。

【箋注】

〔一〕陋巷：論語雍也：「子曰：『賢哉，回也！一簞食，一瓢飲，在陋巷，人不堪其憂，回也不改其樂，賢哉，回也！』」

〔二〕滴羃：點滴，滴下。

〔三〕嘒：蟬鳴。詩經小雅小弁：「菀彼柳斯，鳴蜩嘒嘒。」蜩即蟬。

〔四〕木蘭：木名。屈原離騷：「朝飲木蘭之墜露兮，夕餐秋菊之落英。」

詠史二首

漢代非良計，西戎世世塵。無何求善馬〔一〕，不算苦生民。外國雖虛結，中華憤莫伸。却教爲後耻，昭帝遠和親〔二〕。

【箋注】

〔一〕善馬：史記大宛列傳：「初，天子（武帝）發書易，云『神馬當從西北來』。得烏孫馬好，名曰『天馬』。及得大宛汗血馬，益壯，更名烏孫馬曰『西極』，名大宛馬曰『天馬』。……欲侯寵姬李氏，拜李廣利爲貳師將軍，發屬國六千騎，及郡國惡少年數萬人，以往伐宛，期至貳師城取善馬。」

〔二〕昭帝：漢武帝子劉弗陵，繼武帝爲皇帝。漢書昭帝紀贊：「承孝武奢侈餘敝師旅之後……輕繇薄賦，與民休息。至始元、元鳳之間，匈奴和親，百姓充實。」二句言武帝行爲爲後代之耻，昭帝改以與民休息，和親匈奴。

其二

留名魯連去〔一〕，於世絶遺音。盡愛聊城下，寧知滄海深。偶然飛一箭，無事在千金〔二〕。回望凌煙閣〔三〕，何人是此心？

【校記】

聊城下：「聊」原誤作「遼」，據全詩改。

【箋注】

〔一〕魯連：魯仲連。史記魯仲連列傳：「齊田單攻聊城，歲餘，士卒多死而聊城不下。魯連乃爲書，約之矢以射城中，遺燕將……燕將見魯連書，泣三日……乃自殺。聊城亂，田單遂屠聊城。歸而言魯連，欲爵之，魯連逃隱海上。」

〔二〕千金：秦軍圍趙都城邯鄲，魯仲連説梁客新垣衍不敢再言帝秦，秦軍聞之，爲之退五十里。平原君奉千金爲魯連壽，不受而去，遂終身不見平原君。亦見史記魯仲連列傳。此詩合二事爲一。

〔三〕凌煙閣：古代朝廷爲表彰功臣而建造的高閣。庾信周柱國大將軍紇干弘神道碑：「天子畫凌煙之閣，言念舊臣；出平樂之宮，實思賢傅。」唐太宗、代宗都有圖畫功臣像於凌煙閣事。

洞房燕

清曉洞房開，佳人喜燕來。乍疑釵上動〔一〕，輕似掌中迴〔二〕。暗語臨窗户，深窺傍鏡臺。新粧正含思，莫拂畫梁埃。

【校記】

臨窗户：「臨」英華校「集作通」。

新粧：英華作「粧成」。

【箋注】

〔一〕釵上：釵有燕釵。李賀湖中曲：「燕釵玉股照青渠。」王琦注：「燕釵，釵上作燕子形。玉股，釵脚以玉爲之者。」見李長吉歌詩彙解卷二。

〔二〕掌中：趙飛燕外傳：「飛燕體輕，能爲掌上舞。」梁書羊侃傳：「侃性豪侈，善音律……舞人張浄琬，腰圍一尺六寸，時人咸推能掌中舞。」

答僧贈柱杖

千迴掌上横，珍重遠方情。客問何人與？閩僧寄一莖。畫空疑未決，卓地計初成。幸以文堪採，扶持力不輕〔一〕。

【箋注】

〔一〕扶持：三國志魏書管寧傳程喜上言云管寧：「能自任杖，不須扶持。」

鷺鷥〔一〕

深窺思不窮，揭趾淺沙中。一點山光静，孤飛潭影空。暗棲松葉露，雙下蓼花風。好是滄波侶，垂絲趣亦同。

【校記】

雙下：「雙」英華校「一作輕」。

【箋注】

〔一〕鷺鷥：水鳥，羽純白，頭頂有白毛甚長，棲息水邊，捕食魚蝦。

【輯評】

李懷民重訂中晚唐詩主客圖説卷下評「輕下」（按：即「雙下蓼花風」）句：匠，用力做。「輕」字妙。

塞下〔一〕

萬里配長征，連年慣野營。入群來揀馬，抛伴去擒生。箭插雕翎闊，弓盤鵲角輕〔二〕。問看行遠近，西去受降城〔三〕。

【校記】

樂府題作「塞下曲」。按：此詩全唐詩卷五一五又收作朱慶餘詩，題爲「塞下曲」，四部叢刊續編影印鐵琴銅劍樓藏宋刊本朱慶餘詩集亦收此詩。但文苑英華卷一九七、樂府詩集卷九三皆作張祜，當是張祜作，作朱慶餘者誤收。

配長征：「征」樂府作「陘」。

問看行遠近：「問」樂府作「間」，全詩作「閑」。「遠近」全詩作「近遠」。

【箋注】

〔一〕樂府詩集卷二一横吹曲辭：「晉書樂志曰：『出塞、入塞曲，李延年造』……按西京雜記曰：『戚夫人善歌出塞、入塞、望歸之曲。』則高祖時已有之，疑不起於延年也。唐又有塞上、塞下曲，蓋出於此。」

〔二〕鵲角：以鵲形裝飾的弓，又稱鵲面弓、鵲畫弓。孫光憲定西番詞：「鵲面弓離短韔，彎來月欲成。」宋張耒少年行之一：「騂弓鵲角蒼鷹羽，金錯旌竿畫貔虎。」元喬吉梁州第七射雁套：「忙拈鵲畫弓，急取雕翎箭。」

〔三〕受降城：新唐書地理志一關内道豐州九原郡：「東受降城，景雲三年朔方軍總管張仁愿築三受降城。寶曆元年，振武節度使張惟清以東城濱河，徙置綏遠烽南。中受降城，有拂雲堆祠。……西受降城，開元初爲河所圮，十年，總管張説於城東別置新城。」

憶雲陽宅〔一〕

一別雲陽宅，深愁度對華。翠濃春檻柳，紅滿夜庭花。鳥影垂纖竹，魚行踐淺沙。聊當因寤寐，歸思浩無涯。

【箋注】

〔一〕雲陽：舊唐書地理志五江南道潤州：「丹陽，漢曲阿縣，屬會稽郡。又改名雲陽，後復爲曲阿。……天寶元年改爲丹陽縣。」今江蘇丹陽。

題造微禪師院

夜香聞偈後，岑寂掩雙扉。照竹燈和雪，穿松月到衣。草堂疏磬斷，江寺故人稀。唯憶江南雨，春風獨鳥歸。

【校記】

按：此詩全唐詩卷五八二又作温庭筠，顧嗣立補注温庭筠詩集卷八别集亦載之。顧嗣立後記云：「依宋本分爲詩集七卷，别集一卷。」則卷八别集亦宋槧舊貌。故此詩疑是温作。全唐詩卷六〇六林寬有哭造微禪師，又卷六三八張喬有弔造微上人。

穿松：「松」全詩作「雲」。

獨鳥歸：「歸」處士集作「啼」。

酬武藴之乙丑之歲始見華髮余自悲遂成繼和〔一〕

賈生年尚小〔二〕，華髮逡相侵〔三〕。不是流光促，應緣別恨深。憐君成苦調，感我獨長吟。豈料清秋日，星星共映簪〔四〕。

【校記】

逡相侵：「逡」處士集與全詩作「近」。

應緣：「應」全詩作「因」。

【箋注】

〔一〕乙丑：謂唐武宗會昌五年。武藴之：未詳。

〔二〕賈生：賈誼。史記賈生列傳：「是時賈生年二十餘，最爲少。每詔令議下，諸老先生不能言，賈生盡爲之對……超遷，一歲中至太中大夫。」

〔三〕逡：急速。音俊。

〔四〕星星：文選左思白髮賦：「星星白髮，生於鬢垂。」

題萬道人禪房

何處鑿禪壁？西南江上峰。殘陽過遠水，落葉滿踈鍾。世事静中去，道心塵外逢。欲知情不動，牀下虎留蹤〔一〕。

【箋注】

〔一〕虎留蹤：釋慧皎高僧傳卷四晉剡山于法蘭傳：「嘗於冬月在山，冰雪甚厲，時有一虎來入蘭房，蘭神色無忤，虎亦甚馴，至明旦雪止乃去。」又卷一二齊永興柏林寺釋弘明傳：「明嘗於雲門坐禪，虎來入明室内，伏於牀前，見明端然不動，久久乃去。」

【輯評】

唐詩歸卷三二鍾惺評頸聯：二語之妙全在「去」字、「逢」字落得無痕。

黄周星唐詩快卷九評頷聯：何等淡逸。

屈復唐詩成法卷五：一、二禪房，三遠景，五、六禪力，七、八證驗。禪房在江邊峰頭。三「江上峰」所望，「落葉」點時，「滿疏鐘」承「禪壁」，「滿」字妙。到禪房之静中，而世事皆去；來禪師之塵外，而道心相逢。皆就自己説。「欲知」承「去」、「逢」二字，「情」字應「事」、「心」二字。「牀下」結禪房，「虎留蹤」結禪師。

黄生唐詩摘抄卷一：全篇直叙。唐人以鐘聲入詩，語輒入妙，如「鐘過白雲來」「鐘聲和白雲」「晨鐘雲外濕」及「落葉滿疏鐘」，皆以虚境作實境，靈活幽幻，無理而有趣者也。五着道人，六着自己。此詩起結，仿佛孟襄陽義公房作，但五、六不能更作景語，氣力較弱，緣起手已將孟三、四意寫入次句中，遂以三、四當彼五、六，至五、六遂不能復振耳。

病後訪山客

久病倦衾枕，獨行來訪君。因逢歸馬客，共對出溪雲。新月坐中見，暮蟬愁處聞。相歡貴無事，莫想路歧分〔一〕。

【箋注】

〔一〕路岐：列子説符：「楊子之鄰人亡羊，又請楊子之豎追之。楊子曰：『嘻，亡一羊，何追者之衆？』鄰人曰：『多歧路。』既反，問：『獲羊乎？』曰：『亡之矣。』曰：『奚亡之？』曰：『歧路之中又有歧焉，吾不知所之，所以反也。』」

題松汀驛〔一〕

山色遠含空，蒼茫澤國東。海明先見日，江白迥聞風。鳥道高原去，人煙小徑通。那知舊遺逸，不在五湖中〔二〕。

【校記】

全詩題下校曰：「一本無題字。」

迥聞風：「聞」原作「開」，據處士集、全詩改。

【箋注】

〔一〕松汀驛：未詳。疑「汀」爲「江」之誤。松江又名松陵江、吴松江，太湖支流。祝穆方輿勝覽卷二平江府有松江驛，并引方干題松江驛詩。

〔二〕五湖：周禮夏官職方氏：「東南曰揚州……其川三江，其浸五湖。」然五湖之説不一，有以太湖爲五湖，有以太湖及附近四湖爲五湖。國語越語下：「反至五湖，范蠡辭於王曰：『君王勉之，臣不復入於越國矣。』……遂乘輕舟以浮於五湖，莫知其所終極。」

【輯評】

唐汝詢唐詩解卷三八：驛之所在未詳。疑必依枕山陵，襟帶江海，其高原險絶，則爲鳥道，其小徑幽僻，則通人煙，斯固隱淪之所藏也。因想世人皆以五湖爲隱士棲逸之所，殊不知古之遺逸，乃有不居五湖而在此中者。其意必有所指，地既無考，人亦宜闕。

周珽删補唐詩選脈箋釋會通評林卷三五：李夢陽曰：此作音響協而神氣王。蔣一梅曰：似金山寺作較勝。唐汝詢曰：質浄渾雅。次聯峻爽，在四虚字。結更含蓄，大曆以前語。

黄生唐詩摘抄卷一：尾聯見意。朱之荆補評：前六句極寫其地之古澹，末二句有欲隱於此之意。曰「舊遺逸」，借人形己。曰「不在」，見有現在者。

吴昌祺删訂唐詩解卷一八：其驛或在吴越間，故望五湖而意其有逸民。

屈復唐詩成法卷五：一、二松汀驛，中四景，情結。六句皆松汀驛。七、八訪友不遇。起結寫松汀驛，下分應之。「江」「海」承「澤國」，「鳥道」「人煙」承「山色」。「那知」承五、六，言高原小徑既通人煙，則遺逸斯在，而那知其不然也。

處士隱居

斜日半飛閣，高簾輕翳空。清香芙蓉水，碧冷琅玕風。絶岸派沿洑〔一〕，修廊趾崇隆。唯當餌仙术〔二〕，坐作朱顔翁。

【校記】

高簾輕翳空：英華作「高簷翳遠空」。

【箋注】

〔一〕沿洑：水下流迴旋貌。順流而下曰沿，水流迴旋處爲洑。

〔二〕仙术：葛洪抱朴子仙藥：「术，一名山薊，一名山精，故神藥經曰：『必欲長生，常服山精。』」并載南陽文氏食术，顔色更少，氣力轉勝。

早春錢塘湖晚眺〔一〕

落日下林阪，撫襟睇前蹤。輕澌流迴浦，殘雪明高峰。仰視天宇曠，俯登雲樹重。聊當問真界〔二〕，昨夜西巒鍾。

【箋注】

〔一〕錢塘湖：即杭州西湖。

〔二〕真界：寺院。

濠州水館〔一〕

高閣去煩燠，客心遂安舒。清流中落鳥，白石下游魚。秋樹色凋翠，夜橋聲裊虛。南軒更何待？坐見玉蟾蜍〔二〕。

【校記】

中落鳥：「落」英華及處士集作「浴」。

【箋注】

〔一〕濠州：唐濠州鍾離郡，今安徽鳳陽。

〔二〕蟾蜍：此謂月。淮南子精神「月中有蟾蜍」，高誘注：「蟾蜍，蝦蟆。」

石頭城寺〔一〕

山勢抱煙光，重門突屼傍。連簷金像閣，半壁石龕廊。碧樹叢高頂，清池占下方。徒悲宦遊意，盡日老僧房。

【箋注】

〔一〕石頭城寺：當是「石城寺」之訛，衍一「頭」字。施宿嘉泰會稽志卷八：「寶相寺在（新昌）縣西南一十里，齊永明中僧護鑿石造彌勒像，建寺號石城，至梁天監十二年像始成。身高百尺，劉勰作記。唐會昌五年建三層閣，改寺曰瑞像閣，大中祥符元年賜今額。」孟浩然有臘月八日於剡縣石城寺禮拜，即此寺。

傷遷客殁南中

故人何處殁？謫宦極南天。遠地身狼狽〔一〕，窮途事果然〔二〕。白鬚纔過海，丹旐却歸船。腸斷相逢路，新來客又遷。

【箋注】

〔一〕狼狽：喻窘迫。李密陳情表：「臣之進退，實爲狼狽。」段成式酉陽雜俎前集卷一六：「或言狼狽是兩物，狽前足絶短，每行常駕兩狼，失狼則不能動，故世言事乖者稱狼狽。」

〔二〕果然：果真如此。又獸名。藝文類聚卷九五引南方異物志：「交州以南有果然獸，其鳴自呼，身如猨，犬面，通有白毛，其體不過三尺，而尾長四尺餘。反尾度身過其頭，視其鼻，仍見兩孔仰向天。其毛長，柔細滑澤，色以白爲質，黑爲文。」李肇唐國史補卷下：「劍南人采猓然者，獲一猓然，則數十猓然可盡得矣。何哉？其猓然性仁，不忍傷類，見被獲者，聚族而啼，雖殺之，終不去也。」

烏夜啼〔一〕

忽忽南飛返，危絃共怨悽。暗霜移樹宿〔二〕，殘夜遶枝啼〔三〕。咽絶聲重叙，愔淫思乍迷。不妨還報喜，誤使玉顔低。

【校記】

危絃：「絃」全詩作「絲」。

【箋注】

〔一〕烏夜啼：舊唐書音樂志二：「烏夜啼，宋臨川王（劉）義慶所作也。元嘉十七年，徙彭城王義康於豫章，義慶時爲江州，至鎮，相見而哭，爲帝所怪，徵還宅，大懼。妓妾夜聞烏啼聲，扣齋閣云：『明日應有赦。』其年更爲南兗州刺史，作此歌。故其和云：『籠窗窗不開，烏夜啼，夜夜望郎來。』今所傳歌，似非義慶本旨。」

〔二〕樹宿：漢書朱博傳：「其府中列柏樹，常有野烏數千棲宿其上，晨來暮去，號曰『朝夕烏』。」

〔三〕遶枝：曹操短歌行：「月明星稀，烏鵲南飛。繞樹三匝，何枝可依？」

張承吉文集卷第三　雜詩

題潤州金山寺〔一〕

一宿金山寺，超然離世群。僧歸夜船月，龍出曉堂雲〔二〕。樹色中流見，鍾聲兩岸聞。翻思在朝市，終日醉醺醺〔三〕。

【校記】

英華題作「金山寺」，百家無「潤州」字。

一宿金山寺：「寺」英華、百家作「頂」。

超然離世群：英華、百家皆作「微茫水國分」。

樹色：「色」英華、百家作「影」。

翻思：英華、百家作「因悲」。

【箋注】

〔一〕金山寺：黄裳新定九域志卷五潤州：「金山寺，在揚子江中。寺記云：金山舊名浮玉山，唐時有頭陁掛錫於此，因名頭陁嵓，後斷手以建伽藍。忽一日於江際獲金數鎰，尋以表聞，因賜名金山。」祝穆方輿勝覽卷三潤州：「金山寺，在金山上，屹立江中。」

〔二〕龍出：言寺院雲霧繚繞之狀。脱因俞希魯至順鎮江志卷九：「龍遊寺在金山，舊名澤心……父老相傳先唐時嘗以爲龍遊觀。」

〔三〕醺醺：嵇康嵇中散集卷一〇家誡：「見醉薰薰便止，慎不當至困醉不能自裁也。」

【輯評】

馬令南唐書孫魴傳：金山寺題詠，衆因稱道唐張祜有「僧歸夜船月，龍出曉堂雲」之句，欲和，衆皆閣筆。魴復吟曰：「山載江心寺，魚龍是四鄰。樓臺懸倒影，鐘磬隔囂塵。過櫓妨禪定，驚濤濺佛身。誰言題詠處，流響更無人。」時人號爲絶唱。

詩話總龜前集卷九引王直方詩話：摭言載白樂天在江東，進士多奔往，時張祜負時名，既而徐凝至，二子相矛盾。祜稱其佳句云：「樹影中流見，鐘聲兩岸聞。」凝以爲奈無野人「千古長如白練飛，一條界破青山色」，祜愕然不對，於是一座盡傾。其後東坡云：「世傳徐凝瀑布詩，至爲塵陋，又僞作樂天詩，稱美此句，有賽不得之語。樂天雖涉淺易，豈至是哉？」乃作絶句云：「帝遣銀河一派垂，古來惟有謫仙詞。飛流濺沫知多少，不與徐凝洗惡詩。」余以爲此之相去，何啻九牛一毛也。

又前集卷一六引劉斧青瑣集：羅隱題金山云「老僧齋罷關門睡，不管波濤四面生」，孫山云

「結宇孤峰上，安禪巨浪間」，亦可亞張祜詩。

劉斧青瑣高議前集卷九：潤州金山寺，張祜以江防留題二篇，雖名賢經過，縮手袖間，不敢落筆。蓋兹山居大江中，迥然孤秀，詩意難見其寺與山出於水中之意也。祜詩久爲絶唱，云：「寺影中流見，鐘聲兩岸聞。」

詩話總龜前集卷五〇引范正敏遯齋閑覽：金山寺題者甚多，而絶少佳句。惟「樹影中流見，鐘聲兩岸聞」，又「天多剩得月，地少不生塵」，最爲人傳誦，要亦未爲至工，若用於落星寺有何不可乎？熙寧中，介甫有句云「天末海門横北固，煙中沙岸似西興」，尤爲中的。

邵博邵氏聞見後録卷一八：唐人云「中流見樹影，兩岸聞鐘聲」；張祜云「樹影中流見，鐘聲兩岸聞」。諸名下之士，豈相剽竊者邪？

宋闕名北山詩話：梁簡文云「中流見樹影，兩岸聞鐘聲」，張祜全用其言，以此名世，何耶？（明鈔本）

計有功唐詩紀事卷七一孫魴：潤州金山寺，張祜、孫魴留詩爲第一篇。山居大江中，迥然孤秀，詩意難盡。

胡仔苕溪漁隱叢話後集卷一八：南唐書云：金山寺號爲勝景，先張祜吟詩，有「僧歸夜船月，龍出曉堂雲」之句，自後詩人閣筆。孫魴復吟曰：「山載江心寺，魚龍是四鄰。天多剩得月，地少不生塵。過櫓妨禪定，驚濤濺佛身。誰言張處士，詩後更無人。」時號絶唱。苕溪漁隱曰：張祜詩云……祜詩全篇皆好，魴詩不及之，有疵病。如「鷩濤濺佛身」之句，則金山寺何其低而且小哉？「誰言張處士，詩後更無人」，仍自矜炫如此，尤可嗤也。

方回瀛奎律髓卷一：此詩金山絶唱，孫魴者努力繼之，有云……其言矜誇自大。然「濺佛」之句，或者則謂金山豈如此其低耶？大曆十才子以前，詩格壯麗悲感，元和以後漸尚細潤，愈出愈新，而至晚唐，以老杜爲祖，而又參此細潤者，時出用之，則詩之法盡矣。馮舒評：中二聯極重難結，故以「一宿」結之，非湊語也。馮班評：「鷩」字何見得浪頭不高？江大，故形容山低耳。又評：第七句緊應「一宿」，落句直似換不得，然格調頗俗。陸貽典評：五、六更切景，「因悲」二句遥應「一宿」句。言非此一宿，則終日城市耳，安能得此情景乎？查慎行評：「鷩濤」句措詞太粗狠，未免近俗則有之，若論作詩法，則形容模寫處，往往有過其實者。執此論，天下無詩境矣。又評：妙處在自然，他人未免有意鋪張。何焯評：破題「一宿」，中二聯一昏一曉，細甚。紀昀評：沈歸愚謂此詩庸下，所見最高。末二句殆不成語。無名氏（乙）評：次句尤發露金山之勝。

又王安石次韻平甫金山會宿寄親友方回批：介甫有金山寺五言律詩，未爲極致。此和其弟平甫者。遯齋閑覽謂：金山寺佳句絶少，張祜「樹影中流見，鐘聲兩岸聞」，孫魴「天多剩得月，地少不生塵」，亦未爲工。熙寧中荆公有北固、西興之句，始爲中的。予謂孫魴詩「過櫓妨禪定，鷩濤濺佛身」，下一句金山何其卑也，前輩已能議之，今不以入選。張祜詩無可議矣。荆公此詩恐亦未能壓倒張處士也。

又卷四七孫魴甘露寺方回批：魴有金山詩，「驚濤濺佛身」之句有病，不如「過櫓妨僧定」，上句佳。如「天多剩得月，地少不生塵」，亦不逮張祜。而云「誰言張處士，詩後更無人」，涉乎誇誕。

郭翼雪履齋筆記：張祜、孫魴皆以金山五言而傳，然魴詩不及祜，業已著之前人，此後竟無嗣響者。王平甫「檻外風吹前渡語，江邊影落萬山燈」，大有俊鶻摩空之概。郭祥正「鳥飛不盡暮天碧」，未失豪壯本色，而子瞻直許其三分，應是未見廊下墨痕耳。

胡應麟詩藪内編卷四：晚唐有一首之中，世共傳其一聯，而其不傳反過之者，如張祜「樹影中流見，鐘聲兩岸聞」，雖工密，氣格固不如「僧歸夜船月，龍出曉堂雲」也。

楊慎升庵詩話卷四周繇多景樓詩：此二詩勝張祜金山詩，而人罕稱之。又卷六：「靈山一峰秀，岌然殊衆山。盤根大江底，插影浮雲間。雷霆常間作，風雨時往還。象外懸清景，千載長躋攀。」此唐人韓垂題金山寺詩也，當爲第一。張祜詩雖佳，而結句「終日醉醺醺」，已入張打油、胡釘鉸矣。

謝榛四溟詩話卷二：律詩無好結句，謂之虎頭鼠尾。即當擺脱常格，夐出不測之語，若天馬行空，渾然無迹。張祜金山寺之作，則有此失也。

邢昉唐風定卷一五：後人不復能措手，幾同崔顥黄鶴矣。

郎瑛七修類稿卷三七金山詩：二詩乃唐人張佑（祜之訛）、孫魴者也，皆號絶唱，而青瑣集尚以雖爲警聯，亦可移於南康之落星、永嘉之江心。予則以爲首起既以言出金山，就可移彼，此謂無過中尋有過，亦刻矣。但孫詩似誇，則不當也。若以「濤驚濺佛身」言山不應如此之低，此癡人前又不可説夢。第同時李翺亦有詩，而後四句全同孫句，不知當時何意向之若是。李云：「山載江心寺，魚龍是四鄰。樓臺懸倒影，鐘磬隔囂塵。過櫓妨僧夢，驚湍濺佛身。誰言題韻處，流響更無人。」此則可笑，而人反不知而未譏也。又聞本朝莆田黄謙自來未聞有次張詩之韻者，彼獨和之，且又不及，此尤可笑。若宋梅聖俞之「山形無地接，寺界與波分」，吴登之「花木江心地，樓臺水面山」，亦可謂警句。

删補唐詩選脈箋釋會通評林卷三五：何新之爲奇雋體。劉辰翁曰「微茫水國分」，便似。胡應麟曰：晚唐有一首之中，世傳其一聯，而其所不傳反過之者，如張祜「樹影、鐘聲」一聯雖工，然氣格固不如「僧歸」「龍出」二語也。陳繼儒曰：張處士山寺諸作皆神於詩，非工於詩者能及也。周珽訓：三、四寫朝夜幽隱之奇，五、六摹見聞清遠之異。金山寺古今最號勝景，得此詩而益顯，自後詩人閣筆，豈我欺哉！孫魴「天低剩得月，地少不生塵」，何足相敵。遯齋謂何不用之於落星寺，若溪則云「濺佛」之句何其低小金山，末仍自矜衒，尤可嗤也。結「終日醉醺醺」，玩上語，當即終日昏昏醉夢間意，楊用修謂其已入張打油、胡釘鉸，似矣。然謂韓垂之作爲此題第一，則韓負愧張多矣。

毛先舒詩辨坻卷三：張承吉風流之士，而金山寺詩「因悲在城市，終日醉醺醺」，村鄙乃爾，不脱善和坊題帕手段。

賀裳載酒園詩話又編張祜：惟金山寺作真佳，祜自謂可敵綦毋潛靈隱寺禪院詩，余則謂正與王灣北固山下作並驅耳。結語稍湊，不能損價也。（黄白山評：此詩結語實不佳，第此韻字數甚窄，結語似爲湊韻所苦，又當爲作者致想耳。）升庵又以韓垂作勝之，垂中二聯曰：「盤根大江底，插影浮雲間」，「金山一拳，苦不甚高，安能插影雲間？此可言匡廬耳。下曰「雷霆常間作，風雨時往還」，又可移入羅浮矣。

施閏章蠖齋詩話綦毋潛：潛詩「塔影掛青漢，鐘聲和白雲」，論者謂遜張祜「樹影中流見，鐘聲兩岸聞」，誠然。

吴喬圍爐詩話卷三引賀裳語：張祜宫體諸詩皆淺淡，惟金山寺詩自以爲敵綦毋潛靈隱寺禪院詩，余謂可敵王灣北固詩。

黄生唐詩矩晚唐：尾聯見意格。寫景真確不易，第結欠佳。然此韻頗窘，凡寓窘韻，雖有佳語，無所可用，當爲作者恕之。

沈德潛説詩晬語卷下：張承吉以金山詩折服徐凝，然中惟頷聯稍勝，「樹影中流見，鐘聲兩岸聞」，寫景太窄。結語「因悲在城市，終日醉醺醺」，何村俗也！東坡貶徐凝「一條界破青山色」爲惡詩，而不指摘承吉，或偶然未及爾。

又重訂唐詩別裁集卷一二張祜登廣武原：此公金山詩最爲庸下，偏以此得名，真不可解。

李懷民重訂中晚唐詩主客圖説卷下：加力刻削。又評頷聯：常遊金山寺，流覽古今人題什，無如二句之高妙，方歎此詩真不可及也。又總評：祜自謂此詩可敵綦毋潛靈隱寺禪院詩，按綦句「塔影掛青漢，鐘聲和白雲」，與此有盛衰之分，不可强也。

屈復唐詩成法卷五：一、二寺，三、四近景，五、六遠景，題外結。三、四是一宿所見，五、六是超然之景，七、八反結。勝地名作，後無及者。一結何草草乃爾！

翁方綱石洲詩話卷二：張祜金山詩「樹影中流見，鐘聲兩岸聞」，只唐人常調耳，而譚藝家奉爲傑作，失之矣。

陸鎣問花樓詩話卷一：金山在江中，距城數里，與焦山相伯仲，余往來登眺地也。古稱金鰲、浮玉，江漢入海之門户，即今京口金、焦是已。金山舊有張祜詩刻，山陰王季重遊金山記亟稱之。先廣文云：「張詩結句衰颯，韓垂詩遠勝張作。」……昨信宿山寺，問訊老僧，求季重往日糊名評詩之處，絶無知者，即賣墨刻頭陀，亦懶不解事。江山猶昨，佳客無多，古今所同憾也。

朱庭珍筱園詩話卷四：最俗者莫過晚唐張祜金山五律，鄙惡不可入目，而彼時亦復有名。

題潤州甘露寺〔一〕

千重構横險，高步出塵埃。日月光先見，江山勢盡來。冷雲虚水石，清露滴樓臺。況是東溟上〔二〕，平生意一開。

【校記】

英華題中無「題」字。

出塵埃：「塵埃」原作「埃塵」，「塵」字不押韻，故據英華、處士集等改。

光先見：「見」英華作「到」。

虛水石：「虛」處士集、全詩作「歸」。

【箋注】

〔一〕甘露寺：樂史太平寰宇記卷八九潤州丹徒縣：「甘露寺，在城東角土山上，下臨大江，晴明軒檻上見揚州歷歷，詩人多留題。」黄裳新定九域志卷五潤州：「甘露寺，前對北固山，後枕大江，唐寶曆中李德裕建，時甘露降於此，因以名。」

〔二〕東溟：東海。唐時長江口至潤州一帶，故可看到東海。

【輯評】

胡應麟詩藪内編卷四：晚唐句「日月光先到，山河勢盡來」……皆有盛唐餘韻。

黄周星唐詩快卷九評「日月光先到」一聯：氣概語，亦何可少。

題杭州孤山寺〔一〕

樓臺聳碧岑〔二〕，一徑入湖心〔三〕。不雨山長潤，無雲水自陰。斷橋荒蘚澀〔四〕，空院落花深。猶憶西窗月，鍾聲在北林。

【校記】

猶憶：「猶」英華作「合」，全詩校「一作獨」。

在北林：「在北」全詩校「一作到此」。

【箋注】

〔一〕孤山寺：元稹元氏長慶集卷五一永福寺石壁法華經記：「永福寺，一名孤山寺，在杭州錢塘湖心孤山上。」潛説友咸淳臨安志卷七九：「廣化院，在北山。舊在孤山……陳文帝天嘉元年有天竺僧持辟支佛頷骨舍利至杭，遂於孤山建永福寺，立塔。」白居易有西湖晚歸回望孤山寺贈諸客、孤山寺遇雨等詩。

〔二〕岑：此指孤山。咸淳臨安志卷二三：「孤山在西湖中稍西，一嶼聳立，旁無聯附，爲湖山勝絶處。」

〔三〕一徑：指白沙堤，後人簡稱白堤。

〔四〕斷橋：橋名。吴自牧夢粱録卷一二西湖：「曰孤山橋，名寶祐，舊呼曰斷橋。」

【輯評】

林逋孤山寺：雲峰水樹南朝寺，祇隔叢篁作並鄰。破殿静坡鼃臼古，齋房閑試酪奴春。白公睡閣幽如畫，張祜詩牌妙入神。乘興醉來拖木突，翠苔蒼蘚石磷磷。（林和靖集卷二）

苕溪漁隱叢話前集卷三六引蔡條西清詩話：百家詩選余讀之，見其取張祜惠山寺詩「泉聲到池盡，山色上樓多」，而不取孤山寺詩……又賈島平生得意句「獨行潭底影，數息樹邊身」復不取，而載「寫留行道影，焚却坐禪身」，不知意果如何耳。

韓淲和張祜孤山寺詩：嵐光湧翠岑，寺影照波心。風月明春曉，雲霞起夕陰。兩山幽草合，中道緑楊深。誰與尋詩句，空懷處士林。（澗泉集卷八）

王象之輿地紀勝卷二：孤山……張祜詩云：「斷橋荒蘚合，空院落花深。」林逋見之曰：「張祜詩牌妙入神。」

方回瀛奎律髓卷四七：此詩可謂細潤，然太工、太偶。紀昀批：太工、太偶自是病，然選中此類極多，不應獨斥此一首，而此一首亦尚未至太工、太偶。何焯評：三、四清切。

删補唐詩選脈箋釋會通評林卷三五：周弼爲四實體，何新之爲奇雋體。方回曰：此詩可謂細潤，然太工、太偶。徐用吾曰：三、四移易不動，惟王荆公獨不（選）惠山寺詩，不知何意。周珽訓：蘇子瞻西湖詩「水光瀲灎晴方好，山色空濛雨亦奇。」善寫山水之勝矣。孤山屹峙湖心，尤爲此湖最上景。珽幸生長其郡，常讀書寺中，登臨嘯望，無分晴雨朝昏，泓澄掩映，葱緑迴合，每吟「不雨山長潤，無雲水自陰」，始信非熟炙其景，説不出也。昔人謂山陰千巖競秀，萬壑争流，然未有山水會歸畢集如孤山者。則西湖山水妙語，承吉實先東坡已盡其真矣。

黄生唐詩摘抄卷一：尾聯寬宕格。三、四確是湖中山寺之景，移用他處不得。七、八乃追憶未到以前語。未到聞鐘，已自神往，今幽勝果如前云云，其賞心可勝道哉！無限説話，俱在言外。

朱之荆補評：孤山在西湖之上，山因臨湖常潤，非關雨。湖却傍山常陰，不爲雲也。

屈復唐詩成法卷五：一、二寺，三、四山水，五、六時景，七、八言前曾宿此也。三承「碧岑」，四承「湖心」。山在湖心故長潤，水圍山下故自陰。「斷橋」承「一徑」，「空院」承「樓臺」，「合」字從「斷」字來，「深」字從「空」字見。「猶憶」緊接六，言昔日曾於此院西窗月夜聽北林鐘聲，今日來遊，猶記憶也。足令後人擱筆。

李懷民重訂中晚唐詩主客圖説卷下評「不雨」句：此句匠易。評「無雲」句：此句匠難，難在入微，却能逼真。又評尾聯：昨夜山北時，惺惺聞此鐘。

題餘姚縣龍泉寺〔一〕

四明山一面〔二〕，樓殿倚嵯峨。中路見山遠，上方行石多。天晴花氣漫，地暖鳥音和。徒漱葛仙井〔三〕，此生其奈何！

【校記】

英華題中無「題」字。「姚」原作「杭」，全詩校「一作姚」。作「姚」是。餘姚縣有龍泉寺，故據改。「寺」全詩作「觀」。

四明山：「明」原誤作「迴」，據英華改。

倚嵯峨：「倚」處士集、全詩皆作「已」。

見山遠：「山」英華作「江」。

天晴：「天」英華作「山」。

鳥音和：「音」英華作「聲」。

其奈何：「其」英華作「真」。

【箋注】

〔一〕餘姚：唐明州餘姚郡，今浙江餘姚。龍泉寺：施宿嘉泰會稽志卷八：「龍泉寺在〔餘姚〕縣西二百步，東晉咸康二年建，唐會昌五年廢，大中五年重建，咸通二年改今額。」王象之輿地紀勝卷一〇紹興府：「龍泉，在餘姚靈緒山龍泉寺上，王荆公所謂『龍向此中蟠』者是也。」

〔二〕四明：祝穆方輿勝覽卷七慶元府：「四明山，在州西八十里。陸龜蒙云：山有峰，最高四穴在峰上，每天色晴霽，望之如户牖相倚。福地記云：三十六洞天第九曰四明山，二百八十峰洞，周迴一百八十里，名丹山赤水之天。上有四門，通日月星辰之光，故曰四明山。」

〔三〕葛仙：東晉葛洪，善煉丹，傳其煉丹之處有三。以葛洪名井者亦甚多，此當爲龍泉寺内之井。

題徑山大覺禪師影堂〔一〕

超然彼岸人〔二〕，一徑謝微塵〔三〕。見相即非相〔四〕，觀身應是身〔五〕。空門性未滅，舊里化猶新。謾指堂中影，誰言影似真？

【校記】

見相即非相：「相即」全詩校「一作想應」。「相」全詩校「一作想」。

應是身：「應」全詩作「豈」。

【箋注】

〔一〕徑山：在今浙江餘杭西北，爲天目山東北峰。祝穆方輿勝覽卷一：「徑山寺，在餘杭縣北。圖經：徑山，乃天目山之東北峰也，中有徑路，後通天目，故名徑山。」大覺：即法欽，俗姓朱氏，吴郡崑山人。嗣法玄素。南遊至徑山，掛錫建寺。代宗大曆三年詔至京師，召對叶旨，賜號國一，後辭歸。貞元八年十二月卒，德宗賜謚大覺。見釋贊寧宋高僧傳卷九唐杭州徑山法欽傳。影堂：佛寺中安放祖師影像的屋子。

〔二〕彼岸：佛教以超脱生死，即涅槃的境界爲彼岸；有生有死的境界曰此岸；煩惱苦難，譬曰中流。智度論卷一二：「彼以生死爲此岸，涅槃爲彼岸。」

〔三〕微塵：佛教指極細微的物質。北齊書樊遜傳對問釋道兩教：「法王自在，變化無窮，置世界於微塵，納須彌於黍米。」

〔四〕見相：大乘起信論三細相之一，亦曰轉相。起信論：「二者能見相，以依動故能見，不動則無見。」

〔五〕觀身：佛教四種觀行，一觀因緣，二觀果報，三觀自身，四觀如來身。

題濠州鍾離寺〔一〕

遥遥東郭寺，數里占原田。遠岫碧光合，長淮清派連〔二〕。院藏歸鳥樹，鍾到落帆船。唯羡空門叟，栖心盡百年。

【箋注】

〔一〕濠州：今安徽鳳陽。鍾離寺：光緒安徽通志卷五一：「鍾離寺在（鳳陽府）縣東。」

〔二〕長淮：李吉甫元和郡縣圖志卷九濠州鍾離縣：「淮水，西南自壽州界流入。」

秋夜宿靈隱寺師上人居〔一〕

月色荒城外，江聲野寺中。貧知交道薄〔二〕，老信釋門空。露葉彫堦蘚，風枝戛井桐。不妨無酒夜，閒話值生公〔三〕。

【校記】

題原無「上人居」三字，全詩作「秋夜宿靈隱寺師上人」，并校曰：「一本此下有居字。」按：有「居」字是，故據以增。張祜尚有寄靈隱寺師一上人十韻，可知此詩題「師」字下尚脱「一」字。

【箋注】

〔一〕靈隱寺：祝穆方輿勝覽卷一臨安府：「靈隱寺，在錢塘十二里。靈隱、天竺兩山，由一門而入。」潛説友咸淳臨安志卷八〇：「景德靈隱寺，在武林山東，晉咸和元年梵僧慧理建。舊名靈隱，景德四年改景德靈隱禪寺。」并引陸羽記：「東晉咸和初，有梵僧慧理由天竺而至，歎曰：『兹山，靈鷲之一峰耳，何代飛來乎？』所攜白猿復識其處，睨彼故地，同乎新豐。由是布金其田，寶新其刹，憩蓮華之石，翻貝葉之文。」

〔二〕交道：交友之道。漢書鄭當時傳：「下邽翟公爲廷尉，賓客亦填門。及廢，門外可設雀羅。後復爲廷尉，客欲往，翟公大署其門曰：『一死一生，乃知交情；一貧一富，乃知交態；一貴一賤，交情乃見。』」

〔三〕生公：竺道生，南朝宋鉅鹿人，本姓魏，後遇沙門竺法汰，遂出家。先從法汰受業，又學於鳩摩羅什。見釋慧皎高僧傳卷七宋京師龍光寺竺道生傳。

題杭州天竺寺〔一〕

西南山最勝，一界是諸天〔二〕。上路穿巖竹，分流入寺泉。躡雲丹井畔〔三〕，望月石橋邊〔四〕。洞壑江聲遠，樓臺海氣連。塔明春嶺雪，鍾散暮松煙。何處去猶恨？更看數峰蓮〔五〕。

【箋注】

〔一〕天竺寺：潛説友咸淳臨安志卷八〇：「下天竺靈山教寺，在錢塘縣西一十七里，隋開皇十五年僧真觀法師與道安禪師建，號南天竺，唐永泰中賜今額。五代時有五百羅漢院，後廢。」李白送崔十二遊天竺寺王琦注：「琦按：杭州天竺寺有三：上天竺寺，創自晉天福間，道翊禪師得異木，刻以爲大士像，吴越忠懿王即其地創佛廬奉之，號天竺觀音看經院者是也。中天竺寺，創自宋太平興國元年，吴越王即寶掌和尚道場舊址改建，號崇壽院者是也。下天竺寺，創自隋開皇中，真觀法師即慧理翻經院改建，號南天竺者是也。上、中二寺皆唐以後所建，其始亦無天竺寺之名，唐之天竺寺，乃今之下天竺也。」見李太白全集卷一六。

〔二〕諸天：李白答族侄僧中孚贈玉泉仙人掌茶「長吟播諸天」，王琦注：「佛書言：三界共有三十二天，自四天王天至非有想非無想天，總謂之諸天。」見李太白全集卷一九。

〔三〕丹井：祝穆方輿勝覽卷一臨安府：「龍井，去城十五里。秦少遊記云：龍井，舊名龍泓，吴赤烏中方士葛洪嘗煉丹於此。事見圖經。」潛説友咸淳臨安志卷二三引晏殊輿地志：「天竺山下有葛仙翁煉丹井，今在下天竺寺藏院。」

〔四〕石橋：咸淳臨安志卷二三：「靈山之陰、北澗之陽即靈隱寺，靈山之南、南澗之陽即天竺寺，二澗流水號錢源泉，繞寺峰南北而下，至峰前合爲一澗，有橋號爲合澗。」

〔五〕峰蓮：王象之輿地紀勝卷二臨安府：「武林山，在縣西一十五里，又名靈隱，又曰靈苑，曰仙居山。有五峰曰飛來、曰白猿、曰稽留、曰月桂、曰蓮華。」咸淳臨安志卷二三：「蓮華峰，錢塘記云：峰頂有孤石，可四十圍，頂上四開，狀似千葉蓮花。」

題杭州靈隱寺〔一〕

峰巒開一掌〔二〕，朱檻幾環延。佛地花分界，僧房竹引泉。五更樓下月，十里郭中煙。後塔聳亭後，前山横閣前。溪沙涵水静，河石點苔鮮。好是呼猿久〔三〕，西巖深響連。

【箋注】

〔一〕靈隱寺：潛説友咸淳臨安志卷八〇：「陸羽記云：南天竺北靈隱，有百尺彌勒閣、蓮峰堂、白雲庵、千佛巖、巢雲亭、延賓水閣、望海閣。」

〔二〕一掌：靈隱山有五峰，如一掌之有五指。見王象之輿地紀勝卷二。

〔三〕呼猿：咸淳臨安志卷二三：「呼猿洞，陸羽云：宋僧智一善嘯，有哀松之韻，嘗養猿於山間，臨澗長嘯，衆猿畢集，謂之猿父。又遵式白猿峰詩序云：西天竺僧慧理蓄白猿於靈隱寺……澗側有飯猿臺，寺僧舊施食於此。」

題蘇州靈巖寺〔一〕

碧海西陵岸〔二〕，吴王此盛時。山行今佛寺，水見舊宮池〔三〕。亡國人遺恨，空門事少悲。聊當值僧語，盡日把松枝〔四〕。

【箋注】

〔一〕靈巖寺：范成大吴郡志卷三一：「顯親崇報禪院在靈巖山頂，舊名秀峰寺，吴館娃宮也。梁天監中始置寺，有智積菩薩舊跡，士人奉事甚謹，今爲韓蘄王功德寺，改今名。」祝穆方輿勝覽卷二平江府：「靈巖寺，在吴縣西南三十里，舊名秀峰。」

〔二〕西陵：指虎丘山，又名海湧山，有吴王闔閭墓，見陸廣微吴地記。

〔三〕宮池：白居易白氏長慶集卷二一題靈巖寺題下自注：「寺即吴館娃宮，鳴屧廊、硯池、採香徑遺跡在焉。」王象之輿地紀勝卷五平江府：「館娃宫在吴縣西二十里硯石山上，揚雄方言謂吴人呼美女爲娃，蓋以西施得名。」

〔四〕松枝：南史張譏傳：「（陳）後主嘗幸鍾山開善寺，召從臣坐於寺西松林下，敕召譏竪義。時索麈尾未至，後主敕取松枝，手以屬譏，曰：『可代麈尾。』」朱長文吴郡圖經續記卷中：「雲巖寺在長洲縣西北九里虎丘山……寺前有生公講堂，乃高僧竺道生談法之所。舊傳生公立片石以作聽徒，折松枝而爲談柄。」後者乃虎丘寺事，作者或誤記。

題蘇州楞伽寺〔一〕

樓臺山半腹，又此一經行〔二〕。樹隔夫差苑〔三〕，溪連勾踐城〔四〕。上坡松徑澀，深坐石池清。況是西峰頂，淒涼故國情。

【箋注】

〔一〕楞伽寺：朱長文吴郡圖經續記卷中：「楞伽寺在吴縣西南横山下，其上有塔，據横山之巔，隋時所建，有石記存焉。白樂天及皮陸有詩，載集中。……又有寶積、治平二寺相連，皆近建也。」同治重修蘇州府志卷三九：「治平教寺在（吴）縣西南十二里上方山，下臨石湖，梁天監二年僧法鏡建。舊亦名楞伽寺，宋治平元年改今額。」同書卷四〇：「上方寺在（吴）縣西南十二里石湖上，舊名楞伽寺，隋大業四年李顯建塔七層據山巔，寺有五通祠。」

〔二〕經行：佛教稱迴旋往返於一個地方叫經行。南朝宋釋法顯佛國記：「佛在世時，有翦髮、爪作塔，及過去三佛并釋迦文佛坐處，經行處及作諸佛形象處，盡有塔。」

〔三〕夫差苑：即春秋吴王夫差所建的館娃宫苑。范成大吴郡志卷一五：「吴越春秋、吴地記等书云闔閭城西有山號硯石山……在吴縣西三十里，上有館娃宫。又方言曰吴有館娃宫，今靈巖寺即其地也。山有琴臺、西施洞、硯池、翫花池，山前有採香徑，皆宫之故跡。」

〔四〕溪連：溪指越來溪。范成大吴郡志卷一八：「越來溪在横山下，與石湖連。相傳越兵入吴時自此來，故名。溪上有越城，雉堞宛然。」勾踐城：越城。同治重修蘇州府志卷三五：「越城在吴縣西南胥門外横山下，一云越王城，又名勾踐城。越伐吴，吴王在姑蘇，越築此城以逼之。」

題蘇州思益寺〔一〕

四面山形斷，樓臺此迥臨。兩峰高崒屼，一水下淫滲〔二〕。鑿石西龕小，穿松北塢深。會當來結社〔三〕，長日爲僧吟。

【箋注】

〔一〕思益寺：陸廣微吴地記：「岝㠤山在吴縣西十二里，吴王僚葬此，山中有寺，號思益，梁天監二年置。」朱長文吴郡圖經續記卷中：「岝㠤山在吴縣西南一十五里，圖經云形如獅子，今以此名山也。……樂天嘗遊之。」

〔二〕淫滲：浸漬貌。文選木華海賦：「瀝滴滲淫，薈蔚雲霧。」李善注：「滲淫，小水也，津液也。」滲音侵。

〔三〕結社：蓮社高賢傳：「時遠法師與諸賢結蓮社，以書招（陶）淵明，淵明曰：『若許飲則往。』許之，遂造焉，忽攢眉而去。」

題重居寺〔一〕

浮圖經近郭，長日羨僧閑。竹徑深開院，松門遠對山。重廊標板牓，高殿鎖金環。更問尋雷室〔二〕，西行咫尺間。

【箋注】

〔一〕重居寺：在常州。嘉慶重刊宜興縣舊志卷末：「法藏禪寺在縣西南隅，舊在縣西五十里談村，齊時建，名重居，唐上元二年徙縣南一里，會昌間毁，宋大中祥符中賜今額。」

〔二〕雷室：漢書司馬相如傳司馬相如大人賦：「徑入雷室之砰磷鬱律兮。」顏師古注：「張揖曰：雷室，雷淵也。」楚辭宋玉招魂「旋入雷淵，靡散而不可止些。」洪興祖補注：「山海經云：雷澤中有雷神，龍身而人頭。」可見雷室爲神話傳説中雷神棲身之地。

題善權寺〔一〕

碧峰南一寺，最勝是仙源。峻坂依巖壁，清泉泄洞門。金函崇寶藏〔二〕，玉柱閟靈根〔三〕。寄謝香花叟〔四〕，高蹤不可援。

【校記】

玉柱：「柱」全詩作「樹」。

香花叟：「花叟」全詩校「一作林客」。

【箋注】

〔一〕善權寺：全唐文卷七八八李蠙請自出俸錢收贖善權寺事奏：「臣竊見前件寺在縣南五十里離墨山，是齊時建立。山上有九斗壇，頗謂靈異。……寺内有洞府三所，號爲乾洞者，石室通明處可坐五百餘人……洞門直下，便臨大水洞，潺湲宛轉，湍瀨實繁，於山腹内漫流入小水洞。小水洞亦是一石室，室内水泉無底，大旱不竭，洞門對齋堂廚庫，似非人境。洞内常有雲氣昇騰，云是龍神所居之處。」嘉慶重刊宜興縣舊志卷末：「善權禪寺在縣西南五十里善權山，齊建元二年以祝英臺故宅建，唐會昌中廢，爲海陵鍾離簡所得，咸通中李司空蠙贖以私財重建。」

〔二〕金函：指收藏經書的漆金匣子。

〔三〕玉柱：石柱。王象之輿地紀勝卷六常州：「善權洞在宜興。舊經云：周幽王二十四年，忽洞自開，寬廣可坐千人。有石柱。」靈根：文選陸機歎逝賦：「痛靈根之夙隕。」五臣劉良注：「靈根，靈木之根，喻祖考也。」此謂水源。

〔四〕香花叟：謂佛徒。法苑珠林卷五三：「是時天色澄明，氣和風静，寶輿、幡幢、香華、音樂種種供養，彌遍街衢。」

題南陵隱静寺〔一〕

松徑上登攀，深行煙靄間。合流廚下水，對聳殿前山。潤壁鳥音迴，泉源僧步閑。更憐飛一錫〔二〕，天外與雲還。

【箋注】

〔一〕南陵：縣名，唐屬宣州宣城郡。隱静寺：范成大石湖居士詩集卷二六梅雨五首三：「恰似秋眠隱静寺，玉霄泉從牀下過。」自注：「繁昌隱静寺方丈，山後玉霄泉自板閣下過，最爲佳致。」王象之輿地紀勝卷一八太平州：「隱静山在繁昌縣東南七十里，乃杯渡建道場之所，爲普惠寺。山有五峰，碧霄峰，泉出其下，中有魚金鬣。桂月峰乃杯渡經行之地，有桂樹，每月夜宴坐其下，坐石今在。鳴磬峰當杯渡時，每至秋夕，自然有磬聲。猿巖多棲猿狖。噴雲泉在寺北，通海寺在寺東。」康熙太平府志卷二五：「隱静寺在（繁昌）縣東南二十里隱静山，一名五峰寺，劉宋杯渡禪師建，舊匾江東第一禪林。宋大中祥符間改普慧禪寺，嘉祐三年建閣，藏三朝御書百十一軸……寺有杯渡松、朗公菊、頻伽鳥，皆晉宋遺迹。又有水米鹽醬等池，相傳創寺時，諸物從中出。」

〔二〕飛錫：和尚出遊必持錫杖，至室内不得著地，必挂於壁牙上，故僧人遊方曰飛錫，止宿曰挂錫。

題丘山寺〔一〕

幾代儒家業，何年佛寺碑？地平邊海處，江出上山時。故國人長往，空門事可知。淒涼問禪客，身外即無爲。

【箋注】

〔一〕丘山寺：當即虎丘山寺，唐諱「虎」字，「虎」字或是因避諱佚去。亦稱武丘山寺。祝穆方輿勝覽卷二平江府：「虎丘山，在城西北九里，又名海湧山，遥望平田中一小丘。」又：「虎丘寺，在城西北九里，晉司徒王珣及弟珉捨宅爲寺。」朱長文吴郡圖經續記卷下：「晉東亭獻穆公王珣與其弟珉宅外在虎丘，内在白華里，後皆施以爲寺。昔虎丘東、西二寺，今之景德寺皆是也。」王珣、王珉爲王洽子、王導孫，爲東晉望族。此詩首聯曰：「幾代儒家業，何年佛寺碑」，正謂此。

題道光上人山院〔一〕

真僧上方界，山路正巖巖〔二〕。地僻泉長冷，亭香草不凡。火田生白菌，煙岫老青杉。盡日唯山水，當知律行嚴。

【箋注】

〔一〕道光：可考者有二。一爲釋贊寧宋高僧傳卷一四唐杭州華嚴寺道光傳之道光，一爲白居易白氏長慶集卷七一唐東都奉國寺禪德大師照公塔銘并序「其諸升堂入室，得心要口訣者……道光在潤」所云之道光。未知孰是。

〔二〕巖巖：高峻貌。詩經魯頌閟宮：「泰山巖巖，魯邦所詹。」

【輯評】

袁枚詩學全書卷二：首二籠「上人山院」。維摩經：「上方界，净土中。」二聯寫山院之景，由近及遠，末二歸到道光上人身上作結。

贈廬山僧

一室鑪峰下〔一〕，荒榛手自開。粉牌新薤葉〔二〕，竹援小葱臺〔三〕。樹黑雲歸去，山明日上來。便知心是佛，堅坐對寒灰。

【校記】

小葱臺：「臺」原作「擡」，據處士集、全詩改。按：此字当作「薹」，花草開花時抽出的嫩莖。爾雅釋草：「蒚，薹也。」

【箋注】

〔一〕鑪峰：廬山香爐峰。樂史太平寰宇記卷一一一江州：「香爐峰在（廬）山西北，其峰尖圓，雲煙聚散如博山香爐之狀。」祝穆方輿勝覽卷一七南康軍：「香爐峰，在城北，山南山北皆見，其形圓聳，常出雲氣，故名。」

〔二〕粉牌：寫有花草樹木之名的白牌。薤：蔬菜名，形似韭而葉中空，鱗莖如小蒜，謂之薤白。

〔三〕竹援：竹籬。援即楥。杭世駿訂訛類編卷六藥欄：「猶言圍援。案：今之園外笆籬曰圍援。」

題惠山寺〔一〕

舊宅人何在〔二〕？空門客自過。泉聲到池盡〔三〕，月色上樓多。小洞生斜竹，重堦夾細莎。殷勤望城市，雲水暮鍾和。

【校記】

處士集題中無「題」字；英華作「常州無錫縣惠山寺」。

舊宅人何在：「宅人」二字原乙轉，據英華、百家等書改。

月色：「月」英華、百家作「山」。

生斜竹：「生」英華、百家作「穿」。

重堦夾細莎：「堦」百家作「欄」。「細」英華、百家作「瘦」。

望城市：「望」英華作「入」，百家作「又」。

雲水：「水」三體唐詩作「外」。

【箋注】

〔一〕惠山寺：樂史太平寰宇記卷九二常州：「惠山寺，在（無錫）縣東七里，一名九隴山，長有泉，梁大同二年三月置寺。張又新煎茶水記云：陸鴻漸言無錫縣惠山寺石泉水第二。」嘉慶重修一統志卷八七常州府：「惠山寺，在無錫縣西五里惠山第一峰之白石隝，劉宋司徒長史湛茂之別墅，名歷山草堂，景平初爲僧寮曰華山精舍，梁大同中改法雲禪院，唐會昌中廢。嗣後屢有廢興。」

〔二〕舊宅：全唐詩卷三〇七丘丹經湛長史草堂詩序：「無錫縣西郊七里，有慧山寺，即宋司徒右長史湛茂之之別墅也，舊名歷山。」

〔三〕泉聲：王象之輿地紀勝卷六常州：「曲水亭，陸羽云：梁大同中有蓮花育於寺，因改爲惠山寺。前有曲水亭，其水九曲，中有方池，一名千葉蓮花，一名浣沼。其上有大同殿，梁大同六年置。」

【輯評】

魏慶之詩人玉屑卷四：鶴盤鳳翥（變動）：「林花掃更落，徑草踏還生。」「泉聲到池盡，山色上樓多。」

方回瀛奎律髓卷四七：此詩同前，三、四尤工，五、六則工而窘於冗矣。以前聯不可廢也，故取之。馮舒批：窘則不冗，冗則不窘，二字如何合？紀昀批：五、六單窘則有之，非工，亦非冗。

查慎行評：寺本湛長史故居，故起句云。何焯評：起句謂寺即宋湛茂之歷山草堂。無名氏（甲）評：惠山寺在梁溪城外。

刪補唐詩選脈箋釋會通評林卷三五：周弼列爲四實體。方回曰：三、四工。五、六工而窘於冗。周珽訓：三、四實境至理，晚唐妙語。玉屑爲變動句法，誠人所未能道也。結鐘與雲水相諧應，静機清思，到此有不醒然。

李懷民重訂中晚唐詩主客圖説卷下評頷聯：嘗遊張氏漪園，見壁有王阮亭題句，即以「山色上樓多」分韻，方知此句之妙也。

題虎丘寺〔一〕

輕棹駐迴流，門登西虎丘〔二〕。霧青山色曉，雲白海天秋。倚殿松株澀，欹庭石片幽。青娥幾時墓〔三〕，空色尚悠悠。

【校記】

幾時墓：「墓」原誤作「暮」，據全詩改。

【箋注】

〔一〕虎丘寺：陸廣微吴地記：「虎丘山，避太祖諱改爲武丘。又名海湧山，在吴縣西北九里二百步。闔閭葬此山中，發五郡之人作塚，銅槨三重，水銀灌體，金銀爲坑。史記云：闔閭塚在吳縣閶門外，以十萬人治塚，取土臨湖，葬經三日，白虎踞其上，故名虎丘山。吳越春秋云：闔閭葬虎丘，十萬人治塚，經三日，金精化爲白虎蹲其上，因號虎丘。秦始皇東巡至虎丘，求吳王寶劍，其虎當墳而踞，始皇以劍擊之，不及，誤中於石，其虎西走二十五里，忽失拎。今虎疁，唐諱虎，錢氏諱疁，改爲滸墅。劍無復獲，乃陷成池，古號劍池。池邊有石可坐千人，號千人石。其山本晉司徒王珣與弟司空王珉之別墅，咸和二年，捨山爲東、西二寺，立祠於山寺側。有貞娘墓，吳國之佳麗也。」

〔二〕西虎丘：西寺舊在水鄉。顧禄桐橋倚櫂録卷三：「按續圖經云：寺舊在（虎邱）山下，唐會昌間毀，後人乃建山上。或謂晉咸和二年王珣與弟珉以別墅捨建，即劍池分東西二寺，會昌毀後合爲一。顧敏恒曰：李翺來南録：『登虎邱，窺劍池，夜宿望海樓。』又云：『將遊報恩寺，水涸不果。』是唐時東西二寺相去甚遠，中有大溪間之，必舟檝而後能至。謂即劍池分東西二寺，似未然也。即味白傅二詩，景色亦絶不相蒙。其賦西寺云『舟船轉雲島』；而張祜詩云『輕棹駐回流』，則是西寺舊在水鄉，滄桑實易，邱壑亦與今不同矣。」

〔三〕青娥：指貞娘。張祜題貞娘墓詩自注：「墓在虎丘西寺内。」

題普賢寺〔一〕

何人知寺路？松竹暗春山。潭黑龍應在，巢空鶴未還。經年來客倦，半日與僧閑。更共嘗新茗，聞鍾笑語間。

【校記】

此詩全唐詩卷五一四朱慶餘名下亦收，題作「與石畫秀才過普照寺」，四部叢刊續編影宋本及江標刊宋睦親坊本朱慶餘詩集亦有此詩，詩題同全唐詩。潛説友咸淳臨安志卷八四引作徐凝詩，未足爲據。但是張詩還是朱詩，難以遽斷。

【箋注】

〔一〕「普賢寺」當是「普照寺」之誤。潛説友咸淳臨安志卷八四：「净明寺，在（富陽）縣北五里，舊普照寺，天福五年重建，治平二年改今額。寺枕高山，名曰舒壁。山坳有龍潭，澗水横流，上有橋亭。徐學士凝詩：『問人知寺路，松竹暗春山。潭黑龍應在，巢空鶴未還。經年爲客倦，半日與僧閑。更共嘗新茗，聞鐘語笑間。』」所録即此詩。全唐詩朱慶餘名下亦收此詩，題作「與石畫秀才過普照寺」，亦作「普照」，可知寺爲普照無疑。

題虎丘東寺〔一〕

雲樹擁崔嵬，深行異俗埃。寺門山外入，石壁地中開。俯砌池光動，登樓海氣來〔二〕。傷心萬年意，金玉葬寒灰。

【校記】

萬年意：「年」處士集作「里」，全詩作「古」。

【箋注】

〔一〕虎丘東寺：范成大吴郡志卷三二：「雲巖寺，即虎丘山寺，晉司徒王珣及弟司空王珉之別業也，咸和二年捨以爲寺，即劍池而分東西，今合爲一。寺之勝聞天下，四方遊客過吴者，未有不訪焉。」

〔二〕登樓：虎丘寺有望海樓。劉禹錫有發蘇州後登武丘寺望海樓詩；全唐文卷六三八李翺來南録：「壬午，至蘇州。癸未，如虎丘之山，息足千人石，窺劍池，宿望海樓，觀走砌石。將遊報恩，無馬道，水涸，舟不通，不果遊。」

【輯評】

方回瀛奎律髓卷四七：杜牧謂「誰人得似張公子，千首詩輕萬户侯」，今傳者五言律三卷，絶句二卷，無七言律與古詩也，所逸多矣。僧寺詩二十四首，金山寺詩第一，亦當爲集中第一，孤山寺、惠山寺詩次之。此詩非親到虎丘寺，不知第四句之工。高堂之後，俯視石澗，兩壁相去數尺，而深乃數十丈。其長蜿蜒曼衍而坼裂到底，泉滴滴然，真是奇觀。故其詩曰「石壁地中開」，非虚也。故選此詩以廣見聞。「登樓海氣來」，此一句亦佳。他如「地僻泉長冷，亭香草不凡」題道光上人院，亦佳。至如「上坡松徑澀，深坐石池清」之類，則非人可到矣。馮舒評：次聯切。馮班評：

真虎丘。結好。紀昀評：格力遒上，末亦切合不泛。惟次句拙，極不佳。許印芳評：紀批云次句極拙不佳，愚謂首句亦是通套語。今并易之：「虎阜歸龍象，禪居亦壯哉。」此詩格意近盛唐人，承吉僧寺詩此爲第一。金山寺起結皆劣，虛谷以爲第一，謬矣。外有登廣武原，詩云：「廣武原西北，華夷此浩然。地盤山入海，河繞國連天。遠樹千門色，高檣萬里船。鄉心日暮切，猶在楚城邊。」氣魄筆力，亦近盛唐。且通體完善，而虛谷不選，其無識類如此。虎丘東寺在蘇州，即闔閭墓，有東、西二寺，後合爲一。山在寺中，故此詩有「寺門山外入」句。

題蘇州虎丘西寺〔一〕

囂塵楚城外，一寺枕通波〔二〕。松色入門遠，崗形連院多。花時長到處，別路半經過。惆悵舊禪客，空房深荔蘿〔三〕。

【校記】

處士集題中無「蘇州」二字。

深荔蘿：「荔」全詩作「薜」。

【箋注】

〔一〕樂史太平寰宇記卷九一蘇州：「虎丘山在（吴）縣西北九里。吴越春秋：闔閭葬於國西北，積壤爲丘，捷土臨湖，已葬三日，金精上揚爲白虎據墳，故曰虎丘山。今寺即闔閭墓也。」

〔二〕通波：陸廣微吴地記：「地名甄胄，水名通波，城號闔閭，臺曰姑蘇。」

〔三〕荔蘿：薜荔與女蘿。屈原九歌山鬼：「若有人兮山之阿，被薜荔兮帶女蘿。」

題招隱寺〔一〕

千年戴顒宅〔二〕，佛廟此崇修。古井人名在〔三〕，清泉鹿跡幽〔四〕。竹光寒閉院，山影夜藏樓。未得高僧旨，煙霞空暫遊。

【校記】

古井：「井」英華作「寺」。

【箋注】

〔一〕招隱寺：李吉甫元和郡縣圖志卷二六潤州：「獸窟山一名招隱山，在（丹徒）縣西南九里，即隱士戴顒之所居也。」樂史太平寰宇記卷八九潤州：「招隱山在（丹徒）縣西南七里，梁昭明太子曾遊此山讀書，因名招隱山，今石案古跡猶存見。」

〔二〕戴顒：譙郡銍縣人，字仲若，善琴書雕塑繪畫，見宋書隱逸傳戴顒。

〔三〕古井：招隱山有葛洪鍊丹井，見盧憲嘉定鎮江志卷六。

〔四〕鹿跡：嘉定鎮江志卷六：「虎跑泉（招隱）山之東南……相去鹿跑泉二十餘丈。」

塞下曲

二十逐嫖姚〔一〕，分兵遠戍遼〔二〕。雪迷經塞夜，冰壯渡河朝。促放雕難下，生騎馬未調。小儒何足問〔三〕，看取劍橫腰。

【校記】

渡河朝：「朝」原作「潮」，據樂府改。

【箋注】

〔一〕嫖姚：西漢霍去病曾爲嫖姚校尉，見漢書霍去病傳。

〔二〕遼：新唐書地理志七下羈縻州：「高麗降户州十四、府九。太宗親征……得遼東城，置遼州。」

〔三〕小儒：荀子儒效：「大儒者，天子三公也；小儒者，諸侯大夫士也。」

【輯評】

王楙野客叢書卷六：嫖姚作平聲用，自古已然，不但子美、荆公二人而已……唐人前詩已多如此。而唐人如李嘉祐詩「身逐嫖姚幾日歸」，高適詩「每逐嫖姚破骨都」，李白詩「將軍兼領霍嫖姚」，張祜詩「二十逐嫖姚」……如此甚多。皆明知爲平聲字用者，未見有作去聲呼，蓋承襲而然。

宿淮陰水館〔一〕

積水自成陰，昏昏月映林。五更離浦棹，一夜隔淮砧。漂母鄉非遠〔二〕，王孫道豈沉。不當無健嫗，誰肯效前心。

【箋注】

〔一〕淮陰：縣名，唐屬楚州淮陰郡，今屬江蘇。

〔二〕漂母：史記淮陰侯列傳：「常從人寄食飲，人多厭之者……信釣於城下，諸母漂，有一母見信飢，飯信，竟漂數十日。信喜，謂漂母曰：『吾必有以重報母。』母怒曰：『大丈夫不能自食，吾哀王孫而進食，豈望報乎？』」韓信爲淮陰人。

【輯評】

李懷民重訂中晚唐詩主客圖説卷下評頷聯：試换「隔江」字，便不佳。又評：二句妙，不惟景而在情，尤在韻，情景皆由韻生也。又評尾聯：自感也，亦未免拙。

題小松

何處斸雲煙，新移此館前。碧姿塵不染，清影露長鮮。聳地心纔直，淩霄操未全。可悲人自老，何日是千年？

夏日梅溪館寄龐舍人〔一〕

東陽賓禮重，高館望行期。掃簟因松葉，篸瓜便竹枝〔二〕。捲簾聞鳥近，翻枕夢人遲。坐聽津橋説，今嘗太守碑。

【校記】

便竹枝：「便」處士集、全詩作「使」。

【箋注】

〔一〕梅溪：嘉慶重修一統志卷二九九金華府：「梅溪，在義烏縣南十里。源出青巖山，中有巨石，舊名石溪，西流四里滙入大陂曰新塘，又西至合港入東陽溪。」詩云「東陽賓禮重」，唐婺州東陽郡，即今浙江金華，故知即此梅溪。龐舍人：龐嚴。長慶二年爲翰林學士、知制誥，出爲信州刺史。見舊唐書龐嚴傳。太平廣記卷一五六引前定録「唐京兆尹龐嚴爲衢州刺史」，可知龐嚴又刺衢州，爲兩唐書本傳所未及。衢州、婺州鄰近，張祜此詩當作於龐嚴爲衢州刺史時，時張祜在婺州。

〔二〕篸瓜：插瓜架。便：就便。

感河上兵

一聞河塞上，非是欲權兵。首尾誠須畏〔一〕，膏肓慎勿輕〔二〕。多門徒可入〔三〕，盡室且思行〔四〕。莫爲無媒者，滄浪不濯纓〔五〕。

【箋注】

〔一〕首尾：左傳文公十七年：「古人有言曰：『畏首畏尾，身其餘幾。』」杜預注：「言首尾有畏，則身中不畏者少。」

〔二〕膏肓：左傳成公十年：「醫至，曰：『疾不可爲也，在肓之上，膏之下，攻之不可，達之不及，藥不至焉，不可爲也。』」

〔三〕多門：左傳昭公十三年：「子産曰：『晉政多門，貳偷之不暇，何暇討？』」

〔四〕盡室：左傳成公二年：「使屈巫聘於齊，且告師期，巫臣盡室而行。」杜預注：「室家盡去。」

〔五〕滄浪：孟子離婁上：「有孺子歌曰：『滄浪之水清兮，可以濯我纓；滄浪之水濁兮，可以濯我足。』」

贈淮南將

年少好風情，垂鞭賣眼行。帶金獅子小，裘錦麒麟獰。揀匠裝銀鐙，推錢買鈿箏。李陵雖效死〔一〕，時論亦輕生。

【校記】

樂府卷六六題作「少年行」，入雜曲歌辭。

年少好風情：樂府作「少年足風情」。

賣眼行：「賣眼」原作「眦眼」，全詩作「眦睚」，從樂府。賣眼，以眼波媚人，如蕭衍子夜冬歌：「賣眼拂長袖，含笑留上客。」

揀匠裝銀鐙：「揀」樂府作「選」，「銀」樂府作「金」。

推錢買鈿箏：「推」原作「堆」，「鈿」原作「細」，皆據樂府改。

亦輕生：樂府作「得虛名」。

【箋注】

〔一〕李陵：漢隴西成紀人，名將李廣之孫，武帝時任騎都尉。天漢二年，率步兵五千人擊匈奴，戰敗投降，武帝殺其全家。見漢書李陵傳。

題惠昌上人院

半巖開一室，香燧細氛氳。石上漱秋水，月中行夏雲。律持僧講説，經誦梵書文。好是風廊下，遥遥掛褐裙。

【校記】

題原無「院」字，全詩校曰：「一本下有院字。」據以增。

僧講説：「説」處士集作「疏」。

塞上曲〔一〕

邊風卷地時，日暮帳初移。磧迥三通角，山寒一點旗。連收搨索馬〔二〕，引滿射雕兒〔三〕。莫道勳功細，將軍昔戍師。

【箋注】

〔一〕崔豹古今注音樂：「横吹，胡樂也。張博望入西域，傳其法於西京，唯得摩訶、兜勒二曲。李延年因胡曲更造新聲二十八解，乘輿以爲武樂，後漢以給邊將，和帝時，萬人將軍得用之。魏晉以來，二十八解不復俱存，世用者黄鵠、隴頭、出關、入關、出塞、入塞、折楊柳、黄覃子、赤之陽、望行人等十曲。」

〔二〕搨索：套馬索。

〔三〕射雕：北齊書斛律光傳：「嘗從世宗於洹橋校獵，見一大鳥，雲表飛揚，光引弓射之，正中其頸。此鳥形如車輪，旋轉而下，至地，乃大雕也。……邢子高見而歎曰：『此射雕手也。』」

題秀師影堂〔一〕

陰陰古寺杉松下，記得長明一焰燈。盡日看山人不會，影堂中是別來僧。

【箋注】

〔一〕秀師：疑即禪宗北宗創始人神秀。初學法於蘄州東山寺弘忍，後往荆州當陽山玉泉寺，武則天聞其名，追赴都，親加跪禮。神龍二年卒。見舊唐書方伎傳神秀、贊寧宋高僧傳卷八唐荆州當陽山度門寺神秀傳。民國湖北通志卷一八：「度門寺在（當陽）縣玉泉山東七里，夾道植松，因名七里松，神秀禪師道場。有碑，唐張説撰文，盧藏用書。」

題弋陽館〔一〕

一葉飄然下弋陽，殘霞昏日樹蒼蒼。葛溪漫淬干將劍〔二〕，却是猿聲斷客腸。

【校記】

葛溪：「葛」原作「吴」，英華作「葛」，并注云：「弋陽别名。」張爲詩人主客圖録後二句亦作「葛」，故據改。

【箋注】

〔一〕弋陽：縣名，唐屬信州，今江西弋陽。

〔二〕葛溪：樂史太平寰宇記卷一〇七信州：「葛溪水源出上饒縣靈山，過當縣李誠鄉，在（弋陽）縣西二里。昔歐冶子居其側，以此水淬劍，又有葛玄冢焉，因曰葛水。」干將：春秋時鑄劍工，亦作寶劍名。越絶書越絶外傳記寶劍：「楚王令風胡子至吴，見歐冶子、干將，使作劍三枚。」陶穀清異録卷下：「上饒葛溪鐵，精而工細。」

贈李修源

岳陽新尉曉衙參〔一〕，却是傍人意未甘。昨夜與君思賈誼〔二〕，長沙猶在洞庭南。

【校記】

題中「贈」原作「題」，據全詩改。張祜集題作「送温飛卿赴方城」，誤。張祜無與温庭筠交往之記載，且温庭筠貶方城尉在咸通間，張祜卒大中間，不可能寫詩贈别。

岳陽新尉：「岳陽」張祜集作「方城」。

昨夜：「昨」張祜集作「盡」。

長沙猶在：「長沙」張祜集作「瀟湘」，「在」張祜集作「隔」。

【箋注】

〔一〕岳陽：岳州巴陵郡湘陰縣又名岳陽，見隋書地理志下。此李修源顯然新任湘陰縣尉。

〔二〕賈誼：西漢洛陽人，文帝召爲博士，超遷至太中大夫，爲公卿所忌，出爲長沙王太傅。史記、漢書皆有傳。

【輯評】

黄周星唐詩快卷一五：只是太白「憐君不遣到長沙」一意耳，却添出「昨夜與君」七字，便增幾許情況。

瓜洲聞曉角〔一〕

寒耿稀星照碧霄，月樓吹笛夜江遥。五更人起煙霜静，一曲殘聲遍落潮。

【校記】

題中「洲」原誤作「州」，據全詩改。

遍落潮：「遍」全詩校「一作送」。

【箋注】

〔一〕資治通鑑卷二二一唐肅宗上元元年「設疑兵於瓜洲」胡三省注：「今揚州江都縣南三十里有瓜洲鎮，正對京口北固山。」嚴觀元和郡縣補志卷六：「瓜洲鎮在（揚子）縣南四十里江濱，昔爲瓜洲村，蓋揚子江中沙磧也，狀如瓜字，遥接揚子渡口，自開元以來，漸爲南北襟喉之地。」

連昌宮〔一〕

龍虎旌旗雨露飄〔二〕，玉樓歌斷碧山遥。玄宗上馬太真去，紅樹滿園香自銷〔三〕。

【箋注】

〔一〕連昌宮：新唐書地理志二河南府：「壽安……西一十九里有連昌宮，顯慶三年置。」元稹有連昌宮詞。

〔二〕龍虎：新唐書儀衛志上：「大駕鹵簿……次左青龍右白虎旗，執者一人。」

〔三〕紅樹：此指碧桃樹。元稹連昌宮詞：「又有牆頭千葉桃，風動落花紅簌簌。」千葉桃即碧桃。

【輯評】

詩話總龜前集卷二四引潘若沖郡閣雅談：張祜素藉詩名，凡知己者皆當世英儒，故杜牧之云：「誰人得似張公子，千首詩輕萬户侯。」祜有華清宫詩，爲世所稱。云：「龍虎旌旗雨露飄，鳳池歌斷玉山遥。明皇上馬太真去，紅杏滿園香自銷。」

感春申君〔一〕

薄俗何心議感恩，諂容卑迹賴君門。春申還道三千客〔二〕，寂寞無人殺李園。

【箋注】

〔一〕春申君：姓黄名歇，戰國楚人，遊學博聞。李園欲進其妹於考烈王，恐無子，先進春申君，有身，其妹遂説春申君以己進楚王。李園恐春申語泄，陰養死士，考烈王卒，園伏死士於棘門之内，刺殺春申君，斬其頭。見史記春申君列傳。

〔二〕三千：史記春申君列傳：「春申君客三千餘人，其上客皆躡珠履以見趙使，趙使大慚。」

【輯評】

葛立方韻語陽秋卷七：杜牧、張祜皆有春申君絶句，杜云：「烈士思酬國士恩，春申誰與快冤魂。三千賓客總珠履，欲使何人殺李園？」張云：……二詩語意太相犯。嗚呼！朱英之言盡矣，而春申不能必用；李園之計巧矣，而春申不能預防；春申之客衆矣，而無一人爲春申殺李園者，所以起二子之論也。余亦嘗有二絶，云：「朱英若在强黄歇，黄歇如何弱李園？一旦棘門奇禍作，自詒伊戚向誰論。」又：「先秦豈謂嬴爲吕，東晉那知馬作牛。不悟春申亦如許，敢憑宫掖妻邪謀。」

元日仗〔一〕

文武千官歲仗兵，萬方同軌奏昇平〔二〕。上皇一御含元殿〔三〕，丹鳳門開白日明〔四〕。

【箋注】

〔一〕元日：正月初一。鄭處晦明皇雜録卷下：「每賜宴設酺會，則上御勤政殿，金吾及四軍兵士，未明陳仗，盛列旗幟，皆披黄金甲，衣短後繡袍。太常陳樂，衛尉張幕後，諸蕃酋長就食。府縣教坊大陳山車旱船，尋橦走索，丸劍角抵，戲馬鬭雞。又令宫女數百，飾以珠翠，衣以錦繡，自帷中出，擊雷鼓爲破陣樂、太平樂、上元樂。又引大象、犀牛入場，或拜舞，動中音律。」雖未言元日之酺會，亦可參看。

〔二〕同軌：禮記中庸：「車同軌，書同文。」

〔三〕含元殿：大明宫正殿爲含元殿。舊唐書地理志一京師：「東内曰大明宫，在西内之東北，高宗龍朔二年置。正門曰丹鳳，正殿曰含元，含元之後曰宣政。」

〔四〕丹鳳門：唐六典卷七：「大明宫在禁苑之東南，西接宫牆之東北隅。南面五門：正南曰丹鳳門，東曰望仙門，次曰延政門，西曰建福門，次曰興安門。」

千秋樂〔一〕

八月平時花萼樓〔二〕，萬方同樂是千秋。傾城人看長竿出〔三〕，一技初成趙解愁〔四〕。

【校記】

是千秋：「是」樂府作「奏」。

一技初成：「技」樂府作「伎」。

【箋注】

〔一〕千秋：舊唐書玄宗紀上：「（開元十七年）八月癸亥，上以降誕日，讌百僚於花萼樓下。百僚表請以每年八月五日爲千秋節，王公已下獻鏡及承露囊，天下諸州咸令讌樂，休暇三日，仍編爲令。從之。」崔令欽教坊記大曲名中有千秋樂。

〔二〕花萼樓：王溥唐會要卷三〇：「開元二年七月二十九日，以興慶里舊邸爲興慶宫……後於西南置樓，西面題曰『花萼相輝之樓』，南面題曰『勤政務本之樓』。」

〔三〕長竿：鄭處晦明皇雜録卷上：「時教坊有王大娘者，善戴百尺竿，竿上施木山，狀瀛洲、方丈，令小兒持絳節出入其間，歌舞不輟。」

〔四〕趙解愁：崔令欽教坊記：「筋斗裴承恩妹大娘善舞，兄以配竿木侯氏，又與長入趙解愁私通。」當即此人。

【輯評】

徐應秋玉芝堂談薈卷三一：唐人詩中往往有紀當時戲劇，如弄鉢頭，張祜詩曰「兩邊角子羊門裏，猶學容兒弄鉢頭」。長竿，張祜詩曰「傾城人看長竿出，一技初成趙解愁」，劉晏詩「惟有長竿妙入神」。椀舞，張祜詩曰「揭手便拈金椀舞，上皇驚笑悖拏兒」。熱戲，祜詩「熱戲争心劇火燒，銅錘暗執不相饒」。

大酺樂二首〔一〕

車駕東來值太平，大酺三日洛陽城。小兒一技竿頭絶〔二〕，天下傳呼萬歲聲。

【箋注】

〔一〕大酺：古代帝王爲表示歡慶特許民間舉行的大會飲。鄭處晦明皇雜録卷下：「玄宗在東洛，大酺於五鳳樓下，命三百里内縣令、刺史率其聲樂來赴闕者，或謂令較其勝負而賞罰焉。時河南郡守命樂工數百人於車上，皆衣以錦繡，伏廂之牛，蒙以虎皮，及爲犀、象形狀，觀者駭目。」郭茂倩樂府詩集卷八〇：「樂苑曰：大酺樂，商調曲，張文收造。」

〔二〕小兒：曾慥類説卷七引教坊記：「上（玄宗）於天津橋南設帳殿，酺三日。教坊一小兒筋斗絶倫，乃衣以綵繒，梳洗，雜於内伎中上。少頃緣長竿上，倒立，尋復去手，久之，垂手抱竿，翻身而下。樂人等皆捨所執，宛轉於地，大呼萬歲，百官拜慶。中使宣旨曰：『此伎猶難，近教坊教成。』其實乃小兒也。」

【輯評】

宋長白柳亭詩話卷三：張祜大酺樂曰……按史記趙武靈三年大赦，置酒，酺五日，酺字創見於此。漢律三人以上無故群飲，罰金四兩，故賜酺乃得聚會。唐詩以此爲盛典，車駕臨幸之處必賜酺，群臣往往有應制詩。竿頭，緣橦都盧之類也。

其二

紫陌酺歸日欲斜，紅塵開路薛王家〔一〕。雙鬟笑説樓前鼓，兩杖争輪好落花〔二〕。

【校記】

雙鬟笑説：「笑」樂府作「前」。

兩杖争輪好落花：「杖」原作「仗」，樂府作「伎」，皆誤。羯鼓又謂兩杖鼓，故改。「落」樂府作「結」。

【箋注】

〔一〕薛王：唐玄宗李隆基之弟李業，睿宗即位封薛王，開元二十二年卒。見舊唐書睿宗諸子傳惠宣太子李業。

〔二〕兩杖：舊唐書音樂志二：「羯鼓，正如漆桶，兩手具擊，以其出羯中，故號羯鼓，亦謂之兩杖鼓。」輪：此通掄。落花：鼓舞曲名。陳暘樂書卷一八二舞部：「唐邠王家馮正正、心兒，薛王家高大山、李不藉，岐王家江張生，俱以善鼓聞。然近代好落花及舞鼓，以此鼓變輕小，取其便宜，而調高聲尖也。當是時，宋娘、祁娘俱稱善鼓，宋能作曲及舞鼓，祁工落花、吹笛，李阿八善鼓架。凡棚車上打鼓，非火祆即阿遼破也。」

正月十五夜燈〔一〕

千門開鎖萬燈明，正月中旬動帝京。三百内人連袖舞〔二〕，一時天上着詞聲〔三〕。

【校記】

着聲詞：「着」全詩作「著」。

【箋注】

〔一〕詩話總龜前集卷二二引雍洛靈異記：「正月十五夜，許三夜夜行，金吾巡禁，察其寺觀及前後街巷，會要盛造燈籠，燒燈光明若晝。山堂高百餘尺，神龍以後，復加嚴飾。士女無不夜遊，罕有居者。車馬塞路，有足不躡地被浮行數十步者。」

〔二〕内人：崔令欽教坊記：「妓女入宜春院，謂之『内人』，亦曰『前頭人』，常在上前頭也。」連袖：舊唐書睿宗紀：「(先天二年)上元日夜，上皇御安福門觀燈，出内人連袂踏歌，縱百僚觀之，一夜方罷。」

〔三〕着：附着。言歌聲傳到天上。

【輯評】

黄周星唐詩快卷一五：令人眉飛色舞矣，那得不高聲喝彩。

熱戲樂〔一〕

熱戲争心劇火燒，銅槌暗執不相饒。上皇失喜寧王笑〔二〕，百尺幢竿果動摇。

【校記】

銅槌暗執：「執」原作「熱」，據樂府改。

【箋注】

〔一〕全唐文卷三九六崔令欽教坊記序：「玄宗之在藩邸，有散樂一部，戢定妖氛，頗藉其力。及膺大位，且羈縻之。嘗於九曲閱太常樂，卿姜晦，嬖人楚公皎之弟也，押樂以進。凡戲，輒分兩朋以判優劣，則人心競勇，謂之『熱戲』。於是詔寧王主藩邸之樂以敵之。一伎戴百尺幢，鼓舞而進，太常所戴即百餘尺，比彼一出，則往復矣，長欲半之，疾乃兼倍。太常群樂鼓譟，自負其勝。上不悦，命內養五六十人，各執一物，皆鐵馬鞭、骨檛之屬也，潛匿袖中，雜於聲兒後立，復候鼓譟，當亂捶之。皎、晦及左右初怪內養麕至，竊見袖中有物，於是奪氣褫魄。而戴幢者方振摇其幢，南北不已。上顧謂內人曰：『其竿即自當折。』斯須中斷，上撫掌大笑，內伎咸稱慶，於是罷遣。」

〔二〕寧王：唐玄宗之兄李憲，初名成器，封宋王，開元四年改今名，徙封寧王。開元二十九年卒。見舊唐書睿宗諸子傳讓皇帝李憲。

上巳樂〔一〕

猩猩血綵繫頭標，天上齊聲舉畫橈。却是內人争意切，六宮紅袖一時招。

【校記】

六宮紅袖：「紅」樂府作「羅」。

【箋注】

〔一〕上巳：農曆三月三日爲上巳節。舊唐書張仲方傳：「敬宗童年戲慢，詔淮南王播造上巳競渡船三十隻。」可見唐宫中有上巳競渡的習俗。

邠王小管〔一〕

虢國潛行韓國隨〔二〕，宜春深院映花枝〔三〕。金輿遠幸無人見，偷把邠王小管吹。

【箋注】

〔一〕邠王：指邠王李守禮之子嗣邠王李承寧。李守禮爲章懷太子李賢之子，故李承寧於玄宗爲侄。見舊唐書高宗諸子傳邠王李守禮。元稹元氏長慶集卷二四連昌宫詞：「飛上九天歌一聲，二十五郎吹管逐。」自注：「念奴，天寶中名倡，善歌。每歲樓下酺宴，累日之後，萬衆喧隘，嚴安之、韋黄裳輩闢易不能禁，衆樂爲之罷奏。玄宗遣高力士大呼於樓上曰：『欲遣念奴唱歌，邠二十五郎吹小管逐，看人能聽否？』未嘗不悄然奉詔。其爲當時所重也如此。」即此邠二十五郎。

〔二〕虢國、韓國：楊貴妃三姊封虢國夫人，大姊封韓國夫人，見舊唐書后妃傳玄宗楊貴妃。

〔三〕宜春：宋敏求長安志卷六：「東宫正殿曰明德殿……西有命婦院、宜春北院。」程大昌雍録卷九：「至天寶中即東宫置宜春北苑，命宫女數百人爲梨園弟子。即是梨園者，按樂之地，而預教者名爲弟子耳。」

【輯評】

樂史楊太真外傳卷上：妃子無何竊寧王紫玉笛吹，故詩人張祜詩云：「梨花静院無人見，閑把寧王玉笛吹。」因此又忤旨，放出。

阮閲詩話總龜前集卷二九引百斛明珠：世常傳云：「欲人不知，莫若不爲。」以謂既爲之也，安得人之不知？夫至隱至密者，莫若中冓之事，豈欲人之知耶？然而不能使人不知。以此凡事之不循理者，雖毛髮之細，不可爲也。明皇舊製五王帳，長枕大被，與兄弟同處於其間。無何，妃子輒竊寧王笛吹之，始亦不彰，因張祜詩云：「梨花静院無人處，閑把寧王玉笛吹。」妃因此忤明皇，不懌，乃遣中使張韜光送歸楊銛宅。妃子涕泣謂韜光曰：「托以下情繳奏，妾罪固當萬死，衣服之外，皆聖恩所賜，惟髮與膚，生從父母爾。今當即死，無以謝上。」乃引刀剪髮一結附韜光以獻。自妃之放逐，聖情憮然，妃髮至，張韜光取搭之肩上，明皇見之，大驚惋，遂令高力士就召以歸。嗟乎！道路之言，亦可畏也。使張祜不爲此語，事亦何由彰顯之如此？然張亦何從得此爲之説？以此可驗其「欲人不知，莫若不爲」，亦名言也。

劉克莊明皇聽笛圖：張祜所謂「閑把寧王玉笛吹」者，虢、韓兩姨者也，安敢當御榻而坐乎此？背面横篷三郎，曲肱而聽黄幡綽，執板立其傍以節之者，其爲玉環無疑也。（後村先生大全集

卷一〇二）

王楙野客叢書卷二四：容齋續筆曰：明皇兄弟五王，至天寶初已無存者，楊太真以三載方入宮，而元稹連昌宮詞云「百歌隊仗避岐薛，楊氏諸姨車鬬風」，笑之也。僕考唐史，申王以開元十二年薨，岐王以十四年薨，薛王以二十二年薨，寧王、邠王以二十九年薨，而楊妃以二十四年入宮，號太真，遂專房宴。是時申、岐、薛三王雖已死，而寧、邠二王尚存，是以張祜目擊其事，繫之樂章。有曰：「日映宮城霧半開，太真簾卷畏人猜。黄番綽指向西樹，不信寧王迴馬來。」又曰：「虢國潛行韓國隨，宜春小院映花枝。金輿遠幸無人見，偷把邠王小管吹。」蓋紀其實也。惟容齋認楊妃爲天寶三年方入宮，所以有是失，不知天寶初太真進册貴妃，非入宮時也。集中謂虢國竊邠王笛，而百斛明珠乃謂妃子竊寧王笛，此説不同。

孫緒無用閒談：唐明皇兄弟共五王相次薨逝，至天寶時已無存者，唐史可考也。楊太真以天寶三載入宮，連昌宮詞云「百歌隊仗避岐薛」，李商隱詩云「薛王沈醉壽王醒」，張祜曰「閑把寧王玉笛吹」，皆未之考耳。小説又載：因吹寧王玉笛，明皇妒恚，遣歸外第，尤可笑也。（沙溪集卷一一）

王士禛帶經堂詩話卷一八：唐詩人張祜字承吉，與白樂天、杜牧之同時，其詩事班班可考。野客叢書引祜「不信寧王回馬來」，及「金輿遠幸無人見，偷取邠王小管吹」之句，以爲祜目擊時事而作。又祜有詠武宗時孟才人之作云：「一聲河滿子，雙淚落君前。」一述明皇事，一述武宗事，遂疑其身涉十一朝，年且百二十歲云云，此説愚甚，可笑。唐人詠明皇、太真事者不可枚舉，如元白連昌宫詞、長恨歌，二篇其最著者，又如李義山「如何四紀爲天子，不及盧家有莫愁」之類亦多矣，豈皆同時目擊者耶？即祜樂府春鶯囀、雨霖鈴等作，皆追詠天寶間事，何獨疑於前二詩耶？

薛雪一瓢詩話：張裕（按：祜之訛）處士詩云：「梨花静院無人見，閑把寧王玉笛吹。」似指貴妃忤旨被放之事。按貴妃於天寶四載入侍，寧王卒於開元二十九年，是外傳與此詩俱非實事，不可不辨。

李謨笛〔一〕

平時東幸洛陽城，天樂宫中夜徹明。無奈李謨偷曲譜，酒樓吹笛是新聲。

【校記】

偷曲譜：「譜」處士集作「耳」。

【箋注】

〔一〕李謨：唐開元中樂工，善吹笛，相傳逸事甚多，李肇唐國史補卷下、段安節樂府雜録、太平廣記卷二〇四引逸史及甘澤謡都有記載。「謨」或作「謩」。關於李謨偷曲事，元稹元氏長慶集卷二四連昌宫詞：「李謩壓笛傍宫牆，偷得新翻數般曲。」自注：「明皇嘗於上陽宫夜後按新翻一曲，屬明夕正月十五日，潛遊燈下，忽聞酒樓上有笛奏前夕新曲，大駭之，明日密遣捕捉笛者，詰驗之，自云：『其夕竊於天津橋翫月，聞宮中度曲，遂於橋柱上插譜記之。臣即長安少年善笛者李謩也。』明皇異而遣之。」

張承吉文集卷第四　雜詩

孟才人歎　并序〔一〕

武宗皇帝疾篤，遷便殿。孟才人，以歌笙獲寵者，密侍其右。上目之曰：「吾當不諱，爾何爲哉？」指笙囊泣曰：「請以此就縊。」上憫然。復曰：「妾嘗藝歌，願對上歌一曲以泄其憤。」上以懇許之。乃歌「一聲何滿子」，氣亟立殞。上令醫候之，曰：「脈尚温而腸已絶。」及上崩，將徙其柩，舉之愈重。議者曰：「非俟才人乎？」爰命其櫬，櫬及至，乃舉。嗟乎！才人以誠死，上以誠明，雖古之義激，無以過也。進士高璩登第年宴〔二〕，傳於禁伶，明年秋，貢士文多以爲之目。大中三年，遇高於由拳〔三〕，哀話於余，聊爲興歎。詩曰：

偶因歌態詠嬌顰，傳唱宫中十二春。却爲一聲何滿子〔四〕，下泉須弔舊才人。

【校記】

原題下有「一首」二字，據全詩删。

序「進士高璩」：原缺「璩」字，據全詩補。

遇高於由拳：「高」原作「嵩」，據全詩改。

傳唱宫中：「傳唱」全詩校「一作選入」。

却爲一聲何滿子：「却爲」全詩校「一作絶後」。「何」全詩與序中之「何」皆作「河」。

下泉：全詩校「一作九原」。

【箋注】

〔一〕序所云孟才人事不見史傳。兩唐書后妃傳載有王才人者，武宗寵之，欲立爲后，弗果。帝大漸，自經於幄中。資治通鑑卷二一八唐武宗會昌六年考異引蔡京王貴妃傳云：「帝疾亟，才人久視帝而歸燕息處，濃粧絜服如常日。乃持所翫用物散與内家净盡，持帝所授巾至帝前，已見升遐，容易自縊，而仆於御座下，以縊爲名而得卒。」李德裕兩朝獻替記則云：「自上臨御，王妃有專房之寵，至是，以嬌妒忤旨，一夕而殞，群情無不驚懼。以謂上功成之後，喜怒不測，德裕因以進諫。」所記王才人事又不同。康駢劇談録卷上：「孟才人善歌，有寵於武宗皇帝，嬪御之中莫與爲比。一旦龍體不豫，召而問曰：『我若不諱，汝將何之？』對曰：『以微渺之身，受君王之寵，若陛下萬歲之後，無復生焉！』是日俾於御榻前歌河滿子一曲，聲調淒切，聞者莫不涕零。及宮車晏駕，哀慟數日而殞，禁掖近臣以小棺殯於殿側。山陵之際，梓宮重，莫能舉，識者曰：『得非候才人乎？』於是輿櫬以殉，遂窆於端陵之側。」與張祜序所云相符。故以爲王才人者，兩朝獻替記所云爲實，李德裕爲武宗朝宰相，所記自然可信。正史意在褒飾，取孟才人事移接於王才人身上，孟才人則另是一人明矣。司馬光云劇談録之孟才人「此事恐正是王才人，傳聞不同」，見上所引資治通鑑考異，非是。

〔二〕高璩：新唐書高元裕傳：「元裕子璩，字瑩之，第進士。」徐松登科記考卷二二繫其大中三年登第。

〔三〕由拳：李吉甫元和郡縣圖志卷二五杭州餘杭縣：「由拳山，晉隱士郭文舉所居，傍有由拳村，出好藤紙。」樂史太平寰宇記卷九三杭州：「由拳山本餘杭山也，一名大辟山。郡國志云：青障山高峻爲最，在縣南十八里。山謙之吳興記云：晉隱士郭文字文舉，初從陸渾山來居之，王敦作亂，因逃歸入此處。」

〔四〕何滿子：白居易白氏長慶集卷三五聽歌六絶句何滿子：「世傳滿子是人名，臨就刑時曲始成。一曲四詞歌八疊，從頭便是斷腸聲。」其序云：「開元中，滄州有歌者何滿子，臨刑，進此曲以贖死，上竟不免。」蘇鶚杜陽雜編卷中：「時有宮人沈阿翹，爲上舞河滿子，調聲風態，率皆宛暢。」是何滿子亦舞曲。「何」或作「河」。

【輯評】

沈括夢溪筆談補筆談卷上：唐書載武宗寵王才人，嘗欲以爲后。帝寢疾，才人侍左右，熟視曰：「吾氣息奄奄，顧與汝辭，奈何？」對曰：「陛下萬歲後，妾得一殉。」及大漸，審帝已崩，即自經於幄下。宣宗即位，嘉其節，贈賢妃。按李衛公文武兩朝獻替記云：「自上臨御，王妃有專房之寵，以嬌妒忤旨，日夕而殞，群情無不驚懼。以謂上成功後，喜怒不測。」與唐書所載全別。獻替記乃德裕手自記録，不當差謬。其書王妃之死，固已不同。據獻替記所言王氏爲妃久矣，亦非宣宗即位乃始追贈。按張祜集有孟才人歎一篇，其序曰……詳此，則唐書所載者又疑其孟才人也。

葛立方韻語陽秋卷一五：張祜集載武宗疾篤，孟才人以歌笙獲寵，密侍左右。上目之曰：「我當不諱，爾何爲哉？」才人指笙囊泣曰：「請以此就縊。」復曰：「妾嘗藝歌，願歌一曲。」上許之。乃歌「一聲河滿子」，氣亟立殞。上令醫候之，曰：「脈尚温而腸已絶。」則是河滿子真能斷人腸者。祜爲詩云……又有「故國三千里，深宮二十年。一聲河滿子，雙淚落君前」之詠。一稱十二春，一稱二十年，未知孰是也。杜牧之有酬祜長句，其末云：「可憐故國三千里，虚唱歌詞滿六宮。」言祜詩名如此，而惜其未遇也。

王觀國學林卷八：唐張祜有詩名，其宮詞曰：「故國三千里，深宮二十年。一聲何滿子，雙淚落君前。」當時人頗稱賞此詩，然後人讀之，多不曉其句意。唐人小説云：宣宗孟才人者，本東南人，入宮二十年，以善歌得寵，宣宗不豫，才人侍，帝使歌，才人歌何滿子，一聲而泣下。故祜宮詞專爲此發。當時人知其事者，無不以爲切當也。白樂天詩注云：「明皇時，有姓何名滿者，因事對獄，而案牘奏上，猶不免死。人憐爲作曲，名何滿子。」故白樂天詩曰「人言何滿是人名」，乃爲此也。張祜在宣宗大中時有詩名，唐書藝文志有張祜詩一卷，注曰：「祜字承吉，爲處士。」

胡震亨唐音癸籤卷二三：張祜集有孟才人詩，序稱才人以歌笙獲寵武宗。帝疾亟，爲帝歌河滿子曲，甫發聲，腸斷而絶。事與其人，后妃傳無之。傳惟載王才人者，武宗寵之，欲立爲后，弗果。帝大漸，即自經於幄中。王弇州疑欲合爲一，然所引李衛公兩朝獻替記，王才人自以嬌妒忤旨，不良死，若孟才人以義死，故一時詩人詠之，其各是一人明矣。

删補唐詩選脈箋釋會通評林卷五八：周珽曰：傷悼迅發，筆底流皆熱血。又訓：孟才人何滿子一謳歌之，峽猿之啼更悲咽。才人真古烈女匹也。若明皇與太真，寵愛至有世世願爲夫婦之私語，視才人孰厚？而醜行卒垂萬世。雨淋鈴之曲，尚思悼之，何昏若是耶！下泉須弔孟才人，直傷才人，非碌碌伍也。

退宮人二首〔一〕

開元皇帝掌中憐〔二〕，流落人間二十年。長説承天門上宴〔三〕，百官樓下拾金錢。

【箋注】

〔一〕宮人：崔令欽教坊記：「樓下戲出隊，宜春院人少，即以雲韶添之。雲韶謂之『宮人』。」

〔二〕掌中：文選傅玄短歌行：「昔君視我，如掌中珠。」

〔三〕承天門：唐太極宫正門。舊唐書地理志一京師：「皇城在西北隅，謂之西内，正門曰承天，正殿曰太極，太極之後殿曰兩儀。」資治通鑑卷二五九唐昭宗乾寧元年胡三省注：「承天門，長安太極宫南門，隋文帝使宇文愷所營，本名昭陽門，唐改曰承天門。」舊唐書玄宗紀上：「（開元元年九月）己卯，宴王公百僚於承天門，令左右於樓下撒金錢，許中書門下五品已上官及諸司三品已上官争拾之，仍賜物有差。」

【輯評】

俞樾茶香室叢鈔卷一四：張祜有退宫人詩二首，其一云……似乎親見其人者，不然安得有「流落人間二十年」之句？此則可異也。

其二

歌喉漸退出宫闈，泣話伶官上許歸。猶説入時歡聖壽〔一〕，内人初着五方衣〔二〕。

【箋注】

〔一〕聖壽：舊唐書音樂志二：「聖壽樂，高宗武后所作也。舞者百四十人，金銅冠，五色畫衣。舞之行列必成字，十六變而畢，有『聖超千古，道泰百王，皇帝萬年，寶祚彌昌』字。」崔令欽教坊記：「開元十一年初，製聖壽樂，令諸女衣五方色衣，以歌舞之。」

〔二〕五方：古以青、白、赤、黑、黄五色分别配東、西、南、北、中五方。

玉環琵琶〔一〕

宫樓一曲琵琶聲，滿眼雲山是去程。迴顧段師非汝意〔二〕，玉環休把恨分明。

【箋注】

〔一〕李德裕次柳氏舊聞：「及羯胡犯闕，乘傳遽以告。上欲遷幸，復登樓置酒，四顧悽愴，乃命進玉環。玉環者，睿宗所御琵琶也。異時，上張樂宫殿中，每嘗置之别榻，以黄帕覆之，不以雜他樂器，而未嘗持用。至，俾樂工賀懷智取調之，又命禪定寺僧段師取彈之。時美人善歌從者三人，使其中一人歌水調。畢奏，上將去，復留眷眷，因使視樓下有工歌而善水調者乎？一少年心悟上意，自言頗工歌，亦善水調。使之登樓且歌，歌曰：『山川滿目淚沾衣，富貴榮華能幾時？不見只今汾水上，唯有年年秋雁飛。』上聞之，潸然出涕，顧侍者曰：『誰爲此詞？』或對曰：『宰相李嶠。』上曰：『李嶠真才子也。』不待曲終而去。」

〔二〕段師：名善本，善琵琶。段成式酉陽雜俎前集卷六：「古琵琶用鵾雞筋，開元中，段師能彈琵琶，用皮絃。」段安節樂府雜録載其化妝成女郎與康崑崙較藝。

春鶯囀〔一〕

興慶池南柳未開〔二〕，太真先把一枝梅。内人已唱春鶯囀，花下傞傞軟舞來〔三〕。

【箋注】

〔一〕崔令欽教坊記：「高宗曉音律，聞風葉鳥聲，皆蹈以應節。嘗晨坐，聞鶯聲，命樂工白明達寫之，遂有此曲。」郭茂倩樂府詩集卷八〇引樂苑：「大春鶯囀，唐虞世南及蔡亮作。又有小春鶯囀，并商調曲也。」朝鮮進饌儀軌：「春鶯囀……設單席，舞伎一人，立於席上，進退旋轉不離席上而舞。」

〔二〕興慶池：在興慶宫。新唐書地理志一上都：「興慶宫在皇城東南，距京城之東，開元初置，至十四年又增廣之，謂之南内。二十年，築夾城入芙蓉園。」李德裕次柳氏舊聞：「天寶中，興慶池小龍嘗出游宫垣南溝水中。」王溥唐會要卷三〇興慶宫：「至景龍末，宅内有龍池湧出，日以浸廣。」

〔三〕傞傞：詩經小雅賓之初筵：「屢舞傞傞。」毛傳：「傞傞，不止也。」許慎説文解字：「傞，醉舞貌。」教坊記：「垂手羅、回波樂、蘭陵王、春鶯囀……之屬，謂之軟舞。」

寧哥來〔一〕

日映宫城霧半開，太真簾下畏人猜。黄翻綽指向西樹〔二〕，不信寧哥迴馬來。

【箋注】

〔一〕寧哥：即邠王李守禮之子李承寧，亦即邠王小管之邠王。解者多謂寧哥指玄宗之兄寧王李憲，誤。據張祜此詩，楊貴妃與李承寧有曖昧關係，然不見於其他記載，難尋佐證。

〔二〕黄翻綽：唐玄宗時宫廷伶人，善言辭，通音樂。傳其逸事甚多，見李德裕次柳氏舊聞、南卓羯鼓録、趙璘因話録等。諸書「翻」或作「幡」。

鄴中懷古〔一〕

鄴中城下漳河水〔二〕，日夜東流莫記春。腸斷宫中望陵處〔三〕，不堪臺上也無人。

【箋注】

〔一〕鄴：漢縣名，東漢建安中曹操封魏王，都鄴城。李吉甫元和郡縣圖志卷一六河北道相州：「故鄴城，（鄴）縣東五十步。本春秋時齊桓公所築也，自漢至高齊，魏郡鄴縣并理之。今按魏武帝受封於此，至文帝受禪，呼此爲鄴都。」

〔二〕漳河：文選左思魏都賦張載注：「堰漳水，在鄴西十里，名曰漳渠堰。東入鄴城，經宫中東出，南北二溝夾道東行出城，所經石竇者也。」元和郡縣圖志卷一六相州鄴縣：「濁漳水，在縣北五里。」

〔三〕望陵：文選陸機弔魏武帝文序引曹操遺令：「吾婕妤妓人，皆著銅爵臺，於臺堂上施八尺牀，張繐帳，朝脯上脯糒之屬。月朝十五，輒向帳作伎，汝等時時登銅爵臺，望吾西陵墓田。」元和郡縣圖志卷一六相州鄴縣：「魏武帝西陵，在縣西三十里。」

讀池州杜員外杜秋娘詩〔一〕

年少多情杜牧之，風流仍作杜秋詩。可知不是長門閉〔二〕，也得相如第一詞。

【校記】

題中原無「娘」字，據全詩補。

【箋注】

〔一〕杜員外：杜牧，字牧之，京兆萬年人。大和二年進士及第。爲左補闕，膳部、比部員外郎，黄、池、睦等州刺史，官至中書舍人。杜秋娘：馮集梧樊川詩集注卷一杜牧杜秋娘詩序：

「杜秋，金陵女也，年十五爲李錡妾。後錡叛滅，籍之入宮，有寵於景陵（憲宗）。穆宗即位，命秋爲皇子傅姆，皇子壯，封漳王。鄭注用事，誣丞相欲去己者，指王爲根，王被罪廢削，秋亦賜歸故鄉。予過金陵，感其窮且老，爲之賦詩。」

〔二〕長門：文選司馬相如長門賦序：「孝武皇帝陳皇后，時得幸，頗妒。別在長門宮，愁悶悲思，聞蜀郡成都司馬相如，天下工爲文，奉黄金百斤爲相如、文君取酒，因於解悲愁之辭，而相如爲文以悟主上，陳皇后復得親幸。」

杭州開元寺牡丹花〔一〕

濃豔初開小藥欄，人人惆悵出長安。風流却是錢塘寺，不踏紅塵見牡丹。

【箋注】

〔一〕開元寺：乾隆浙江通志卷二二六：「嘉靖浙江通志：在府治南清平山麓。武林梵志：唐玄宗時建，宋建炎間徙建於西湖，元季兵燹，復從故址。」范攄雲溪友議卷中錢塘論：「致仕尚書白舍人初到錢塘，令訪牡丹花，獨開元寺僧惠澄近於京師得此花栽，始植於庭，欄圈甚密，他處未之有也。」下記徐凝至，作詠牡丹詩，張祜繼至。故以爲此詩是長慶三年春於杭州酬獻白居易之作。

招徐宗偃畫松石〔一〕

咫尺雲山便出塵，我生長日自因循。憑君畫取江南勝，留向東齋伴老身。

【箋注】

〔一〕徐宗偃：張彦遠歷代名畫記卷一：「吴興郡南堂，有兩壁樹石，余觀之而歎曰：『此畫位置若道芬，迹類宗偃，是何人哉？』吏對曰：『有徐表仁者，初爲僧，號宗偃，師道芬則入室，今寓於郡側，年未衰而筆力奮疾。』」

贈元道處士〔一〕

小徑上山山甚小，每憐僧院笑僧禪。人間莫道無難事，二十年來已是玄〔二〕。

【校記】

題萬首無「元道」二字。

【箋注】

〔一〕元道：王定保唐摭言卷二等第罷舉條元道與韋衍並列，注云：「並大和二年。」

〔二〕玄：老子：「玄之又玄，衆妙之門。」

平陰夏日作〔一〕

西來漸覺細塵紅，擾擾舟車路向東。可惜夏天明月夜，土山前面障南風。

【箋注】

〔一〕平陰：縣名，唐屬鄆州東平郡，今屬山東。

題酸棗驛前碑〔一〕

蒼苔古澀字雕疎，誰道中郎筆力餘。長愛當時遇王粲〔二〕，每來碑下不關書〔三〕。

【校記】

字雕疎：「字」原作「自」，全詩校「一作字」，據改。

【箋注】

〔一〕酸棗：縣名。李吉甫元和郡縣圖志卷八滑州：「酸棗縣，本秦舊縣，屬陳留郡。以其地多酸棗，其仁入藥用，故名。」嚴可均輯蔡中郎集有酸棗令劉熊碑，即此。

〔二〕遇王粲：東漢蔡邕字伯喈，陳留人，曾爲左中郎將。三國志魏書王粲傳：「獻帝西遷，粲徙長安，左中郎將蔡邕見而奇之……聞粲在門，倒屣迎之……曰：『此王公孫也，有異才，吾不如也。吾家書籍文章，盡當與之。』」

〔三〕不關書：不關心書法。

題朱兵曹山居

朱氏西齋萬卷書，水門山闊自高踈。我來穿穴非無意，願向君家作壁魚〔一〕。

【校記】

題中「兵」原誤作「丘」，據全詩改。

【箋注】

〔一〕壁魚：蠹魚，書中蠹蟲。

容兒鉢頭〔一〕

争走金車叱鞅牛，笑聲唯是説千秋〔二〕。兩邊角子羊門裏〔三〕，猶學容兒弄鉢頭。

【箋注】

〔一〕容兒：當是張雲容。太平廣記卷六九張雲容雲容語：「某乃開元中楊貴妃之侍兒也，妃甚愛惜，常令獨舞霓裳於繡嶺宫。」鉢頭：段安節樂府雜録鉢頭：「昔有人父爲虎所傷，遂上山尋其父屍，山有八折，故曲有八疊。戲者披髪素衣，面作啼，蓋遭喪之狀也。」舊唐書音樂志二：「撥頭出西域，胡人爲猛獸所噬，其子求獸殺之，爲此舞以象之也。」

〔二〕千秋：千秋節。王溥唐會要卷二九節日：「開元十七年八月五日，左丞相源乾曜、右丞相張説等上表，請以是日爲千秋節，著之甲令，布於天下，咸令休假。群臣當以是日進萬壽酒，王公戚里進金鏡綬帶，士庶以絲結承露囊，更相遺問，村社作壽酒宴樂，名賽白帝、報田神。制曰可。」

〔三〕角子：疑指宫中守衛。全唐文卷七八武宗皇帝李炎加尊號赦文：「太常樂人及金吾角子，皆是富饒之户。」羊門：即陽門。古羊、陽通，如陽溝又寫作羊溝。

邠娘羯鼓〔一〕

新教邠娘羯鼓成，大酺初日最先呈。冬兒指向貞貞説，一曲乾鳴兩杖輕〔二〕。

【校記】

貞貞：處士集作「真真」。

【箋注】

〔一〕邠娘：當是諸王家所養之樂人。羯鼓：新唐書禮樂志十二：「帝（玄宗）又好羯鼓，而寧王善吹横笛，達官大臣慕之，皆喜言音律。帝常稱：『羯鼓，八音之領袖，諸樂不可方也。』蓋本戎羯之樂，其音太蔟一均……其聲焦殺，特異衆樂。」南卓羯鼓録謂羯鼓「其音焦殺鳴烈，尤宜急曲促破」。

〔二〕乾鳴：「乾」形容聲音清脆響亮，如岑參虢州西亭陪端公宴集：「開瓶酒色嫩，踏地葉聲乾。」宋柳開塞上：「鳴骹直上一千尺，天静無風聲更乾。」

【輯評】

黄周星唐詩快卷一五：唐之去今千餘年，其人久已朽矣，誰復知有邠娘、冬兒、真真者？賴此一詩，便覺鼓聲歷亂，雙鬟笑語，如在耳目之前，且並諸美之名字亦傳矣，詩固神物也哉？

耍娘歌〔一〕

宜春花夜雪千枝〔二〕，妃子偷行上密隨。便唤耍娘歌一曲，六宫生老是蛾眉。

【校記】

題與詩中「要娘」之「要」，唐詩紀事、處士集、全詩皆作「耍」。「要」爲姓，讀如腰，古有要離，作「要」是。

【箋注】

〔一〕全唐詩卷五六七鄭嵎津陽門詩注：「迎娘、蠻兒，乃梨園弟子之名聞者。」又：「上每執酒卮，必令迎娘歌水調曲遍，而太真輒彈絃倚歌，爲上送酒。」此要娘即迎娘一流人物，名屬梨園。

〔二〕宜春：宜春院，唐長安宮内歌妓居住之地，開元二年置，在京城東面東宮内，與承恩殿、宜秋院並列。見崔令欽教坊記。

悖拏兒舞〔一〕

春風南内百花時〔二〕，道調梁州急遍吹〔三〕。揭手便拈金椀舞〔四〕，上皇驚笑悖拏兒。

【箋注】

〔一〕悖拏兒：張鷟朝野僉載卷一：「周垂拱已來，苾拏兒歌皆是邪曲，後張易之小名苾拏。」悖、苾音近。「悖拏」當即「苾拏」。悖，不合事理。悖拏即胡拏，胡鬧之意。當爲當時俗語。

〔二〕南内：舊唐書地理志一京師：「南内曰興慶宫，在東内之南隆慶坊，本玄宗在藩時宅也。」玄宗由蜀還京，先居興慶宫，後移居太極宫。太極宫爲西内。

〔三〕道調梁州：新唐書禮樂志十二：「天寶樂曲，皆以邊地名，若涼州、伊州、甘州之類。後又詔道調、法曲與胡部新聲合作。」張固幽閒鼓吹：「先有段和尚者，善琵琶，自製西梁州，（康）崑崙求之不與，至是以樂之半贈之，乃傳焉，道調梁州是也。」梁州即涼州。

〔四〕金椀：舊唐書音樂志二：「又有弄椀珠伎、丹珠伎。」

【輯評】

王灼碧雞漫志卷三：今涼州見於世者凡七宫曲：曰黄鍾宫、道調宫、無射宫、中吕宫、南吕宫、仙吕宫、高宫，不知西涼所獻何宫也。然七曲中，知其三爲唐曲，黄鍾、道調、高宫者是也。……張祜詩曰……又幽閒鼓吹云：元載子伯和，勢傾中外，福州觀察使寄樂妓數十人，使者半歲不得通，窺伺門下。有琵琶康崑崙出入，乃厚遺求通，伯和一試，盡付崑崙。段和尚者，自製道調涼州，崑崙求譜，不許，以樂之半爲贈，乃傳。據張祜詩，上皇時已有此曲，而幽閒鼓吹謂段師自製，未知孰是。

酬惟信上人贈張僧繇畫僧〔一〕

骨峭情高彼岸人，一盃長泛海爲津〔二〕。僧儀又入清流品，却恐前生是許詢〔三〕。

【校記】

全詩題作「題畫僧二首」，此列其一。

【箋注】

〔一〕惟信：未詳。張僧繇：南朝梁畫家，吴興人，善畫山水及人物肖像。見張彦遠歷代名畫記卷七。

〔二〕一盃：法苑珠林卷七六：「宋京師有釋杯渡者，不知俗姓、名氏是何，常乘木杯渡水，因而爲目。」所畫或是杯渡。

〔三〕許詢：晉高陽人，字玄度。幼聰惠，長而風情簡素，善清言，兼通佛理，見世説新語言語「劉真長爲丹陽尹，許玄度出都就劉宿」劉孝標注引續晉陽秋。許詢早卒，佛家有轉生之説。如釋覺岸釋氏稽古略卷二：「晉許詢字玄度，廢帝重敬甚，每與清談。詢後身爲僧，名曇彦，浙東紹興建塔。彦壽一百二十歲。（本傳塔記）」

題靈徹上人舊房〔一〕

寂寞空門支道林〔二〕，滿堂詩版舊知音。秋風吹葉古廊下，一半繩牀燈影深〔三〕。

【校記】

支道林：「支」原作「友」，據全詩改。

【箋注】

〔一〕靈徹：即靈澈。釋贊寧宋高僧傳卷一五唐會稽雲門寺靈澈傳：「釋靈澈，不知何許人也。……居越谿雲門寺……故祕書郎嚴維、劉隨州長卿、前殿中侍御史皇甫曾，覩面論心，皆如膠固……建中、貞元已來，江表諺曰：『越之澈，洞冰雪。』」

〔二〕支道林：釋慧皎高僧傳卷四晉剡沃洲山支遁：「支遁，字道林，本姓關氏，陳留人，或云河東林慮人。」

〔三〕繩牀：一種坐具。釋義淨南海寄歸内法傳卷一：「西方僧衆將食之時，必須人人淨洗手足，各各别據小牀，高可七寸，方纔一尺，藤繩織内，脚圓且輕，卑幼之流，小拈隨事，雙足蹋地，前置盤盂。」

晚秋潼關西門作〔一〕

日落寒郊煙物清，古槐陰黑迴人行。關門西去華山色，秦地東來河水聲。

【校記】

迴人行：「迴」萬首、處士集、全詩作「少」。

【箋注】

〔一〕潼關：杜佑通典卷一七三州郡三華州：「有潼關，左傳所謂桃林塞是也。本名衝關，河自龍門南流，衝激華山東，故以爲名。」

贈内人〔一〕

禁門宫樹月痕過，媚眼惟看宿燕窠。斜拔玉釵燈影畔，剔開紅焰救飛蛾〔二〕。

【箋注】

〔一〕内人：崔令欽教坊記：「妓女入宜春院，謂之『内人』，亦曰『前頭人』，常在上前頭也。」

〔二〕飛蛾：崔豹古今注魚蟲：「飛蛾善拂燈，一名火花，一名慕光。」

【輯評】

孫洙唐詩三百首卷八：慧心仁術。

況周頤蕙風詞話卷三：唐張祜贈内人詩：「斜拔玉釵燈影畔，剔開紅焰救飛蛾。」後人評此以謂慧心仁術。金景覃天香云：「閑階土花碧潤，緩芒鞋，恐傷蝸蚓。」略與祜詩意同。

折楊柳枝二首〔一〕

莫折宫前楊柳枝，玄宗曾向笛中吹〔二〕。傷心日暮煙霞起，無限春愁生翠眉。

【校記】

樂府題作「楊柳枝」。

【箋注】

〔一〕資治通鑑卷二六四唐昭宗天復三年：「（朱全忠）又進楊柳枝辭五首。」胡三省注：「楊柳枝辭，即今之令曲也。今之曲如清平調、水調歌、柘枝、菩薩蠻、八聲甘州，皆唐季之餘聲。又唐人多賦楊柳枝，皆是七言四絶，相傳以爲出於開元梨園樂章，故張祜有折楊柳詞云：『莫折宫前楊柳枝，玄宗曾向笛中吹。』」段安節樂府雜録：「楊柳枝，白傅閒居洛邑時作，後入教坊。」白居易楊柳枝詞云：「古歌舊曲君休聽，聽取新翻楊柳枝。」是白氏依舊曲翻爲新歌，非製曲也。

〔二〕玄宗：鄭嵎津陽門詩注：「上皇善吹笛，常寶一紫玉管。」

【輯評】

王灼碧雞漫志卷五：楊柳枝，鑑誡録云：「柳枝歌，亡隋之曲也。前輩詩云：『萬里長江一旦開，岸邊楊柳幾千栽。錦帆未落干戈起，惆悵龍舟更不回。』又云：『樂苑隋堤事已空，萬條猶舞舊春風。』」皆指汴渠事。而張祜折楊柳枝兩絶句其一云……則知隋有此曲，傳至開元。樂府雜録云：「白傅作楊柳枝。」予考樂天晚年與劉夢得唱和此曲詞……蓋後來始變新聲，而所謂樂天作楊柳枝者，稱其别創詞也。

徐伯齡蟫精雋卷三：唐張祜折楊柳枝詞云……予每讀，輒爲之心醉，惜不能起承吉於地下矣。

其二

凝碧池邊斂翠眉〔一〕，景陽樓下綰青絲〔二〕。那勝妃子朝元閣〔三〕，玉手和煙弄一枝。

【校記】

景陽樓：「樓」全詩卷二八作「臺」。

【箋注】

〔一〕凝碧池：唐六典卷七尚書工部：「（洛陽禁苑）十有一宫，芳樹、金谷二亭，凝碧之池。」舊唐書文苑傳下王維：「禄山素憐之，遣人迎置洛陽……禄山宴其徒於凝碧宫，其工皆梨園弟子、教坊工人。」

〔二〕景陽樓：南齊書武穆裴皇后傳：「宮内深隱，不聞端門鼓漏聲，置鍾於景陽樓上，宮人聞鍾聲，早起裝飾。」

〔三〕朝元閣：錢易南部新書己：「驪山華清宮毁廢已久……朝元閣在山嶺之上……山腹即長生殿。殿東西磐石道，自山麓而上，道側有飲酒亭子、明皇吹笛樓、宮人走馬樓。」

【輯評】

范晞文對牀夜語卷五：白樂天楊柳枝云：「陶令門前四五樹，亞夫營裏百千條。何似東都正二月，黄金枝映洛陽橋。」劉禹錫云：「金谷園中鶯亂啼，銅駝陌上好風吹。城東桃李須臾盡，争似垂楊無限時。」張祜云……薛能云：「和風煙樹九重城，夾路春陰萬里營。惟向邊頭不堪望，一株憔悴少人行。」三詩皆仿白，獨薛能一首變爲悽楚耳。

俞陛雲詩境淺説續編二：詩言柳枝披拂，或在凝碧池頭，效深顰之翠黛；或在景陽樓下，作細綰之青絲，皆尋常景物耳。一入朝元閣畔妃子手中，玉纖親把，同是柔條一縷，倍覺婀娜有情。此詩詠柳，固有新意，且用兩層逼寫法，作他題亦可類推，不獨詠楊柳也。

華清宮四首〔一〕

風樹離離月稍明，九天龍氣在華清〔二〕。宮門深鎖無人覺，半夜雲中羯鼓聲〔三〕。

【校記】

宫門深鎖：「深」英華作「晝」。按：此詩前二首又作温庭筠詩，見顧嗣立温飛卿詩集箋注卷九集外詩。文苑英華卷三二一署曰「前人」，而前面爲華清宫和杜舍人，無作者姓名。顧氏在後記中云：「纘輯既成，依宋本分爲詩集七卷、别集一卷，復採諸英華、絶句諸本中定爲集外詩一卷，而續注焉。」可見顧嗣立所編之集外詩非温集舊本原有，此二詩當是張祜作。

【箋注】

〔一〕華清宫：新唐書地理志一京兆府：「有宫在驪山下，貞觀十八年置，咸亨二年始名温泉宫。天寶元年更驪山曰會昌山……六載，更温泉宫曰華清宫。宫治湯井爲池，環山列宫室，又築羅城，置百司及十宅。」

〔二〕龍氣：史記項羽本紀范增語：「吾令人望其（劉邦）氣，皆成龍虎，成五彩，此天子氣也。」

〔三〕羯鼓：舊唐書音樂志二：「羯鼓，正如漆桶，兩手具擊，以其出羯中，故號羯鼓，亦謂之兩杖鼓。」

其二

天閣沉沉夜未央〔一〕，碧雲仙曲舞霓裳〔二〕。一聲玉笛向空盡，月滿驪山宫漏長。

【校記】

其二：「二」原誤作「一」，徑改。

天閣沉沉：「閣」英華作「闊」，全詩作「闕」。

舞霓裳：「舞」英華作「下」。

月滿驪山：「驪山」英華作「山中」。

【箋注】

〔一〕未央：詩經小雅庭燎：「夜如何其？夜未央。」

〔二〕霓裳：霓裳羽衣曲，屬商調，本傳自西涼，名婆羅門，開元中河西節度使楊敬述進，玄宗潤色之，易以此名。見王溥唐會要卷三三。小説家附會玄宗與方士遊月宫，聞仙樂，歸而記之，是爲此曲。王灼碧雞漫志卷三：「唐史及唐人諸集、諸家小説，楊太真進見之日，奏此曲導之，妃亦善此舞。」

其三

紅樹蕭蕭閣半開，上皇曾幸此宫來。至今風俗驪山下，村笛猶吹阿濫堆〔一〕。

【校記】

上皇：「上」原作「玉」，據全詩改。

【箋注】

〔一〕阿濫堆：尉遲偓中朝故事卷上：「驪山多飛禽名阿濫堆，明皇帝御玉笛採其聲，翻爲曲子名焉，左右皆傳唱之，播於遠近，人競以笛效吹。故詞人張祜詩曰：『紅樹蕭蕭閣半開，上皇曾幸此宫來。至今風俗驪山下，村笛猶吹阿濫堆。』」

【輯評】

葛立方韻語陽秋卷一五：後庭花，陳後主之所作也。主與倖臣各製歌詞，極於輕蕩，男女倡和，其音甚哀，故杜牧之詩云：「煙籠寒水月籠沙，夜泊秦淮近酒家。商女不知亡國恨，隔江猶唱後庭花。」阿濫堆，唐明皇之所作也。驪山有禽名阿濫堆，明皇御玉笛，將其聲翻爲曲，左右皆能傳唱，故張祜詩云：「紅葉蕭蕭閣半開，玉皇曾幸此宫來。至今風俗驪山下，村笛猶吹阿濫堆。」二君驕淫侈靡，躭嗜歌曲，以至於亡亂，世代雖異，聲音猶存，故詩人懷古，皆有「猶唱」「猶吹」之句。嗚呼，聲音之入人深矣。

楊慎詞品卷一：太白詩「羌笛横吹阿嚲迴」，番曲名。張祜集有阿濫堆，即此也。番人無字，止以聲傳，故隨中國所書，人各不同爾，難以意求也。

又：張祜詩……宋賀方回長短句云：「待月上潮平波灎，塞管孤吹新阿濫。」中朝故事云：

「驪山多飛鳥名阿濫堆，明皇采其聲爲曲子。」又作「鶡爛堆」。酉陽雜俎云：「鶡爛堆黄，一變之鴘，色如鶖鷺。鴘轉之後，乃至累變，横理轉細，臆前漸漸微白。」

其四

水遶宮牆處處聲，殘紅長緑露華清。武皇一夕夢不覺〔一〕，十二玉樓空月明〔二〕。

【箋注】

〔一〕武皇：唐人習稱唐玄宗爲武皇，蓋玄宗曾加尊號曰開元神武皇帝，見舊唐書玄宗紀上。

〔二〕玉樓：舊題東方朔海内十洲記：「（崑崙）其一角有積金爲天墉城，面方千里，城上安金臺五所、玉樓十二所。」

洛中作

元和天子昔平戎，惆悵金輿尚未通。盡日洛橋閑處看〔一〕，秋風時節上陽宫〔二〕。

【箋注】

〔一〕洛橋：天津橋。李吉甫元和郡縣圖志卷五河南府：「天津橋，在縣北五里。隋煬帝大業元年初造此橋，以架洛水，用大纜維舟，皆以鐵鎖鉤連之。南北夾路對起四樓，其樓爲日月表勝之象。然洛水溢，浮橋輒壞，貞觀十四年更令石工累方石爲脚。爾雅『箕斗之間爲天漢之津』，故取名焉。」

〔二〕上陽宮：新唐書地理志二河南道東都：「上陽宮在禁苑之東，東接皇城之西南隅，上元中置。」

送走馬使

新樣花文配蜀羅，同心雙帶蹙金蛾〔一〕。慣將喉舌傳軍好，馬跡鈴聲遍兩河〔二〕。

【校記】

傳軍好：「好」，全詩校「一作號」。

【箋注】

〔一〕金蛾：指腰帶結成蛾子形。

〔二〕兩河：爾雅釋地：「兩河間曰冀州。」唐稱河北、河南兩道爲兩河。

贈竇家小兒

深緑衣裳小小人，每來廳裏解相親。天生合去雲霄上，一尺松栽已出塵。

聽崔莒侍御葉家歌〔一〕

宛羅重縠起歌筵，活鳳生花動碧煙。一聲唱斷無人和，觸破秋雲直上天。

【箋注】

〔一〕全唐文卷七三六沈亞之歌者葉記：「至唐貞元元年，洛陽金谷里有女子葉，學歌於柳巷之下，初與其曹十餘人居，獨葉歌無等。後爲成都率家妓。及率死，復來長安中。……是時，博陵大家子崔莒……他日莒宴賓堂上，樂屬因言曰：『有新聲葉者，歌無倫，請延之。』即乘小車詣莒。莒且酣，爲一擲目。作樂，乃合韻奏緑腰，俱矚葉曰：『幸終聲。』葉起與歌一解，一坐盡眙。是日歸莒。」元稹河滿子歌：「魚家入内本領絶，葉氏有年聲氣短。」即同一葉氏。

題畫僧

瘦頸隆肩碧眼僧，翰林親讚虎頭能〔一〕。終年不語看如意〔二〕，似證禪心入大乘〔三〕。

【校記】

全詩列題畫僧二首之二。

【箋注】

〔一〕虎頭：張彦遠歷代名畫記卷五：「顧愷之字長康，小字虎頭。」爲晉無錫人，善畫人物。有魏晉勝流畫贊。釋慧皎高僧傳卷五晉於潛青山竺法曠傳便云「散騎常侍顧愷之爲作贊傳云」。

〔二〕如意：器物名。和尚講經時常持如意。

〔三〕大乘：法華經譬喻品：「利益天人，度脱一切，是名大乘。」

長門怨〔一〕

日映宫牆柳色寒，笙歌遥指碧雲端。珠鉛滴盡無心語，强把花枝冷笑看。

【箋注】

〔一〕吴兢樂府古題要解卷下：「長門怨，右爲漢武帝陳皇后作也。后，長公主嫖女，字阿嬌，及衛子夫得幸，后退居長門宫，愁悶悲思。聞司馬相如工文章，奉黄金百斤，令爲解愁之辭。相如作長門賦，帝見而傷之，復得親幸者數年。後人因其賦爲長門怨焉。」郭茂倩樂府詩集卷四二歸之於相和歌辭。

讀老莊

等閑緝綴閑言語，誇向時人唤作詩。昨日偶拈莊老讀，萬尋山上一毫氂〔一〕。

【箋注】

〔一〕毫氂：「氂」同「釐」。隋書律曆志上引孫子算術：「蠶所生吐絲爲忽，十忽爲秒，十秒爲毫，十毫爲釐，十釐爲分。」

【輯評】

胡震亨唐音癸籤卷四：鄭谷云：「舉世何人肯自知，須逢精鑑定妍媸。若教嫫母臨明鏡，也道不勞紅粉施。」吾謂凡今作詩者宜讀此。杜甫云：「楊王盧駱當時體，輕薄爲文哂未休。爾曹身與名俱滅，不廢江河萬古流。」吾謂今之好譏議前輩詩者宜讀此。張祜云：「等閑緝綴閑言語，誇向時人唤作詩。昨日偶拈莊老讀，萬尋山上一毫氂。」吾謂前輩如王、李二公，惜亦未嘗讀此。（遯叟）

黄周星唐詩快卷一五評後二句：忽然冷水澆背矣。

偶題

古來名下豈虚爲，李白顛狂自稱時。唯恨世間無賀老〔一〕，謫仙長在没人知。

【箋注】

〔一〕賀老：賀知章。李太白全集卷二三對酒憶賀監二首詩序：「太子賓客賀公，於長安紫極宮一見余，呼余爲『謫仙人』。」又重憶一首：「稽山無賀老，却棹酒船回。」孟棨本事詩高逸第三：「李太白初自蜀至京師，舍於逆旅。賀監知章聞其名，首訪之，既奇其姿，復請所爲文，出蜀道難以示之。讀未竟，稱賞者數四，號爲『謫仙』。」

題御溝〔一〕

萬樹垂楊拂御溝，溶溶漾漾遶神州。都緣濟物心無阻，從此恩波處處流。

【箋注】

〔一〕御溝：闕名三輔黄圖卷六雜録：「長安御溝，謂之楊溝，謂植高楊於其上也。」

别玉華仙侶〔一〕

遶舍煙霞爲四鄰，寒泉白石日相親〔二〕。塵機不盡住不得，珍重玉山山上人〔三〕。

【箋注】

〔一〕玉華：李白李太白全集卷七元丹丘歌：「三十六峰常周旋。」王琦注引河南通志云嵩山少室山，其山有三十六峰，其中之一名玉華。又見乾隆河南府志卷一一引嵩書。

〔二〕白石：晉書藝術傳鮑靚：「嘗行部，入海遇風，飢甚，取白石煮食之以自濟。」

〔三〕玉山：山海經西山經：「又西三百五十里曰玉山，是西王母所居也。」

汴上同楊昇秀才送客歸〔一〕

河流西下雁南飛，楚客相逢淚濕衣。張翰思鄉何太切〔二〕，扁舟不住又東歸。

【校記】

萬首、全詩題作「汴上送客」。

張翰思鄉：「鄉」原作「歸」，全詩校「一作鄉」。按下句已有「歸」字，故從全詩校。

【箋注】

〔一〕楊昇：新唐書藝文志三：「楊昇畫望賢宫圖。」不知是否是一人。

〔二〕張翰：晉書文苑傳張翰：「齊王（司馬）冏辟爲大司馬東曹掾。冏時執權……翰因見秋風起，乃思吴中菰菜、蓴羹、鱸魚膾，曰：『人生貴得適志，何能羈宦數千里以要名爵乎？』遂命駕而歸。俄而囧敗。」

平原路上題郵亭殘花〔一〕

雲暗山横日欲斜，郵亭下馬對殘花。自從身逐征西府〔二〕，每到花時不在家。

【校記】

全詩題作「郵亭殘花」。按：此詩全唐詩卷二四二張繼卷内亦收之，題作「郵亭」。蔡振孫詩林廣記前集卷九、洪邁萬首唐人絶句卷四三皆作張祜詩，可知作張繼者誤。

郵亭下馬：「郵」原作「卸」，據全詩改。

【箋注】

〔一〕平原：唐德州平原郡，今屬山東。

〔二〕征西：漢魏至南北朝時封征西將軍者甚多，此以喻何人未詳。

【輯評】

唐詩品彙卷五二：謝(枋得)云：此與張翰秋風思鱸同意，有道者閲之，必不以山林之樂易鍾鼎之奉矣。

黄周星唐詩快卷一五評後二句：請問忙些甚麽，獨不怕爲花所笑乎？

秋曉送鄭侍御

離鴻聲怨碧雲净〔一〕，楚瑟調高清曉天。盡日相看俱不語，西風摇落數枝蓮。

【箋注】

〔一〕離鴻：王嘉拾遺記卷三：「師涓者，出於衛靈公之世，能寫列代之樂，善造新曲以代古聲，故有四時之樂，亦有奇麗寶器。春有離鴻、去雁、應蘋之歌，夏有明晨、焦泉、朱華、流金之調，秋有商風、白露、落葉、吹蓬之曲，冬有凝河、流陰、沉雲之操。」此處雙關離去的鴻雁與樂曲。

宿武牢關〔一〕

行人候曉久徘徊，不待雞鳴未得開。堪羨寒溪自無事，潺潺一夜向關來。

【箋注】

〔一〕武牢關：即虎牢關。李吉甫元和郡縣圖志卷五河南府：「汜水縣，古東虢國，鄭之制邑，漢之成皋縣，一名虎牢。穆天子傳曰：『天子獵於鄭圃，有獸在葭中，七萃之士擒之以獻，天子命蓄於東虞，因曰虎牢。』」又：「成皋故關，在縣東南二里。」又卷六陝州靈寶縣引西征記：

「（函谷）關去長安四百里，日入則閉，雞鳴則開，秦法也。」

夜宿湓浦逢崔昇〔一〕

江流不動月西沉，南北行人萬里心。況是相逢雁天夕，星河寥落水雲深。

【箋注】

〔一〕湓浦：樂史太平寰宇記卷一一一江州：「湓浦，按郡國志云：有人此處洗銅盆，忽水暴漲，乃失盆，遂投水取之，即見一龍銜盆，奪之而去，故曰盆水。又云出青盆山，因以爲名。」崔昇：新唐書宰相世系表二下有監察御史崔昇，爲崔仁師四世孫，未知是否一人。

京城寓懷

三十年持一釣竿，偶隨書薦入長安。由來不是求名者，唯待春風看牡丹。

感　歸

行却江南路幾千，歸來不把一文錢。鄉人笑我窮寒鬼，還似襄陽孟浩然〔一〕。

【箋注】

〔一〕孟浩然：襄陽人。舊唐書文苑傳下孟浩然：「隱鹿門山，以詩自適。年四十，來遊京師，應進士不第，還襄陽……不達而卒。」

偶作

遍識青霄路上人，相逢秖是語逡巡〔一〕。可勝飲盡江南酒，歲月猶殘李白身。

【箋注】

〔一〕逡巡：頃刻，一會兒。

題青龍寺〔一〕

二十年沉滄海間，一遊京國也因閑。人人盡到求名處，猶向青龍寺看山。

【箋注】

〔一〕青龍寺：王溥唐會要卷四八：「青龍寺，新昌坊。本隋廢靈感寺，龍朔二年新城公主奏立爲觀音寺，景雲二年改名。」宋敏求長安志卷九新昌坊：「南門之東青龍寺，本隋靈感寺……龍朔二年，城陽公主復奏立爲觀音寺。初公主疾甚，有蘇州僧法朗誦觀音經乞願得愈，因名焉，景雲二年改爲青龍寺。北枕高原，南望爽塏，爲登眺之美。」

丁巳年仲冬月江上作〔一〕

南來驅馬渡江濆，消息前年此月聞〔二〕。唯是賈生先慟哭〔三〕，不堪天意重陰雲。

【箋注】

〔一〕丁巳：唐文宗開成二年。

〔二〕消息：指發生於文宗大和九年十一月的甘露事變，於開成二年正爲前年。甘露事變爲文宗支持下的朝官與宦官的一次公開較量，以朝官的失敗告終。事件經過可參資治通鑑卷二四五。

〔三〕賈生：漢書賈誼傳賈誼上書陳政事云：「臣竊惟事勢，可爲痛哭者一，可爲流涕者二，可爲長太息者六。」

勸飲酒

燒得硫黄謾學仙〔一〕，未勝長付酒家錢〔二〕。竇常不喫齊推藥〔三〕，却在人間八十年。

【箋注】

〔一〕硫黄：道士煉丹用硫黄。葛洪抱朴子金丹：「玉柱丹法，以華池和丹，以曾青、硫黄末覆之，薦之，内箭中沙中，蒸之五十日，服之百日，玉女、六甲、六丁、神女來侍之。」

〔二〕酒家錢：宋書隱逸傳陶潛：「（顏延之）臨去，留二萬錢與潛，潛悉送酒家，稍就取酒。」

〔三〕竇常：字中行，竇叔向之子。全唐文卷七六一褚藏言竇常傳云竇常：「寶曆元年秋寢疾，告終於廣陵之白沙别業，卒時年七十。」舊唐書竇群傳附竇常亦云其「寶曆元年卒，時年七十」。竇常兄弟五人，順序是常、牟、群、庠、鞏。韓愈國子司業竇公（牟）墓誌銘、褚藏言竇牟傳、舊唐書竇群傳附竇牟皆云長慶二年卒，享年七十四。由長慶二年上推七十四年，可知竇牟生於天寶八載。由竇常卒年寶曆元年上推七十年，則得竇常生年爲天寶十五載。兄反生弟後，豈非怪事。張祜此詩可證竇常享年當爲八十，生於天寶五載。齊推：全唐文卷六八四陳諫登石傘峰詩序：「中書侍郎平章事高陽齊公昔遊越鄉，閱翫山水者垂三十載……未二紀而登台鉉，乃施舊居之西偏爲昌元精舍。其東偏石傘巖付令弟秀才推……」齊公謂齊抗，可知齊推爲齊抗之弟。趙明誠金石録卷九：「唐圯上圖贊，李德裕撰，齊推正書，元和五年三月。」全唐文卷七一六收齊推靈飛散傳信録一文，可知齊推與崔玄亮爲好友，皆迷信方士之説。

硫黄〔一〕

一粒硫黄入貴門，寢堂深處問玄言。時人盡説韋山甫〔二〕，昨日餘干吊子孫〔三〕。

【箋注】

〔一〕硫黄：葛洪抱朴子仙藥：「仙藥之上者丹砂……次則石硫黄。」

〔二〕韋山甫：舊唐書裴潾傳裴潾上疏諫：「伏見自去年以來，諸處頻薦藥術之士，有韋山甫、柳泌等。」李肇唐國史補卷中：「韋山甫以石流黄濟人嗜欲，故其術大行，多有暴風死者。其徒盛言山甫與陶貞白同壇受籙，以爲神仙之儔。長慶二年卒於餘干，江西觀察使王仲舒遍告人曰：『山甫老病且死，死而速朽，無小異於人者。』」

〔三〕餘干：縣名，唐屬饒州鄱陽郡，今江西餘干。

張承吉文集卷第五　雜詩

集靈臺二首〔一〕

日光斜照集靈臺，紅樹花迎曉露開。昨夜上皇新授籙〔二〕，太真含笑入簾來。

【箋注】

〔一〕集靈臺：舊唐書玄宗紀下：「（天寶元年十月）新成長生殿名曰集靈臺，以祀天神。」王溥唐會要卷三〇華清宮：「天寶元年十月，造長生殿，名爲集靈臺，以祀神。」

〔二〕授籙：新唐書玄宗紀：「（開元二十八年）十月甲子，幸温泉宮，以壽王妃楊氏爲道士，號太真。」

其二

虢國夫人承主恩，平明騎馬入宫門〔一〕。却嫌脂粉汚顔色，淡掃蛾眉朝至尊。

【校記】

題下原有注：「又云杜甫，非也。」當爲編者所加，今删。按：此詩一作杜甫，本之樂史楊太真外傳，魯訔蔡夢弼杜工部草堂詩箋卷四〇逸詩拾遺中收之，錢謙益錢注杜詩録此詩於附録他集互見四首一欄之下，仇兆鰲杜詩詳注卷二一辯其應爲杜甫作，題皆曰虢國夫人。此二詩爲一組，先詠太真，後詠虢國，意義連貫，不可割裂，故非杜甫作。諸學者多有辨之者，如胡震亨唐音癸籤卷三二：「絶句虢國夫人，張祜集靈臺之第二篇。」王士禛帶經堂詩話卷一八：「則虢國夫人、杜鵑行、狂歌行諸篇，妄人皆雜入杜集，又何怪乎。」試再證之：杜甫諷唐玄宗與楊貴妃兄妹諸作，如麗人行、自京赴奉先縣詠懷五百字等，重在擾民荒政，此詩則重在濁亂宫闈，此其一不類也。杜甫諷詠天寶時事，多用新題樂府或古體，此詩爲近體，不合杜作習慣，此其二不類也。故非杜作。

平明騎馬：「騎」全詩校「一作下」。

【箋注】

〔一〕「虢國」二句：新唐書后妃傳上楊貴妃：「三姊皆美劭，帝呼爲姨，封韓、虢、秦三國，爲夫人，出入宫掖。」鄭處晦明皇雜録卷下：「楊貴妃姊虢國夫人，恩寵一時，大治宅第……虢國每入禁中，常乘驄馬，使小黄門御。紫驄之俊健，黄門之端秀，皆冠絶一時。」

【輯評】

樂史楊太真外傳卷上：然虢國不施妝粉，自炫美豔，常素面朝天，當時杜甫有詩云：「虢國夫人承主恩，平明上馬入宮門。却嫌脂粉涴顔色，淡掃蛾眉朝至尊。」

樓鑰跋虢國夫人曉妝圖：「虢國夫人承主恩，平明騎馬入金門。却嫌脂粉污顔色，淡掃蛾眉朝至尊。」余每疑此，恐非杜少陵語，後乃得於張祜集中，蓋集靈臺第二篇也。素聞同年林子長家有虢國夜遊圖，甚佳，而未之見，或謂此曉妝圖也，豈正晝平明騎馬時耶？（攻媿集卷七一）

胡應麟詩藪内編卷五：李集贋者多，杜詩贋者極少……虢國夫人一首殊遠，張祜無疑。

唐汝詢唐詩解卷二九：此直賦實事，諷刺自見。夫一太真足以亡國，況餘黨乎！此詩本見杜集，今據品彙列於此。

毛先舒詩辯坻卷三：虢國夫人一首，張承吉之作，又見杜集。然調既不類杜絶句，且拾遺詩發語忠愛，即使諷時，必不作此佻語，應屬祜作無疑。

沈德潛説詩晬語卷上：詩有當時盛稱而品不貴者……張祜之「淡掃蛾眉朝至尊」，李商隱之「薛王沈醉壽王醒」，此輕薄派也。

又重訂唐詩别裁集二〇張祜雨霖鈴：祜又有集靈臺詩，「却嫌脂粉污顔色，淡掃蛾眉朝至尊」，譏刺輕薄，絶無詩品。後人雜入杜集，衆口交贊，真不可解。

黄生唐詩摘抄卷四：具文見意。只言虢國以美自矜，而所蠱惑人上者，自在言外。「承主恩」

三字，乃春秋之筆也。又：真正美人，自不煩脂粉；真正才士，自不買聲名；真正文章，自不假枝葉。以此律之，世間之「淡掃蛾眉」者寡矣。此詩入杜集，然不似少陵語。

吴昌祺删訂唐詩解卷一五：此詩題曰集靈臺，豈入法曲耶？

徐增而庵説唐詩卷一一：貴妃姊妹有三，俱封夫人，韓國、秦國、虢國是也，而虢國尤豔。虢國既爲貴妃之妹，玄宗貴之可也，何至「平明騎馬入金門」以承主恩？大是醜事。後即云「却嫌脂粉污顏色，淡掃蛾眉朝至尊」，則承恩竟以貌矣。不事脂粉，天然妙麗，若説却嫌，虢國隱然要勝過其姊矣。此詩載少陵集中，余輒疑之，蓋少陵忠厚，定不做到此。譏刺太甚，因詩佳絶，殊不爲覺。品彙以爲祜作，從之。

王堯衢唐詩合解箋注卷六評「騎馬」句：平明何時？金門何地？而騎馬以入者，爲承主恩也。內作色荒，明皇其有之乎！又評「却嫌」句：外傳載虢國不施脂粉，自有美豔色，素面朝天嫌脂粉爲污，則自恃素面之潔矣，隱然有勝過其姊之意。又評「淡掃蛾眉」句：此正平明時也。淡掃蛾眉，不但寫其娟潔，亦有急欲朝天之態。又總評：此詩譏刺太甚，然却極佳。

仇兆鰲杜詩詳注卷二號國夫人：今按：祜乃中唐人，去天寶已久，若作追憶虢國之詞，亦當微帶亂後事。詩意全不及之，還是譏刺現在，應屬少陵作也。

又：乍讀此詩，語似稱揚，及細玩其旨，却諷刺微婉。曰虢國，濫封號也；曰承恩，寵女謁也；曰平明上馬，不避人目也；曰淡掃蛾眉，妖姿取媚也；曰入門朝尊，出入無度也。當時濁亂宮闈如此，已兆陳倉之禍矣。一旦紅顏委地，白骨誰憐，徒足貽臭千古焉耳。

潘德輿養一齋詩話卷三：前謂刺譏詩貴含蓄，論異代事猶當如此，臣子於其本朝，直可絶口不作詩耳。張祜虢國夫人詩：「却嫌脂粉污顏色，淡掃蛾眉朝至尊。」李商隱驪山詩：「平明每幸長生殿，不從金輿惟壽王。」唐人多犯此惡習。商隱愛學杜詩，杜詩中豈有此等猖獗處？或以祜此詩編入杜集中，亦不識黑白者。

俞陛雲詩境淺説續編二：宮禁森嚴之地，虢國夫人縱騎而入，言其寵之渥也。脂粉轉嫌污面，蛾眉不費黛螺，言其色之麗也。祜復有詠小管詩云：「虢國潛行韓國隨，宜春深院映花枝。金輿遠幸無人見，偷把邠王小管吹。」可見唐宮禁令懈弛，鑾輿一出，虢國恣意而行，更證之以祜之「金輿未到長生殿，妃子偷尋阿⿰亻鸆湯」句，宮事中之潛行窬檢，不僅小管偷吹也。

阿⿰亻鸆湯〔一〕

月照宮城紅樹芳，緑窗燈影在雕梁。金輿未到長生殿〔二〕，妃子偷尋阿⿰亻鸆湯。

【箋注】

〔一〕阿⿰亻鸆湯：綴有鳧雁的湯池。⿰亻鸆同⿰𠂤鳥，鳥名。全唐詩卷五六七鄭嵎津陽門詩注：「宮内除供奉兩湯池，内外更有湯十六所。長湯每賜諸嬪御，其修廣與諸湯不侔，甃以文瑤寶石，中央有玉蓮捧湯泉，噴以成池。又縫綴綺繡爲鳧雁於水中，上時於其間泛鈒鏤小舟以嬉游焉。」

〔二〕長生殿：李吉甫元和郡縣圖志卷一京兆府：「華清宮在驪山上，開元十一年初置温泉宮，天寶六年改爲華清宮。又造長生殿，名爲集靈臺，以祀神也。」

馬嵬歸〔一〕

雲愁鳥恨驛坡前，孑孑龍旗指望賢〔二〕。無復一生重語事〔三〕，柘黄衫袖掩潸然。

【箋注】

〔一〕馬嵬：驛名。安禄山亂起，玄宗逃蜀，次馬嵬驛，兵士嘩變，殺楊國忠，玄宗不得已賜貴妃死。見新唐書后妃傳上楊貴妃。

〔二〕孑孑：挺出貌。詩經鄘風干旄：「孑孑干旄，在浚之郊。」龍旗：舊唐書輿服志：「在建旂十有二旒，皆畫升龍，其長曳地。」望賢：新唐書地理志一京兆府：「咸陽，畿。……有望賢宮。」舊唐書肅宗紀：「（至德二載）十二月丙午，上皇至自蜀，上至望賢宮奉迎。」

〔三〕重語：再説。陳鴻長恨歌傳：「昔天寶十載，侍輦避暑於驪山宮。秋七月，牽牛織女相見之夕……（貴妃）獨侍上，上憑肩而立，因仰天感牛女事，密相誓心，願世世爲夫婦。」

馬嵬坡〔一〕

旌旗不整奈君何，南去人稀北去多〔二〕。塵土已殘香粉豔，荔枝猶到馬嵬坡〔三〕。

【箋注】

〔一〕舊唐書玄宗紀下：「（天寶十五載六月）丙辰，次馬嵬驛，諸衛頓軍不進……兵士圍驛四合，及誅楊國忠、魏方進一族，兵猶未解。上令高力士詰之，迴奏曰：『諸將既誅國忠，以貴妃在宫，人情恐懼。』上即命力士賜貴妃自盡。」

〔二〕北去：指隨太子李亨北上的人。舊唐書玄宗紀下：「及行，百姓遮路乞留皇太子，願勠力破賊，收復京城，因留太子。」

〔三〕荔枝：李肇唐國史補卷上：「楊貴妃生於蜀，好食荔枝，南海所生，尤勝蜀者，故每歲飛馳以進。」新唐書后妃傳上楊貴妃：「妃嗜荔支，必欲生致之，乃置騎傳送，走數千里，味未變已至京師。」

太真香囊子〔一〕

蹙金妃子小花囊，銷耗胸前結舊香。誰爲君王重解得？一生遺恨繫心腸。

【箋注】

〔一〕新唐書后妃傳上楊貴妃：「帝至自蜀，道過其所，使祭之……密遣中使者具棺槨它葬焉。啓瘞，故香囊猶在，中人以獻。帝視之，悽感流涕，命工貌妃於別殿，朝夕往，必爲鯁欷。」

散花樓〔一〕

錦江城外錦城頭〔二〕，迴望秦川上軫憂。正值血魂來夢裏，杜鵑聲在散花樓〔三〕。

【箋注】

〔一〕散花樓：分類補注李太白集卷二一李白登錦城散花樓楊齊賢注：「成都記：府城亦呼爲錦官城，以江山明麗，錯雜如錦也。散花樓在摩訶池上，蜀王（楊）秀所建。」

〔二〕錦江：常璩華陽國志卷三蜀志：「錦江，織錦濯其中則鮮明，濯他江則不好，故命曰錦里也。」説郛弓六一任豫益州記：「益州城，張儀所築。錦城在州南，蜀時故宮也，其處號錦里。」

〔三〕杜鵑：文選左思蜀都賦：「鳥生杜宇之魄。」劉逵注：「蜀記曰：昔有人姓杜名宇，王蜀，號曰望帝。宇死，俗説云：宇化爲子規。子規，鳥名也。蜀人聞子規鳴，皆曰望帝。」

雨霖鈴〔一〕

雨霖鈴夜却歸秦，猶是張徽一曲新〔二〕。長説上皇和淚教，月明南内更無人〔三〕。

【校記】

題中「鈴」原作「泠」，首句「鈴」原作「於」，皆據全詩改。

猶是：「是」全詩作「見」。

和淚教：「和」樂府作「垂」。

【箋注】

〔一〕鄭處晦明皇雜録補遺：「明皇既幸蜀，西南行初入斜谷，屬霖雨涉旬，於棧道雨中聞鈴，音與山相應。上既悼念貴妃，採其聲爲雨霖鈴曲以寄恨焉。時梨園子弟善吹觱篥者，張野狐爲第一，此人從至蜀，上因以其曲授野狐。洎至德中，車駕復幸華清宫，從官嬪御皆非舊人，上於望京樓中命野狐奏雨霖鈴曲，未半，上四顧淒涼，不覺流涕，左右感動，與之歔欷。其曲今傳於法部。」

〔二〕張徽：即張野狐。

〔三〕南内：資治通鑑卷二二一唐肅宗上元元年：「（李）輔國又令六軍將士，號哭叩頭，請迎上皇居西内。」胡三省注：「唐以大明宫爲東内，太極宫爲西内，興慶宫爲南内。」玄宗自蜀回，先居興慶宫。

【輯評】

王灼碧雞漫志卷五：予考史及諸家説，明皇自陳倉入散關，出河池，初不由斜谷路。今劍州梓桐縣地名上亭，有古今詩刻，記明皇聞鈴之地，庶幾是也。……世傳明皇宿上亭，雨中聞牛鐸聲，悵然而起，問黄幡綽：「鈴作何語？」曰：「謂陛下特郎當。」特郎當，俗稱不整治也。明皇一笑，遂作此曲。……張祜詩云……張徽，即張野狐也。或謂祜詩言上皇出蜀時曲，與明皇雜録、楊妃外傳不同。祜意明皇入蜀時作此曲，至雨淋鈴夜，却又歸秦，猶是張野狐向來新曲，非異説也。……今雙調雨淋鈴慢頗極哀怨，真本曲遺聲。

唐汝詢唐詩解卷二九：南内無人，思妃之意彌切。此詩足占太上之落寞，非獨玄宗然也。

周珽删補唐詩選脈箋釋會通評林卷五八：吴國綸曰：悲辛可誦。唐汝詢曰：南内無人，思妃之意彌切。「垂淚教」三字寫得真。煞句見得上皇冷落。

沈德潛重訂唐詩别裁集卷二〇：情韻雙絶。

吴昌祺删訂唐詩解卷一五：意在末句，即樂天「西宫南内」數語意。教者，又教宫人也。

王堯衢唐詩合解箋注卷六評尾句：今居南内，乃至月明之夜，豈不遠殊於棧道鈴聲？而侍御更無舊人，使帝之悲愴流涕，是誰之責哉？又總評：詩意甚曲，有説不出處。

徐增而庵説唐詩卷一一：洎至德中，復幸華清宫，從官嬪御，皆非舊人。帝於望京樓令張徽奏曲，不覺悽愴流涕。南内，即興慶宫，在皇城東南，玄宗爲太上皇嘗居之，見唐書地理志。夫玄宗爲天子父，何至南内無人？肅宗不得辭其責。玄宗製此曲時，是悼妃子；在望京樓令張徽奏此曲時，其意不止悼妃子，於父子間有説不得處，張祜是詩得之矣。

宋顧樂唐人萬首絶句選評卷五：此作情調，直追李益、劉禹錫諸人。

俞陛雲詩境淺説續編二：玄宗幸蜀，至劍州上亭驛，即郎當驛，夜雨聞馱鈴聲，問黄幡綽曰：「鈴語云何？」對曰：「似云三郎郎當。」因命伶人張野狐製曲，名曰雨淋鈴。及旋驆長安，重聞此曲，爲之泫然。張祜此詩，音調凄婉欲絶，若玄宗見之，如聞落葉哀蟬之曲矣。

聽劉端公田家歌〔一〕

兒郎漫説轉喉輕，須待情來意自生。只是眼前絲竹和，大家聲裏唱新聲〔二〕。

【校記】

此詩萬首、全詩列爲聽歌二首其一。

【箋注】

〔一〕劉端公：爲劉禹錫。趙璘因話録卷五：「御史臺三院，一曰臺院，其僚曰侍御史，衆呼爲端公。」劉禹錫曾爲監察御史。有與歌者田順郎、田順郎歌詩。田家即謂田順郎。段安節樂府雜録：「唐貞元中有田順郎，曾爲宫中御史娘（弟）子。」

〔二〕大家：謂宫中御史娘。

題宋州田大夫家樂丘家箏〔一〕

十指纖纖玉笋紅，雁行輕遏翠絃中〔二〕。分明似説長城苦〔三〕，水咽雲寒一夜風。

【校記】

萬首、全詩題作「聽箏」。

【箋注】

〔一〕田大夫：田潁，曾爲宋州刺史。册府元龜卷一二八長慶二年八月：「以亳州刺史田潁爲宋州刺史。」又卷一三四：「及汴州平，策勳拜（田潁）宋州刺史。」

〔二〕雁行：箏柱排列如雁飛。李商隱昨日：「十三絃柱雁行斜。」

〔三〕長城：箏本秦聲，相傳爲蒙恬所造，恬曾督築長城，故因此言之。古樂府有飲馬長城窟行。

【輯評】

楊慎升庵詩話卷一〇張祜氏州第一：「十指纖纖玉筍紅，雁行輕度翠絃中。分明自説長城苦，水咽雲寒一夜風。」按張祜集題本作丘家箏。

宋顧樂唐人萬首絶句選評卷五：猶見中唐名手風采。

沈雄古今詞話詞話上卷：樂府衍義曰：岑參六州歌頭云：「西去輪臺萬里餘，也知音信日應疏。隴山鸚鵡能言語，爲報家人數寄書。」注云：「六州：伊、渭、梁、氏、甘、涼也。」一作伊、梁、甘、石、胡渭、氏州。……張祜氏州第一云……此皆商調曲也。

又詞辨上卷：柳塘詞話曰：「唐人絶句作樂府歌曲，皆七言而異其名，如無名氏之小秦王，一名丘家箏者。」楊慎曰：「予愛無名氏三闋，其一：『柳條金嫩不勝鴉，紅粉牆頭道韞家。燕子不來春寂寞，小窗和雨夢梨花。』其二『雁門關外雁初飛』，爲盛小叢三臺詞。其三『十指纖纖玉筍紅』，爲張祜氏州第一，乃所舉之訛者。」

耿家歌

十二年前邊塞行，坐中無語嘆歌情。不堪昨夜先垂淚，西去陽關第一聲〔一〕。

【校記】

此詩萬首、全詩列爲聽歌二首其二。

【箋注】

〔一〕陽關：新唐書地理志四隴右道：「沙州燉煌郡……西有陽關。」王維送元二使安西：「渭城朝雨浥輕塵，客舍青青柳色新。勸君更盡一杯酒，西出陽關無故人。」後歌入樂府，謂之渭城曲，又名陽關三疊。蘇軾仇池筆記卷上：「舊傳陽關三疊，今歌者每句再疊而已，若通一首，又是四疊，皆非是。每句三唱，以應三疊，則叢然無復節奏。有文勛者，得古本陽關，每句皆再唱，而第一句不疊，乃知唐本三疊如此。」

王家琵琶

金屑檀槽玉腕明，子絃輕撚爲多情。只愁拍盡涼州破〔一〕，畫出風雷是撥聲〔二〕。

【箋注】

〔一〕涼州：新唐書禮樂志十二：「涼州曲，本西涼所獻也。其聲本宮調，有大遍、小遍。貞元初，樂工康崑崙寓其聲於琵琶，奏於玉宸殿，因號玉宸宮調。」

〔二〕畫：演奏時用撥在琵琶上劃過四絃叫畫，如白居易琵琶行：「曲終收撥當心畫，四絃一聲如裂帛。」

董家笛

一夜梅花笛裏飛〔一〕，陽春白雪復輝輝〔二〕。東風却是北風起，高入塞雲燕雁稀。

【校記】

東風却是：「是」全詩校「一作定」。

【箋注】

〔一〕梅花：郭茂倩樂府詩集卷二四横吹曲辭：「梅花落，本笛中曲也。按唐大角曲亦有大單于、小單于、大梅花、小梅花等曲，今其聲猶有存者。」

〔二〕陽春白雪：古樂曲名。文選宋玉對楚王問：「客有歌於郢中者，其始曰下里巴人，國中屬而和者數千人；……其爲陽春白雪，國中屬而和者不過數十人。」

王家五絃

五條絃出萬端情，撚撥間關漫態生〔一〕。唯羨風流田太守〔二〕，小金鈴子耳邊鳴。

【箋注】

〔一〕漫態：形容容光煥發。「漫」通「曼」，形容有神采、漂亮，如劉孝綽同武陵王看妓詩：「迴羞出曼臉，送態表嚬蛾。」

〔二〕田太守：當即題宋州田大夫家樂丘家箏之宋州刺史田穎。

李家柘枝〔一〕

紅鉛拂臉細腰人〔二〕，金繡羅衫軟着身。長恐舞時殘拍盡，却思雲雨更無因。

【箋注】

〔一〕柘枝：郭茂倩樂府詩集卷五六引樂苑：「羽調有柘枝曲，商調有屈柘枝。」任半塘唐聲詩下編柘枝辭云：「柘枝辭屬健舞，以獨舞爲主，雄裝、大鼓，頗符征伐之情。屈柘枝屬軟舞，以雙舞爲主，又分兩種：一則丹裾、峨冠、錦靴、鈿帶，仍是胡裝，始雖紆徐，繼乃迅急，以舞終袒肩爲其特徵。一則所謂『蓮花屈柘』，二女童先藏蓮花中，花坼乃現，繡帽、金鈴，舞姿以幽雅勝，全非胡舞。」又云：「奏演屈柘時，始以木魚發響，絃吹大作，繼擊鼓三次，舞者始登場。中間凡至小段落，亦皆以鼓催引。管樂中頗用笙，曲終意有未盡，以渾脱之舞解之。」

〔二〕細腰：墨子兼愛中：「昔者楚靈王好士細要，靈王之臣皆以一飯爲節，脇息然後帶，扶牆然後起。」

楚州韋中丞箜篌〔一〕

千重鈎鎖撼金鈴，萬顆真珠瀉玉瓶。恰值滿堂人欲醉，甲光纔觸一時醒〔二〕。

【箋注】

〔一〕楚州：唐楚州淮陰郡，今江蘇淮安。韋中丞：爲韋瓘。新唐書韋正卿傳：「正卿子瓘……會昌末，累遷楚州刺史。」

〔二〕甲光：甲爲彈奏樂器時套在手指上的護甲。杜甫陪鄭廣文遊何將軍山林十首其五：「銀甲彈箏用，金魚换酒來。」

【輯評】

宋顧樂唐人萬首絶句選評卷五：曲盡情狀，妙極形容。

邊上逢歌者

垂老秋歌出塞庭，遏雲相付舊秦青〔一〕。少年翻擲新聲盡，却向人前側耳聽。

【校記】

垂老秋歌：「秋」全詩校「一作愁」。

側耳聽：「側」全詩校「一作傾」。

【箋注】

〔一〕秦青：列子湯問：「薛譚學謳於秦青，未窮青之技，自謂盡之，遂辭歸。秦青弗止，餞於郊衢，撫節悲歌，聲振林木，響遏行雲。薛譚乃謝求反，終身不敢言歸。」

聽薛陽陶吹蘆管〔一〕

紫清人下薛陽陶，末曲新笳調更高。無奈一聲天外絶，百年已死斷腸刀〔二〕。

【箋注】

〔一〕薛陽陶：馮翊桂苑叢談賞心亭：「咸通中，丞相姑臧公（李蔚）拜端揆日，自大梁移鎮淮海……一旦聞浙右小校薛陽陶監押度支運米入城，公喜其姓同曩日朱崖（李德裕）左右者，遂令詢之，果是其人矣。……一日，公召陶同遊，問及往日蘆管之事，陶因獻朱崖、陸鬯、元白所撰歌一曲，公亦喜之。次出蘆管，即於兹亭奏之。其管絶微，每於一觱篥管中常容三管也。聲如天際自然而來，情思寬閒，公大佳賞之。」全唐詩卷六六五羅隱薛陽陶觱篥歌：「平泉上相東征日，曾爲陽陶歌觱篥。吴江太守會稽侯，相次三篇皆俊逸。」自注：「平泉爲李德裕，曾作薛陽陶觱篥歌，蘇州刺史白居易、越州刺史元稹，並有和篇。」蘆管：樂器名。

以蘆爲首，以竹爲管。馬端臨文獻通考卷一三八謂與觱篥相似。一説即觱篥。

〔二〕斷腸刀：形容其聲悲。杜佑通典卷一四四樂四：「篳篥，本名悲篥，出於胡中，聲悲。」

聽簡上人吹蘆管三首

蜀國僧吹蘆一枝，隴西遊客淚先垂〔一〕。至今留得新聲在，却爲中原人不知。

【校記】

題中「簡上人」，原作「李簡上人」，萬首、全詩皆無「李」字。吹者爲一僧，一般不再稱漢姓，如皇甫湜送簡師序。「李」字衍，故删。

【箋注】

〔一〕隴西：新唐書地理志四隴右道：「渭州隴西郡，中都督府。」今甘肅隴西。

其二

細蘆僧管夜沉沉，越鳥巴猿寄恨吟〔一〕。吹到耳邊聲盡處，一條絲斷碧雲心。

【箋注】

〔一〕越鳥：古詩十九首：「胡馬依北風，越鳥巢南枝。」巴猿：酈道元水經注卷三四江水引漁歌：「巴東三峽巫峽長，猿鳴三聲淚沾裳。」

其三

月落江城樹繞鴉，一聲蘆管是天涯。分明西國人來説，赤佛堂西是漢家〔一〕。

【箋注】

〔一〕赤佛堂：舊唐書高仙芝傳：「天寶六載八月，仙芝虜勃律王及公主，趣赤佛堂路班師。」可知是西域地名。

聽岳州徐員外彈琴〔一〕

玉律潛符一古琴，哲人心見聖人心。盡日南風似遺意〔二〕，九疑猿鳥滿山吟〔三〕。

【箋注】

〔一〕岳州：唐岳州巴陵郡，今湖南岳陽。徐員外：當是徐希仁。全唐文卷七一九蔣防汨羅廟記：「太和二年春，防奉命宜春，抵湘陰，歇帆西渚……郡守東海徐希仁……請述始終符契。」湘陰即屬岳州。

〔二〕南風：孔子家語辯樂解：「昔者舜彈五絃之琴，造南風之詩，其詩曰：『南風之薰兮，可以解吾民之愠兮。南風之時兮，可以阜吾民之財兮。』」

〔三〕九疑：山海經海内經：「南方蒼梧之丘，蒼梧之淵，其中有九疑山。」郭璞注：「山今在零陵營道縣南，其山九谿皆相似，故云九疑。」

塞上聞笛

一夜梅花笛裏飛，冷沙晴檻月光輝。北風吹盡向何處？高入塞雲燕雁稀。

【校記】

全詩題注曰：「一作董家笛。」按：此詩與董家笛首尾二句全同，全唐詩已將二詩合爲一首，中間二句之異則以注出之。此詩與董家笛當是一首，歧異處當係傳抄所致。

冷沙晴檻月光輝：全詩注曰：「一作陽春白雪復輝輝。」

北風吹盡向何處：全詩注曰：「一作東風却定北風起。」

經舊遊

去年來送行人處，依舊蟲聲古岸南。斜日照溪雲影斷，水葓花穗倒空潭〔一〕。

【箋注】

〔一〕葓：同葒，水草名，似蓼而葉大，赤白色，高丈餘，花果可入藥。爾雅作蘢古。見唐慎微政和證類本草卷九葒草。

東山寺〔一〕

寒色蒼蒼老柏風，石苔清滑露光融。半夜四山鍾磬盡，水精宮殿月玲瓏〔二〕。

【箋注】

〔一〕東山寺：陸游入蜀記卷六：「東山寺亦見歐陽公詩，距望京門五里，寺外一亭，臨小池，有山如屏環之，頗佳。亭前冬青及柏，皆百餘年物。」民國湖北通志卷一六：「五祖寺在（黄梅）縣東北憑茂山，一名真慧寺，唐咸亨中五祖弘忍禪師建。……憑茂山原名東山，故名東山寺。」

〔二〕水精宮：舊題任昉述異記卷上：「闔閭構水精宮，尤極珍怪，皆出自水府。」

題潤州鶴林寺〔一〕

古寺名僧多異時，道情虛遣俗情悲。千年鶴在市朝變，來去舊山人不知。

【箋注】

〔一〕鶴林寺：樂史太平寰宇記卷八九潤州：「黄鶴山在（丹徒）縣西南三里。宋高祖，丹徒人，潛龍時常遊竹林寺，每息於此山，常有黄鶴飛舞，因名黄鶴山。後改竹林寺爲鶴林寺。」祝穆方輿勝覽卷三鎮江府：「鶴林寺，在黄鶴山。舊名竹林寺，宋高祖嘗遊，獨卧講堂前，上有五色龍章，即位，改名鶴林。今名報恩。」

題勝上人山房

清晝房廊山半開，一瓶新汲灑莓苔〔一〕。古松百尺始生葉，颯颯風聲天上來。

【校記】

萬首題無「題」字。

【箋注】

〔一〕一瓶：釋氏要覽卷中：「浄瓶，梵語軍遲，此云瓶，常貯水，隨身用以浄手。寄歸傳云：軍持有二：若甆瓦者，是浄用；若銅鐵者，是觸（濁）用。」

題金陵渡〔一〕

金陵津渡小山樓，一宿行人自可愁。潮落夜江斜月裏，兩三星火是瓜洲〔二〕。

【校記】

萬首題無「題」字。

【箋注】

〔一〕金陵：謂鎮江。杜牧杜秋娘詩序：「杜秋，金陵女也。」樊川詩集注卷一馮集梧注引至大金陵志：「唐潤州，亦曰金陵。」王楙野客叢書卷二〇：「僕謂當時京口亦金陵之地，不特牧之爲然，唐人江寧詩，往往多言京口事，可驗也。又如張氏行役記言甘露寺在金陵山；趙璘因話録言李勉至金陵，屢贊招隱寺標致，蓋時人稱京口亦曰金陵。」金陵渡即西津渡。盧憲嘉定鎮江志卷二：「西津渡去府治九里，北與瓜洲渡對圻。」

〔二〕瓜洲：顧炎武日知録卷三一江乘：「古時未有瓜洲，蔡寛夫詩話：『潤州大江，本與今揚子橋對岸，而瓜洲乃江中一洲耳，今與揚子橋相連矣。』以故自古南北之津，上則由采石，下則由江乘，而京口不當往來之道。……瓜洲得名，本以瓜步山之尾，生此一洲故爾。」

【輯評】

宋顧樂唐人萬首絕句選評卷五：情景悠然。

過陰陵山〔一〕

壯士悽惶到山下，行人惆悵上山頭。生前此路已迷失，寂寞孤魂何處遊？

【校記】

萬首、全詩題無「山」字。

【箋注】

〔一〕陰陵：史記項羽本紀：「項王至陰陵，迷失道，問一田夫，田夫紿曰：『左。』左，乃陷大澤中。」舊題任昉述異記卷下：「今陰陵故城九曲澤，澤中有項王村，即項籍迷失路處。項王失路於澤中，周迴九曲，後人因以爲澤名。」黄裳新定九域志卷五濠州：「陰陵故城，項羽迷失道於此。」

過汾水關〔一〕

千里南來背日行，關門無事一侯嬴〔二〕。山根百尺路前去，十夜耳中汾水聲。

【校記】

十夜：「十」全詩校「一作半」。

【箋注】

〔一〕汾水關：杜佑通典卷一七九州郡九汾州靈石縣：「今縣東南有高壁嶺、雀鼠谷、汾水關，皆險固之處。」歐陽忞輿地廣記卷一九靈石縣：「隋開皇十年置，屬汾州。……有高壁嶺、雀鼠谷、汾水關，皆險固之處。」

〔二〕侯嬴：戰國魏隱士，爲大梁夷門監者，受到魏公子信陵君的禮遇，後爲公子設計盜魏王兵符以救趙，見史記魏公子列傳。此以喻指關門監者。

鈎弋夫人詞〔一〕

惆悵雲陵事不迴，萬金重更築仙臺。莫言天上無消息，猶是夫人作鳥來〔二〕。

【校記】

題中「鈎」：原誤作「欽」，據處士集、全詩改。

【箋注】

〔一〕鈎弋夫人：漢書外戚傳上孝武鈎弋趙倢伃：「孝武鈎弋趙倢伃，昭帝母也。……進爲倢伃，居鈎弋宮，大有寵。元始（「元」爲「太」之訛）三年生昭帝……從幸甘泉，有過見譴，以憂死，因葬雲陽。……昭帝即位，追尊鈎弋倢伃爲皇太后，發卒二萬人起雲陵。」

〔二〕作鳥：舊題任昉述異記卷下：「漢武帝元鼎元年，起招靈閣。有一神女留一玉釵與帝，帝以賜趙婕妤。至昭帝元鳳中，宮人見此釵光瑩甚異，共謀欲碎之，明視釵匣，惟見白燕直升天去。後宮人常作此釵，因名玉燕釵。」

李夫人詞〔一〕

延年不語望三星〔二〕，莫説夫人上涕零。争奈世間惆悵在，甘泉宮夜看圖形〔三〕。

【校記】

題「詞」：樂府作「歌」。

【箋注】

〔一〕李夫人：漢書外戚傳上孝武李夫人：「孝武李夫人，本以倡進。初，夫人兄延年性知音，善歌舞，武帝愛之……平陽主因言延年有女弟，上乃召見之，實妙麗善舞，由是得幸。……少而蚤卒，上憐閔焉，圖畫其形於甘泉宮。……方士齊人少翁言能致其神，乃夜張燈燭，設帷帳，陳酒肉，而令上居他帳，遥望見好女如李夫人之貌，還幄坐而步，又不得就視，上愈益相思悲感，爲作詩曰：『是邪，非邪？立而望之，偏何姍姍其來遲！』」

〔二〕延年：李夫人之兄，夫人死後以姦亂宫闈被誅。三星：詩經唐風綢繆：「綢繆束薪，三星在天。今夕何夕，見此良人。」毛傳以三星爲參星，鄭箋以爲心星。

〔三〕甘泉宫：漢宫名，一名雲陽宫。秦始皇二十七年作甘泉前殿，漢武帝建元中增廣之，建通天、高光、迎風諸殿。見三輔黄圖卷二、四。

縱遊淮南〔一〕

十里長街市井連，月明橋上看神仙〔二〕。人生只合揚州死，禪智山光好墓田〔三〕。

【箋注】

〔一〕淮南：新唐書地理志五淮南道：「揚州廣陵郡，大都督府。」

〔二〕神仙：此指妓女。

〔三〕禪智：資治通鑑卷二七〇後梁均王貞明四年「又嘗賞花於禪智寺」，胡三省注：「宋白曰：禪智寺在揚州城東，寺前有橋，跨舊官河。」嘉靖維揚志卷三八：「上方禪智寺，在（江都）縣東大儀鄉，一名竹西寺，隋大業年間建。……蜀井在内，本隋故宫。」山光：資治通鑑卷二五七唐僖宗光啓三年「（畢）師鐸退屯山光寺」，胡三省注：「山光寺在廣陵城北。」嘉靖維揚志卷三八：「山光寺，在（江都）縣東南一十八里第二港，隋大業年間建。」

【輯評】

葛立方韻語陽秋卷一三：俗言「腰纏十萬貫，騎鶴上揚州」，言揚州天下之樂園。如韋應物詩云「雄藩鎮楚郊，地勢鬱岧嶤。嚴城動寒角，曉騎踏霜橋」，杜牧云「秋風放螢苑，春草鬭雞臺」「二十四橋明月夜，玉人何處教吹簫」等句，猶未足以盡揚州之美。至張祜詩云……則是戀嫪此境，生死以之者也。隋煬帝不顧天下之重，千乘萬騎，錦纜牙檣，來遊此都，竟藏骨於雷塘之下，真所謂「禪智山光好墓田」者也。

洪邁容齋隨筆卷九：唐世鹽鐵轉運使在揚州，盡斡利權，判官多至數十人，商賈如織，故諺稱「揚一益二」，謂天下之盛，揚爲一而蜀次之也。杜牧之有「春風十里」「珠簾」之句。張祜詩云……王建詩云：「夜市千燈照碧雲，高樓紅袖客紛紛。如今不似時平日，猶自笙歌徹曉聞。」徐凝詩云：「天下三分明月夜，二分無賴是揚州。」其盛可知矣。自畢師鐸、徐儒之亂，蕩爲丘墟。楊行密復葺之，稍成壯藩，又毁於顯德。本朝承平百七十年，尚不能及唐之什一，今日真可酸鼻也。

劉克莊後村詩話前集卷一：揚州在唐時最繁盛，故張祜云「人生只合揚州死」。蜀都在本朝最繁盛，故放翁云「不死揚州死劍南」。

王士禛帶經堂詩話卷一五：張祜詩：「人生只合揚州死，禪智山光好墓田。」元遺山擬作兩句云：「人生只合梁園死，金水河頭好墓田。」蓋哀金宫人之被俘擄者，亦如宋末孟鯁折花怨、鮑靚重到錢塘諸作，諷謝太后北行之意，與張詩語同而意義迥别也。

俞陛雲詩境淺説續編二：揚州之繁麗，以亭臺花月著稱，若論山川之秀，遠遜江南。作者獨愛禪智山光，至欲爲百歲魂遊之地，亦人各有所好也。近人有「人生只合江南住，滿眼倪迂畫裏山」句，第三句與張詩同意，而結句之藴藉勝之。

櫻桃

石榴花坼梅猶小，愛此山光四五株。斜日庭前風裊裊，碧油千片漏紅珠。

【校記】

石榴花坼：「花」全詩作「未」。

愛此山光：「光」全詩作「花」。

鴻溝〔一〕

龍蛇百戰争天下〔二〕，各制雄心指此溝。寧似九州分國土〔三〕，地圖初割海中流。

【箋注】

〔一〕鴻溝：史記項羽本紀：「項王乃與漢約，中分天下，割鴻溝以西者爲漢，鴻溝以東者爲楚。」張守節正義：「應劭云：在滎陽東二十里。張華云：大梁城在浚儀縣北，縣西北渠水東經此城南，又北屈分爲二渠，其一渠東南流，始皇鑿引河水以灌大梁，謂之鴻溝，楚漢會此處也。」

〔二〕龍蛇：左傳襄公二十一年：「深山大澤，實生龍蛇。」

〔三〕九州：史記河渠書載禹分九州，「自是之後，滎陽下引河東南爲鴻溝，以通宋、鄭、陳、蔡、曹、衛，與濟、汝、淮、泗會」。

題峰頂寺〔一〕

月明如水山頭寺，仰面看天石上行。夜半深廊人語定，一枝松動鶴來聲。

【校記】

萬首、全詩題無「題」字。

【箋注】

〔一〕峰頂寺：趙令畤侯鯖録卷二：「曾阜爲蘄州黄梅令，縣有峰頂寺，去城百餘里，在亂山群峰間。」民國湖北通志卷一六：「峰頂寺在（黄梅）縣西南九十里蔡山。（下録張祜此詩。）」然頗疑此峰頂寺在廬山。闕名寶刻類編卷八靈皐廬山峰頂寺臨壇大德法真碑，云長慶三年四月立，江州。全唐文卷七四二劉軻廬山東林寺故臨壇大德塔銘并序：「時江州峰頂寺長老法真，台州國清寺法裔……」皆云廬山有峰頂寺。全唐詩卷四七四徐凝香爐峰寺：「香爐一峰絶，頂在寺門前。」是峰頂寺在香爐峰上。陳舜俞廬山記卷二：「過香爐峰，至峰頂院。」當即此。

悲納鐵

長聞爲政古諸侯，使佩刀人盡佩牛〔一〕。誰謂今來正耕墾，却銷農器作戈矛。

【箋注】

〔一〕佩刀：漢書循吏傳龔遂載遂爲渤海太守，「民有帶持刀劍者，使賣劍買牛，賣刀買犢，曰：『何爲帶牛佩犢，春夏不得不趨田畝。』」

登樂遊原〔一〕

幾年詩酒滯江干，水積雲重思萬端。今日南方惆悵盡，樂遊原上見長安。

【箋注】

〔一〕樂遊原：程大昌雍録卷六：「唐曲江本秦隑州，至漢爲宣帝樂遊廟，亦名樂遊苑，亦名樂遊原。基地最高，四望寬敞。隋營京城，宇文愷以其地在京城東南隅，地高不便，故闕其地不爲居人坊巷，而鑿之爲池，以厭勝之。……正月晦日、三月三日、九月九日，京城士女咸即此祓禊，帟幕雲布，車馬填塞，詞人樂飲歌詩。」

過石頭城〔一〕

累累墟墓葬西原〔二〕，六代同歸蔓草根。唯是歲華流盡處，石頭城下水千痕。

【箋注】

〔一〕石頭城：李吉甫元和郡縣圖志卷二五潤州：「石頭城在（上元）縣西四里，即楚之金陵城也，吴改爲石頭城，建安十六年吴大帝修築，以貯財寶軍器，有戍。吴都賦云『戎車盈於石頭』是也。諸葛亮云『鍾山龍盤，石城虎踞』，言其形之險固也。」

〔二〕西原：即西陵，原、陵可通。張敦頤六朝事迹類編卷下：「吴大帝陵……輿地志曰：『九日臺當孫陵曲折之傍，故名蔣陵亭。』『蘇峻之亂，王師敗績於西陵，即此地也。』」顧祖禹讀史方輿紀要卷二〇江寧府：「西陵，舊志：在府東北十五里，俗名松陵岡，即鍾山之南麓，吴大帝葬焉。亦曰孫陵。」

西江行

日下西塞山〔一〕，南來洞庭客。晴空一鳥渡，萬里秋江碧。惆悵異鄉人，偶言空脉脉。

【箋注】

〔一〕西塞山：酈道元水經注卷三五江水：「江水東歷孟家溠，江之右岸有黄石山，水逕其北，即黄石磯也。……山連延江側，東山偏高，謂之西塞，東對黄公九磯，所謂九圻者也。于行、小難兩山之間，爲闕塞，從此濟於土復。」李吉甫元和郡縣圖志卷二七鄂州：「西塞山，在（武昌）縣東八十五里，竦峭臨江。」

湞川寺路〔一〕

日沉西澗陰，遠驅愁突兀。煙苔濕凝地，露竹清滴月。時見一僧來，脚邊雲勃勃。

【校記】

日沉：「沉」原作「欲」，據全詩改。

清滴月：「清」全詩作「光」。

【箋注】

〔一〕湞川：祝穆方輿勝覽卷三二襄陽府：「湞川，在隨縣。」寺未詳。

夜雨

靄靄雲四黑，秋林響空堂。始從寒瓦中，滴入愁人腸。愁腸方九迴〔一〕，寂寂夜未央。

【校記】

滴入愁人腸：全詩作「淅瀝斷人腸」。

【箋注】

〔一〕九迴：漢書司馬遷傳司馬遷報任少卿書：「是以腸一日而九迴，居則忽忽若有所亡。」

秋晚途中作

落日驅車道，秋郊思不勝。水雲遥斷緒，山月半銜稜。遠吠鄰村處，計想羨他能。

【校記】

山月：「月」全詩作「日」。

酬凌符秀才惠枕

八寸黄楊惠不輕，虎頭光照簟文清〔一〕。空心想此緣成夢，拔劍燈前一夜行。

【校記】

全詩題無「符」字。於「凌」字下校曰：「一作酬靈符。」於「枕」字下校曰：「一作惠虎枕。」此詩所寫之枕即虎枕。凌符未詳。

【箋注】

〔一〕虎頭：王嘉拾遺記卷七：「咸熙二年，宫中夜有異獸，白色光潔，繞宫而行。閹宦見之，以聞於帝，帝曰：『宫闕幽密，若有異獸，皆非祥也。』使宦者伺之，果見一白虎子，遍房而走，候者以戈投之，即中左目。比往取視，惟見血在地，不復見虎。搜檢宫中及諸池井，不見有物。次檢寶庫中，得一玉虎頭枕，眼有傷，血痕尚濕。」

黄蜀葵花〔一〕

名花八葉嫩黄金，色照書窗透竹林。無奈美人閑把嗅，直疑檀口印中心〔二〕。

【校記】

題中原無「黄」字，據處士集、全詩增。萬首無「花」字。

【箋注】

〔一〕蜀葵：爾雅釋草：「肖，戎葵。」郭璞注：「今蜀葵也，似葵，華如木槿華。」崔豹古今注草木：「荆葵一名戎葵，一名芘芣，華似木槿而光色奪目，有紅、有紫、有青、有白、有赤，莖葉不殊，但花色異耳。一曰蜀葵。」

〔二〕檀口：檀木淺紅色，用以形容女性淺紅色的嘴唇。

楊花

散亂隨風處處勻，庭前幾日雪花新。無端惹着潘郎鬢〔一〕，驚殺緑窗紅粉人。

【箋注】

〔一〕潘郎：文選潘岳秋興賦：「斑鬢髟以承弁兮，素髮颯以垂領。」潘鬢遂成爲中年鬢髮初白的代稱。

薔薇花

曉風抹盡燕支顆〔一〕，夜雨催成蜀錦機。當晝開時正明媚，故鄉疑是買臣歸〔二〕。

【校記】

燕支顆：「顆」原誤作「顒」，據全詩改。

【箋注】

〔一〕燕支：崔豹古今注草木：「燕支，葉似薊，花似蒲公，出西方，土人以染，名爲燕支，中國人謂之紅藍，以染粉爲面色，謂爲燕支粉。」

〔二〕買臣：朱買臣，漢會稽人。初家貧，以賣柴爲生，妻求去。嚴助薦之於武帝，拜爲中大夫。東越反，以買臣爲會稽太守，遂衣錦還鄉。見漢書朱買臣傳。此詩所寫當是作者家鄉的薔薇花，故反用朱買臣事。前二句所寫則是其妻子迎接丈夫歸來的行爲。

【輯評】

李治敬齋古今黈卷四：張祜詠薔薇花云：「曉風抹盡燕支顆，夜雨催成蜀錦機。當晝開時正明媚，故鄉疑是買臣歸。」薔薇花正黃，而此詩專言紅，蓋此花故有紅、黄二種，今則以黄者爲薔薇，紅紫者爲玫瑰云。

丘迥刊刻王荆公唐百家詩選何焯批：第四句中仍有一張處士，所以爲工。

張承吉文集卷第六　雜詩

宮詞二首

故國三千里，深宮二十年。一聲河滿子〔一〕，雙淚落君前。

【箋注】

〔一〕河滿子：白居易白氏長慶集卷三五聽歌六絶句何滿子：「世傳滿子是人名，臨就刑時曲始成。一曲四詞歌八疊，從頭便是斷腸聲。」序云：「開元中，滄州有歌者何滿子，臨刑，進此曲以贖死，上竟不免。」全唐詩卷四二一元稹何滿子歌：「何滿能歌能宛轉，天寶年中世稱罕。嬰刑繫在囹圄間，水調哀音歌憤懣。梨園弟子奏玄宗，一唱承恩羈網緩。便將何滿爲曲名，御譜親題樂府纂。」「河」或作「何」。

【輯評】

魏泰東軒筆録卷一五：天聖中，章仲昌坐訟科場，其叔郇公奏乞押歸本鄉建州，時王宗道爲王邸教授最久，而殿中侍御蕭定基發解爲舉人，作河滿子以嘲。龍圖閣直學士王博文爲三司使，自以久次，泣訴於上前，遂除樞密副使。時人增改祜詩，以志其事曰：「仲昌故國三千里，宗道深宮二十年。殿院一聲河滿子，龍圖雙淚落君前。」

樂趣卷三引王直方詩話：張祜有觀獵詩并宮詞，白傅稱之。宮詞云……小杜守秋浦，與祜爲詩友，酷愛祜宮詞，贈詩曰：「如何故國三千里，虚唱歌詞滿六宮。」

葛立方韻語陽秋卷四：張祜詩云「故國三千里，深宮二十年」，杜牧賞之，作詩云：「可憐故國三千里，虚唱歌詞滿六宮。」故鄭谷云：「張生故國三千里，知者惟應杜紫微。」諸賢品題如是，祜之詩名安得不重乎？其後有「解道澄江静如練，世間惟有謝玄暉」，「解道江南斷腸句，世間惟有賀方回」等語，皆祖其意也。

又：唐朝人士，以詩名者甚衆，往往因一篇之善，一句之工，名公先達爲之遊談延譽，遂至聲聞四馳。「曲終人不見，江上數峰青」，錢起以是得名。「故國三千里，深宮二十年」，張祜以是得名。……然觀各人詩集，平平處甚多，豈皆如此句哉？古人所謂嘗鼎一臠，可以盡知其味，恐未必然也。

吴子良荆溪林下偶談卷一：張祜有句云「故國三千里，深宮二十年」，以此得名，故杜牧云：「可憐故國三千里，虚唱宮詞滿後宮。」鄭谷亦云：「張生故國三千里，知者惟應杜紫微。」秦少游有詞云「醉卧古藤陰下」，故山谷云：「少游醉卧古藤下，誰與愁眉唱一杯？解作江南斷腸句，只今惟有賀方回。」正與杜、鄭意同。

賀裳載酒園詩話又編張祜：然宫體諸詩，實皆淺淡，即「故國三千里，深宫二十年」，亦甚平常，不知何以合譽至此。

沈德潛説詩晬語卷上：五言絶句，右丞之自然，太白之高妙，蘇州之古澹，並入化機……他如崔顥長干曲、金昌緒春怨、王建新嫁娘、張祜宫詞等篇，雖非專家，亦稱絶唱。

吴昌祺刪訂唐詩解卷一二：樂天哂其用數對。

馬位秋窗隨筆：最喜王摩詰「看花滿眼淚，不共楚王言」，李太白「但見淚痕濕，不知心恨誰」，及張祜「一聲河滿子，雙淚落君前」。又李嶠「山川滿目淚沾衣」，得言外之旨，諸人用淚字莫及也。義山「湘江竹上痕無限，峴首碑前灑幾多」，反無深意。魚玄機「殷勤不得語，紅淚一雙流」，亦工。

翁方綱石洲詩話卷二：張祜絶句，每如鮮葩颭灩，焰水泊浮，不特「故國三千里」一章見稱於小杜也。

管世銘讀雪山房唐詩序例五絶凡例：張祜「故國三千里」，亦自激楚動人。

黄叔燦唐詩箋注卷七：此詩非有取義於河滿子，蓋以斷腸人聞斷腸聲，故感一聲而淚落也。

宋顧樂唐人萬首絶句選評卷二：何滿子其聲最悲，樂天詩云：「一曲四詞歌八疊，從頭便是斷腸聲。」此詩更悲在上二句，如此而唱悲歌，那禁淚落。

其二

自倚能歌日，先皇掌上憐。新聲何處唱？腸斷李延年〔一〕。

【箋注】

〔一〕李延年：漢書佞幸傳李延年：「李延年，中山人，身及父母兄弟皆故倡也。延年坐法腐刑，給事狗監中。女弟得幸於上，號李夫人，列外戚傳。延年善歌，爲新變聲。」

昭君怨二首〔一〕

萬里邊城遠，千山行路難。舉頭唯見日〔二〕，何處是長安？

【校記】

唯見日：「日」原作「月」，非是，故從全詩。

【箋注】

〔一〕昭君怨：舊唐書音樂志二：「明君，漢元帝時，匈奴單于入朝，詔王嬙配之，即昭君也。及將去，入辭，光彩射人，聳動左右，天子悔焉，漢人憐其遠嫁，爲作此歌。……晉文王諱昭，故晉人謂之明君。此中朝舊曲，今爲吴聲，蓋吴人傳受訛變使然。」

〔二〕舉頭：世説新語夙惠：「晉明帝數歲，坐元帝膝上，有人從長安來……因問明帝：『汝意謂長安何如日遠？』答曰：『日遠。不聞人從日邊來。』居然可知，元帝異之。明日集群臣宴會，告以此意，更重問之，乃答曰：『日近。』元帝失色，曰：『爾何故異昨日之言邪？』答曰：『舉頭見日，不見長安。』」

【輯評】

唐汝詢唐詩解卷二四：思長安者，不忘君也，然用晉明帝語，未免落套。

吴昌祺删訂唐詩解卷一二：日與長安皆在南，故用此語。略少鎔鍊。

其二

漢庭無大議，戎虜幾先和。莫羨傾城色〔一〕，昭君怨最多。

【校記】

怨最多：「怨」樂府作「恨」。

【箋注】

〔一〕傾城：漢書外戚傳漢武李夫人：「延年侍上起舞，歌曰：『北方有佳人，絶世而獨立，一顧傾人城，再顧傾人國。寧不知傾城與傾國，佳人難再得。』上歎息曰：『善，世豈有此人乎？』」

樹中草〔一〕

青青樹中草，託根非不危。草生樹却死，榮枯君可知。

【箋注】

〔一〕郭茂倩樂府詩集卷七七歸入雜曲歌辭，梁簡文帝蕭綱、唐李白有作。

夕次竟陵〔一〕

南風吹五兩〔二〕，日暮竟陵城。腸斷巴江月，夜蟬何處聲？

【箋注】

〔一〕竟陵，唐復州竟陵郡，今湖北天門。

〔二〕五兩：古代測風器。淮南子齊俗「辟若俔之見風也」句高誘注：「俔，候風者也，世所謂五兩。」文選郭璞江賦：「覘五兩之動静。」李善注：「兵書曰：凡候風法，以雞羽重八兩，建五丈旗，取羽繫其顛，立軍營中。」

【輯評】

胡震亨唐音癸籤卷一九：太白「扁舟敬亭下，五兩先飄揺」，權德輿「曉風摇五兩」，張祜「南風吹五兩」，王維「惡説南風五兩輕」，出郭景純江賦「覘五兩之動静」。凡候風，以雞羽重五兩，繫五丈旗顛，立軍營中綄船上候之，楚謂之五兩。

書憤

三十未封侯，顛狂遍九州。平生鏌鋣劍〔一〕，不報小人讎。

【箋注】

〔一〕鏌鋣：趙曄吴越春秋闔閭内傳：「請干將鑄作名劍二枚，干將者，吴人也……一曰干將，二曰莫耶。莫耶，干將之妻也。……於是干將妻乃斷髮剪爪，投於爐中，使童女童男三百人，鼓橐裝炭，金鐵乃濡，遂以成劍。陽曰干將，陰曰莫耶，陽作龜文，陰作漫理。」

信州水亭〔一〕

南簷架短廊，沙路白茫茫。盡日不歸處，一庭梔子香。

【箋注】

〔一〕信州：今江西上饒。

夢江南〔一〕

行吟洞庭句〔二〕，不見洞庭人。盡日碧江夢，江南紅樹春。

【箋注】

〔一〕夢江南：崔令欽教坊記有望江南、夢江南曲調名。此詩是否樂辭不得而知。

〔二〕行吟：柳惲江南曲：「汀洲采白蘋，日暖江南春。洞庭有歸客，瀟湘逢故人。」兩句暗用柳惲詩意。

題惟真上人影堂〔一〕

寒葉墜清霜，空簾著燼香。生前既無事，何事更悲傷？

【校記】

萬首、全詩題作「題僧影堂」。

【箋注】

〔一〕惟真：舊唐書敬宗紀：「（寶曆二年十二月）甲辰，僧惟真、齊賢、正簡，道士趙歸真並配流嶺南。」資治通鑑卷二四三唐敬宗寶曆二年：「道士趙歸真説上以神仙，僧惟貞、齊賢、正簡説上以禱祠求福，皆出入宮禁。」釋贊寧宋高僧傳卷一一唐杭州秦望山圓修傳：大和七年歸寂，「南嶽僧唯真爲塔銘焉」。當即上述惟真。

七里瀨漁家〔一〕

七里垂鈎叟，還傍釣臺居。莫恨無名姓，嚴陵不賣魚〔二〕。

【箋注】

〔一〕七里瀨：後漢書逸民傳嚴光李賢等注：「顧野王輿地志曰：七里瀨在東陽江下，與嚴陵瀨相接，有嚴山。桐廬縣南有嚴子陵漁釣處，今山邊有石，上平，可坐十人，臨水，名爲嚴陵釣壇也。」李吉甫元和郡縣圖志卷二五睦州：「七里瀨，在（建德）縣東北一十里。」又：「嚴子陵釣臺，在（桐廬）縣西三十里，浙江北岸也。」

〔二〕嚴陵：東漢嚴光字子陵，會稽餘姚人，與光武帝劉秀同學。劉秀即位，光隱居不見，耕於富春山，後人名其釣處爲嚴陵釣臺。見後漢書逸民傳嚴光。賣魚：南史隱逸傳上漁父：「漁父者，不知姓名，亦不知何許人也。……（孫）緬甚異之，乃問：『有魚賣乎？』漁父笑而答曰：『其釣非釣，寧賣魚者邪？』」

將離岳州留獻徐員外〔一〕

高齋長對酒，下客亦需魚〔二〕。不爲江南去，還來郡北居〔三〕。

【箋注】

〔一〕岳州徐員外爲徐希仁。

〔二〕需魚：戰國策齊策四：「居有頃，（馮諼）倚柱彈其劍，歌曰：『長鋏歸來乎！食無魚。』」

〔三〕郡北：三國志魏書管寧傳：「時避難者多居郡南，而寧居北，示無遷志。」

題彭澤盧明府新樓〔一〕

碧落新樓迥〔二〕，清池古樹閑。先賢盡爲宰，空看縣南山〔三〕。

【箋注】

〔一〕彭澤：縣名，唐屬江州潯陽郡。陶淵明曾爲彭澤縣令。盧明府未詳。唐人習稱縣令爲明府。

〔二〕碧落：闕名元始無量度人工品妙經卷一：「昔於始青天中碧落空歌。」陳景元集注：「始青天乃東方第一天，有碧霞遍滿，是云碧落。」

〔三〕南山：陶淵明飲酒其五：「采菊東籬下，悠然見南山。」

慈烏〔一〕

慈烏色似漆，孔雀尾如金。内外既相及〔二〕，聖人空理心。

【箋注】

〔一〕慈烏：孔叢子小爾雅：「純黑而反哺者，謂之（慈）烏。小而腹下白（不）反哺者，謂之雅烏。白項而群飛者，謂之燕烏，白脰烏也。雅烏，鸒也。」李時珍本草綱目卷四九：「（掌）禹錫曰：慈烏，北土極多，似烏鵶而小，多群飛，作鵶鵶聲。不羶臭，可食。」

〔二〕「孔雀」二句：「及」當是「反」之誤。文選左思吴都賦：「鷓鴣南翥而中留，孔雀綷羽以翱翔。」劉逵注：「孔雀尾長六七尺，緑色有華彩，朱崖、交趾皆有之，在山草中。」本草綱目卷四九：「（孔雀）其性妬，見采服者必啄之。」烏色黑而慈孝，孔雀外美而性妒，故云内外相反。

題贈鹽官池安禪師〔一〕

坐見三生事，宗傳一衲衣。已知無法説，心向定中歸。

【校記】

全詩題作「贈禪師」。

定中歸：「歸」全詩作「灰」。

【箋注】

〔一〕鹽官：縣名，唐屬杭州餘杭郡。池安禪師未詳。

題孟浩然宅

高才何必貴，下位不妨賢。孟簡雖持節〔一〕，襄陽屬浩然。

【校記】

題中「浩然」：全詩作「處士」。

【箋注】

〔一〕孟簡：元和十三年五月至十四年十二月爲襄州刺史、山南東道節度使，見吴廷燮唐方鎮年表。孟浩然爲襄州襄陽人，兩唐書有傳。新唐書文藝傳下孟浩然：「初，王維過郢州，畫浩然像於刺史亭，因曰浩然亭。咸通中，刺史鄭諴謂賢者名不可斥，更署曰孟亭。」

【輯評】

吴師道吴禮部詩話引時天彝評唐百家詩選：孟浩然高抗有節，一時豪傑翕然慕仰，非特以其詩也。張承吉云「孟簡雖持節，襄陽屬浩然」，所以自處者如此。而韓、竇方訝其不來，多見其不知量也。

宋長白柳亭詩話卷五：張承吉題孟處士宅：「高才何必貴，下位不妨賢。孟簡雖持節，襄陽屬浩然。」陸務觀讀許渾詩：「裴相功名冠四朝，許渾身世落漁樵。若諭風月江山主，丁卯橋應勝午橋。」處士見棄於明主，郢州沈默於下僚，讀張、陸二詩，足以豁才人之憤。

江南逢故人

河洛多塵事，江山半舊遊。春風故人夜，又醉白蘋洲〔一〕。

【校記】

多塵事：「塵」原作「陳」，據全詩改。塵事指戰事。

【箋注】

〔一〕白蘋洲：白居易白氏長慶集卷七一白蘋洲五亭記：「湖州城東南二百步，抵霅溪，連汀洲，洲一名白蘋。梁吴興守柳惲於此賦詩云『汀洲采白蘋』，因以爲名也。」王象之輿地紀勝卷四安吉州：「白蘋洲在霅溪東顔真卿茅亭上，有梁太守柳惲詩，洲内有池，池中有千葉蓮。」

【輯評】

俞陛雲詩境淺説續編一：詩因逢故人而作，宜爲喜慰之詞，乃觀其前二句，殊有低徊之處。首句言洛中羈泊，塵事多端，忽忽已爲陳迹。次句言花月江東，半是舊遊之地，過江春燕，猶認巢痕。後二句言且喜春風良夜，與故人把臂，同醉蘋洲。回首當年，微波踏洛水之塵，聽曲泛秦淮之棹，酒闌話舊，不覺悲喜交乘矣。

松江懷古〔一〕

碧樹吴洲遠，青山震澤深〔二〕。無人蹤范蠡〔三〕，煙水暮沉沉。

【校記】

蹤范蠡：「蹤」原誤作「縱」，據全詩改。

【箋注】

〔一〕松江：太湖支流。李吉甫元和郡縣圖志卷二五蘇州：「松江，在（吴）縣南五十里，經崑山入海。左傳云：『越伐吴，軍於笠澤』，即此江。」

〔二〕震澤：即太湖。尚書禹貢：「震澤底定。」孔安國傳：「吴南大湖名。」元和郡縣圖志卷二五蘇州：「太湖，在（吴）縣西南五十里，禹貢謂之震澤，周禮謂之具區。」

〔三〕范蠡：戰國越人，佐勾踐滅吴。國語越語下言其於滅吴後，「遂乘輕舟以浮於五湖，莫知其所終極」。張勃吴録：「五湖者，太湖之别名。」

首陽竹〔一〕

首陽山上路，孤竹節長存。爲問無心草〔二〕，如何庇本根〔三〕？

【校記】

山上路：「上」全詩作「下」。

【箋注】

〔一〕首陽：山名。伯夷、叔齊爲古孤竹國君之子，父死，二人皆不肯爲君，逃去。武王伐紂，二人扣馬而諫。殷亡後，義不食周粟，隱於首陽山采薇而食，遂餓死是山。見史記伯夷列傳。然夷、齊餓死之首陽山在何處頗多異説。酈道元水經注卷五河水：「河水南對首陽山，春秋所謂首戴也，夷齊之歌所以曰『登彼西山』矣。上有夷齊之廟，前有二碑。」史記伯夷列傳張守節正義：「戴延之西征記云：『洛陽東北首陽山有夷齊祠。』今在偃師縣西北。」李吉甫元和郡縣圖志卷五河南府：「首陽山，在（偃師）縣西北二十五里。」此詩之首陽山當在偃師縣。

〔二〕無心草：指竹。竹莖中空，故稱無心草。

〔三〕本根：左傳文公七年：「公族，公室之枝葉也，若去之，則本根無所庇陰矣。葛藟猶能庇其本根，故君子以爲比。」

蘇小小歌三首〔一〕

車輪不可遮，馬足不可絆。長怨十字街，使郎心四散。

【校記】

題「蘇小小歌」原作「蘇小歌」，脱一「小」字，據樂府補。

不可絆：「絆」原作「練」，據樂府、全詩改。

【箋注】

〔一〕郭茂倩樂府詩集卷八五雜歌謡辭：「蘇小小歌，一曰錢塘蘇小小歌。樂府廣題曰：『蘇小小，錢塘名倡也，蓋南齊時人。西陵在錢塘江之西，歌云「西陵松柏下」是也。』」古歌云：「我乘油壁車，郎乘青驄馬。何處結同心，西陵松柏下。」

其二

新人千里去，故人千里來〔一〕。剪刀横眼底，方覺淚難裁。

【箋注】

〔一〕「新人」二句：古詩上山采蘼蕪：「新人從門入，故人從閤去。」

其三

登山不愁峻，涉海不愁深。中擘庭前棗，教郎見赤心〔一〕。

【箋注】

〔一〕赤心：後秦趙整詠棗：「北園有一樹，布葉垂重陰。外雖多棘刺，内實懷赤心。」

【輯評】

洪邁容齋三筆卷一六：自齊梁以來，詩人作樂府子夜四時歌之類，每以前句比興引喻，而後句實言以證之，至唐，張祜、李商隱、温庭筠、陸龜蒙亦多此體。或四句皆然。今略書十數聯於策：其四句者如：……「窗外山魈立，知渠脚不多。三更機底下，摸著是誰梭。」……其兩句如：……「中擘庭前棗，教郎見赤心。」「千尋葶藶枝，争奈長長苦。」「愁見蜘蛛織，尋思直到明。」……近世鄙詞如一落索數闋，蓋效此格，語意亦新工，恨太俗耳，然非才士不能爲。

閑居作五首

十年狂是酒〔一〕，一世癖緣詩〔二〕。剩物心長厭，閒書性不違。補窠新燕子，争食乳鴉兒。幸爾鄰家竹，春來又許移。

【箋注】

〔一〕狂是酒：漢書蓋寬饒傳：「寬饒曰：『無多酌我，我乃酒狂。』」

〔二〕癖緣詩：梁書簡文帝紀：「雅好題詩，其序云：『余七歲有詩癖，長而不倦。』」

其二

僻巷新苔遍，空庭弱柳垂。井欄防稚子，盆水試鵝兒。喜客加籩食〔一〕，邀僧長路棋。未能抛世事，除此更何爲？

【校記】

此首全詩録入卷八八三補遺二，題作「閒居」。

盆水試鵝兒：「盆」原作「溢」，「鵝」原作「魚」，皆據百家及全詩改。

長路棋：「棋」原作「飢」，亦據上述二書改。

【箋注】

〔一〕加籩：宋闕名釋常談卷上：「加籩，增添飯味謂之加籩。」

【輯評】

丘迥刊刻王荆公唐百家詩選何焯批：「加籩」亦與處士不稱。

其三

小院新栽柳，深窗古畫屏。屋磚懸蜴蜥〔一〕，蟲網礙蜻蜓〔二〕。啓軸憐孤進〔三〕，添盃慮獨醒〔四〕。殷勤東郭外，春麥又苗青。

【箋注】

〔一〕蜴蜥：當作「蜥蜴」，爬行類動物。崔豹古今注魚蟲：「蝘蜓一名龍子，一名守宮，善上樹，捕蟬食之。其長細五色者名爲蜥蜴，短大者名蠑螈，一曰蛇醫。」

〔二〕蜻蜓：古今注魚蟲：「蜻蛉一名青亭，一名胡蝶，色青而大者是也。小而黄者曰胡梨，一曰胡離。小而赤者曰赤卒，一名絳騶，一名赤衣使者，好集水上，亦名赤弁丈人。」

〔三〕啓軸：「軸」當爲「軔」之誤。古代車停後，用一塊叫軔的木頭阻止車輪轉動，行車前先要把軔移開，叫發軔或啓軔。

〔四〕獨醒：楚辭漁父：「屈原曰：『舉世皆濁而我獨清，衆人皆醉而我獨醒，是以見放。』」

其四

悶看垂簷雨，閑尋小院芳。壁泥根長麥，籬柱葉生楊。旋碾新茶試，生開嫩酒嘗。看看花漸老，無復滯春光。

其五

俗人無語詔，病客少經過。種竹憐莖少〔一〕，移花喜日多。唯精左氏傳〔二〕，不養右軍鵝〔三〕。幸爾同詩酒，春風奈我何。

【箋注】

〔一〕種竹：世説新語任誕：「王子猷（徽之）嘗暫寄人空宅住，便令種竹。或問：『暫住何煩爾？』王嘯詠良久，直指竹曰：『何可一日無此君。』」

〔二〕左氏傳：孔叢子卷七叙世：「唯兄君魚（孔奮），少從劉子駿（歆）受春秋左氏傳，於其講業最明，精究其義，子駿自以學才不若也。」

〔三〕右軍鵝：晉書王羲之傳言其「性好鵝」。羲之曾任右軍將軍，世稱王右軍。

江南雜題三十首

遠對三茅嶺〔一〕，疏開一槿籬。人憐貧好學，自笑老吟詩。仰腹獼猴睡〔二〕，斜身蝘蜓癡〔三〕。殷勤謝莊叟，櫟社更何疑〔四〕。

【箋注】

〔一〕三茅：李吉甫元和郡縣圖志卷二五潤州：「茅山，在（延陵）縣西南三十五里，三茅得道之所，事具仙經，不録。」葛洪神仙傳卷五載茅盈咸陽人，十八歲入恒山學道，道成，遂至江南，治於句曲山，人呼此山爲茅山。二弟固、衷過江尋兄，亦得仙，皆被太上老君封爲真君，故號三茅君。

〔二〕獼猴：陸璣毛詩草木鳥獸蟲魚疏卷下：「猱，獼猴也，楚人謂之沐猴。老者爲玃，長臂者爲猨，猨之白腰者爲獑。」

〔三〕蝘蜓：爾雅釋魚：「蠑螈，蜥蜴。蜥蜴，蝘蜓。蝘蜓，守宫也。」邢昺疏：「蠑螈、蜥蜴、蝘蜓、守宫，一物，形狀相類而四名也。」

〔四〕櫟社：莊子人間世：「匠石之齊，至於曲轅，見櫟社樹，其大蔽千牛，絜之百圍，其高臨十仞而後有枝，其可以爲舟者旁十數，觀者如市。匠伯不顧……曰：『已矣，勿言之矣，散木也。以爲舟則沉，以爲棺槨則速腐，以爲器則速毁，以爲門户則液樠，以爲柱則蠹，是不材之木也，無所可用，故能若是之壽。』」

其二

退居三畝地〔一〕，聊復謝喧卑。盡日題書標，無風下釣絲。蚰蜒過竹節〔二〕，翡翠抱蘆枝〔三〕。惆悵是臨水，星星蓬鬢垂〔四〕。

【箋注】

〔一〕三畝：列子楊朱：「楊朱見梁王，言治天下如運諸掌，梁王曰：『先生有一妻一妾而不能治，三畝之園而不能芸，而言治天下如運諸掌，何也？』」

〔二〕蚰蜒：蟲名。爾雅釋蟲：「螾衙，入耳。」郭璞注：「蚰蜒。」楚辭王逸九思傷時：「巷有兮蚰蜒，邑多兮螳螂。」

〔三〕翡翠：水鳥名。舊題師曠禽經：「背有采羽曰翡翠。」張華注：「狀如鵁鶄，而色正碧，鮮縟可愛，飲啄於澄瀾迴淵之側，尤惜其羽，日濯於水中。」

〔四〕鬢垂：文選左思白髮賦：「星星白髮，生於鬢垂。」

其三

鳥逸溪雲静，人行野岸稀。茅峰三點翠〔一〕，練水一條輝〔二〕。晚蝶花心少，陰螢草裏微〔三〕。何妨孟朱舍〔四〕，夜飲醉歌歸。

【箋注】

〔一〕茅峰：即茅山。杜佑通典卷一八二州郡十一潤州句容：「有茅山，一名句容山，言山形如句字之曲。」全唐文卷三七七柳識茅山白鶴廟記：「茅山，舊句曲也。……漢元帝世，有茅君积袭道德，來受仙任……邦人瞻戴，因改爲茅山。玄教既溥，二弟亦此山得道。三峰是三君駐雲鶴之所，備詳傳記。」

〔二〕練水：即練湖，又稱練塘。杜佑通典卷一八二州郡十一潤州丹楊：「有練湖，亦曰後湖。」樂史太平寰宇記卷八九潤州：「後湖亦名練湖，在（丹陽）縣北百二十步。南徐州記云晉時陳敏所立。……今按湖水上承丹徒高驪覆船山、馬林溪水，水色白，味甘。」

〔三〕陰螢：爾雅釋蟲：「熒火，即炤。」邢昺疏：「熒火一名即炤，夜飛，腹下有火，蟲也。本草又名夜光，一名熠燿。月令季夏『腐草爲熒』。腐草此時得暑濕之氣，故爲熒。至秋而天沈陰數雨，熒火夜飛之時也，詩東山云『熠燿宵行』是也。」

〔四〕孟朱：疑爲「孟公」之誤。陶淵明飲酒：「孟公不在茲，終以翳吾情。」漢書遊俠傳陳遵：「陳遵字孟公……居長安中，列侯、近臣、貴戚皆貴重之。牧守當之官，及郡國豪桀至京師者，莫不相因到遵門。遵耆酒，每大飲，賓客滿堂。」

其四

南畝山光對，西郊日影斜。碧抽書帶草〔一〕，紅節米囊花〔二〕。夜跣嘗琴室，昏眠自酒家。何妨人不到，私酌是侯芭〔三〕。

【箋注】

〔一〕書帶草：後漢書郡國志四東萊郡李賢等注引三齊記：「鄭玄教授不期山，山下生草，大如薤，葉長一尺餘，堅刃異常，土人名曰『康成書帶』。」

〔二〕米囊花：即罌粟。重修政和證類本草卷二六：「罌子粟，味甘平無毒，主丹石發動，不下食。和竹瀝煮作粥，食之極美。一名象穀，一名御米。花紅、白色，似髇箭頭，中有米，亦名囊子。」

〔三〕侯芭：漢書揚雄傳：「雄以病免……家素貧，耆酒，人希至其門，時有好事者載酒肴從遊學，而鉅鹿侯芭常以雄居，受其太玄、法言焉。」

【輯評】

吴師道吴禮部詩話：舊作集句，用東坡「庭下已生書帶草」句，對唐人「馬頭初見米囊花」，以爲的切。近閱張祜詩，有云「碧抽書帶草，紅節米囊花」，已有此句矣。

其五

野岸煙花好，東園自插籬。茈姑交宛葉〔一〕，喜子抱遊絲〔二〕。盡日人稀到，終年井不窺〔三〕。何當謝貞白〔四〕，真誥是吾師。

【箋注】

〔一〕茈姑：又作茨菇、慈姑。李時珍本草綱目卷三三慈姑：「慈姑一根歲生十二子，如慈姑之乳諸子，故以名之。」又云：「葉如剪刀形，莖幹似嫩蒲，又似三稜……開小白花，四瓣，蕊深黄色。根大者如杏，小者如栗，色白而瑩滑，五、六、七月采葉，正、二月采根，即慈姑也。煮熟味甘甜，時人以作果子。」

〔二〕喜子：亦作蟢子，蜘蛛的一種。宗懔荆楚歲時記：「（七月七日）是夕……人家婦女陳瓜菓於庭中以乞巧，有喜子網於瓜上，則以爲符應。」

〔三〕井不窺：吕氏春秋恃君達鬱：「（列精子高）謂其侍者曰：『我何若？』侍者曰：『公姣且麗。』列精子高因步而窺於井，粲然惡丈夫之狀也。」

〔四〕貞白：南朝陶弘景隱居茅山，梁武帝常往諮詢，有山中宰相之稱。卒謚貞白先生。見南史隱逸傳下陶弘景。真誥即陶弘景所撰。

其六

遠郭浸煙波，村橋入薜蘿。水蛇驚去疾，山鳥自來多。夜月傾壺酒，春風就榜歌。不知茅嶺下〔一〕，深處又如何？

【箋注】

〔一〕茅嶺：樂史太平寰宇記卷九〇昇州：「茅山在（句容）縣南五十里，本句曲山，其山形如句字三曲，晉茅君得道於此山，後人遂名爲茅山。其山接句容、金壇、延陵三縣界。」

其七

五里波沿郭，扁舟棹到門。水經春雨漲，山近夕陽温。鸂鶒穿蘆葉〔一〕，蟛蟖上竹根〔二〕。憂來欲誰話？猶賴酒盈樽〔三〕。

【箋注】

〔一〕鸂鶒：文選左思吴都賦：「鸂鶒鷛鶏。」劉逵注：「鸂鶒，水鳥也，色黄赤，有班文，食短狐蟲，在水中無毒，江東諸郡皆有之。」

〔二〕蟛蟖：當是「蟛蜞」之誤。蟛蜞，又名蟛蚏，蟹類，螯足無毛，生水邊沙穴中。世説新語紕漏「蔡司徒渡江，見彭蜞」，即此。崔豹古今注魚蟲：「蟛蜞，小蟹，生海邊泥中，食土。一名長卿，其一有螯偏大者名擁劍，一名執火，其螯赤，故謂之執火云。」

〔三〕盈樽：陶淵明歸去來辭：「攜幼入室，有酒盈罇。」

其八

村橋路不端，數里就回湍。積壤連涇脉〔一〕，高林上筭竿。早嘗甘蔗淡〔二〕，生摘枇杷酸〔三〕。好是去塵俗，煙花長一欄。

【校記】

枇杷酸：「枇杷」原作「琵琶」，二者可通用，據野客叢書卷一九所引改常用之詞。

【箋注】

〔一〕涇脉：水溝的支流。涇，溝渠。

〔二〕甘蔗：齊民要術引楊孚異物志：「甘蔗，遠近皆有，交趾所産特醇好，本末無薄厚，其味至均。圍數寸，長丈餘，頗似竹，斬而食之既甘，迮取汁如飴餳，名之曰糖。」

〔三〕枇杷：文選司馬相如上林賦：「枇杷橪柿。」李善注：「張揖曰：枇杷似斛樹，長葉，子如杏。」

【輯評】

王楙野客叢書卷一九：白詩多犯鄙俗語，又如枇杷之枇、蒲萄之蒲，亦協入聲……其詩句有曰「況對東谿野枇杷」，「燭淚粘盤壘蒲萄」，「燕姬酌蒲萄」，是協入聲者也。……僕又考之，不特白詩爲然，唐人之詩多有如是者，如張祜曰「生摘枇杷酸」，曰「宮樓一曲琵琶聲」……是皆隨其律而用之。

胡震亨唐音癸籤卷二四：枇杷：白「況對東谿野枇杷」，張祜「生摘枇杷酸」。「枇」並叶入聲。琵琶：白「四絃不似琵琶聲」，「忽聞水上琵琶聲」，張祜「宮樓一曲琵琶聲」。「琵」亦並叶入聲也。

其九

曉日明高柳，春池合細萍。燕巢通蜴蜥，魚網漏蜻蜓。汩没非兼濟〔一〕，終窮是獨醒〔二〕。悲傷自心語，誰復念漂零。

【箋注】

〔一〕汩没：埋没。兼濟：孟子盡心上：「窮則獨善其身，達則兼善天下。」後人引用此語，「兼善」多作「兼濟」，如白居易與元九書：「古人云：『窮則獨善其身，達則兼濟天下。』」

〔二〕獨醒：史記屈原列傳：「漁父見而問之，曰：『子非三閭大夫歟，何故而至此？』屈原曰：『舉世混濁而我獨清，衆人皆醉而我獨醒，是以見放。』」

其十

三峰前望峻〔一〕，一派上游斜。雨過離披草，風吹顛倒查〔二〕。拂林山鵲翅〔三〕，叢岸野棠花。好是醉中舞，村橋行數家。

【校記】

野棠花：「棠」原誤作「裳」，徑改。棠指棠梨。

【箋注】

〔一〕三峰：指茅山三峰。資治通鑑卷一五七梁武帝大同二年：「三月，戊申，丹楊陶弘景卒。……棄官，隱居茅山。」胡三省注：「茅山在今建康府句容縣南五十里。山記云：漢時有三茅君，各乘一鶴來此，故名焉。」

〔二〕查：通楂，樹杈。

〔三〕山鵲：李時珍本草綱目卷四九：「山鵲，處處山林有之，狀如鵲而烏色，有文采，赤嘴赤足，尾長，不能遠飛，亦能食鷄雀。諺云：『朝鷽叫晴，暮鷽叫雨。』説文以此爲知來事之鳥。」

其十一

碧草分遥岸，清池入細流。投鋪虛飲馬〔一〕，自物且垂鈎〔二〕。小鳥聞批頰〔三〕，微蟲弄叩頭〔四〕。何妨一壺酒，遠遠棹扁舟。

【校記】

微蟲弄叩頭：「微」原誤作「徵」，「叩」原誤作「印」，海録碎事卷二二引二句正作「微」與「叩」，據以改。

【箋注】

〔一〕投鋪：「鋪」爲「錢」之誤。初學記卷六引三輔決録：「安陵清者，有項仲仙，飲馬渭水，每投三錢。」應劭風俗通卷三：「太原郝子廉，飢不得食，寒不得衣……每行飲水，常投一錢井中。」

〔二〕自物：晉書隱逸傳翟湯子翟莊：「遵湯之操，不交人物，耕而後食，語不及俗，惟以弋釣爲事。及長，不復獵。或問：『漁獵同是害生之事，而先生止去其一，何哉？』莊曰：『獵自我，釣自物，未能頓盡，故先節其甚者。且其貪餌吞鉤，豈我哉？』」

〔三〕批頰：爾雅釋鳥：「鵧鳩，鵯鶋。」郝懿行爾雅義疏卷下：「按鵯鶋聲轉爲批頰，即批頰鳥也，又名雛札。……荊楚歲時記云：『春分有鳥如烏，先雞而鳴，聲如加格加格。民候此鳥鳴則入田，以爲催人駕犁格也。』今驗此鳥，黑身長尾，其夜鳴之聲，正如歲時記所説。」

〔四〕叩頭：劉敬叔異苑卷三：「有小蟲，形色如大豆，呪令叩頭，又呪令吐血，皆從所教，如似請放，稽顙輒七十而有聲，故俗呼爲叩頭蟲也。」

【輯評】

吴景旭歷代詩話卷七一：吴旦生曰：按鵯鶋作批鶋，亦作批頰，其頰上有二點白，故名。今名山呼，一名夏雞，俗名隔隥雞。……盧延遜詩：「樹上諮諏批頰鳥，窗間壁剥叩頭蟲。」又見海録碎事載一詩云「小鳥聞批頰，微蟲弄叩頭」，豈其偶同邪？天啓間黄太穉詩「割樹夜飛批頰鳥，闌雲留養剔牙松」，皆於頰字見工。

其十二

端居無外事，長日卧煙嵐。樹影侵籬北，花香自水南。酒腸嬰女笑，碁路老僧諳。似此成乖懶，嵇康七不堪〔一〕。

【箋注】

〔一〕嵇康：晉書嵇康傳：「山濤將去選官，舉康自代，康乃與濤書告絶。」書中有「性復疏懶」，「有必不堪者七，甚不可者二」之語。

其十三

一逕遶荒陂，渟洿是小池〔一〕。紅蕉心半卷〔二〕，白練尾長垂〔三〕。倒篋纏書帶，尋竿解釣絲。聊當事山履，遠與白雲期〔四〕。

【箋注】

〔一〕渟洿：文選張衡南都賦：「貯水渟洿，亘望無涯。」李善注：「廣雅曰：渟，止也。説文曰：洿，濁水不流也。」

〔二〕紅蕉：范成大桂海虞衡志志花：「紅蕉花，葉瘦類蘆箬，心中抽條，條端發花，葉數層，日拆一兩葉。色正紅，如榴花、荔枝。其端各有一點鮮緑，尤可愛。春夏開，至歲寒猶芳。」

〔三〕白練：李時珍本草綱目卷四九：「練鵲，其尾鴿長白毛如練帶者是也。禽經云：『冠鳥性勇，纓鳥性樂，帶鳥性仁。』張華云：『帶鳥，練鵲之類是也。』今俗呼爲拖白練。」

〔四〕白雲：陶弘景詔問山中何所有賦詩以答：「山中何所有？嶺上多白雲。」

其十四

久病無行意，溪亭益到稀。月迴秋扇影，螢落夜琴微。滄海尚凝棹〔一〕，木山誰採薇〔二〕？佳期不可俟，空羡燕西歸〔三〕。

【校記】

夜琴微：「微」字疑作「徽」。徽爲琴面上十三個指示音階的標誌。

【箋注】

〔一〕滄海：舊題東方朔海内十洲記：「滄海島在北海中……海四面繞島，各廣五千里，水皆蒼色，仙人謂之滄海也。」

〔二〕木山：周易漸：「象曰：山上有木，漸，君子以居，賢德善俗。」採薇：伯夷、叔齊於首陽山採薇，作歌：「登彼西山兮，采其薇矣。以暴易暴兮，不知其非矣。」見史記伯夷列傳。

〔三〕燕西歸：玉臺新詠無名氏東飛伯勞歌：「東飛伯勞西飛燕，黄姑織女時相見。」

其十五

碧溪窮欲盡，迴棹喜山家。曲岸深迷竹，平灘下見沙。懸窠巧婦子〔一〕，拂水剪刀花〔二〕。好是棲心地〔三〕，人間路不遐。

【箋注】

〔一〕巧婦：鳥名，又名工雀、鷦鷯。舊題師曠禽經「鷦巧而危」句張華注：「鷦鷯，桃雀也，狀類黄雀而小，燕人謂之巧婦，亦謂之女鴎，江東人呼爲蘆虎。喙尖，取茅秀爲巢，剌以縑麻，若紡績爲。巢或一房，或二房，懸於蒲葦之上。枝折巢敗，巧而不知所托。」

〔二〕剪刀花：段成式酉陽雜俎前集卷一九：「銅匙草，生水中，葉如剪刀。」

〔三〕棲心：淮南子泰族：「棲神於心，静漠恬淡。」

其十六

僻居成懶病，春至强耕甿。後港通園竹，前溪下檜柑。舊巢飛巧婦〔一〕，新葉長宜男〔二〕。且賴身無事，窮愁亦自甘〔三〕。

【箋注】

〔一〕巧婦：爾雅釋鳥：「桃蟲，鷦。」郭璞注：「鷦鷯，桃雀也，俗呼爲巧婦。」

〔二〕宜男：藝文類聚卷八一引風土記：「宜男，草也，高六七尺，花如蓮，宜懷妊婦人佩之，必生男。」太平御覽卷九九六引本草經：「萱，一名忘憂，一名宜男，一名妓女。」

〔三〕窮愁：史記虞卿列傳太史公語：「然虞卿非窮愁，亦不能著書以自見於後世云。」

其十七

小檻雲低處，高廊雨過時。鹿胎含笋籜〔一〕，猿臂長松枝〔二〕。舊匣藏鈎軫，沈査罥釣絲。平生心未遠，徒欲效鴟夷〔三〕。

【校記】

罥釣絲：「罥」原誤作「骨」，徑改。

【箋注】

〔一〕鹿胎：牡丹之一種。歐陽修洛陽牡丹記花釋名：「鹿胎花、倒暈檀心、蓮花萼、一百五、葉底紫，皆志其異者。」又：「鹿胎花者多葉，紫花，有白點，如鹿胎之紋。故蘇相禹圭宅今有之。」

〔二〕猿臂：當指藤蘿，言其攀援樹木有如猿臂。

〔三〕鴟夷：史記越王勾踐世家：「范蠡浮海出齊，變姓名，自謂鴟夷子皮，耕於海畔，苦身戮力，父子治産，居無幾何，致産數十萬。」

其十八

春醪盡數盃〔一〕，竹徑坐深苔。鳥道思歸樂〔二〕，人呼隱去來〔三〕。溪花流作片，雨葉爛成堆。訪戴值兹夕〔四〕，何妨乘興迴。

【箋注】

〔一〕春醪：晉河東人劉白墮善釀酒，北魏永熙中，青州刺史賫酒至部，路遇劫盜，飲之皆醉而被擒，時爲語曰：「不畏張弓拔刀，唯畏白墮春醪。」見楊衒之洛陽伽藍記卷四。

〔二〕思歸：指杜鵑鳥。韓愈贈同遊：「唤起窗全曙，催歸日未西。」詩話總龜前集卷一九引冷齋夜話：「唤起、催歸，二禽名也。催歸，子規也。」錦繡萬花谷前集三七引陶岳零陵總記：「思歸，狀如鳩而慘色，三月則鳴，其音云『不如歸去』。」

〔三〕人呼：晉祈嘉字孔賓，清貧好學，年二十餘，夜聞窗中有聲呼曰：「祈孔賓，祈孔賓，隱去來，隱去來。修飾人事，甚苦不可諧，所得未毛銖，所喪如山崖。」見晉書隱逸傳祈嘉。

〔四〕訪戴：世説新語任誕：「王子猷（徽之）居山陰，夜大雪……忽憶戴安道（逵），時戴在剡，即便夜乘小船就之，經宿方至，造門不前而返。人問其故，曰：『吾本乘興而行，興盡而反，何必見戴！』」

其十九

洛下無名客〔一〕，江南不繫舟〔二〕。病身黄葉晚，詩思碧雲秋。雀語嘉賓笑〔三〕，蛩鳴懶婦愁〔四〕。幸因重醖熱，聊作醉鄉遊〔五〕。

【箋注】

〔一〕洛下：史記曆書：「巴落下閎運算轉曆。」司馬貞索隱引益部耆舊傳：「閎字長公，明曉天文，隱於落下，武帝徵待詔太史。」落通洛。常璩華陽國志卷一二作「洛下閎」。

〔二〕不繫舟：莊子列禦寇：「飽食而敖遊，汎若不繫之舟，虚而敖遊者也。」

〔三〕嘉賓：崔豹古今注鳥獸：「雀一名嘉賓，言常棲集人家如賓客也。」又雙關賓客。詩經小雅鹿鳴：「我有嘉賓，鼓瑟吹笙。」

〔四〕懶婦：古今注蟲魚：「蟋蟀一名吟蛩，一名蛩秋，初生得寒則鳴，一云濟南呼爲懶婦。」陸璣毛詩草木鳥獸蟲魚疏卷下：「蟋蟀似蝗而小……楚人謂之王孫，幽州人謂之趣織，督促之言也，里語曰『趨織鳴，懶婦驚』是也。」

〔五〕醉鄉：全唐文卷一六〇吕才東皋子後序：「因著醉鄉記及五斗先生傳，以類酒德頌云。」王績東皋子集卷下有醉鄉記。

其二十

余生唯愛酒，師長是山翁〔一〕。定葬糟丘下〔二〕，須沉釀甕中。鵝鴣春作鳥〔三〕，春黍夏爲蟲〔四〕。會入醉鄉去，爲君成醉風。

【校記】

糟丘下：「糟」原誤作「槽」，徑改。

春黍：「春」原誤作「舂」，亦徑改。

【箋注】

〔一〕山翁：指山簡。晉書山簡傳：「簡優遊卒歲，唯酒是耽。諸習氏，荆土豪族，有佳園地，簡每出嬉遊，多之池上，置酒輒醉，名之曰高陽池。」

〔二〕糟丘：劉向新序節士：「桀爲酒池，足以運舟，糟丘，足以望七里，一鼓而牛飲者三千人。」王充論衡語增：「紂爲長夜之飲，糟丘、酒池，沈湎於酒，不舍晝夜。」

〔三〕鵖鴓：「鵖」疑爲「鵶」之誤。鵶鴓，此詩以爲即布穀鳥。舊題師曠禽經：「鳲鳩戴勝，布穀也。亦曰鵠鵴，亦曰獲穀，春耕候也。」張華注：「頭上尾起，故曰戴勝，而農事方起，此鳥飛鳴於桑間，云『五穀可布種』也，故曰布穀。月令曰『戴勝降于桑』，一名桑鳩。」

〔四〕春黍：即螽斯。爾雅釋蟲：「蜇螽，蜙蝑。」郭璞注：「蜙蝑也，俗呼蝽蝚。」太平御覽卷九四六引毛詩提綱：「螽斯，名蜙蝑，一名春黍，似蝗而小，青色，長股而鳴。」

其二十一

翠竹千竿聳，青池一面臨。白煙生草末，黄粉露花心。簇脚蠨蛸挂〔一〕，抛身翡翠沉〔二〕。但令樽酒滿，何必慮無金〔三〕。

【箋注】

〔一〕蠨蛸：即喜蛛。陸璣毛詩草木鳥獸蟲魚疏卷下：「蠨蛸長踦，一名長脚，荆州河内人謂之喜母。此虫來著人衣，當有親客至，有喜也。幽州人謂之親客，亦如蜘蛛爲網羅居之。」

〔二〕翡翠：史記司馬相如列傳司馬相如子虛賦：「錯翡翠之葳蕤。」裴駰集解：「張揖云：翡翠大小一如雀，雄赤曰翡，雌青曰翠。」博物志云：翡身通黑，唯胸前背上翼後有赤毛，翠身通青黄，唯六翮上毛長寸餘，青。其飛則羽鳴翠翡翠翡然，因以爲名也。」

〔三〕無金：漢書疏廣傳：「廣既歸鄉里，日令家共具設酒食，請族人故舊賓客，與相娛樂。數問其家尚餘金有幾所，趣買以共具。居歲餘，廣子孫竊謂其昆弟老人廣所愛信者曰：『子孫幾及君時，頗立産業基阯，今日飲食廢（費）且盡，宜從丈人所，勸説君買田宅。』老人即以閒暇時爲廣言此計，廣曰：『吾豈老誖不念子孫哉？顧自有舊田廬，令子孫勤力其中，足以共衣食，與凡人齊。今復增益之以爲贏餘，但教子孫怠墯耳。』」

其二十二

滄海一遺民〔一〕，詩書盡老身。不逢青眼舊〔二〕，争奈白頭新〔三〕。小小調茶鼎，銖銖定藥斤。空踈更誰問〔四〕，賴與酒家鄰。

【箋注】

〔一〕滄海：晉書李胤傳胤祖父李敏：「遼東太守公孫度欲强用之，敏乘輕舟浮滄海，莫知所終。」

〔二〕青眼：晉書阮籍傳：「籍又能爲青白眼，見禮俗之士，以白眼對之。……（嵇）喜弟康聞之，乃齎酒挾琴造焉，籍大悦，乃見青眼。」

〔三〕白頭：史記鄒陽列傳鄒陽獄中上書：「諺曰有『白頭如新，傾蓋如故』，何則？知與不知也。」

〔四〕空踈：宋書武三王劉義真傳：「徐羨之等嫌義真與（謝）靈運、（顔）延之暱狎過甚，故使范晏從容誡之。義真曰：『靈運空疏，延之隘薄……』」

其二十三

南國久無悰，東郊自養蒙〔一〕。老年孤枕在，愁夜一樽空。澇水聞歌女〔二〕，枯枝見宛童〔三〕。秋來因攬鏡，强欲理衰蓬〔四〕。

【箋注】

〔一〕養蒙：周易蒙：「蒙以養正，聖功也。」

〔二〕歌女：崔豹古今注蟲魚：「蚯蚓，一名蜿蟺，一名曲蟺，善長吟於地中，江東謂之歌女，或謂之鳴砌。」

〔三〕宛童：爾雅釋木：「寓木，宛童。」郭璞注：「寄生樹，一名蔦。」

〔四〕衰蓬：漢書燕刺王劉旦傳：「頭如蓬葆。」服虔注：「頭久不理，如蓬草羽葆也。」

其二十四

積潦池新漲，頹垣址舊高。怒蛙橫飽腹，鬭雀墮輕毛。碧瘦三棱草〔一〕，紅鮮百葉桃〔二〕。幽棲日無事，痛飲讀離騷〔三〕。

【校記】

此詩全詩收入卷八八三補遺二中。

址舊高：「址」原誤作「沚」，據百家及全詩改。

【箋注】

〔一〕三棱草：即荆三稜。重修政和證類本草卷九：「圖經云：京三稜……春生苗，高三四尺，似菱蒲，葉皆三稜，五六月開花，似莎草，黄紫色。」

〔二〕百葉桃：桃花之一種。韓愈有題百葉桃花詩。

〔三〕讀離騷：世説新語任誕：「王孝伯（恭）言：『名士不必須奇才，但使常得無事，痛飲酒，熟讀離騷，便可稱名士。』」

【輯評】何焯義門讀書記卷三〇評韓愈題百葉桃花：張裕（祜之訛）江南雜題亦有「紅鮮百葉桃」之句。

其二十五

郊園日牢落，無意及壺飧〔一〕。大笑俯塵甑〔二〕，高歌敲酒盆〔三〕。汲池澆韭壟，占石坐松根。未免猶隨俗，長竿掛一褌〔四〕。

【校記】

掛一褌：「褌」原誤作「禪」，徑改。

【箋注】

〔一〕壺飧：國語越語下：「諺有之曰：『觥飯不及壺飧。』」韋昭注：「觥，大也。大飯，謂盛饌。盛饌未具，不能以虛待之，不及壺飧之救飢疾。」

〔二〕塵甑：後漢書獨行傳范冉載冉字史雲，曾爲萊蕪長，「遭黨人禁錮，遂推鹿車，載妻子，捃拾自資」，「所止單漏，有時粮粒盡……閭里歌之曰：『甑中生塵范史雲，釜中生魚范萊蕪。』」

〔三〕酒盆：晉書阮咸傳：「諸阮皆飲酒，咸至，宗人間共集，不復用杯觴斟酌，以大盆盛酒，圓坐相向，大酌更飲。」

〔四〕一褌：世説新語任誕：「阮仲容（咸）、步兵（籍）居道南，諸阮居道北，北阮皆富，南阮貧。七月七日，北阮盛曬衣，皆紗羅錦綺。仲容以竿掛大布犢鼻褌於中庭，人或怪之，答曰：『未能免俗，聊復爾耳。』」

其二十六

三年江海客〔一〕，長日犯埃氛。失脚遠行地，無心空羨雲。愚非甯武子〔二〕，弊是卓文君〔三〕。以此圖終計，深棲麋鹿群〔四〕。

【箋注】

〔一〕江海：莊子讓王：「身在江海之上，心居乎魏闕之下。」

〔二〕甯武子：論語公冶長：「子曰：『甯武子，邦有道則知，邦無道則愚，其知可及也，其愚不可及也。』」

〔三〕卓文君：史記司馬相如列傳：「相如乃使人重賜文君侍者通殷勤，文君夜亡奔相如，相如乃與馳歸成都，家居徒四壁立……文君久之不樂。」

〔四〕麋鹿：鶡冠子備知：「是以鳥鵲之巢，可俯而窺也；麋鹿群居，可從而係也。」文選劉峻廣絶交論：「獨立高山之頂，歡與麋鹿同群。」董斯張廣博物志卷四六引潘岳關中記：「辛孟年七十，與麋鹿同群遊，世謂之鹿仙。」

其二十七

卜築寄雲陽〔一〕，穿池面草堂。尋常登峻嶺〔二〕，丈六得奇彊〔三〕。井鮒依頹甃〔四〕，鄰花出敗牆。自當甘朽拙，安敢慕羲皇〔五〕。

【箋注】

〔一〕雲陽：唐江南道潤州丹陽縣，本漢曲阿，屬會稽郡，又名雲陽。見舊唐書地理志五。

〔二〕尋常：左傳成公十二年：「争尋常以盡其民。」杜預注：「八尺曰尋，倍尋曰常。」此言距離不遠。

〔三〕奇彊：「彊」爲「礓」之誤。礓，圓形或卵形石。南史到彦之傳附到溉：「溉第居近淮水，齋前山池有奇礓石，長一丈六尺，帝戲與賭之，并禮記一部，溉并輸焉。」

〔四〕井鮒：周易井：「九二，井谷射鮒。」孔穎達疏：「子夏傳云：井中蝦蟆呼爲鮒魚也。」

〔五〕羲皇：陶淵明與子儼等疏：「常言五六月中，北窗下卧，遇涼風暫至，自謂是羲皇上人。」

其二十八

美人殊不見，悵望行雲。竹翠静含粉，榴花輕曳裙。嬋娟非月色，散漫是蘭薰。無復荆王夢〔一〕，子規空夜聞〔二〕。

【箋注】

〔一〕荆王夢：文選宋玉高唐賦李善注引襄陽耆舊傳：「赤帝女曰姚姬，未行而卒，葬於巫山之陽，故曰巫山之女。楚懷王遊於高唐，晝寢，夢見與神遇，自稱是巫山之女，王因幸之，遂爲置觀於巫山之南，號爲朝雲。後至襄王時，復遊於高唐。」

〔二〕子規：即杜鵑鳥。禽經：「鸛，嶲周，子規也，啼必北向。江介曰子規，蜀右曰杜宇。」

其二十九

佳期楚雲外，寂寞是春華。昔去軒車遠〔一〕，今來衣帶賒〔二〕。生風貝母葉〔三〕，活豔鼠姑花〔四〕。惆望碧江阻，夢魂雲陟遐。

【箋注】

〔一〕軒車：莊子讓王：「子貢乘大馬，中紺而表素，軒車不容巷，往見原憲。」

〔二〕衣帶：梁書沈約傳沈約與徐勉書：「百日數旬，革帶常應移孔；以手握臂，率計月小半分。以此推算，豈能支久？」

〔三〕貝母：爾雅釋草「莔貝母」郭璞注：「根如小貝，員而白，華、葉似韭。」陸璣毛詩草木鳥獸蟲魚疏卷上：「蝱，今藥草貝母也，其葉如栝樓而細小，其子在根下如芋子，正白，四方連累相著，有分解也。」

〔四〕鼠姑：牡丹別名。李時珍本草綱目卷一四：「宏景曰：今人不識，而牡丹一名鼠姑，鼠婦亦名鼠姑，未知孰是。」

其三十

僻巷雖通馬，深園不藉籬。青蘿薰柏葉，紅粉睡蓮枝。雨燕銜泥近，風魚咂網遲。因君尋小庾〔一〕，好是更能詩。

【校記】

此詩重出卷一題程氏書齋，文字小異。由詩意看，當作「題程氏書齋」，應校併。

【箋注】

〔一〕小庾：謂庾杲之。南朝齊庾杲之，與叔父蓽俱以清貧聞，見南史庾杲之傳。

寓居臨平山下三首〔一〕

三月平湖草欲齊，緑楊分映入長堤。田家起處烏龍静〔二〕，酒客醒時謝豹題〔三〕。
溪檻正當蓮葉渚，水塍新檗稻秧畦。人間漫説多歧路，咫尺神仙洞却迷。

【校記】

此詩又載永樂大典卷二二七一七模湖字臨平湖條，又沈謙臨平記卷四亦載之，題曰「過臨平湖」。

草欲齊：「草」原作「浪」，此從大典及臨平記。齊，許慎説文解字：「𠅃，禾麥葉穗上平也，象形。」「齊」以形容草，正是齊字本義。

緑楊分映：「映」臨平記作「影」。

烏龍静：「静」大典、臨平記作「吠」。

溪檻：「溪」大典、臨平記作「山」。

水塍新檗稻秧畦：此句原作「水涇新麥稻苗畦」，臨平記作「水塍新築稻秧畦」，皆未勝，故從大典。

洞却迷：「洞却」臨平記作「路欲」。

【箋注】

〔一〕臨平山：樂史太平寰宇記卷九三杭州：「臨平湖在（鹽官）縣西五十里，湖在臨平山南。」黄裳新定九域志卷五杭州：「臨平山，晉武帝時岸墮，出一石鼓，叩之無聲，張華云：『可以蜀桐刻作魚而叩之。』聞數里。」

〔二〕烏龍：晉會稽張然養犬名烏龍，有奴與張然妻通，欲害然，烏龍傷奴以救主，見舊題陶淵明搜神後記。

〔三〕謝豹：即杜鵑。舊題師曠禽經：「鸛，嶲周，子規也。」張華注：「啼苦則倒懸於樹，自呼曰謝豹。」陸游老學庵筆記卷三：「吴人謂杜宇爲謝豹。杜宇初啼時，漁人得蝦曰謝豹蝦，市中賣筍曰謝豹筍。唐顧況送張衛尉詩曰『緑樹村中謝豹啼』，若非吴人，殆不知謝豹爲何物也。」

其二

一角横查礙小灘〔一〕，漁舟稍稍避迴湍。鹿蹄踏葉暮山響，龜殼曝沙春水寒。詩句近吟知律變，易書窮討覺才難〔二〕。風光好處自攜酌，歸去醉扶花藥欄。

【箋注】

〔一〕查：水中浮木，通槎。

〔二〕易：古代卜筮之書，今存周易。後漢書逸民傳向長：「好通老、易。」晉書隱逸傳載孫登、楊軻、陶淡亦皆好易。

其三

散髮垂肩久不簪〔一〕，竹牀推枕就藤陰。澗傍春渡水流急，山半夜歸雲色深。拂檻數竿爲去處，隨波一葉是浮沉。世間年少正行樂，應笑老人無事心。

【箋注】

〔一〕散髮：形容不受仕宦的拘束。後漢書袁閎傳：「延禧末，黨事將作，閎遂散髮絶世，欲投跡深林。」

張承吉文集卷第七　雜詩

到廣陵〔一〕

一年江海恣狂遊，夜宿倡家曉上樓。嗜酒幾曾群衆小，爲文多是諷諸侯。逢人説劍三攘臂〔二〕，對鏡吟詩一掉頭〔三〕。今日更來憔悴意，不堪風月滿揚州。

【箋注】

〔一〕新唐書地理志五淮南道：「揚州廣陵郡，大都督府。」今江蘇揚州。

〔二〕攘臂：挽起袖子，形容激奮貌。莊子人間世：「上徵武士，則支離攘臂於其間。」

〔三〕掉頭：摇頭。

謝高燕公惠生衣〔一〕

高公寵賜白衣裳，驚訝災天雪滿箱。乍展輕煙摠手滑，如披薄霧覺身涼。誰家織素秋蟾色？何處絲抽嫩異香？珍重六銖無可贈，空憑七字當瓊漿。

【箋注】

〔一〕考中晚唐高姓封燕國公者唯有一高駢，僖宗乾符四年駢進位尚書左僕射、潤州刺史、鎮海軍節度使，封燕國公，見舊唐書高駢傳。然張祜大中中卒，可知張祜絶不可能接受高駢的饋贈。疑此高燕公指高承簡，高崇文之子。高駢則爲高承明子、高崇文孫。舊唐書高承簡傳：「遷宋州刺史。屬汴州逐其帥，以部將李㝏行帥事，㝏遣其將責宋官私財物，承簡執而囚之。」舊唐書穆宗紀：「(長慶二年八月)以宋州刺史高承簡爲兗州刺史、兗海沂密等州節度使。」張祜此詩當是作於高承簡爲宋州刺史時。可知詩題「高燕公」并非高承簡的正式封號。生衣：絹製的夏衣。

戲贈村婦

二升酸醋瓦瓶盛，請得姑嫜十日程。赤黑畫眉臨水笑，草鞋苞脚逐風行。黄絲髮亂梳撩緊，青衿裙高踵掠輕〔一〕。想得到家相見後，父孃由喚小時名。

【校記】

踵掠輕：「踵」原作「種」，顯誤。踵爲脚跟，與「種」因字形相近致誤，徑改。

【箋注】

〔一〕⿰衤宁：通紵。紵裙即用苧麻布做的裙。

題揚州法雲寺雙檜〔一〕

謝家雙植本南榮〔二〕，樹老人亡地變更。朱頂鶴知深蓋偃〔三〕，白眉僧見小枝生。

高臨月殿秋雲影，静入風廊夜雨聲。縱使百年爲上壽〔四〕，緑陰終是借君行。

【校記】

英華、全詩題中無「題」字。

本南榮：「南」原作「圖」，從英華。

樹老人亡：「亡」全詩作「因」。

高殿：「殿」英華作「户」。

静入風廊：「廊」全詩作「簷」。

縱使百年：「縱使」原作「從此」，據英華、全詩改。

緑陰終是借君行：此句英華與全詩作「緑陰終借暫時行」。

【箋注】

〔一〕法雲寺：祝穆方輿勝覽卷四四揚州：「法雲寺，謝安故宅。劉禹錫有雙檜詩。」嘉靖維揚志卷三八：「法雲寺，在府城大東門外運司前，晉寧康二年謝安領揚州刺史，建宅於此。後安遷太保，太元十年復鎮廣陵，移居新城，其姑謝氏就於本宅爲尼建寺名法雲。安所植雙檜唐時尚存。」

〔二〕南榮：文選司馬相如上林賦：「偓佺之倫，暴於南榮。」李善注：「榮，屋南簷也。」

〔三〕朱頂鶴：李時珍本草綱目卷四七：「鶴大於鵠，長三尺，高三尺餘，喙長四寸，丹頂赤目，赤頰青脚，修頸凋尾，粗膝纖指，白羽黑翎，亦有灰色、蒼色者。嘗以夜半鳴，聲唳雲霄。雄鳴上風，雌鳴下風，聲交而孕。」

〔四〕上壽：文選嵇康養生論：「上壽百二十。」李善注引養生經：「黄帝問天老曰：『人生上壽一百二十年，中壽百年，下壽八十年，而竟不然者，皆夭耳。』」

【輯評】

胡震亨唐音癸籤卷一九：韓退之詩「前榮饌賓親」，沈括云：「禮：『洗當東榮。』屋翼謂之榮，東西注屋皆有之，未知前榮何在。」今考文選王元長曲水詩序注：「榮爲屋檐……」則屋凡有簷處皆可謂之榮矣。故李華含元殿賦有「風交四榮」之説，張祜法雲檜詩「謝家雙植本南榮」，南榮，正前榮也。

偶登蘇州重玄閣〔一〕

飛閣層層茂苑間〔二〕，夏涼秋晚好登攀。萬家前後皆臨水，四檻高低盡見山。何事越王侵敵國〔三〕，不妨遼鶴咭人寰〔四〕。五湖直下須歸去，自笑身閑迹未閑。

【箋注】

〔一〕重玄閣：重玄寺之閣。白居易白氏長慶集卷六九蘇州重玄寺法華院石壁經碑文：「院在重玄寺西若干步，寺在蘇州城北若干里。」陸廣微吴地記：「梁衛尉卿陸僧瓚天監二年旦暮見住宅有瑞雲重重覆之，遂奏請捨宅爲重雲寺，臺省誤寫爲重玄，特賜大梁廣德重玄寺。」

〔二〕茂苑：文選左思吴都賦：「帶朝夕之浚池，佩長洲之茂苑。」

〔三〕越王：魯哀公二十二年，越滅吴。

〔四〕遼鶴：舊題陶淵明搜神後記：「丁令威本遼東人，學道於靈虚山，後化鶴歸遼，集城門華表柱。時有少年舉弓欲射之，鶴乃飛，徘徊空中而言曰：『有鳥有鳥丁令威，去家千年今始歸，城郭如故人民非，何不學仙塚壘壘。』遂高上衝天。」

秋夜登潤州慈和寺塔〔一〕

清夜浮埃出井鄽，塔輪金照露華鮮〔二〕。人行中路月生海，鶴語上方星滿天〔三〕。樓影暗連深岸水，鍾聲寒徹遠溪煙。僧房閉盡下山去，一半夢魂歸世緣。

【校記】

題中「塔」，英華、全詩作「上方」。敦煌遺書斯四四四四背面録張祜詩三首，第一首失題，實即此首。

出井鄽：「出井」，英華作「暫歇」，并校曰「集作暫出，又作歇井」。

塔輪金照：「照」敦煌遺書作「洗」。

樓影暗連：「暗」英華、全詩作「半」。

遠溪煙：「溪」英華、全詩作「林」。

下山去：「下山」原作「山下」，英華、全詩作「下樓」。英華於「樓」字校曰：「集作山。」可知當作「下山」，據以改。斯四四四四此句亦作「下山」。

歸世緣：「歸」英華、全詩作「離」。

【箋注】

〔一〕慈和寺：脱因俞希魯至順鎮江志卷九：「普照寺在壽丘山顛，宋高祖故宅也，至陳立寺名慈和，宋號爲延慶寺。」

〔二〕塔輪：釋法雲翻譯名義集卷七注：「言輪相者，僧祇云：佛造迦葉佛塔，上施盤蓋，長表輪相，經中多云相輪，以人仰望而瞻相也。」

〔三〕上方：張君房雲笈七籤卷二二：「上方九天之上，清陽虛空之內，無色無象，無形無影。」

和池州杜員外題九峰樓〔一〕

秋城高柳啼晚鴉，風簾半鈎清露華。九峰叢翠宿危檻〔二〕，一夜孤光懸冷沙。出岸遠暉帆斷續，入溪寒影雁差斜。杜陵春日歸應早〔三〕，莫厭青山謝朓家〔四〕。

【校記】

全詩題作「和杜使君九華樓見寄」。

秋城高柳啼晚鴉：「秋」全詩作「孤」。「啼晚」全詩作「曉鳴」。

九峰叢翠：「叢」全詩作「聚」。

帆斷續：「斷續」全詩作「欲落」。

春日歸應早：「春日歸」全詩作「歸去春」。

【箋注】

〔一〕池州：今安徽貴池。杜員外：杜牧，會昌四年九月至六年九月爲池州刺史。九峰樓：杜牧樊川文集卷八唐故處州刺史李君（方玄）墓誌銘：「（池州）城東南隅樹九峰樓，見數十里。」又名九華樓。祝穆方輿勝覽卷一六池州：「九華樓，即子城東門樓。」

〔二〕九峰：指九華山。李白李太白全集卷二九改九子山爲九華山聯句詩序：「青陽縣南有九子山，山高數千丈，上有九峰如蓮華，按圖徵名，無所依據。……予乃削其舊號，加以九華之目。」祝穆方輿勝覽卷一六池州：「九華山，在青陽縣界，舊名九子山，李白以有峰如蓮花，改爲九華山。」

〔三〕杜陵：李吉甫元和郡縣圖志卷一京兆府：「杜陵，在（萬年）縣東南二十里，漢宣帝陵也。」杜牧有別墅在樊川，樊川在長安城南。

〔四〕謝朓：南朝齊陽夏人，字玄暉，曾爲宣城太守。樂史太平寰宇記卷一〇五太平州引輿地紀勝云：「青山，在太平州當塗縣東南三十五里。」齊宣城太守謝朓築室於山南，其宅階址尚存。

奉和池州杜員外重陽日齊山登高〔一〕

秋溪南岸菊霏霏，急管繁絃對落暉。紅葉樹深山逕斷，碧雲江浄浦帆稀。不堪孫盛嘲時笑〔二〕，願送王弘醉夜歸〔三〕。流落正憐芳意在，砧聲徒促授寒衣〔四〕。

【校記】

全詩題作「和杜牧之齊山登高」。

碧雲江浄：「浄」全詩作「静」。

流落：「落」全詩校「一作浪」。

【箋注】

〔一〕重陽：節名。吴均續齊諧記：「汝南桓景，隨費長房遊學累年，長房謂曰：『九月九日，汝家中當有災，宜急去，令家人各作絳囊，盛茱萸以繫臂，登高，飲菊花酒，此禍可除。』景如言，齊家登山。夕還，見雞犬牛羊，一時暴死，長房聞之曰：『此可代也。』今世人九日登高飲酒，婦人帶茱萸囊，蓋始於此。」齊山：祝穆方輿勝覽卷一六池州：「齊山，在貴池南五里。按王晳齊山記：有十餘峰，其高等，故名齊山。或曰以齊映得名。」魏泰臨漢隱居詩話：「池州齊山石壁有刺史杜牧、處士張祜題名。」

〔二〕孫盛：晉書孟嘉傳：「（嘉）後爲征西桓温參軍，温甚重之。九月九日，温宴龍山，僚佐畢集」，「有風至吹嘉帽墜落，嘉不之覺。温使左右勿言，欲觀其舉止。嘉良久如廁，温令取還之，命孫盛作文嘲嘉，著嘉坐處。嘉還見，即答之，其文甚美，四坐嗟歎」。

〔三〕王弘：南史隱逸傳上陶潛：「嘗九月九日無酒，出宅邊菊叢中坐，久之，逢（王）弘送酒至，即便就酌，醉而後歸。」

〔四〕授衣：古時縫製冬衣叫授衣。詩經豳風七月：「九月授衣」。

投蘇州盧中丞〔一〕

金紫清門美丈夫，聖人憂地詔分符。猶將儉德同朝客〔二〕，不着尊官傲世儒〔三〕。經術在心長説體〔四〕，吏材臨事必開模〔五〕。西來郡界逢鄉老，盡説而今是坦途。

【箋注】

〔一〕蘇州盧中丞：盧商。舊唐書盧商傳：「大和九年改京兆少尹，權大理卿事。開成初，出爲蘇州刺史。中謝日，賜金紫之服。」

〔二〕儉德：檢約謙讓之德。周易否：「天地不交，否，君子以儉德辟難。」

〔三〕世儒：曹植贈丁翼：「君子通大道，無願爲世儒。」

〔四〕經術：漢書循吏傳序：「三人（董仲舒、公孫弘、兒寬）皆儒者，通於世務，明習文法，以經術潤飾吏事，天子器之。」説體：揚雄法言寡見：「説體者莫辨乎禮。」李軌注：「禮主上下之體。」

〔五〕開模：作模範，作榜樣。張溥輯魏阮籍集阮籍答伏義書：「方開模以範俗，何暇毁質以適檢。」

投滑州盧尚書〔一〕

雨露恩重棣蕚繁〔二〕，一時旌旆列雄藩。權經兩使材尤重〔三〕，位近三台道益尊〔四〕。江海豁開爲氣岸〔五〕，河隍堅畫在心源〔六〕。門闌儘是雲霄客，應念於陵獨灌園〔七〕。

【箋注】

〔一〕滑州：唐上元二年置滑衛節度使，貞元元年更名義成軍。盧尚書爲盧弘止，大中元年至三年爲滑州刺史、義成軍節度使，見吴廷燮唐方鎮年表。

〔二〕棣蕚：詩經小雅常棣：「常棣之華，鄂不韡韡。凡今之人，莫如兄弟。」遂以喻兄弟。盧弘止爲盧綸子，有兄簡能、簡辭，弟簡求。

〔三〕兩使：會昌中討劉稹，以盧弘止爲邢洺磁三州及河北兩鎮宣慰使。還，拜工部侍郎，以户部領度支使，即謂此。見新唐書盧弘止傳。

〔四〕三台：晉書天文志上：「三台六星，兩兩而居，起文昌，列抵太微，一曰天柱，三公之位也。」

〔五〕氣岸：氣質孤高不俗。梁書張充傳張充與王儉書：「所以擯迹江皋，陽狂隴畔者，實由氣岸疏凝，情途狷隔。」

〔六〕河隍：新唐書吐蕃傳下：「湟水出蒙谷，抵龍泉與河合……故世舉西戎地曰河湟。」河湟，亦作河隍。

〔七〕於陵：陳仲子，戰國齊人。兄戴爲齊卿，仲子以爲不義，適楚，居於陵，自謂於陵仲子，身織履，妻辟纑，以易衣食。楚王聞其賢，欲以爲相，遂與妻逃去，爲人灌園。見皇甫謐高士傳卷中。

投蘇州盧郎中〔一〕

三地分符寵更深〔二〕，兩方旌旆日駸駸〔三〕。蛟龍可是池中物〔四〕，鳳鳥無非閣上音〔五〕。世重才人皆立績〔六〕，客依公子盡推心〔七〕。猶思謝尚經牛渚〔八〕，曾聽袁宏一夜吟。

【箋注】

〔一〕蘇州盧郎中：盧簡求。舊唐書盧簡求傳：「入爲吏部員外，轉本司郎中，求爲蘇州刺史。」

〔二〕三地：盧簡求爲蘇州刺史在大中初年，時其兄簡辭爲山南東道節度使，弘止爲義成軍節度使，故云。

〔三〕駸駸：馬行疾貌。詩經小雅四牡：「駕彼四駱，載驟駸駸。」

〔四〕蛟龍：三國志吳書周瑜傳：「（劉）備詣京見（孫）權，瑜上疏曰：『劉備以梟雄之姿，而有關羽、張飛熊虎之將，必非久屈爲人用者……恐蛟龍得雲雨，終非池中物也。』」

〔五〕鳳鳥：説郛弓五引尚書中侯：「堯即政七十載，鳳皇止庭，巢阿閣讙樹。」劉向説苑辨物：「黄帝降自東階，西面稽首……於是鳳乃遂集東囿，食帝竹實，棲帝梧樹，終身不去。」

〔六〕立績：建立功績。宋書沈攸之傳：「若有投命軍門，無所問，或能因罪立績，終不爾欺。」

〔七〕推心：後漢書光武帝紀上：「降者更相語曰：『蕭王推赤心置人腹中，安得不投死乎？』」

〔八〕謝尚：晉書文苑傳袁宏：「袁宏字彦伯……曾爲詠史詩，是其風情所寄。少孤貧，以運租自業。謝尚時鎮牛渚，秋夜乘月，率爾與左右微服泛江，會宏在舫中諷詠……遂駐聽久之……即迎升舟，與之譚論，申旦不寐。」牛渚：山名。李吉甫元和郡縣圖志卷二八宣州：「牛渚山，在（當塗）縣北三十五里……晉左衛將軍謝尚鎮於此。」

送劉韜秀才江陵歸寧〔一〕

出告遊方是素辭〔二〕，喜君迴棹不逾時。荆門暮指連山遠〔三〕，郢國春歸上水遲〔四〕。樽酒惜離文舉座〔五〕，郡齋誰覆仲宣棋〔六〕。殷勤莫忘趨庭日〔七〕，學禮三餘已學詩〔八〕。

【校記】

仲宣棊：「仲」原誤作「中」。仲宣爲王粲字，王象之輿地紀勝卷六五引此詩中間四句正作「仲宣」，故據以改。

【箋注】

〔一〕劉韜未詳。唐有劉軻，或此劉韜爲劉軻兄弟行。江陵：新唐書地理志四：「江陵府江陵郡，本荆州南郡。」今屬湖北。

〔二〕遊方：「方」謂出遊的確定去處。論語里仁：「父母在，不遠遊，遊必有方。」莊子大宗師：「孔子曰：『彼遊方之外者，而丘遊方之内者也。』」

〔三〕荆門：山名。酈道元水經注卷三四江水：「江水又東歷荆門、虎牙之間，荆門在南，上合下開，闇徹山南，有門像。虎牙在北，石壁色紅，間有白文，類牙形。並以物像受名。」

〔四〕郢國：即郢都。舊唐書地理志二荆州江陵府：「故楚國之郢城，今（江陵）縣北十里紀南城是也。」

〔五〕文舉：孔融字文舉。後漢書孔融傳：「及退閒職，賓客日盈其門，常歎曰：『坐上客常滿，尊中酒不空，吾無憂矣。』」

〔六〕仲宣：王粲字。三國志魏書王粲傳：「觀人圍棊，局壞，粲爲覆之。棊者不信，以帊蓋局，使更以他局爲之，用相比較，不誤一道。」

〔七〕趨庭：論語季氏：「鯉趨而過庭。曰：『學詩乎？』對曰：『未也。』『不學詩，無以言。』鯉退而學詩。他日，又獨立，鯉趨而過庭，曰：『學禮乎？』對曰：『未也。』『不學禮，無以立。』鯉退而學禮。」

〔八〕三餘：三國志魏書王肅傳裴松之注引魏略：「（董）遇言『當以三餘』。或問三餘之意，遇言：『冬者歲之餘，夜者日之餘，陰雨者時之餘也。』」

憶遊天台寄道流〔一〕

憶昨天台到赤城〔二〕，幾朝仙籟耳中生。雲龍出水風聲急〔三〕，海鶴鳴臯日色清〔四〕。石筍半山移步險，桂花當洞拂衣輕。今來盡是人間夢，劉阮茫茫何處行〔五〕？

【校記】

風聲急：「急」全詩作「過」。按：此詩全唐詩卷五一一作張祜詩，然卷二八一又作張佐詩，注云「見衆妙集」。唐有二張佐，一爲開元中進士，太平廣記卷八三有張佐，出牛僧孺玄怪録，云「開元中，前進士張佐」，即此人。一爲大曆中進士，文苑英華卷一八九收其省試秦鏡詩，亦即全唐詩卷二八一之張佐。王象之輿地紀勝卷一二台州載此詩，云「張承吉憶天台」，可證此詩爲張祜作，趙師秀衆妙集誤題。

【箋注】

〔一〕天台：山名。李吉甫元和郡縣圖志卷二六台州：「天台山，在（唐興）縣北一十里。」

〔二〕赤城：山名。元和郡縣圖志卷二六台州：「赤城山，在（唐興）縣北六里，實爲東南之名山。」

〔三〕雲龍：周易乾：「雲從龍，風從虎。」王充論衡感虚：「方今盛夏，雷雨時至，龍多登雲，雲龍相應，龍乘雲雨而行，物類相致，非有爲也。」

〔四〕鳴皐：詩經小雅鶴鳴：「鶴鳴于九皐，聲聞于野。」陸璣毛詩鳥獸蟲魚疏卷下云鶴「其鳴高亮，聞八九里，雌者聲差下」。

〔五〕劉阮：相傳東漢永平年間，剡縣劉晨、阮肇入天台山采藥，迷不得路，旬餘糧絶，遥望山上有桃樹，大有子實，攀援得上，各啖數枚。後度山出一大溪，遇二女子，姿質妙絶，相邀還家，設膳款待。有群女來，各持三五桃子，笑而言：「賀汝婿來。」居十年求歸，既出，親舊零落，邑屋改易，問訊，得七世孫。至晉太元八年，忽復去，不知所往。見劉義慶幽明録。

奉和池州杜員外南亭惜春〔一〕

草霧輝輝柳色新，前山差掩黛眉頻〔二〕。碧溪潮漲棊侵夜，紅樹花深醉度春。幾恨今年時已過，翻悲昨日事成塵。可知屈轉江南郡，還就封州詠白蘋〔三〕。

【箋注】

〔一〕杜員外爲杜牧。杜牧有殘春獨來南亭因寄張祜詩。時杜牧仍爲池州刺史。

〔二〕頻：通顰。

〔三〕白蘋：南朝梁柳惲爲吴興太守，嘗賦詩云：「汀洲采白蘋，日暖江南春。」見梁書柳惲傳、藝文類聚卷四二。

題河陽新鼓角樓〔一〕

重樓高跨兩簷開，曉夕風雲會振雷。中國最推鼙鼓地，大臣先選棟梁材。馬悲塞北千群牧〔二〕，雁到城南一半迴〔三〕。從此聖朝思將帥，上衣須脱食須推〔四〕。

【箋注】

〔一〕河陽：新唐書地理志三：「孟州，望。……有河陽軍，建中四年置。」會昌五年復置河陽節度使，治孟州。此詩爲會昌末作，時河陽節度使爲石雄，張祜有投河陽石僕射詩。

〔二〕「馬悲」句：石雄會昌初襲破回鶻，以功授豐州刺史、大德防禦等使，即謂此。見舊唐書石雄傳。

〔三〕「雁到」句：畏石雄射也。白居易白氏長慶集卷三七河陽石尚書破回鶻迎貴主過上黨射鷺鷥繪畫爲圖猥蒙見示稱歎不足以詩美之：「須知鳥目猶難漏。」自注：「尚書將入潞府，偶逢水鳥鷺鷥，引弓射之，一發中目，三軍踴躍，其事上聞，詔下美之。」

〔四〕「上衣」句：史記淮陰侯列傳韓信語：「漢王授我上將軍印，予我數萬衆，解衣衣我，推食食我，言聽計用，故吾得以至於此。」

觀楚州韋舍人新築河堤兼建兩閶門〔一〕

宴賓容易小筵成，隼擊秋原助放情〔二〕。紅袖退行鞍上語，白眉迂步馬前迎。一冬霜意先黄葉，兩路風威動翠旌。須道孔融罇已滿〔三〕，不勞臺下説餘酲。

【箋注】

〔一〕楚州：唐楚州淮陰郡，今江蘇淮安。韋舍人：韋瓘。新唐書韋正卿傳：「正卿子瓘，字茂弘，及進士第。仕累中書舍人……會昌末，累遷楚州刺史，終桂管觀察使。」葉奕苞金石録補卷二〇韋瓘永州唔溪題名：「太僕卿分司東都韋瓘大中二年過此。余大和中從中書舍人謫康州，逮今十六年，去冬楚州刺史，今年二月有桂林之命。」可知韋瓘爲楚州刺史在大中元年冬至二年二月。此詩又見永樂大典卷三五二七九真門字北閶門條，大典引元一統志：「淮安路有北閶門，唐（張）祜有陪楚州韋舍人北閶門遊燕詩。」

〔二〕隼擊：漢書五行志上：「故立秋而鷹隼擊，秋分而微霜降。」

〔三〕孔融：三國志魏書崔琰傳附孔融裴松之注引張璠漢紀：「雖居家失勢，而賓客日滿其門，愛才樂酒，常歎曰：『坐上客常滿，樽中酒不空，吾無憂矣。』」

題潤州李尚書北固新樓〔一〕

躡石攀雲一逕危，粉廊朱檻眺江湄。青山半在潮來處，碧海先看月滿時。樹色轉煙城斗峻〔二〕，水光浮草岸遥卑。西樓又起公羊意〔三〕，坐歸寒潮向渺瀰。

【箋注】

〔一〕李尚書爲李德裕。李德裕長慶二年至大和三年爲潤州刺史、浙江西道都團練觀察處置等使。全唐文卷七三一賈餗贊皇公李德裕德政碑：「明年以御史中丞統浙西六部，仍總其車服以鎮靖焉，公時年三十六，大和元年就加禮部尚書，二年加銀青光禄大夫。」可知此詩作於大和元年。唐浙西觀察使駐潤州。北固：山名。李吉甫元和郡縣圖志卷二五潤州：「北固山，在（丹徒）縣北一里，下臨長江，其勢險固，因以爲名。蔡謨、謝安作鎮，並於山上作府庫儲軍實。宋高祖云：『作鎮作固，誠有其緒，然北望海口，實爲壯觀，以理而推，固宜爲顧。』江今闊一十八里，春秋朔望有奔濤，魏文帝東征孫氏，臨江歎曰：『固天所以限南北也。』」盧憲嘉定鎮江志卷一二：「北固樓或名爲亭，輿地志：北固山有亭屋五間，蔡謨以置軍實。劉牢之敗，爲其子敬宣所焚。梁武帝改固爲顧，有登北顧樓詩。」

〔二〕斗：通陡，陡峭。史記封禪書：「成山斗入海。」司馬貞索隱：「斗入海，即斗絶曲入海也。」

〔三〕公羊意：春秋公羊傳，相傳爲戰國齊人公羊高所著。「公羊意」指公羊傳所含尊王攘夷之意，如成公十五年：「曷爲殊會吴？外吴也。曷爲外也？春秋内其國而外諸夏，内諸夏而外夷狄。」

酬張權宣州新橋秋夜對月見寄〔一〕

謝亭煙月泛清流〔二〕，千載溪山一造舟〔三〕。風定遠帆依郡郭，夜深寒笛起江樓。

張憑逆旅逢新唱〔四〕，王粲從軍值勝遊〔五〕。長愛征南杜公意〔六〕，不將餘力礙春秋。

【箋注】

〔一〕張權：唐尚書省郎官石柱題名度支郎中張權在楊師復後。畢沅關中金石記卷四：「張權題名，大中五年八月刻，正書。」又：「張權題名，大中□□年四月刻，行書。」宣州：唐宣州宣城郡，今安徽宣城。

〔二〕謝亭：王象之輿地紀勝卷一九寧國府：「謝公亭，在宣城縣北二里。九域志云：齊太守謝玄暉置。舊經云：謝玄暉送范雲零陵内史，此其處也。」

〔三〕張憑：晉書張憑傳：「舉孝廉，負其才，自謂必參時彦。初，欲詣（劉）惔，鄉里及同舉者共笑之，既至，惔處之下坐，神意不接，憑欲自發而無端。會王濛就惔清言，有所不通，憑於末坐判之，言旨深遠，足暢彼我之懷，一坐皆驚。惔延之上坐，清言彌日，留宿至旦，遣之。憑既還船，須臾，惔傳教覓張孝廉船，便召與同載，遂言之於簡文帝。」

〔五〕王粲：文選王粲從軍詩五首李善注：「魏志曰：建安二十年三月，公（曹操）西征張魯，魯及五子降，十二月，至自南鄭。是行也，侍中王粲作五言詩以美其事。」

〔六〕杜公：杜預曾以本官假節行平東將軍領征南軍事。晉書杜預傳：「既立功之後，從容無事，乃耽思經籍，爲春秋左氏經傳集解。又參考衆家譜第，謂之釋例。又作盟會圖、春秋長曆，備成一家之學，比老乃成。」

題宛陵新橋兼獻裴尚書〔一〕

富平津路遠陵開〔二〕，武庫森森又姓裴〔三〕。高步已吟攜手句〔四〕，上聞初喜造舟才〔五〕。霜明華表塵初静，月正欄干斗乍回。猶憶醉歌南浦夜，五更人過萬聲雷。

【箋注】

〔一〕宛陵：唐宣州宣城郡舊名宛陵。裴尚書：裴休，大中元年至三年爲宣州刺史、宣歙觀察使，見吴廷燮唐方鎮年表。裴休祖父名宣，詩不言宣州而言宛陵，蓋避裴休家諱。

〔二〕富平津：酈道元水經注卷五河水：「故曰孟津，亦曰盟津，尚書所謂東至於孟津者也，又曰富平津。晉陽秋曰『杜預造河橋於富平津』，所謂造舟爲梁也。又謂之陶河。」

〔三〕武庫：杜預有杜武庫之稱。又裴頠弘雅有遠識，博學稽古，御史中丞周弼見而歎曰：「頠若武庫，五兵縱横，一時之傑也。」見晉書裴頠傳。

〔四〕攜手：文選載李陵與蘇武詩三首，其中有「攜手上河梁，遊子暮何之」之句。

〔五〕造舟：晉書杜預傳：「預又以孟津渡險，有覆没之患，請建河橋於富平津。議者以爲殷周所都，歷聖賢而不作者，必不可立故也。預曰：『造舟爲梁，則河橋之謂也。』及橋成，帝從百僚臨會，舉觴屬預曰：『非君，此橋不立也。』對曰：『非陛下之明，臣亦不得施其微巧。』」

賦得福州白竹扇子

金泥小扇漫多情〔一〕，未勝南功巧織成。藤縷雪光纏柄滑，篾編銀薄露華輕。清風坐向羅衫起，明月看從玉手生。猶賴早時君不棄，每憐初作合歡名〔二〕。

【校記】

此詩全詩卷八八三收入補遺二中。百家、全詩題下注曰「探得輕字」。

未勝南功：「功」百家、全詩作「工」。

篚編：「編」百家、全詩作「鋪」。

【箋注】

〔一〕金泥：亦稱泥金，用金屑在器物上描繪或寫字。

〔二〕合歡：合歡扇，即團扇。文選班婕妤怨歌行：「裁爲合歡扇，團團似明月。」

所居即事六首 丹陽閑居寄鄭明府如範上人

南下丹陽一水灣，陋居瓢飲是希顏〔一〕。來爲野鳥入春郭，去作溪雲歸夜山。蓬鬢已衰言必賤，竹門雖立意無關。陶潛惠遠如相愛〔二〕，朝訪遺民暮却還〔三〕。

【箋注】

〔一〕瓢飲：漢書貨殖傳：「而顏淵簞食瓢飲，在於陋巷。」顏師古注：「一簞之飯，一瓢之飲，至貧也。」希顔：仰慕顔淵。太平御覽卷八九七引揚雄法言：「希驥之馬，亦驥之乘也；希顔之人，亦顔之徒也。」隋書崔廓傳廓子賾答豫章王書：「本無意於希顔，豈有心於慕藺。」

〔二〕惠遠：晉僧，居廬山，與劉遺民、裴永、雷次宗、宗炳等十八人同修浄土，共期西方，號蓮社。曾以書招陶淵明入社。此以惠遠喻如範上人，陶令喻鄭明府，下句之遺民則是自喻。

〔三〕遺民：劉遺民，南朝宋人。曾結廬西林，蔽以榛莽，不應公侯辟召。見陳舜俞廬山記卷三十八賢傳劉遺民。

其二　溪上小齋

日暮空齋對小溪，遠村歸岸醉如泥〔一〕。杜鵑花落杜鵑叫〔二〕，烏臼葉生烏臼啼〔三〕。野食不妨菰作飯〔四〕，園蔬何必稻爲齏〔五〕。辛勤最愛孟光意〔六〕，除却梁鴻無急妻。

【校記】

第三、四句亦見葉廷珪海録碎事卷二二，「花落」作「花發」，「葉生」作「花生」。

【箋注】

〔一〕醉如泥：後漢書儒林傳周澤：「一歲三百六十日，三百五十九日齋。」李賢等注：「漢官儀此下云：『一日不齋醉如泥。』」

〔二〕杜鵑：詩話總龜前集卷二一引古今詩話：「映山紅，生於山坡欹側之地，高不過五六尺，花繁而紅，輝映山林，開時杜鵑始啼，又名杜鵑花。」又鳥名。漢書揚雄傳揚雄反離騷：「徒恐鷤鴂之將鳴兮。」顔師古注：「鷤鴂鳥一名買鵤，一名子規，一名杜鵑，常以立夏鳴，鳴則衆芳皆歇。」

〔三〕烏臼：北堂書鈔卷一四七引玄中記：「荆州有樹名烏臼，其實如胡麻子，擣其汁可爲脂，其味亦如豬脂。」又鳥名。爾雅釋鳥：「鵖鴔，鶝鵖。」郭璞注：「小黑鳥，鳴自呼，江東名爲烏鴟。」郝懿行爾雅義疏卷下之五：「玉篇：烏鴟，似鳩，有冠。爾雅翼云：今烏鴟小於烏，而能逐烏。按烏鴟即鵯鴟，因其色黑爲名，鴟、鵖，亦聲轉也。」

〔四〕菰作飯：重修政和證類本草卷一一：「陶弘景曰：菰米一名彫胡，可作餅食。」古文苑宋玉諷賦：「炊雕胡之飯，烹露葵之羹。」

〔五〕稻爲齏：晉書袁甫傳：「嘗詣中領軍何勗，自言能爲劇縣。勗曰：『唯欲宰縣，不爲臺閣職，何也？』甫曰：『人各有能有不能，譬繒中之好莫過錦，錦不可以爲帢；穀中之美莫過稻，稻不可以爲齏……』勗善之，除松滋令。」

〔六〕孟光：後漢書逸民傳梁鴻：「埶家慕其高節，多欲女之，并絶不娶。鴻同縣孟氏有女，狀肥醜而黑，力舉石臼，擇對不嫁，至年三十，父母問其故，女曰：『欲得賢如梁伯鸞者。』鴻聞而娉之。……字之曰德曜，名孟光。」又：「（鴻）每歸，妻爲具食，不敢於鴻前仰視，舉案齊眉。」「急」意爲「急需」，急切需要。

其三

牢落東溪滿鬢絲〔一〕，一身扶杖二男隨。鳴鳩在處攜書卷〔二〕，科斗生時想墨池〔三〕。日夕愛琴憐犬子〔四〕，春風詠雪喜胡兒〔五〕。我家命駕還千里，别與鱸魚爲後期〔六〕。

【校記】

第二句亦見王楙野客叢書卷二四，「男」作「兒」。

【箋注】

〔一〕牢落：寥落，落寞。文選司馬相如上林賦：「牢落陸離，爛熳遠遷。」李善注：「牢落猶遼落也。」

〔二〕鳴鳩：禮記月令季春之月：「鳴鳩拂其羽，戴勝降于桑。」詩經小雅小宛：「宛彼鳴鳩，翰飛戾天。」

〔三〕科斗：爾雅釋魚：「科斗，活東。」郭璞注：「蝦蟆子。」邢昺疏：「頭圓大而尾細，古文似之，故孔安國云皆科斗文字是也。」今寫作蝌蚪。墨池：三國志魏書劉劭傳裴松之注引文章叙録：「弘農張伯英（芝）者……臨池學書，池水盡黑。」

〔四〕犬子：史記司馬相如列傳：「少時好讀書，學擊劍，故其親名之曰犬子。」

〔五〕胡兒：世説新語言語：「謝太傅（安）寒雪日内集，與兒女講論文義，俄而雪驟，公欣然曰：『白雪紛紛何所似？』兄子胡兒曰：『撒鹽空中差可擬。』兄女（道韞）曰：『未若柳絮因風起。』公大笑樂。」胡兒爲謝朗小字。

〔六〕鱸魚：世説新語識鑒：「張季鷹（翰）辟齊王東曹掾，在洛見秋風起，因思吴中菰菜羹、鱸魚膾，曰：『人生貴得適志爾，何能羈宦數千里以要名爵？』遂命駕便歸。俄而齊王敗，時人皆謂爲見機。」

其四　春日寓言

寂寞春風意未降，酒狂詩癖舊無雙〔一〕。柳花飛處曾逢雪〔二〕，桃葉開時憶渡江〔三〕。自古不堪居陋巷〔四〕，從今休更犯危邦〔五〕。聖朝何用詢名姓，從放書生老北窗〔六〕。

【校記】

敦煌遺書伯四八七八録張祜詩四首，此首題作「春日偶言」，只存第一句與第二句前五字。「風」作「來」。

【箋注】

〔一〕酒狂：漢書蓋寬饒傳：「寬饒曰：『無多酌我，我乃酒狂。』丞相魏侯笑曰：『次公醒而狂，何必酒也。』」詩癖：梁書簡文帝紀：「雅好題詩，其序云：『余七歲有詩癖，長而不倦。』」

〔二〕柳花：謝道韞詠雪云：「未若柳絮因風起」。見世説新語言語。

〔三〕桃葉：隋書五行志上：「陳時，江南盛歌王獻之桃葉之詞曰：『桃葉復桃葉，渡江不用檝。但渡無所苦，我自迎接汝。』晉王伐陳之始，置營桃葉山下，及韓擒（虎）渡江，大將任蠻奴至新林以導北軍之應。」

〔四〕陋巷：論語雍也：「子曰：『賢哉，回也！一簞食，一瓢飲，在陋巷，人不堪其憂，回也不改其樂，賢哉回也！』」

〔五〕危邦：論語泰伯孔子語：「篤信好學，守死善道，危邦不入，亂邦不居。」

〔六〕北窗：陶淵明與子儼等書：「常言五六月中，北窗下卧，遇涼風暫至，自謂是羲皇上人。」

其五　偶作

南窮海徼北天涯，惆悵亡羊是路歧〔一〕。眼下已隳梁武佛〔二〕，耳中猶聽魏文詩〔三〕。三茅道士朝攜手〔四〕，五柳先生夜對棊〔五〕。自向廬山爲一社〔六〕，百年生計任嬰兒。

【箋注】

〔一〕路歧：列子說符：「楊子之鄰人亡羊，既率其黨，又請楊子之豎追之。楊子曰：『嘻，亡一羊，何追者之衆？』鄰人曰：『多歧路。』既反，問：『獲羊乎？』曰：『亡之矣。』曰：『奚亡之？』曰：『歧路之中又有歧焉，吾不知所之，所以反也。』」

〔二〕梁武：梁武帝蕭衍。南史梁武帝本紀稱其「溺信佛道，日止一食，膳無鮮腴，惟豆羹、糲飯而已」。唐武宗會昌五年七月，下詔毁佛，即指此事。

〔三〕魏文：魏文帝曹丕，能詩文。此當以指唐文宗，文宗亦好詩。

〔四〕三茅：祝穆方輿勝覽卷三鎮江府：「茅山，在金壇縣六十五里，即三十六洞天華陽第八洞天也，漢有三茅來治，故名。真誥云：金壇華陽之天，茅盈之祖濛得道，號金壇。」

〔五〕五柳先生：陶淵明五柳先生傳：「先生不知何許人也，亦不詳其姓氏，宅邊有五柳樹，因以爲號焉。」

〔六〕廬山：東晉僧慧遠居廬山東林寺，與劉遺民、雷次宗等十八人同修净土，中有白蓮池，因號蓮社。後人撰有蓮社高賢傳。

其六

晨起常搔兩鬢絲，小亭深坐一洿池〔一〕。牆頭鸜鵒隈花葉〔二〕，水面蜻蜓寄草枝。

賴得木奴些子力〔三〕，生憎魚婢苦頑癡〔四〕。扁舟遠棹尋春處，竹榼新醪喜自隨。

【箋注】

〔一〕洿池：池塘。宋書符瑞志中：「麒麟者……不飲洿池，不入坑穽，不行羅網。」

〔二〕鸜鵒：鳥名，即八哥。左傳昭公二十五年：「鸜鵒鸜鵒，往歌往哭。」舊題師曠禽經：「鴝鵒剔舌而語。」張華注：「山海經謂之鵒鴿，今人育其雛，以竹刀剔舌本，教之言語。謝尚能作鸜鵒舞。」

〔三〕木奴：三國吴丹陽太守李衡種橘千株，臨死謂其子曰：「汝母惡我治家，故窮如是，然吾州里有千頭木奴，不責汝衣食，歲上一匹絹，亦可足用耳。」見三國志吴書三嗣主孫休傳裴松之注引襄陽記。

〔四〕魚婢：爾雅釋魚「鱊」郭璞注：「小魚也，似鮒子而黑，俗呼爲魚婢，江東呼爲妾魚。」

贈薛鼎臣侍御〔一〕

君子清明致自强〔二〕，大寮僉語美公方〔三〕。長才上拔孤標日，利劍新磨一匣霜。

千里早時知逸足〔四〕，片言中夜許剛腸。已知金石終無變〔五〕，應蓄歸休在智囊〔六〕。

【箋注】

〔一〕薛鼎臣：未詳。

〔二〕自强：禮記學記：「知不足然後能自反也，知困然後能自强也。」

〔三〕公方：公平方正。文選任昉爲范尚書（雲）讓吏部封侯第一表：「在魏則毛玠公方，居晉則山濤識量。」

〔四〕逸足：世説新語品藻：「龐士元（統）至吴，吴人並友之。見陸績、顧劭、全琮，而爲之目曰：『陸子所謂駑馬有逸足之用，顧子所謂駑牛可以負重致遠。』或問：『如所目，陸爲勝邪？』曰：『駑馬雖精速，能致一人耳；駑牛一日行百里，所致豈一人哉！』」

〔五〕金石：後漢書王常傳：「帝於大會中指常謂群臣曰：『此家率下江諸將，輔翼漢室，心如金石，真忠臣也。』」

〔六〕智囊：史載以智囊稱者甚多，如戰國秦樗里子，見史記樗里子列傳；漢晁錯，見史記晁錯列傳；三國魏桓範，見三國志魏書曹爽傳。

偶信

浮生擾擾務華虚〔一〕，未勝東歸重結廬〔二〕。自己忘言師靖節〔三〕，非關真隱慕玄居〔四〕。無機坐上休捫虱〔五〕，失脚溪頭便釣魚〔六〕。唯恨世間些子事，兩莖衰髮爲人梳。

【箋注】

〔一〕浮生：莊子刻意：「其生若浮，其死若休。」華虚：華盛而空虚。

〔二〕結廬：陶淵明飲酒其五：「結廬在人境，而無車馬喧。」

〔三〕忘言：莊子外物：「言者所以在意，得意而忘言。」陶淵明飲酒其五：「此中有真意，欲辨已忘言。」靖節：蕭統陶淵明集序：「元嘉四年，將復徵命，會卒，時年六十三，世號靖節先生。」

〔四〕真隱：南史何尚之傳：「尚之既任事，上待之愈隆，於是袁淑乃録古來隱士有迹無名者，爲真隱傳以嗤焉。」玄居：晉書隱逸傳索襲：「會病卒，時年七十九……乃謚曰玄居先生。」

〔五〕無機：没有機詐矯飾之心。捫虱：初學記卷五引崔鴻前燕録：「王猛隱華山，桓温入關，猛披褐而詣之，一面説當代之事，捫虱而言，傍若無人。」

〔六〕失脚：失足，不得志。釣魚：史記齊太公世家：「吕尚蓋嘗窮困，年老矣，以漁釣奸周西伯。」

酬答柳宗言秀才見贈

南下天台厭絶冥〔一〕，五湖波上泛如萍。江鷗自戲爲蹤跡〔二〕，野鹿閑驚是性靈〔三〕。任子偶垂滄海釣〔四〕，戴逵虛認少微星〔五〕。金門後俊徒相唁〔六〕，且爲人間寄茯苓〔七〕。

【校記】

敦煌遺書伯四八七八録有張祜此詩，題作「答柳宗言秀才」。

厭絶冥：「冥」敦煌遺書作「溟」。

江鷗：「江」敦煌遺書作「沙」。

野鹿閑驚：「閑」敦煌遺書作「多」。

少微星：「少」原誤作「太」，據全詩與敦煌遺書改。

且爲人間：「且」敦煌遺書作「豈」。

【箋注】

〔一〕天台：山名。新唐書地理志五台州臨海縣：「有土牆山、鼻山、天台山。」

〔二〕江鷗：太平御覽卷九二五引南越志：「江鷗一名海鷗，在漲海中。」佛家以鳥飛空中了無痕迹喻萬物無實體，如涅槃經卷二：「如鳥飛空，迹不可尋。」

〔三〕野鹿：涅槃經卷一五：「又如家犬不畏於人，山林野鹿，見人怖走。瞋恚難去如守家狗，慈心易失如彼野鹿。」

〔四〕「任子」句：莊子外物：「任公子爲大鈎巨緇，五十犗以爲餌，蹲乎會稽，投竿東海，旦旦而釣，期年不得魚。已而大魚食之，牽巨鈎，錎没而下騖，揚而奮鬐，白波若山，海水震蕩，聲侔鬼神，憚赫千里。任公子得若魚，離而腊之，自制河以東，蒼梧以北，莫不厭若魚者。」

〔五〕「戴逵」句：晉書隱逸傳謝敷：「謝敷，字慶緒，會稽人也。性澄靖寡欲，入太平山十餘年。鎮軍郗愔召爲主簿，臺徵博士，皆不就。初，月犯少微，少微一名處士星，占者以隱士當之，譙國戴逵有美才，人或憂之，俄而敷死，故會稽人士以嘲吴人曰：『吴中高士，便是求死不得死。』」

〔六〕金門：闕名三輔黄圖卷三：「金馬門，宦者署。武帝時，大宛馬以銅鑄像立於署門，因以爲名。東方朔、主父偃、嚴安、徐樂，皆待詔金馬門，即此。」

〔七〕茯苓：淮南子説山：「千年之松，下有茯苓。」高誘注：「茯苓，千歲松脂也。」史記龜策列傳褚少孫補：「伏靈者，千歲松根也，食之不死。」葛洪抱朴子仙藥：「松柏脂淪入地，千歲化爲茯苓，茯苓萬歲。其上生小木，狀似蓮花，名曰木威喜芝。」

送李兵曹歸蜀

錦城春色泝江源，三峽經過幾夜猿〔一〕。紅樹兩崖開日色，碧巖千仞漲波痕。蕭蕭暮雨荆王夢〔二〕，漠漠春煙蜀帝魂〔三〕。長恐相如留滯處，富家還是卓王孫〔四〕。

【校記】

全詩題作「送人歸蜀」。

春色泝江源：「色泝江」原作「棹沂涳」，據全詩改。

開日色：「日」全詩作「霽」。

長恐相如：「恐」全詩作「怨」。

富家還是：「是」全詩作「憶」。

【箋注】

〔一〕錦城：太平御覽卷一九二引益州記：「益州城，張儀所築，錦城在州南，蜀時故宫也，其處號錦里。」

〔二〕三峽：藝文類聚卷九五引宜都山川記：「峽中猨鳴至清，諸山谷傳其響，泠泠不絶，行者歌之曰：『巴東三峽猨鳴悲，猨鳴三聲淚霑衣。』」

〔三〕荆王夢：文選宋玉高唐賦李善注引襄陽耆舊傳：「赤帝女曰姚姬，未行而卒，葬於巫山之陽，故曰巫山之女。楚懷王遊於高唐，晝寢，夢見與神遇，自稱是巫山之女，王因幸之，遂爲置觀於巫山之南，號爲朝雲。後至襄王時，復遊高唐。」

〔四〕蜀帝魂：文選左思蜀都賦：「鳥生杜宇之魄。」劉逵注引蜀記：「昔有人姓杜名宇，王蜀，號曰望帝。宇死，俗説云：宇化爲子規。子規，鳥名也。蜀人聞子規鳴，皆曰望帝也。」

〔五〕「相如」二句：史記司馬相如列傳：「會梁孝王卒，相如歸而家貧，無以自業，素與臨邛令王吉善……臨邛中多富人，而卓王孫家僮八百人，程鄭亦數百人。二人乃相謂曰：『令有貴客，爲具召之。』並召令。令既至，卓氏客以百數，至日中，謁司馬長卿，長卿謝病不能往，臨邛令不敢嘗食，自往迎相如，相如不得已，彊往，一坐盡傾。」

贈秀峰上人

時賢近喪若山崖〔一〕，却賴青雲望素乖〔二〕。强似鵷鸞趨宦達〔三〕，可勝藜藿伴僧齋〔四〕。一壺酒外終無事〔五〕，萬卷書中死便埋〔六〕。唯是江東道門子，許詢長説是吾儕〔七〕。

【校記】

題中「秀」原作「季」。敦煌遺書斯四四四四録張祜此詩僅存詩題，便作「秀峰」。按劉禹錫劉禹錫集卷一九澈上人文集紀：「上人没後十七年，予爲吴郡，其門人秀峰捧先師之文，來乞詞以志。」全唐文卷六〇五劉禹錫此文亦作秀峰，當即張祜贈詩之人，故據以改。又敦煌遺書伯四八七八録此詩第四（殘）、五、六、七、八句，「江東」作「東江」。

【箋注】

〔一〕若山崖：晉書隱逸傳祈嘉：「祈嘉字孔賓，酒泉人也。少清貧，好學。年二十餘，夜忽窗中有聲呼曰：『祈孔賓，祈孔賓，隱去來，隱去來。修飾人世，甚苦不可諧。所得未毛銖，所喪如山崖。』旦而逃去。」

〔二〕青雲：史記范雎列傳須賈語：「不意君能自致於青雲之上。」

〔三〕鵷鸞：藝文類聚卷九〇引決録注：「太史令蔡衡對曰：凡象鳳者有五：多赤色者鳳，多青色者鸞，多黃色者鵷雛，多紫色者鸑鷟，多白色者鵠。」此以喻高貴之人。

〔四〕藜藿：漢書司馬遷傳：「糲粱之食，藜藿之羹。」顔師古注：「藜，草似蓬也。藿，豆葉也。」

〔五〕一壺酒：晉書劉伶傳：「常乘鹿車，攜一壺酒，使人荷鍤而隨之，謂曰：『死便埋我。』」

〔六〕萬卷書：北史李謐傳：「每曰：『丈夫擁書萬卷，何假南面百城。』」

〔七〕許詢：世説新語言語：「許玄度出都就劉宿。」劉孝標注引續晉陽秋：「許詢字玄度，高陽人，魏中領軍允玄孫。總角秀惠，衆稱神童，長而風情簡素，司徒掾辟，不就。蚤卒。」

洛中寓懷

擾擾都門曉四開，不關名利也塵埃。千名甲第身遥占〔一〕，萬里旌銘死後來〔二〕。

洛水暮天沉莽蒼，邙山終日見崔嵬〔三〕。須知此事堪爲鏡，莫遣黄金謾作堆〔四〕。

【校記】

題中「寓懷」：百家、全詩作「感寓」。

擾擾都門曉四開：「門」百家、全詩作「城」。「曉」全詩校「一作晚」。

千名甲第身遥占：「名」百家、全詩作「門」。「占」百家、全詩作「入」。

萬里旌銘：「銘」原作「旗」，誤，據百家、全詩改。

洛水暮天沉莽蒼：「天」全詩作「煙」，并校「一作雲」。「沉」百家、全詩作「横」。

邙山終日見崔嵬：「終」「見」百家、全詩分别作「秋」「露」。

【箋注】

〔一〕甲第：史記孝武本紀：「賜（欒大）列侯甲第，僮千人。」裴駰集解：「漢書音義曰有甲乙第次，故曰第。」

〔二〕旌銘：又稱銘旌，古代置於靈柩前的旗幡，上寫死者姓名、官銜。

〔三〕邙山：樂史太平寰宇記卷三西京：「芒山，一作邙山，在（河南）縣北十里，一名平逢山，亦郟山之别名也。都城所枕。又有光武陵。……楊佺期洛城記曰：『北山連嶺修亘四百餘里，實古今東洛九原之地也。』又戴延之西征記云：『邙山西岸東垣，亘阜相屬。』……伊尹、蘇秦、張儀、扁鵲、田横、劉寛、楊修、孔融、吴後主、蜀後主、張華、嵇康、石崇、何晏、陸倕、阮籍、羊祜，皆有塚在此山。」崔嵬：此指墓前石碑。

〔四〕黄金：後漢書董卓傳載卓死後，「塢中珍藏有金二三萬斤，銀八九萬斤，錦綺繢縠紈素奇玩，積如丘山」。

【輯評】

陳鵠耆舊續聞卷八：李嘉祐詩云：「門臨蒼茫經年閉，身逐嫖姚幾日歸。」又張祜詩：「洛水暮天横蒼茫，邙山終日露崔嵬。」東坡詩：「崢嶸依絶壁，蒼茫瞰奔流。」「蒼茫」二字，古人用之皆是平聲，而此作仄聲。又石鼻城詩「獨穿暗月朦朧裏，愁渡奔河蒼茫間」，亦作仄聲。

周珽删補唐詩選脈箋釋會通評林卷四六：此見洛陽人旦起奔競名利，而英雄富貴終歸泯滅，甲第屬人，墳塚相望，故戒言當以此爲鑑，不必苦營營於名利，雖積金成堆何用也。達人醒世之語，不勝沉痛，所嫌太率露耳。所以爲晚唐。

寄獻蕭相公〔一〕

東去江山是勝遊，鼎湖相望不堪愁〔二〕。謝安近日違朝旨〔三〕，傅説當時允帝求〔四〕。暫向聊城飛一箭〔五〕，長爲滄海繫扁舟。分明此事無人見，白首相看未肯休。

【校記】

東去江山：「山」全詩作「干」。

【箋注】

〔一〕蕭相公爲蕭俛，元和十五年閏正月至長慶元年正月守中書侍郎、同中書門下平章事，見新唐書宰相表中及下。

〔二〕鼎湖：漢書郊祀志上：「黄帝采首山銅，鑄鼎於荆山下，鼎既成，有龍垂胡髯下迎黄帝，黄帝上騎，群臣後宫從上龍七十餘人，龍乃上去。餘小臣不得上，乃悉持龍髯，龍髯拔，墮，墮黄帝之弓。百姓印望黄帝既上天，乃抱其弓與龍髯號，故後世因名其處曰鼎湖，其弓曰烏號。」後用爲皇帝死亡的典故，此指唐憲宗之崩。

〔三〕謝安：東晉陽夏人，字安石，累官至太保，卒贈太傅。見晉書謝安傳。以喻蕭俛。新唐書蕭俛傳：「西川節度使王播賂權幸求宰相，俛劾播纖佞，不可污台宰，帝（穆宗）不許，自請罷，冀有感悟，帝亦不省。俄罷爲尚書左僕射。」

〔四〕傅説：史記殷本紀：「武丁夜夢得聖人，名曰説，以夢所見視群臣百吏，皆非也。於是乃使百工營求之野，得説於傅險中……故遂以傅險姓之，號曰傅説。」

〔五〕聊城：新唐書地理志三河北道：「博州博平郡，上。武德四年以魏州之聊城、武水、堂邑、高唐置。」史記魯仲連列傳：「齊田單攻聊城，歲餘，士卒多死而聊城不下。魯連乃爲書，約之矢以射城中，遺燕將。……燕將見魯連書，泣三日……乃自殺。聊城亂，田單遂屠聊城。」

送法鏡上人歸上元〔一〕

南國僧遊二十年，却因無任訪生緣。風迴建業秋歸寺，月滿秦淮夜到船〔二〕。故老盡成雙鬢雪，舊房深鎖一林煙。莫言了悟爲真理，不歎興亡在眼前。

【箋注】

〔一〕上元：縣名，唐屬昇州江寧郡。秦漢時爲秣陵，三國吳改名建業，即今江蘇南京。

〔二〕秦淮：水名，西流經南京城中，北入長江。

愛妾换馬〔一〕

一面妖桃千里蹄，嬌姿駿骨價應齊。乍牽玉勒辭金棧，催整花鈿出繡閨。去日豈無沾袂泣，歸時還有頓銜嘶。嬋娟躞蹀春風裏，揮手垂鞭楊柳堤。

【校記】

一面妖桃千里蹄：「妖」英華作「夭」。「蹄」原誤作「啼」，據英華、樂府改。

嬌姿：「嬌」英華作「芳」。

乍牽玉勒辭金棧：英華作「試牽玉勒趨金埒」。

催整：「催」英華作「初」。

沾袂泣：「袂」英華作「袖」。

歸時還有：英華作「别時猶解」。

春風裏：「裏」英華作「暮」。

【箋注】

〔一〕吴兢樂府古題要解卷下：「愛妾换馬，右其詞有淮南王，作者不知是劉安否。」郭茂倩樂府詩集卷七三雜曲歌辭：「樂府解題曰：『愛妾换馬，舊説淮南王所作，疑淮南王即劉安也。』古辭今不傳。」董斯張廣博物志卷四六引李伉獨異志：「魏曹彰，性倜儻，偶逢駿馬，愛之，其主所惜也。彰曰：『余有美妾可换，惟君所選。』馬主因指一妓，彰遂换之。馬號曰白鶻。」疑愛妾换馬即寫此事。計有功唐詩紀事卷五二張祜名下引酒徒鮑生、韋生妾换馬事，張祜爲作愛妾换馬。韋、鮑二生事出李玫纂異記，見太平廣記卷三四九韋鮑生妓，事本無稽，可不論。

【輯評】

吴景旭歷代詩話卷二七：吴旦生曰：中唐張祜作此題二律，亦引樂府解題，自注其下。然觀魏任城王曹彰，性倜儻，見駿馬愛之，其主所惜也，彰曰：「予有愛妾可换，惟君所選。」馬主因指一妓，彰遂換之。馬號白鶻，後因獵，獻於文帝。竊以任城之説，較淮南爲可據。宋人詩話乃以鮑生出四絃，换韋生紫叱撥爲證。余按唐李玖（玫之訛）異聞實録云：鮑以女妓善四絃者，换韋紫叱撥。會飲未終，有二人造席……客自稱江淹、謝莊也。則是開成以後事，引此較淮南更誤。

鷹

毛羽斑斕白苧裁，馬前擎出不驚猜。輕抛一點入雲去，喝殺三聲掠地來。緑玉觜攢雞腦破，玄金爪擘兔心開。都緣解搦生靈物，所以人人道俊哉。

【校記】

此詩全唐詩卷三六一作劉禹錫詩，題作「白鷹」，劉禹錫集未收此詩，當是張祜作。詩描寫白鷹，題當以「白鷹」爲是。

白苧裁：「苧」原作「野」，未確，據全詩改。

不驚猜：「驚」原誤作「擎」，亦據全詩改。

緑玉觜攢：「攢」原作「啗」，以詩律衡量，作「攢」是。攢，平聲，通鑽，啄破，故據全詩改。

道俊哉：「哉」原誤作「裁」，亦據全詩改。

題李戡山居〔一〕

三畝溪田竹逕通，道情交態只漁翁。青山夜入孤帆遠，碧水秋澄一檻空。自以蛙聲爲鼓樂〔二〕，聊將草色當屏風〔三〕。莫言酷學無知己，未必王音不薦雄〔四〕。

【箋注】

〔一〕李戡：唐宗室，初名飛。杜牧樊川文集卷九唐故平盧節度巡官李府君（戡）墓誌銘：「一舉進士，耻不肯試，歸晉陵陽羨里，得山水居之。始開百家書，緣飾事業。每有小功喪訖，制不食肉飲酒，語言行止皆有法度。陽羨民有鬬諍不決，不之官，人必以詣君。所著文數百篇，外於仁義，一不關筆。」又曰：「開成元年春二月，平盧軍節度使王公彦威聞君名，挈卑辭於簡，副以幣馬，請爲節度巡官。明年春，平盧府改，君西歸，病於路，卒於洛陽友人王廣思恭里第。」

〔二〕蛙聲：南齊書孔稚珪傳：「門庭之内，草萊不剪，中有蛙鳴，或問之曰：『欲爲陳蕃乎？』稚珪笑曰：『我以此當兩部鼓吹，何必期效仲舉。』」

〔三〕草色：後漢書文苑傳趙壹：「（羊）陟明旦大從車騎奉謁造壹，時諸計吏多盛飾車馬帷幕，而壹獨柴車草屏，露宿其傍。」

〔四〕王音：漢書揚雄傳贊：「初，雄年四十餘，自蜀來至遊京師，大司馬車騎將軍王音奇其文雅，召以爲門下史，薦雄待詔。歲餘，奏羽獵賦，除爲郎，給事黄門。」

題李山人園林〔一〕

幾年垂釣碧江潯，長愛嚴陵是此心〔二〕。萬壑深秋聞伐木，一溪長日看淘金。桑生壠上螟蛉挂〔三〕，竹在沙頭翡翠沉〔四〕。唯道石田堪種黍〔五〕，不將衰髮羨華簪〔六〕。

【箋注】

〔一〕李山人爲李戡。文苑英華卷三一六許渾與張處士同題李隱居林亭，與張祜此詩用韻同，可知許渾詩之張處士即張祜。唯丁卯集作張道士，誤。

〔二〕嚴陵：東漢嚴光字子陵，會稽餘姚人，與光武帝劉秀同學。劉秀即位，光隱居不見，耕於富春山。見後漢書逸民傳嚴光。

〔三〕螟蛉：詩經小雅小宛：「螟蛉有子，蜾蠃負之。」毛傳：「螟蛉，桑蟲也。」陸璣毛詩草木鳥獸蟲魚疏卷下：「螟蛉者，犍爲文學曰：桑上小青蟲也，似步屈，其色青而細小，或在草葉上。」

〔四〕翡翠：楚辭宋玉招魂：「翡翠珠被。」洪興祖補注：「翡，赤羽雀。翠，青羽雀。異物志云：『翠鳥形如燕，赤而雄曰翡，青而雌曰翠。翡大於群，其羽可以飾幃帳。』顏師古曰：『鳥各别異，非雄雌異名也。』」

〔五〕石田：多石不可耕種之田。左傳哀公十一年：「得志於齊，猶獲石田也，無所用之。」種黍：藝文類聚卷八五引續漢書：「承宫，琅耶人也，常在蒙山中耕種禾黍，臨熟，人認之，宫便推與而去。」

〔六〕華簪：陶淵明和郭主簿：「此事真復樂，聊用忘華簪。」

張祜詩集校注

〔唐〕張祜 著
尹占華 校注

下

上海古籍出版社

張承吉文集卷第八　雜詩

投河陽石僕射〔一〕

黠虜構攙槍〔二〕，將軍首出征。萬人旗下泣，一馬陣前行。對敵梟心死〔三〕，衝圍虎力生。雪霜齊擐甲，風雨驟揚兵。指點看鞭勢，喧呼認箭聲〔四〕。狂胡追過磧，貴主奪還京〔五〕。黑夜星華朗，黄昏火號明。無非刀筆吏〔六〕，獨傳説時英。

【校記】

題中「石」原作「右」，此詩投贈對象爲石雄，石雄未曾爲右僕射，舊唐書石雄傳：「累遷檢校左僕射、河南尹、河中晉絳節度使。」張祜投贈達官顯宦之作，皆書其姓，可知「右」爲「石」之訛，故徑改。

【箋注】

〔一〕石僕射爲石雄。新唐書石雄傳：「徙河中……進檢校兵部尚書，徙河陽。」資治通鑑卷二一四七唐武宗會昌四年十二月：「河中節度使石雄爲河陽節度使。」

〔二〕黠虜：謂黠戛斯，北狄之一。唐開成、會昌間攻回鶻，殺㕎馺可汗，回鶻部衆四散，殘部立烏希特勒爲烏介可汗，南渡大漠，剽党項羌、吐谷渾，擾唐邊境。故唐反擊回鶻實由黠戛斯而起。攙槍：爾雅釋天：「彗星爲欃槍。」又名天欃、天槍。史記天官書張守節正義：「天欃者，在西南，長四丈，鋭。京房云：『天欃爲兵，赤地千里，枯骨籍籍。』天文志云天槍主兵亂也。」新唐書武宗紀：「（會昌元年七月）有彗星出於羽林。……十一月壬寅有彗星出於營室。」又：「（會昌二年）三月，回鶻寇雲朔。」

〔三〕梟心：許慎説文解字：「梟，不孝鳥也，故日至捕梟磔之。」史記孝武本紀：「祠黄帝用一梟、破鏡。」裴駰集解引孟康：「梟，鳥名，食母。」但猛健，故以喻强敵。

〔四〕箭聲：陳耀文天中記卷四一引語林：「石雄，徐州人，初討劉稹，水次見白鷺，謂衆曰：『使吾射中其目，當成功。』一發如言。帝聞，下詔褒美。」

〔五〕貴主：新唐書石雄傳：「會昌初，回鶻入寇，連年掠雲朔，牙五原塞下。詔雄爲天德防禦副使，兼朔州刺史，佐劉沔屯雲州。……夜發馬邑，且登振武城望之，見罽車十餘乘，從者朱碧衣，諜者曰：『公主帳也。』雄潛使喻之曰：『天子取公主，兵合，第無動。』雄穴城夜出，縱牛馬鼓譟，直擣烏介帳，可汗大駭，單騎走。追至殺胡山，斬首萬級，獲馬牛羊不貲，迎公主還。」公主即太和公主，憲宗女，長慶元年下嫁回鶻崇德可汗，會昌三年迎歸。

〔六〕刀筆吏：從事文案工作的官員。漢書汲黯傳黯語：「天下謂刀筆吏不可以爲公卿，果然。」

宋城道中逢王直方八韻〔一〕

二年離子載，發跡自江南。馬上行尋度，途中語再三。始因窮去魏〔二〕，河北戰方酣。後以文投許〔三〕，淮西難未戡〔四〕。謫官逢李涉〔五〕，狂客見劉弇〔六〕。失意憐初話，多端耻舊諳〔七〕。茶風無奈筆〔八〕，酒禿不勝簪〔九〕。幾鬱胸中恨，聊當遂劇談〔一〇〕。

【箋注】

〔一〕唐宋州睢陽郡屬縣有宋城，見新唐書地理志二。王直方：册府元龜卷四六四：「王直方爲右補闕，大和八年三月，爲鎮州册贈副使。」又卷四八　：「大和九年，（王直方）出爲興元府城固縣令。」太平廣記卷三四六引續玄怪録：「殿中侍御史錢方義，故華州刺史禮部尚書徽之子，寶曆初，獨居長樂第……方義至中堂，悶絶欲倒，遽服麝香等並塞鼻，果無苦。父門人王直方者，居同里，久於江嶺從事，飛書求得生犀角，又服之，良久方定。」首句之「子載」當是直方字。周易坤：「象曰：地勢坤，君子以厚德載物。」又：「六二，直方大。」王直方名與字之義出此。

〔二〕魏：唐廣德元年置魏博節度使，治魏州，見新唐書方鎮表三。下句「河北戰」謂討王承宗事。資治通鑑卷二三九唐憲宗元和十一年正月：「癸未，制削王承宗官爵，命河北、幽州、義武、横海、魏博、昭義六道進討。」

〔三〕許：唐貞元三年置陳許節度使，治許州。見新唐書方鎮表二。

〔四〕淮西：至德元載置淮南西道節度使，所領州郡屢變。「淮西難」指元和十一年朝廷發兵征討淮西吴元濟事。元和十三年削平吴元濟之叛，淮西節度遂廢。

〔五〕李涉：洛陽人。官太子通事舍人，貶峽州司倉，召爲太學博士，復以事流南方。元和六年貶峽州事見舊唐書孔戣傳。李涉有岳陽别張祜詩。此句爲「逢謫官李涉」的倒裝。

〔六〕劉弇：吴□撰唐故弘農郡河中府參軍劉府君（伏）墓志并序云劉伏會昌四年卒，享年九十三，有孤子弇。見周紹良主編唐代墓誌彙編會昌〇二八。時代亦合，或即此劉弇。「狂客」謂劉弇。

〔七〕多端：多方法。漢書東方朔傳贊：「朔名過實者，以其詼達多端，不名一行。」

〔八〕茶風：飲茶過度叫茶風。敦煌遺書伯二七一八王敷茶酒論：「即見道有酒黄酒病，不見道有茶瘋茶顛。」瘋通風。

〔九〕酒禿：嗜酒而頭禿。北史魏宗室傳太武五王元孚：「孚性機辯，好酒，貌短而禿，周文帝偏所眷顧。嘗於室内置酒十瓨，瓨餘一斛，上皆加帽，欲戲孚，孚適入室，見即驚喜曰：『吾兄弟輩甚無禮，何爲竊入王家，匡坐相對？宜早還宅也。』因持酒歸。周文撫手大笑。」陶穀清異録卷二：「世有十様佛，皆禿首者也……十酒禿。」

〔一〇〕劇談：激烈的言談。文選左思蜀都賦：「劇談戲論，扼腕低掌。」

題重玄寺閣八韻〔一〕

朱閣鱗虚構〔二〕，環瞻極水鄉。青螺簇山色，白練展湖光。矗户浮雲過，斜軒早雁翔。萬簷攢肆邸，千葉溢津航。疊供儳寒碧〔三〕，飛窗漏夕陽。月輪霄輾棟，風鐸曙鏗廊。塔聳尖層出，河縈小派長。因還九霄上，凝步獨成章。

【箋注】

〔一〕重玄寺：李肇唐國史補卷中：「蘇州重元寺閣，一角忽墊。」范成大吴郡志卷三一：「能仁禪寺，在長洲縣西北二里，即梁重玄寺，入國朝爲承天寺。庭列怪石，俗傳錢王立，前有二土山，中有銅無量壽佛像，高丈餘。宣和中，禁寺觀橋梁名字以天聖皇王等爲名，改今額。」

〔二〕鱗虚：疑爲「凌虚」之誤。

〔三〕疊供：「供」疑爲「拱」之誤，拱指拱橋。儳：混雜。寒碧：指水。

投韓員外六韻〔一〕

見説韓員外，聲華溢九垓〔二〕。大川舟欲濟，荒草路初開。聳地千潯壁，森雲百丈材。狂波心上湧，驟雨筆前來。後學無人譽，先賢亦自媒〔三〕。還聞孔融表，曾薦禰衡才〔四〕。

【校記】

千尋壁：「尋」原誤作「潯」，徑改。

【箋注】

〔一〕韓員外：韓愈，元和六年爲職方員外郎。

〔二〕九垓：同九畡，猶言九州。

〔三〕自媒：曹植求自試表：「夫自衒自媒者，士女之醜行也。」宋闕名釋常談卷下：「自稱己善謂之自媒。」

〔四〕禰衡：後漢書文苑傳下禰衡：「唯善魯國孔融及弘農楊修，常稱曰：『大兒孔文舉，小兒楊德祖，餘子碌碌，莫足數也。』融亦深愛其才，衡始弱冠，融年四十，遂與爲交友，上疏薦之。」

哭京兆龐尹〔一〕

揚子津頭昔共迷〔二〕，一爲京兆隔雲泥。故人昨日同時吊，舊馬今朝別處嘶。向壁愁眉無復畫〔三〕，扶牀稚齒已能啼。也知世路名堪貴，誰信莊周論物齊〔四〕。

【校記】

揚子津頭：「津」全詩作「江」。

無復畫：「畫」原誤作「盡」，據百家、全詩改。

名堪貴：「名」全詩校「一作多」。「貴」全詩校「一作歎」。

論物齊：「論物」原作「物調」，據百家、全詩改。全詩校「一作物調，一作物論」。

【箋注】

〔一〕京兆龐尹：龐嚴。新唐書龐嚴傳：「龐嚴者，字子肅，壽州壽春人。第進士，舉賢良方正，策第一，拜拾遺。……大和五年，權京兆尹。」舊唐書文宗紀下：「（大和五年八月）丙戌，京兆尹龐嚴卒。」

〔二〕揚子津：資治通鑑卷一七七隋文帝開皇十年：「（楊）素帥舟師自楊子津入。」胡三省注：「楊子津，在今真州楊子縣南。」

〔三〕畫眉：漢書張敞傳：「然敞無威儀，時罷朝會，過走馬章臺街，使御史驅，自以便面拊馬，又爲婦畫眉，長安中傳張京兆眉憮。有司以奏敞，上問之，對曰：『臣聞閨房之内，夫婦之私，有過於畫眉者。』」

〔四〕論物：莊子有齊物論，以齊是非、齊物我、齊彼此、齊夭壽爲主旨。

【輯評】

丘迥刊刻王荆公唐百家詩選何焯批：酷駡，却仍藴藉。

寓懷寄蘇州劉郎中〔一〕

一聞周邵佐明時〔二〕，西望都門强策羸。天子好文才自薄，諸侯力薦命猶奇〔三〕。賀知章口徒勞説〔四〕，孟浩然身更不疑〔五〕。唯是勝遊行未遍，欲離京國尚遲遲。

【校記】

全詩於題下注曰：「時以天平公薦罷歸。」天平公謂令狐楚，時爲鄆州刺史、天平軍節度使。

【箋注】

〔一〕劉郎中：即劉禹錫，大和五年十月由禮部郎中、集賢學士出爲蘇州刺史，八年七月改汝州刺史。

〔二〕周邵：周公姬旦與召公姬奭，二人皆周武王之弟，成王繼位，二人共同輔政，史稱周召。

〔三〕命奇：古人以偶數爲吉，奇數爲兇。史記李將軍列傳：「大將軍（衛）青亦陰受上誡，以爲李廣老，數奇，毋令當單于。」

〔四〕賀知章：孟棨本事詩高逸第三：「李太白初自蜀至京師，舍於逆旅，賀監知章聞其名，首訪之，既奇其姿，復請所爲文，出蜀道難以示之。讀未竟，稱賞者數四，號爲謫仙，解金龜換酒，與傾盡醉。期不間日，由是稱譽光赫。」

〔五〕孟浩然：舊唐書文苑傳下孟浩然：「孟浩然，隱鹿門山，以詩自適。年四十來遊京師，應進士不第，還襄陽。張九齡鎮荆州，署爲從事，與之唱和，不達而卒。」

【輯評】

王棶野客叢書卷八：（黄）魯直詩曰：「管城子無食肉相，孔方兄有絶交書。」今謂此體魯直創見，僕謂不然。唐詩此體甚多，張祜曰：「賀知章口徒勞説，孟浩然身更不疑。」李益曰：「柳吴興近無消息，張長公貧苦寂寥。」貫休曰：「郭尚父休誇塞北，裴中令莫説淮西。」杜荀鶴曰：「卷一箔絲供釣線，種千林竹作漁竿。」皆此句法也，讀之似覺齟齬，其實協律。

登杭州龍興寺三門樓〔一〕

十里江城下渺漫，兩層樓上倚欄干。偏宜竹翠山長潤，早見梅花地少寒。沙觜漸平人改路，潮痕初静鳥移灘。高樓酒夜誰家笛？一曲涼州夢裏殘〔二〕。

【箋注】

〔一〕龍興寺：潛説友咸淳臨安志卷七六：「大中祥符寺，在禮部貢院西，梁大同二年邑人鮑侃捨宅爲寺，舊名發心，唐正（貞）觀中改衆善，神龍元年改中興，三年改龍興，本朝大中祥符初改賜今額。」

〔二〕涼州：郭茂倩樂府詩集卷七九近代曲辭：「樂苑曰：『涼州，宫調曲，開元中西涼府都督郭知運進。』樂府雜録曰：『梁州曲，本在正宫調中，有大遍、小遍，至貞元初，康崑崙翻入琵琶玉宸宫調，初進曲在玉宸殿，故有此名，合諸樂即黄鍾宫調也。』」

題李庠郊居〔一〕

揚子東灣下板橋〔二〕，密籬迂巷半通橈。霜鳴郭外深秋月〔三〕，水到門前半夜潮。看着竹林成舊筍，别來琪樹長新條〔四〕。相逢未語平生意，莫忘傾罇慰寂寥。

【校記】

題中「題」字原作「贈」，於文義不符，張承吉文集卷首目録作「題」，據以改。

【箋注】

〔一〕李庠：新唐書宗室世系表上載李程有子「秘書省秘書郎庠」，即李廓弟，當即此人。

〔二〕板橋：王存元豐九域志卷五淮南路：「江都，二十五鄉，揚子、板橋、大儀、灣頭、邵伯、宜陵、瓜洲七鎮。」

〔三〕霜鳴：山海經中山經：「（豐山）有九鐘焉，是知霜鳴。」郭璞注：「霜降則鐘鳴，故言知也。」

〔四〕琪樹：全唐詩卷四八一李紳琪樹詩自注：「琪樹垂條如弱柳，結子如碧珠，三年子可一熟，每歲生者相續，一年緑，二年碧，三年者紅，綴於條上，璀錯其間。」

江上旅泊呈池州杜員外〔一〕

牛渚南來沙岸長〔二〕，遠吟佳句望池陽。野人未必非毛遂〔三〕，太守還須是孟嘗〔四〕。江郡風流今絶世，杜陵才子舊爲郎。不妨酒夜因閒語，別指東山是醉鄉〔五〕。

【校記】

全詩題無「池州」二字，詩僅前四句。

【箋注】

〔一〕池州杜員外爲杜牧，有酬張祜處士見寄長句四韻。唐池州又名池陽，見元和郡縣圖志卷二八池州。

〔二〕牛渚：李吉甫元和郡縣圖志卷二八宣州：「牛渚山，在（當塗）縣北三十五里，山突出江中，謂之牛渚圻，津渡處也。……晉左衛將軍謝尚鎮於此。温嶠至牛渚，燃犀照諸靈怪，亦在於此。」

〔三〕毛遂：戰國趙平原君的門客，原無所著名，趙孝成王九年秦攻趙，平原君求救於楚，毛遂自請隨往。既至楚，平原君與楚王言合縱，迄日中不決，毛遂按劍迫楚王，説以利害，定縱約歸，平原君以爲上客。見史記平原君列傳。

〔四〕孟嘗：戰國齊孟嘗君田文，承襲其父靖郭君田嬰的封爵，以好客著稱，門下食客至數千人。見史記孟嘗君列傳。

〔五〕東山：晉書謝安傳：「安雖受朝寄，然東山之志始末不渝。」浙江上虞縣西南有東山，謝安早年隱居於此。臨安、金陵均有東山，也是謝安遊憩之地。

題臨平驛亭〔一〕

津亭一望海西壖，舊説湖開是幾年。風起半山雲出寺，雨餘深岸水平船。竹枝上拔高高笋，荷葉中藏小小蓮。長愛向南些子地，兩三家近野唐邊。

【箋注】

〔一〕臨平：酈道元水經注卷四〇漸江水：「浙江又東合臨平湖……傳言：此湖草薉壅塞，天下亂；是湖開，天下平。孫皓天璽元年，吴郡上言：臨平湖自漢末穢塞，今更開通。又於湖邊得石函，函中有小石，青白色，長四寸，廣二寸餘，刻作皇帝字，於是改天册爲天璽元年。孫盛以爲元皇中興之符徵，五湖之石瑞也。」

窮居

陋巷長聞君子窮〔一〕，我生寧免困儒宫〔二〕。辛勤自灌一畦韭〔三〕，鹵莽還開三徑蓬〔四〕。竹下喜逢青眼士〔五〕，草中甘作白頭翁〔六〕。佳期日暮不知處，把釣徒吟江上風。

【校記】

把釣徒吟：「釣」原作「鈎」，平仄不諧，且不成語，徑改。

【箋注】

〔一〕君子窮：論語衛靈公：「君子固窮，小人窮斯濫矣。」

〔二〕儒宫：禮記儒行：「儒有一畝之宫，環堵之室，蓽門圭窬，蓬户甕牖。」

〔三〕一畦韭：劉向說苑反質：「衛有五丈夫，俱負缶而入井，灌韭，終日一區。鄧析過，下車教之曰：『爲機，重其後，輕其前，命曰橋，終日溉韭，百區不倦。』五丈夫曰：『吾師言曰：有機知之巧，必有機知之敗，我非不知也，不欲爲也，子其往矣。我一心溉之，不知已也。』」

〔四〕三徑：初學記卷一八引三輔決録：「蔣詡字元卿，舍中三徑，唯羊仲、裘仲從之遊，二仲皆推廉逃名。」

〔五〕竹下：晉書嵇康傳：「所與神交者，惟陳留阮籍、河内山濤。豫其流者，河内向秀、沛國劉伶、籍兄子咸、琅邪王戎，遂爲竹林之遊，世所謂竹林七賢也。」

〔六〕白頭翁：李白李太白全集卷二四見野草中有名白頭翁者：「如何青草裏，亦有白頭翁。」王琦注引名醫别録：「白頭翁處處有之，近根處有白茸，狀似白頭老翁，故以爲名。」

題干越亭〔一〕

扁舟亭下駐煙波，十五年遊重此過。洲觜露沙人渡淺，樹梢藏竹鳥啼多。山銜落照欹紅蓋，水蹙斜紋卷緑羅。腸斷中秋正圓月，夜來誰唱異鄉歌？

【校記】

題「干」原作「千」，全詩作「于」，皆誤。施肩吾有宿干越亭，羅隱有干越亭，皆可證「干」是。張承吉文集卷首目録正作「干」，據改。詩話總龜前集卷一五引楊文公談苑録張祜此詩頗有不同。

【箋注】

〔一〕干越亭：樂史太平寰宇記卷一〇七饒州：「干越亭，越絶書云：『余大越故界，即謂干越也。』在（餘干）縣東南三十步，屹然孤嶼，古之游者多留題章句焉。」

【輯評】

詩話總龜前集卷一五引楊文公談苑：楊文公罷處州，過饒州餘干縣，登干越亭，前瞰琵琶洲，後枕思禪寺，天下絶境，古今留題百餘篇。張祜詩云：「扁舟亭下駐煙波，十五年遊重此過。洲觜露沙人渡淺，樹梢藏竹鳥啼多。層瀾漲水痕猶在，古板題詩字已訛。況是高秋正圓月，可堪聞唱異鄉歌？」

洪邁容齋三筆卷六：吾州餘干縣東干越亭，有琵琶洲在下，唐劉長卿、張祜輩皆留題。紹興中王洋元勃一絶句云：「塞外風煙能記否？天涯淪落自心知。眼中風物參差是，只欠江州司馬詩。」真佳句也。

寄王尊師

天台南洞一靈仙〔一〕，骨聳冰稜貌瑩然。曾對㑳蒲長昧齒〔二〕，重來華表不知年〔三〕。溪橋晚下玄黿出〔四〕，草路深行白鹿眠〔五〕。猶憶夜深華蓋上〔六〕，更無人處話丹田〔七〕。

【校記】

曾對樗蒲：「樗蒲」全詩作「浦雲」。

草路深行：「路」全詩作「露」。

【箋注】

〔一〕天台：祝穆方輿勝覽卷八台州：「天台山，在天台縣西一百一十里。臨海記：『天台山超然秀出，山有八重，視之如一，高一萬八千丈，周迴八百里，又有飛泉垂流，千仞似布。』洞天福地記：『天台山名上清玉平之天，即桐柏真人所理，亦名桐柏山。』」

〔二〕樗蒲：古代博戲。楚辭宋玉招魂：「菎蔽象棊，有六簙些。」洪興祖補注：「古博經云：博法，二人相對坐，向局，局分爲十二道，兩頭當中名爲水，用棊十二枚，六白六黑，又用魚二枚，置於水中。其擲采以瓊爲之，瓊畟方寸三分，長寸五分，鋭其頭，鑽刻瓊四面爲眼，亦名爲齒。」晉書葛洪傳：「性寡欲，無所愛翫，不知棊局幾道，樗蒲齒名。」

〔三〕華表：舊題陶潛搜神後記：「丁令威本遼東人，學道於靈虚山，後化鶴歸遼，集城門華表柱。時有少年舉弓欲射之，鶴乃飛，徘徊空中而言曰：『有鳥有鳥丁令威，去家千年今始歸，城郭如故人民非，何不學仙塚累累。』遂高上衝天。」

〔四〕玄龜：初學記卷三〇引雜書：「靈龜者，玄文五色，神靈之精也，上隆法天，下平法地，能見存亡，明於吉凶。王者不偏黨，尊耆老，則出。」陳耆卿嘉定赤城志卷二四：「靈龜潭在（黄巖）縣西六十五里。」

〔五〕白鹿：葛洪抱朴子對俗：「虎及鹿、兔，皆壽千歲，壽滿五百歲者，其毛色白。」傳説仙人多騎白鹿，如晉書隱逸傳陶淡：「養一白鹿以自偶，親故有候之者，輒移渡澗水，莫得近之。」嘉定赤城志卷二二：「鹿頭峰在（寧海）縣西一百里，與天台接。」

〔六〕華蓋：祝穆方輿勝覽卷八台州：「華頂峰，在天台縣東北六十里，蓋天台第八重最高處，高一萬丈，絶頂東望滄海，俗號望海尖。」

〔七〕丹田：道家稱人身臍下三寸處爲丹田。抱朴子至理：「凝澄泉於丹田，引沉珠於五城。」

題贈崔權處士

讀盡儒書鬢皓然，身遊城市意林泉。已因駿馬成三逕〔一〕，猶恨胡麻欠一廛〔二〕。真玉比來曾不磷〔三〕，直鈎從此更誰憐〔四〕？遺民莫恨無高躅〔五〕，陶令而今亦甚賢〔六〕。

【校記】

此詩亦見永樂大典卷一三四五〇二置士字處士條。

身遊城市：「市」，大典作「下」。崔權未詳。

【箋注】

〔一〕三逕：太平御覽卷五一〇引嵇康高士傳：「蔣詡字元卿，杜陵人，爲兗州刺史。王莽爲宰衡，詡奏事到灞上，稱病不進，歸杜陵，荆棘塞門，舍中三徑，終身不出。時人諺曰：『楚國二龔，不如杜陵蔣翁。』」

〔二〕胡麻：葛洪抱朴子仙藥：「巨勝一名胡麻，餌服之不老，耐風濕，補衰老也。」一廛：周禮地官遂人：「上地，夫一廛，田百晦，萊五十晦。」賈公彦疏：「詩所云『三百廛兮』也……故亦廛表税也。」

〔三〕不磷：論語陽貨：「不曰堅乎？磨而不磷；不曰白乎？涅而不緇。」

〔四〕直鈎：劉向列仙傳卷上：「吕尚者，冀州人也……西適周，匿於南山，釣於磻溪，三年不獲魚。」全唐文卷七一九蔣防吕望釣玉璜賦：「昔太公之未遇也，隱於渭之濱，釣於渭之津，坐磻石而不易其操，垂直鈎而不撓其神。」

〔五〕遺民：劉遺民。宋書周續之傳：「時彭城劉遺民遁跡廬山，陶淵明亦不應徵命，謂之尋陽三隱。」

〔六〕陶令：謂陶淵明，曾爲彭澤縣令。

酬餘姚鄭模明府見贈長句四韻〔一〕

仙令東來值勝遊，人間稀遇一扁舟。萬重山色連江徼，十里溪聲到縣樓。吏隱不妨彭澤遠〔二〕，公才多謝武城優〔三〕。生疎莫笑滄浪叟，白首直竿是直鈎〔四〕。

【校記】

此詩亦見永樂大典卷一一〇〇〇六姚府字明府條。題中「模」原作「摸」，據大典改。

白首直竿：「直竿」疑爲「持竿」或「垂竿」之誤。莊子秋水：「莊子釣於濮水，楚王使大夫二人往先焉，曰：『願以境内累矣。』莊子持竿不顧。」

【箋注】

〔一〕餘姚：縣名，唐屬越州會稽郡。鄭模：即卷一酬鄭模司直見寄之鄭模。唐人稱縣令爲明府。

〔二〕吏隱：舊時士大夫自謂不以利禄縈心，雖居官而猶如隱居。如宋之問藍田山莊：「宦遊非吏隱，心事好幽偏。」彭澤：縣名。陶淵明曾爲彭澤令。

〔三〕武城：論語雍也：「子游爲武城宰。」又陽貨：「子之武城，聞絃歌之聲，夫子莞爾而笑，曰：

『割雞焉用牛刀！』」

〔四〕直鉤：楚辭東方朔七諫哀命：「以直鍼而爲釣兮，又何魚之能得？」相傳姜太公釣於渭濱，直鉤無餌，距水面三尺，曰：「負命者上鉤來！」見武王伐紂平話卷中。此説唐已有之，如全唐詩卷三八八盧仝直鉤吟：「人鉤曲，我鉤直，哀哉我鉤又無食。文王已没不復生，直鉤之道何時行？」全唐文卷七一九蔣防吕望釣玉璜賦：「昔太公之未遇也，隱於渭之濱，釣於渭之津，坐磻石而不易其操，垂直鉤而不撓其神。」

早秋貴溪南亭晚眺〔一〕

溪流照檻肅埃氛，百里秋光草樹分。青壁峻時山背日，碧潭空處水銷雲。千尋下徹魚無隱，一點高飛鷺出群。迴首故鄉人未去，亂蟬聲噪不堪聞。

【箋注】

〔一〕貴溪：縣名，唐屬信州。今江西貴溪。

壽州裴中丞出柘枝〔一〕

青娥十五柘枝人，玉鳳雙翹翠帽新。羅帶却翻柔紫袖，錦靴前踏没紅茵。深情記處常低眼，急拍來時旋折身。愁見曲終如夢覺，又迷煙水漢江濱〔二〕。

【箋注】

〔一〕裴中丞當爲裴墉。新唐書宰相世系表一上東眷裴氏：「墉，壽州刺史。」全唐詩卷四八一李紳轉壽春守大和庚戌歲二月祗命壽陽時替裴五墉終歿因視壁題自墉而上或除名在邊坐殿歿凡七子無一存焉……詩，知裴墉爲李紳前任，約大和二年至三年裴墉爲壽州刺史。柘枝：郭茂倩樂府詩集卷五六舞曲歌辭柘枝詞：「樂苑曰：『羽調有柘枝曲，商調有屈柘枝。此舞因曲爲名，用二女童，帽施金鈴，抃轉有聲，其來也，於二蓮花中藏，花坼而後見，對舞相占，實舞中雅妙者也。』……按今舞人衣冠類蠻服，疑出南蠻諸國也。」陳暘樂書卷一八四：「柘枝舞童，衣五色繡羅寬袍，胡帽銀帶。」

〔二〕漢江：劉向列仙傳卷上：「江妃二女者，不知何所人也，出遊於江漢之湄，逢鄭交甫，見而悦之，不知其神人也。謂其僕曰：『我欲下請其佩。』……遂手解佩與交甫，交甫悦受而懷之，中當心，趨去數十步，視佩，空懷無佩。顧二女，忽然不見。」

金吾李將軍柘枝

促疊蠻鼉引柘枝〔一〕，卷簷虛帽帶交垂。紫羅衫宛蹲身處，紅錦靴柔踏節時。微動翠蛾抛舊態〔二〕，慢遮檀口唱新詞。看看舞罷輕雲起，却赴襄王夢裏期〔三〕。

【校記】

才調集與全詩題作「觀楊瑗柘枝」。

促疊蠻鼉：「促」原作「足」，據才調集、全詩改。

卷簷虛帽：「卷」原誤作「巷」，亦據上改。

慢遮：「慢」才調集作「緩」。

看看舞罷：「看看」原作「客看」，此從才調集。尾聯又見日本上毛河世寧輯全唐詩逸卷中張牙詩斷句，題「柘枝歌」。「牙」當爲「𤘍」之形誤，𤘍與祜同音，爲日文音譯。

【箋注】

〔一〕促疊：急促的鼓聲。文選謝朓鼓吹曲：「凝笳翼高蓋，疊鼓送華輈。」李善注：「徐引聲謂之凝。」「小擊鼓謂之疊。」蠻鼉：亦謂鼓聲。鼉鳴如桴鼓，故云。

〔二〕翠蛾：崔豹古今注雜注問答釋義：「魏宫人好畫長眉，今多作翠眉、警鶴髻。」

〔三〕襄王：文選宋玉神女賦：「楚襄王與宋玉遊於雲夢之浦，使宋玉賦高唐之事，其夜王寢，果夢與神女遇，其狀甚麗。」末語意帶猥褻，然亦唐人通常寫法。

【輯評】

吴景旭歷代詩話卷五〇：韻語陽秋云：「柘枝舞起於南蠻諸國，而盛於李唐。」章孝標云「柘枝初出鼓聲招，花鈿羅裙聳細腰」，言當招之以鼓。張承福（吉之訛）云「白雪慢回拋舊態，黄鶯嬌轉唱新詞」，言當雜之以歌。而鄭在德詩云「三敲畫鼓聲催急，一朵紅蓮出水遲」，則所用者一人而已。法振詩云「畫鼓催來錦臂攘，小娥雙起整霓裳」，則所用者又二人。按樂苑：用二女童，帽施金鈴，其來也，於二蓮花中藏，花坼而後見。則當以二人爲正。

周員外出雙舞柘枝妓〔一〕

畫鼓拖環錦臂攘〔二〕，小娥雙换舞衣裳。金絲蹙霧紅衫薄，銀蔓垂花紫帶長。鸞影乍迴頭對舉，鳳聲初歇翅齊張。一時折腕招殘拍，斜斂輕身拜玉郎。

【校記】

才調集、全詩題作「周員外席上觀柘枝」。

頭對舉：「對」全詩作「并」。

一時折腕：「折」才調集、全詩作「欻」。

【箋注】

〔一〕周員外當即池州刺史周墀。王溥唐會要卷六八：「大曆十二年五月一日敕：刺史有故及缺，使司不得差攝……昨者，宣州觀察使于敖所差周墀知池州，若據敕旨，便合奏劾。」于敖大和二年至四年爲宣歙觀察使，可知周墀權攝池州刺史在大和三年或四年。

〔二〕畫鼓：納蘭性德淥水亭雜識卷二：「李紳（按：當作張祜）周員外席上觀柘枝詩『畫鼓拖環錦臂攘』，今京師迎年鼓製，施兩銅環，以手擊之，高下環聲相間，疑即其遺製也。」

池州周員外出柘枝〔一〕

紅筵高設畫堂開，小妓粧成爲舞催。珠帽著聽歌遍匝，錦靴行踏鼓聲來。纖纖玉筍羅衫撮，戢戢金星鈿帶迴。長恐周瑜一私顧〔二〕，不教閑客望瑤臺〔三〕。

【箋注】

〔一〕周員外即周墀。

〔二〕周瑜：三國志吴書周瑜傳：「瑜少精意於音樂，雖三爵之後，其有闕誤，瑜必知之，知之必顧。故時人謡曰：『曲有誤，周郎顧。』」

〔三〕瑤臺：楚辭屈原離騷：「望瑤臺之偃蹇兮，見有娀之佚女。」王逸注：「吕氏春秋曰：有娀氏有美女，爲建高臺而飲食之。」

感王將軍柘枝妓殁

寂寞春風舊柘枝，舞人休唱曲休吹。鴛鴦鈿帶抛何處？孔雀羅衫付阿誰？畫鼓不聞招節拍，錦靴空想挫腰支。今來座上偏惆悵，曾見堂前教徹時。

【校記】

舞人休唱曲休吹：才調集作「美人休舞曲停吹」。

鴛鴦鈿帶：「鈿」原作「錦」，從才調集。本事詩嘲戲第七與唐摭言卷一三引此兩句亦皆作「鈿」。

錦靴空想：「空」才調集作「虛」。

偏惆悵：才調集作「翻如醉」。

曾見堂前：「見」全詩作「是」。「堂前」才調集作「梨園」。

【輯評】

馬位秋窗隨筆：唐詩歌舞中多用靴字，張祜「畫鼓不聞招節拍，錦靴空想挫腰肢」，舒元輿「湘江舞罷忽成悲，便脱蠻靴出絳帷」，太白詩「吴姬十五細馬馱，青黛畫眉紅錦靴」，杜牧詩「舞靴一任傍人看」。按圖畫見聞志：「唐代宗朝，令宮人侍左右者穿紅錦勒靴。」想當時妝飾如此。

贈柘枝

鴛帶排方鏤緑牙〔一〕，紫羅衫卷合歡花〔二〕。當筵舞汗銷胸雪，入破凝姿動臉霞〔三〕。帽側蹙腰鈴數轉，亞身招拍腕頻斜。須臾曲罷歸何處？稱道巫山是我家〔四〕。

【箋注】

〔一〕排方：王得臣麈史卷上：「今帶止用九胯，四方五圓，乃九環之遺製。胯且留一眼，號曰古眼，古環象也。……至和、皇祐間爲方胯，無古眼，其稀者目曰稀方，密者目曰排方。」胯爲腰帶上用以佩物的飾件。

〔二〕合歡：植物名，葉似槐，至晚則合，故曰合歡，又曰合昏。此指羅衫上所繡的圖案。

〔三〕入破：唐大曲由散序、歌、排遍、入破、徹幾部分組成，散序無拍，歌與排遍緩拍，入破與徹急拍。

〔四〕巫山：酈道元水經注卷三四江水：「郭景純云：丹山在丹陽，屬巴，丹山西即巫山者也。又帝女居焉，宋玉所謂天帝之季女，名曰瑶姬，未行而亡，封於巫山之陽，精魂爲草，寔爲靈芝。所謂巫山之女，高唐之阻，旦爲行雲，暮爲行雨，朝朝暮暮，陽臺之下。旦早視之，果如其言，故爲立廟，號朝雲焉。」

觀杭州柘枝

梁州唱罷鼓殷雷〔一〕，軟骨仙娥起暫迴。紅罨畫衫纏腕出〔二〕，碧排方銙背腰來〔三〕。傍收拍拍金鈴擺，却踏聲聲錦靿摧。看着遍頭雙袖褶，粉屏香帕又重偎。

【校記】

題中「觀」原作「贈」，從才調集與全詩。

梁州唱罷鼓殷雷：才調集、全詩作「舞停歌罷鼓連催」。

軟骨仙娥起暫迴：「仙」原作「纖」，從才調集、全詩。「起暫迴」上二書作「暫起來」。

碧排方銙：「銙」上二書作「胯」。

却踏聲聲錦靿摧：「却」原作「脚」，「摧」原作「催」，皆從上二書。

看着遍頭雙袖褶：「看」原作「脚」，「褶」原作「舞」，皆從上二書。「雙」上二書作「香」。

粉屏香帕又重偎：「香」全詩校「一作蘭」。「帕」原作「拍」，從上二書。「偎」上二書作「隈」。

【箋注】

〔一〕梁州：亦作涼州，唐大曲名。段安節樂府雜録：「健舞曲有稜大、阿連、柘枝、劍器、胡旋、胡騰，軟舞曲有涼州、緑腰、蘇合香、屈柘、團圓旋、甘州等。」

〔二〕罨畫：雜色彩畫。

〔三〕方銙：銙爲腰帶飾物。

觀濠州田中丞出獵〔一〕

東城曉出静塵埃，紫畫神旗向日開。錦袖半攘争捧轡，銀鞍不下小傳盃。馬盤草上朱弓滿，雁落雲中白羽迴。晚向三通殘鼓盡，北原千騎卷行來。

【箋注】

〔一〕唐濠州鍾離郡，今安徽鳳陽。田中丞未詳。

鍾陵旅泊〔一〕

城銜西面驛堤連，十里長江夜看船。漁市月中人静過，酒家燈下犬長眠。龍笻迴泊灘聲下〔二〕，略彴深行樹影邊〔三〕。唯是南風還小瘴，與他歸去避衰年。

【箋注】

〔一〕唐洪州豫章郡，又名鍾陵，今江西南昌。

〔二〕龍筇：即籠竹，又名慈竹、羅浮竹。

〔三〕略彴：郭義恭廣志：「獨木之橋曰榷，亦曰彴。」初學記卷七：「按：榷，水上横一木爲渡。彴，今謂之略彴。」

湘中行

南去長沙又幾程，二妃來死我來行〔一〕。人歸五嶺暮天碧〔二〕，日下三湘寒水清〔三〕。遠地毒蛇冬不蟄，深山古木夜爲精〔四〕。傷心靈跡在何處，斑竹廟前風雨聲〔五〕。

【箋注】

〔一〕二妃：劉向列女傳卷一：「有虞二妃者，帝堯之二女也，長娥皇，次女英。……堯乃妻（舜）以二女……舜既嗣位，升爲天子，娥皇爲后，女英爲妃。」酈道元水經注卷三八湘水：「言大舜之陟方也，二妃從征，溺於湘江，神遊洞庭之淵，出入瀟湘之浦。」

〔二〕五嶺：漢書張耳傳顔師古注引鄧德明南康記，以大庾、騎田、都龐、萌渚、越城爲五嶺。又引裴淵廣州記，以大庾、始安、臨賀、桂陽、揭陽爲五嶺。

〔三〕三湘：一曰湘水至永州與瀟水合曰瀟湘，至衡陽與烝水合曰烝湘，至沅江與沅水合曰沅湘，總曰三湘。一曰瀟湘、資湘、沅湘爲三湘。

〔四〕古木：舊題任昉述異記卷上：「梓樹之精化爲青羊。」又：「千年木精爲青牛。」干寶搜神記卷一八：「白澤圖曰：木之精名彭侯，狀如黑狗，無尾，可烹食之。」

〔五〕斑竹：述異記卷上：「舜南巡，葬於蒼梧之野，堯之二女娥皇、女英追之不及，相與慟哭，淚下沾竹，竹文上爲之班班然。」水經注卷三八湘水：「湘水又北逕黄陵亭西，右合黄陵水口，其水上承大湖，湖水西流，逕二妃廟南，世謂之黄陵廟也。」

秋日宿簡寂觀陸先生草堂〔一〕

紫霄峰下草堂仙〔二〕，千載空梁石磬懸〔三〕。白氣夜生龍在水，碧雲秋斷鶴歸天。竹廊影過中庭月，松檻聲來半壁泉。明日又爲浮世恨，滿山行路夢依然。

【校記】

陳舜俞廬山記卷三録此詩題作「簡寂觀」。

千載空梁：「梁」廬山記作「遺」。

竹廊影過，「廊」「過」，廬山記作「房」「占」。

滿山行路：「行路」廬山記作「徒積」。

【箋注】

〔一〕簡寂觀：樂史太平寰宇記卷一一一江州：「簡寂觀在州東南百四十里。宋陸修静，吴興人也，少懷虚素，元嘉末曾遊京師，宋文帝欽風慕道，製停霞寶輦，使僕射徐湛賜焉，先生因辭，遠遊江漢，還入廬山，此其隱地。」王象之輿地紀勝卷二五南康軍：「簡寂觀，在城西二十三里，陸先生修養之地。宋大明六年，陸修静置簡寂觀於此，今名太虚觀。後有二瀑布及白雲樓。」

〔二〕紫霄：陳舜俞廬山記卷三：「(簡寂)觀在白雲峰之下，其間一峰獨出而秀卓者曰紫霄峰。」

〔三〕石磬：廬山記卷三：「次有(陸)先生石磬，其聲清越。」

投滑州盧尚書〔一〕

海内諸侯最屈名，不妨中立自經營。文翁莫厭分符久〔二〕，韓信終須仗鉞行〔三〕。静以軍威齊虎士，别將才力誚儒生。新年幾話南遷客〔四〕，未必無憂是早榮。

【箋注】

〔一〕盧尚書：盧弘止，大中元年至三年爲滑州刺史、義成軍節度使，見吴廷燮唐方鎮年表。

〔二〕文翁：漢廬江舒人，景帝末任蜀郡太守。於成都起官學，招屬縣子弟入學，入學者免除徭役，成績優秀者補郡縣吏，蜀地大化，蜀人爲之立祠。見漢書循吏傳文翁。

〔三〕韓信：秦末淮陰人，家貧，不能治生，初以策干項羽，不用，去而事漢，蕭何薦之，拜爲大將軍，伐魏，舉趙，降燕，下齊，破楚將龍且於濰水，佐劉邦攻滅項羽。後爲吕后所殺。見史記淮陰侯列傳。

〔四〕南遷客：當指李德裕。資治通鑑卷二四八唐宣宗大中元年十二月：「戊午，貶太子少保、分司李德裕爲潮州司馬。」由「新年」句觀之，此詩作於大中二年正月。

送鄭濋判官歸冬寧

結束翩翩肯寡悰，早時强學已三冬〔一〕。鯉庭趨日通明訓〔二〕，鄭曲歸時美盛宗。摛句競推梁記室〔三〕，談經今紹漢司農〔四〕。異聞不暇陳亢問〔五〕，爾德無非是孝恭。

【箋注】

〔一〕强學：勉力學習。禮記儒行：「儒有席上之珍而待聘，夙夜强學以待問，懷有忠信以待舉，力行以待取。」三冬：漢書東方朔傳：「年十三學書，三冬文史足用。」俞樾古書疑義舉例卷三：「三冬亦即三歲也。」

〔二〕鯉庭：論語季氏：「鯉趨而過庭。曰：『學詩乎？』對曰：『未也。』『不學詩，無以言。』鯉退而學詩。他日，又獨立，鯉趨而過庭，曰：『學禮乎？』對曰：『未也。』『不學禮，無以立。』鯉退而學禮。」孔鯉爲孔子之子。

〔三〕摘句：南史文學傳丘靈鞠：「宋孝武殷貴妃亡，靈鞠獻挽歌三首，云：『雲横廣階暗，霜深高殿寒。』帝擿句嗟賞。」然丘靈鞠未嘗爲記室，同傳靈鞠子丘遲：「天監四年，中軍將軍臨川王（蕭）宏北侵魏，以（遲）爲諮議參軍，領記室。」蓋以父子二人之事混用也。

〔四〕司農：東漢鄭衆，開封人，字仲師。少力學，從父鄭興受左氏春秋，明三統曆，作春秋難記條例，兼通易詩，章帝時爲大司農，以清正稱。其後作春秋刪十九篇，經學家稱爲鄭司農。見後漢書鄭衆傳。

〔五〕陳亢：論語季氏：「陳亢問於伯魚曰：『子亦有異聞乎？』對曰：『未也。』嘗獨立，鯉趨而過庭……陳亢退而喜曰：『問一得三，聞詩聞禮，又聞君子之遠其子也。』」鄭玄注論語及禮記檀弓，以爲陳亢是孔子的學生。

經咸陽城

阿房宫盡客誰來〔一〕，可惜連雲萬户開。秦地起爲千載業，楚兵焚作一場灰。應知長者名終在〔二〕，祇是生人意不迴。何事暴成還暴廢，祖龍須死項須摧〔三〕。

【箋注】

〔一〕阿房宮：史記秦始皇本紀三十五年：「始皇以爲咸陽人多，先王之宫廷小……乃營作朝宫渭南上林苑中，先作前殿阿房，東西五百步，南北五十丈，上可以坐萬人，下可以建五丈旗，周馳爲閣道，自殿下直抵南山，表南山之顛以爲闕，爲複道。自阿房渡渭，屬之咸陽，以象天極閣道，絶漢抵營室也。阿房宮未成，成，欲更擇令名名之。作宫阿房，故天下謂之阿房宫。」又項羽本紀：「居數日，項羽引兵西屠咸陽，殺秦降王子嬰，燒秦宫室，火三月不滅，收其貨寶婦女而東。」

〔二〕長者：史記高祖本紀懷王諸老將言：「秦父兄苦其主久矣，今誠得長者往，毋侵暴，宜可下。今項羽僄悍，今不可遣，獨沛公（劉邦）素寬大長者，可遣。」

〔三〕祖龍：史記秦始皇本紀三十六年：「秋，使者從關東夜過華陰平舒道，有人持璧遮使者曰：『爲吾遺滈池君。』因言曰：『今年祖龍死。』使者問其故，因忽不見，置其璧去。」

惠尼童子

慢眉童子語惺惺〔一〕，實爲天生自有靈。可惜緑絲梳黛髻，枉將纖手把銅瓶〔二〕。

低迴婉態傳師教，更學吴音誦梵經。不似俗家諸姊妹，朝朝畫得兩蛾青。

【校記】

實爲天生：「生」原作「主」，顯誤，徑改。

【箋注】

〔一〕慢：通「漫」，自然、不經意之意。慢眉即自然、不假修飾之眉。惺惺：聰慧，機靈。

〔二〕銅瓶：即净瓶，梵語云軍遲，佛徒遊方隨身攜帶貯水用以净手。

將之會稽先寄越中知友〔一〕

三年此路却迴頭，認得湖山是舊遊。百里鏡中明月夜〔二〕，萬重屏外碧雲秋。竹林雨過誰家宅？楊葉風生何處樓？先問故人籬落下，肯容藤蔓繫扁舟？

【校記】

敦煌遺書斯四四四四背面録有張祜此詩，題爲「再遊山陰先寄郡中友人」。

却迴頭：「却」敦煌遺書作「再」。

肯容：「容」敦煌遺書作「教」。

【箋注】

〔一〕會稽：唐越州會稽郡，今浙江紹興。相傳禹會諸侯於江南計功，因以爲名。

〔二〕鏡中：樂史太平寰宇記卷九六越州：「又按輿地志云：山陰南湖縈帶郊郭，白水翠巖，互相映發，若圖畫，故逸少（王羲之）云『山陰路上行，如在鏡中遊。』」

陪杭州郡使讌西湖亭

小亭移宴近雲端，十里山圖馬上看。青壁遠光凌鳥峻，碧湖深影鑒人寒。詩成病愈生犀角〔一〕，酒引嬌娃活牡丹。歸去不須愁暮雨，高唐神女屬仙壇〔二〕。

【校記】

敦煌遺書伯四八七八録張祜詩四首，有此一首，題作「陪杭州盧郎中湖亭讌」。異字如下：小亭移宴近雲端：「亭」作「池」，「近」作「在」。鑒人寒：「鑒」作「照」。詩成：「詩」作「醉」。酒引嬌娃：「引」作「到」，「娃」作「眉」。歸去不須愁暮雨：「不須愁」作「却愁逢」。末句「唐」作「堂」，「壇」作「官」。按：自元和至大中年間爲杭州刺史盧姓者唯有一盧元輔，全唐文卷六九五盧元輔胥山祠銘并序稱：「元和十年冬十月，朝散大夫使持節杭州諸軍事杭州刺史上柱國盧元輔視事三歲。」其爲杭州刺史在元和八年至十年。舊唐書盧杞傳附盧元輔：「特恩拜左拾遺，再遷左司員外郎，歷杭、常、絳三州刺史。以課最高，徵爲吏部郎中。遷給事中。」可知盧元輔任吏部郎中在杭州刺史後。張祜此詩若作於盧元輔爲杭州刺史時，當稱盧員外，詩題或是後來所補，後又改爲「陪杭州郡使讌西湖亭」，致使一詩兩題。白居易白氏長慶集卷四三冷泉亭記云：「先是領郡者……有盧給事元輔作見山亭……」張祜此詩云「小亭移宴近雲端，十里山圖馬上看」，故當是爲盧元輔作。

【箋注】

〔一〕生犀角：張世南遊宦紀聞卷二：「方書多言生犀，相承謂未經水火湛熾者是。或謂不然，蓋犀有捕得殺而取者爲生犀，有得其蜕角爲退犀，亦猶用鹿角法也。」犀角入藥。此以愈病之靈藥生犀角喻郡守之詩。

〔二〕高唐：文選宋玉高唐賦序：「昔者楚襄王與宋玉遊於雲夢之臺，望高唐之觀，其上獨有雲氣。……昔者先王嘗遊高唐，怠而晝寢，夢見一婦人，曰：『妾巫山之女也，爲高唐之客，聞君遊高唐，願薦枕席。』王因幸之。」

【輯評】

葛立方韻語陽秋卷一三：錢塘風物湖山之美，自古詩人標榜爲多，如謝靈運云「定山緬雲霧，赤亭無滯薄」，鄭谷云「潮來無別浦，木落見他山」，張祜云「青壁遠光凌鳥峻，碧湖深影鑒人寒」，錢起云「漁浦浪花摇素壁，西陵樹色入秋窗」之類，皆錢塘城外江湖之景，蓋行人客子於解鞍繫纜頃刻所見爾。城中之景，惟白樂天所賦最多，所謂「潮聲夜入伍員廟，柳色春藏蘇小家」，「大屋簷多裝雁齒，小航船亦畫龍頭」，「燈火萬家城四畔，星河一道水中央」，至今尚有可考。

王楙野客叢書卷二四：唐人有以俗字入詩中用者，如張祜詩「銀注紫衣擎」，許渾詩「橘邊沽酒半壇空」，元微之詩「櫓窡動摇妨客夢」，杜子美詩「遮莫鄰雞下五更」，權德輿詩「遮莫雪霜撩亂下」，杜荀鶴詩「子細尋思底模樣」，曰「帝鄉吾土一般般」，曰「萬般無染耳邊風」，張祜詩「歸來不把一文錢」，曰「酒引嬌娃活牡丹」，戴叔倫詩「秋風裏許杏花開，杏樹旁邊醉客來」，王建詩「楊柳宫前忽地春」，曰「萬事風吹過耳輪」，曰「朝回不向諸餘處」，曰「若教更解諸餘語」，曰「新晴草色暖温暾」，白樂天詩「池水暖温暾」。此類甚多。

杭州晚眺

萬仞危峰壓渺漫，碧雲梢上倚欄干。雲横海雁天風夕，月照城鴉水霧寒。行客待潮來遠渡，居人瞻火去平灘〔一〕。蕭條醉卧誰家笛，一曲梁州夢裏殘〔二〕。

【校記】

此詩與登杭州龍興寺三門樓頗相似，疑原爲一首，後修定字句，并亦改换題目，遂作爲兩首流傳下來。

【箋注】

〔一〕瞻火：白居易白氏長慶集卷二三重題别東樓：「春雨星攢尋蟹火。」自注：「餘杭風俗，每寒食雨後夜涼，家家持燭尋蟹，動盈萬人。」

〔二〕梁州：唐樂曲名，即涼州。

彈琴歌

楚人玉琴怨聲苦，客欲聽時盡懷土。别鶴朝辭滄海雲〔一〕，悲風夜入瀟湘雨〔二〕。弄之不難聽者難，金徽泠泠流水寒〔三〕。一曲自然堪下淚，三山不忍向君彈。

【校記】

泠泠：原誤作「冷冷」，據全詩改。

【箋注】

〔一〕别鶴：文選嵇康琴賦：「王昭楚妃，千里别鶴。」樂府詩集卷五八琴曲歌辭有别鶴操。此處雙關。

〔二〕瀟湘：山海經中山經：「（洞庭之山）帝之二女居之，是常遊於江淵，澧沅之風交瀟湘之淵，是在九江之間，出入必以飄風暴雨。」

〔三〕金徽：李肇唐國史補卷下：「蜀中雷氏斲琴，常自品第，第一者以玉徽，次者以瑟瑟徽，又次者以金徽，又次者螺蚌之徽。」流水：列子湯問：「伯牙善鼓琴，鍾子期善聽。伯牙鼓琴，志在高山，鍾子期曰：『善哉，峨峨兮若泰山。』志在流水，鍾子期曰：『善哉！洋洋兮若江河。』伯牙所念，鍾子期必得之。」

射虎詞

高山路傍射虎兒，執弓走箭如星馳。一夫中虎人所異，萬夫圍虎人不知。崗頭少年羞弓箭，從此誓心休射虎。更使山頭白額來〔一〕，黄金懸賞如泥土。

【箋注】

〔一〕白額：指猛虎。晉周處少年横暴，爲鄉里所患，人以南山白額猛獸、長橋下蛟與處合稱三害，見世説新語自新。

古鏡歌

小兒行把街中劇，千年秤斗銅衣碧〔一〕。將金换得試磨看，俄見洞門深一尺。夜深時出仰照天，二十八宿中相連。青龍躍躍麟眼動〔二〕，神鬼不敢當庭前。明朝擎出遊都市，一半狐狸落城死〔三〕。

【箋注】

〔一〕秤斗：古人照鏡時，將鏡支於一立柱上，柱中間爲一斗形器具，爲放置首飾之用，此即爲斗。柱下部爲一金屬底座，較重，以防傾倒，此底座即爲秤。可參看晉顧愷之繪女史箴圖。

〔二〕青龍：當是鏡背的紋飾。如段成式酉陽雜俎前集卷三載：「僧一行窮數，有異術……數日後，指一古鏡，鼻盤龍，喜曰：『此有真龍矣。』乃持入道場，一夕而雨。」「麟」當爲「鱗」之誤，指龍鱗。

〔三〕狐狸：唐人小説記鏡異者甚衆，如王度古鏡記記一老狐化爲人形，爲古鏡所照，現原形而死。

開聖寺〔一〕

西去山門五里程，粉牌書字甚分明。蕭帝壞陵深虎跡〔二〕，廣師遺院閉松聲〔三〕。長廊畫剥僧形影，古壁塵昏客姓名。何必更將空理遣，眼前人事已浮生。

【校記】

此詩全唐詩卷五一五繫於朱慶餘名下，題作「題開元寺」。校其異字如下：首句「去」作「入」，「五」作「十」。古壁：「古」作「石」。空理遣：「理」作「色」。已浮生：「已」作「是」。

【箋注】

〔一〕開聖寺：民國湖北通志卷一九：「在（江陵）縣北紀山，梁建，久廢，梁宣、明帝百八寺之一也。」

〔二〕蕭帝：王象之輿地紀勝卷六四江陵府：「開寶寺，在江陵界，有後梁宣、明二帝陵。」民國湖北通志卷一九：「梁元帝陵在東門外，宣帝陵在（江陵）縣北四十里紀山，明帝陵在紀山。」

〔三〕廣師：釋道宣續高僧傳卷一七隋初荊州四望山開聖寺釋智曠傳：「以開皇二十年九月二十四日終於四望開聖寺，春秋七十有五。」可知「廣」當作「曠」，曠師即謂智曠。

愛妾換馬

綺閣香銷華廐空，忍將行雨換追風〔一〕。休憐柳葉雙眉綠，却愛桃花兩耳紅〔二〕。侍宴永辭春色裏，趁朝休立漏聲中。恩勞未盡情先盡，暗泣嘶風兩意同。

【校記】

按：全唐詩於題下注曰：「此篇一作陳標詩。」然全唐詩卷五〇八陳標名下却無之。作陳標者蓋源出文苑英華，彭叔夏文苑英華辨證卷六：「愛妾換馬見張祜集，樂府亦作張祜，而文苑以爲陳標。」褚人穫堅瓠三集卷一：「文苑英華有陳標詩曰：『粉閣香銷華廐空……』七修類稿作張祜詩。」中華書局影明本文苑英華已無陳標此詩。樂府詩集卷七三兩首皆作張祜。唐詩紀事卷五二收張祜愛妾換馬一首，恰爲此篇。可知此篇確爲張祜作。

綺閣：「綺」全詩校「一作粉」。

雙眉緑：「緑」樂府作「翠」。

暗泣嘶風：「嘶風」全詩校「一作長嘶」。

【箋注】

〔一〕行雨：代指愛妾。文選宋玉高唐賦載神女臨去與楚懷王言，有「旦爲朝雲，暮爲行雨，朝朝暮暮，陽臺之下」之語，故詩中常以指男女情事。追風：崔豹古今注鳥獸：「秦始皇有七名馬，一曰追風。」

〔二〕桃花：桃花馬，白毛紅點的馬。杜審言戲贈趙使君美人：「紅粉青娥映楚雲，桃花馬上石榴裙。」

【輯評】

計有功唐詩紀事卷五二張祜：世傳韋、鮑二生以妾換馬之事云：韋生下第東歸，同憩水閣，鮑有美妾，韋有良馬。鮑以夢蘭、小倩佐歡，飲酣停盃，閱馬軒檻，韋曰：「能以人換，任選殊尤。」鮑欲馬之意頗切，密遣四絃更衣盛裝，頃之而至。乃命勸韋酒，歌云：「白露濕庭砌，皓月臨前軒。此時去留恨，含思獨無言。」又歌送鮑生酒云：「風颭荷珠雖暫圓，多生信有短姻緣。西橋今夜三更月，還照離人泣斷絃。」韋乃命牽紫叱撥以酬之。俄有紫衣冠二人，自閣西升階而來，二生恐悚，闔户窺之。一人長鬚云：「足下賦云：斜漢左界，北陸南躔，白露曖空，素月流天，可謂光絶。」對曰：「何不見賞風霽地表，雲斂天末，洞庭始波，木葉微脱。今佳月如晝，可以爲賦。」長鬚曰：「向聞妾換馬之事，可以爲題，以彼傾城、求其駿足爲韻。」長鬚曰：「彼佳人兮如瓊之英，此良馬兮負駿之名。將有求於駿足，亦何惜於傾城。香暖深閨，未厭夭桃之色；風清廣陌，曾憐噴玉之聲。」希逸曰：「原夫人以矜其容，馬乃稱其德，既各從其所好，諒何求而不克。長跪而別，姿容休耀其金鈿；右牽而來，光彩頓生於玉勒。」文通曰：「步及庭砌，效當軒墀。望新恩懼非吾偶也，戀舊主疑借人乘之。香散緑騣，意已忘於鬢髮；汗流紅頷，愛無異於凝脂。」希逸曰：「是知事有廢興，用有取捨，彼以絶代之容爲鮮矣，此以逸群之足爲貴也。買笑之恩既盡，有類求之；據鞍之力尚存，猶希進也。」賦訖，行十餘步而失。故祜有愛妾換馬之什云：「綺閣香銷華廄空，忍將行雨換追風。休憐柳葉雙眉緑，却愛桃花兩耳紅。侍宴永辭春色裏，趁朝休立漏聲中。恩勞未盡情先盡，暗泣西風兩意同。」

郎瑛七修類稿卷二五：愛妾换馬事見異聞録……唐人張佑（祜之訛）又有詩曰……（即上詩）人因詩賦之美，知其事而不知其出處也。予意異聞録乃唐陳翰（原注：文苑作陳標）所編，古樂府中已有梁簡文愛妾换馬辭，注又曰：「古辭，淮南王作。」則知非唐事矣。恐無此事，如樂府昇天行、西烏夜飛等曲，借喻明之者，唐人好奇，遂假借其事，逞己才以賦之。不然，長髯、紫衣，怪誕幽顯之説，何其駭異哉，後人又不考而吟詠焉，訛以傳訛也。異聞録且無木刻，今見他集，其事又不全也，予特録其全詩，并辯所以。

宋長白柳亭詩話卷一七：梁簡文樂府有愛妾换馬，詩曰：「誰言似白玉，定是愧青驪。」其結句曰：「真成恨不已，願得路旁兒。」解題曰：「愛妾换馬，淮南王所作，今不傳。」錢希言戲瑕引魏任城王曹彰以伎换馬，號曰白鵠，獻之文帝，此説最爲佳證。張祜詠此題「侍宴永辭春色裏，趁朝休立漏聲中」，似得其解。若唐之韋、鮑二生，及東坡事，皆稗官家言，不足信也。

偶題

微風和暖日鮮明，草色迷人向渭城。越客捲簾閑不語，楚娥攀樹獨含情。紅垂果蔕櫻珠重，黄點花鬚粉蝶輕。自是青樓無近信〔一〕，莫將心事問卿卿〔二〕。

【校記】

此詩全唐詩卷五七八作温庭筠詩，温庭筠詩集卷四亦載之，凡入温庭筠詩集正集中的作品一般來説都較可靠，故此詩當是温作。校其異字如下：越客：「越」作「吴」。櫻珠重：「珠」作「桃」。黄點花鬚粉蝶輕：温集作「黄染花叢蝶粉輕」。自是：「是」作「恨」。莫將心事問卿卿：温集作「不將心事許卿卿」。

【箋注】

〔一〕青樓：妓院。梁劉邈采桑：「倡女不勝愁，結束下青樓。」

〔二〕卿卿：世説新語惑溺：「王安豐（戎）婦常卿安豐，安豐曰：『婦人卿壻，於禮爲不敬，後勿復爾。』婦曰：『親卿愛卿，是以卿卿，我不卿卿，誰當卿卿？』遂恒聽之。」

經西塢偶題

摇摇弱柳黄鸝啼〔一〕，芳草無人情自迷。日影明滅金色鯉，荇花唼喋青頭雞〔二〕。微紅杏蔕惹蜂粉，潔白芹芽穿燕泥。借問含嚬向何許？昔年曾到武陵溪〔三〕。

【校記】

題中「塢」温集、英華皆作「塢」。按：此詩全唐詩卷五七七屬温庭筠，温庭筠詩集卷五亦載之，文苑英華卷一六一亦作温庭筠，當是温作。與温集異字如下：首句「鸝」：温集校「一作鶯」。無人情自迷：「人情」作「情人」。荇花：「荇」作「杏」。微紅杏蔕：「杏」作「柰」。穿燕泥：「穿」作「入」。向何許：「許」作「事」。

【箋注】

〔一〕黄鸝：陸璣毛詩草木鳥獸蟲魚疏卷下：「黄鳥，黄鸝鶹也，或謂之黄栗留。幽州人謂之黄鸎，或謂之黄鳥，一名倉庚，一名商庚，一名鵹黄，一名楚雀，齊人謂之摶黍，關西謂之黄鳥。」

〔二〕唼喋：魚或鳥吃食。文選司馬相如上林賦：「唼喋菁藻，咀嚼菱藕。」青頭雞：鴨。三國志魏書齊王曹芳傳裴松之注：「文王入，帝方食栗，優人雲午等唱曰：『青頭雞！青頭雞！』青頭雞者，鴨也……」鴨以諧「押」字，謂勸帝速押字於詔以行事也。

〔三〕武陵溪：陶淵明桃花源記：「晉太元中，武陵人捕魚爲業，緣溪行，忘路之遠近，忽逢桃花林，芳草鮮美，落英繽紛。」

曉　别

翠羽朱冠碧樹雞，未鳴先下短牆啼。窗間謝女青蛾斂〔一〕，門外蕭郎白馬嘶〔二〕。斜漢繁星當燭盡，淡煙殘月映花迷。景陽宫裏晨鍾動〔三〕，不語垂鞭上柳堤。

【校記】

此詩才調集卷二、文苑英華卷二一八八、全唐詩卷五七八皆收作温庭筠詩，温庭筠詩集卷四亦載之，題皆作「贈知音」。可知此詩爲温庭筠作，誤入張祜集。異字如下：翠羽朱冠：「朱」温集與才調集作「花」。未鳴先下：「鳴」，温集、才調集、英華皆作「明」，當是。「下」英華作「上」，温集、才調集作「向」。窗間：「間」英華作「前」。第五、六兩句温集、英華作「殘曙微星當户没，澹煙斜月照樓低」，才調集作「星漢漸回庭竹影，露珠猶綴野花迷」。景陽宫裏晨鍾動：「景」温集、英華作「上」。「晨鍾動」温集、才調集作「鐘初動」，英華作「鐘聲協」。上柳堤：「上」温集、英華作「過」。「堤」英華作「溪」。

【箋注】

〔一〕謝女：李賀牡丹種曲：「檀郎謝女眠何處。」李長吉歌詩彙解卷三王琦注：「唐詩中有稱妓女爲謝女者，大抵因謝安蓄妓而起，始稱謝妓，繼則改稱謝女，以爲新異耳。」

〔二〕蕭郎：王儉一見蕭衍，深相器異，謂何憲曰：「此蕭郎三十内當作侍中，出此則貴不可言。」見梁書武帝紀上。南朝齊、梁兩朝，蕭姓爲皇室貴族，蕭郎便成爲風流才子的代稱。

〔三〕景陽宫：南朝齊武帝以宫深不聞端門鼓漏聲，置鐘於景陽樓上，宫人聞鐘聲，則早起裝飾。見南齊書武穆裴皇后傳。若作「上陽宫」，上陽宫則在洛陽，新唐書地理志二：「上陽宫，在禁苑之東，東接皇城之西南隅，上元中置。」

上元懷古〔一〕

倚雲宫闕已平蕪，東望連天到海隅。文物六朝興廢地，江山萬里帝王都〔二〕。只聞丞相夷三族〔三〕，不見扁舟泛五湖〔四〕。遥想永嘉南過日〔五〕，洛陽風景盡歸吴。

【箋注】

〔一〕上元：秦漢爲秣陵，三國吴改稱建業，隋置江寧縣，唐上元二年改名上元，屬潤州。見新唐書地理志五。

〔二〕帝王都：太平御覽卷一五六引張勃吴録謂劉備曾使諸葛亮至京，因睹秣陵山阜，歎曰：「鍾山龍盤，石頭虎踞，此帝王之宅。」

〔三〕「丞相」句：秦始皇統一六國後，李斯爲丞相，定郡縣制，下禁書令，變籀文爲小篆，斯有力焉。及始皇死，與趙高定謀立少子胡亥爲帝，後爲趙高誣爲謀反，腰斬於咸陽市，夷三族。見史記李斯列傳。

〔四〕扁舟：趙曄吴越春秋勾踐伐吴外傳：「（范蠡）乃乘扁舟，出三江，入五湖，人莫知其所適。」

〔五〕永嘉：晉懷帝年號。永嘉五年，劉曜陷洛陽，中原衣冠之族相率渡江南奔，避亂江左。晉愍帝建興五年，元帝司馬睿於金陵即位，改元建武，是爲東晉。

隋堤懷古〔一〕

隋季窮兵復濬川，自爲猛虎可周旋〔二〕。錦帆東去不歸日〔三〕，汴水西來無盡年。本欲山河傳百二〔四〕，誰知鍾鼎已三千〔五〕。那堪重問江都事〔六〕，迴望空悲緑樹煙。

【箋注】

〔一〕隋堤：隋書食貨志：「煬帝即位……開渠引穀、洛水自苑西入，而東注於洛。又自板渚引河達於淮海，謂之御河。河畔築御道，樹以柳。」明一統志卷二六開封府：「隋堤在汴河故道，隋煬帝所築。」

〔二〕猛虎：史記項羽本紀張良、陳平語：「楚兵罷食盡，此天亡楚之時也，不如因其機而遂取之，今釋弗擊，此所謂養虎自遺患也。」

〔三〕錦帆：陸楫古今説海卷一二二闕名煬帝開河記：「時舳艫相繼，連接千里，自大梁至淮口，聯綿不絶，錦帆過處，香聞百里。」

〔四〕百二：史記高祖本紀：「秦形勝之國，帶河山之險，縣隔千里，持戟百萬，秦得百二焉。」裴駰集解引蘇林曰：「得百中之二焉。秦地險固，二萬人足當諸侯百萬人也。」司馬貞索隱引虞喜曰：「百二者，得百之二，言諸侯持戟百萬，秦地險固，一倍於天下，故云得百二焉，言倍之也，蓋言秦兵當二百萬也。」

〔五〕鍾鼎：韓詩外傳卷三：「不高臺榭，非無土木也。不大鐘鼎，非無金錫也。不沈於酒，不貪於色，非辟醜也。」

〔六〕江都：即揚州。隋煬帝南遊至江都，日夜縱酒荒淫，後被縊死江都宫中。

洛陽春望

世事空悲衰復榮，憑高一望更添情。紅顔只向愛中盡，芳草先從愁處生。佳氣靄空迷鳳闕〔一〕，緑楊抵水繞空城。遊人駐馬煙花外，玉笛不知何處聲。

【校記】

繞空城：「繞」原作「撓」，顯誤，徑改。

【箋注】

〔一〕鳳闕：史記孝武本紀：「於是作建章宫……其東則鳳闕。」司馬貞索隱引三輔故事云：「北有圜闕，高二十丈，上有銅鳳皇，故曰鳳闕也」。酈道元水經注卷一九渭水引關中記曰：「建章宫圓闕，臨北道，有金鳳在闕上，高丈餘，故號鳳闕也。」

灞上送客〔一〕

自省論心意不疑，五年風水困追隨。憐君有玉曾三獻〔二〕，顧我無才忝一枝〔三〕。
煙隔灞亭人去日，雨迷秦樹雁歸時。那知此夏罇前別，却遣相如歎路岐〔四〕。

【箋注】

〔一〕灞上：又作霸上。酈道元水經注卷一九渭水：「霸水又左合滻水，歷白鹿原東，即霸川之西，故芷陽矣，史記：秦襄王葬芷陽者是也，謂之霸上。漢文帝葬其上，謂之霸陵。上有四出道以瀉水，在長安東南三十里。」李吉甫元和郡縣圖志卷一京兆府：「白鹿原，在（萬年）縣東二十里，亦謂之霸上。」

〔二〕三獻：韓非子和氏：「楚人和氏得玉璞楚山中，奉而獻之厲王，厲王使玉人相之，玉人曰：『石也。』王以和爲誑，而刖其左足。及厲王薨，武王繼位，和又奉其璞而獻之武王。武王使玉人相之，又曰：『石也。』王又以和爲誑，而刖其右足。武王薨，文王繼位，和乃抱其璞而哭於楚山之下，三日三夜，泣盡而繼之以血……王乃使玉人理其璞而得寶焉，遂命曰和氏之璧。」

〔三〕一枝：莊子逍遥遊：「鷦鷯巢於深林，不過一枝。」晉書郤詵傳：「詵對曰：『臣舉賢良對策，爲天下第一，猶桂林之一枝，崑山之片玉。』」

〔四〕相如：司馬相如無歎路歧之事。淮南子說林：「楊子見逵路而哭之，爲其可以南可以北；墨子見練絲而泣之，爲其可以黄可以黑。」故「相如」或是「楊朱」之誤。

喜聞收復河隴〔一〕

詔書頻降盡論邊，將擇英雄相卜賢。河隴已耕曾殁地，犬羊誰辯却朝天。高懸日月胡沙外，遥拜旌旗漢壘前。共感垂衣匡濟力〔二〕，華夷同見太平年。

【箋注】

〔一〕資治通鑑卷二四八唐宣宗大中三年二月：「吐蕃秦、原、安樂三州及石門等七關來降，以太僕卿陸躭爲宣諭使，詔涇原、靈武、鳳翔、邠寧、振武皆出兵應接。（八月）河隴老幼千餘人詣闕，己丑，上御延喜門樓見之，歡呼舞躍，解胡服，襲冠帶，觀者皆呼萬歲。」

〔二〕垂衣：周易繫辭下：「黄帝、堯、舜垂衣裳而天下治，蓋取諸乾坤。」後用爲稱頌世道太平安定的套詞。

冬日并州道中寄荆門舍〔一〕

聖明神武尚營邊〔二〕，我是何人不控弦〔三〕。身着貂裘隨十萬〔四〕，心思白社隔三千〔五〕。雲沉古戍初寒日，雁下平陂欲雪天。却爲恩深歸未得，許隨車騎勒燕然〔六〕。

【箋注】

〔一〕并州：相傳禹治洪水，分域内爲九州，并州爲九州之一。漢置并州，唐開元十一年改爲太原府。荆門：縣名，唐屬江陵府江陵郡。然張祜未曾家居荆門，當是寄詩與住在荆門的友人。

〔二〕聖明神武：舊唐書憲宗紀上：「（元和三年正月）癸巳，群臣上尊號曰睿聖文武皇帝。」當即謂此，指唐憲宗。

〔三〕控弦：史記劉敬列傳：「冒頓爲單于，兵彊，控弦三十萬。」此謂從軍。

〔四〕十萬：食邑十萬户的將軍，即漢代所謂萬户侯。

〔五〕白社：王象之輿地紀勝卷七八荆門軍：「白社，去江陵城三十里。唐鄭谷嘗居白杜，有詩。」或對方爲一隱者。隱者常以白茅蓋屋，故稱白社。

〔六〕車騎：後漢書竇憲傳：「憲懼誅，自求擊匈奴以贖死，會南單于請兵北伐，乃拜憲車騎將軍，金印紫綬，官屬依司空，以執金吾耿秉爲副……（降者）前後二十餘萬人。憲、秉遂登燕然山，去塞三千餘里，刻石勒功，紀漢威德，令班固作銘。」

和李子智魯中使院前鑿池種蘆之什〔一〕

鑿地栽蘆貯碧流，臨軒一望似汀洲。葱蘢好映淮南樹，踈野偏宜海上鷗〔二〕。歷歷迎風欹枕曉，蕭蕭和雨捲簾秋。君看范蠡功成後〔三〕，不道煙波無去舟。

【校記】

此詩又見全芳備祖後集卷一二蘆條，缺題。

【箋注】

〔一〕李子智：史能之咸淳毗陵志卷七有其名。魯中使：未詳。

〔二〕海上鷗：列子黄帝：「海上之人有好漚鳥者，每旦至海上，從漚鳥遊，漚鳥之至者，百住而不止。其父曰：『吾聞漚鳥皆從汝遊，取來，吾玩之。』明日之海上，漚鳥舞而不下也。」

〔三〕范蠡：史記越王句踐世家：「（范蠡）乃裝其輕寶珠玉，自與其私徒屬乘舟浮海以行，終不反。於是句踐表會稽山以爲范蠡奉邑。」

長安感懷

家寄東吴西入秦，三年虚度帝城春。流光漸漸到華髮，離恨蕭蕭生白蘋〔一〕。楚夢覺來愁翠被〔二〕，越吟聲盡怨芳塵〔三〕。更聞玉笛吹明月，一曲風前淚滿巾。

【箋注】

〔一〕白蘋：鮑照送别王宣城：「既逢青春獻，復值白蘋生。」

〔二〕楚夢：用楚懷王夢神女事，見文選宋玉高唐賦。

〔三〕越吟：越人莊舄仕於楚，病中作越聲，見史記張儀列傳。

題徐州流溝寺〔一〕

古寺層層結構牢，土岡前面峻如濠。露雲竹翠石橋冷，風起松聲山殿高。日色動廊開木槿，夜陰生院結蒲桃〔二〕。西龕禪客不相得，一片舊階行幾遭。

【校記】

結構牢：「牢」原作「勞」，徑改。

【箋注】

〔一〕流溝寺：在苻離流溝山。白居易白氏長慶集卷一三亂後過流溝寺：「唯有流溝山下寺，門前依舊白雲多。」又有題流溝寺古松。顧祖禹讀史方輿紀要卷二九徐州狼矢溝：「志云：州東北二十里有東、西溝及溜、白等溝……又北溜溝在州北六十里，又南十里爲南溜溝……通淤不時。」溜溝即流溝。

〔二〕蒲桃：即葡萄。

公子行

玉堂前後畫簾垂，立却花驄待出時。紅粉美人擎酒勸，錦衣年少臂鷹隨〔一〕。輕將玉杖敲花片，旋把金鞭約柳絲。晴日獨遊三五騎，等閒行傍曲江池〔二〕。

【校記】

玉堂前後畫簾垂：「畫」原誤作「盡」，據樂府改。此句全詩作「錦堂晝永繡簾垂」。

錦衣年少：「錦」全詩作「青」。「年少」全詩校「一作健僕」。

約柳絲：「絲」全詩作「枝」。

晴日：全詩作「近地」。

【箋注】

〔一〕臂鷹：梁書張充傳：「左手臂鷹，右手牽狗。」

〔二〕曲江：在長安東南，爲唐時遊賞勝地。康軿劇談録卷下描寫曲江：「其南有紫雲樓、芙蓉苑，其西有杏園、慈恩寺，花卉環周，煙水明媚，都人遊翫，盛於中和、上巳之節，彩幄翠幬，匝於堤岸，鮮車健馬，比肩擊轂。」

【輯評】

范晞文對牀夜語卷五：張祜公子詩云「紅粉美人擎酒勸，錦衣年少臂鷹隨」，公子之富貴可知矣。顧況云「雙鐙懸金縷鶻飛，長衫刺雪生犀束」，不過形容其車馬衣服之盛耳，然末句云「入門不肯自升堂，美人扶踏金階月」，氣象不侔矣。

高閑上人　善草書〔一〕

座上辭安國〔二〕，禪房戀沃洲〔三〕。道心黄蘗老〔四〕，詩思碧雲秋〔五〕。卷軸朝廷餞，書函内庫收。陶欣入社叟〔六〕，生怯論經儔〔七〕。日色屏初揭，風聲筆未休。長波浮海岸，大點出嵩丘。不絶羲之法〔八〕，難窮智永流〔九〕。殷勤一牋在，留着看銀鉤〔一〇〕。

【校記】

英華、全詩題下無「善草書」三字注。

黄蘗老：「蘗」上二書作「葉」。

浮海岸：「浮」上二書作「溢」。

智永流：「智永」原誤作「禪智」，據上二書改。

【箋注】

〔一〕高閑：釋贊寧宋高僧傳卷三〇唐天台山禪林寺廣修傳附高閑：「湖州開元寺釋高閑，本烏程人也。髫年卓躒，范露異才，受法已還，有鄰（磷）堅志……後入長安，於薦福、西明等寺隸習經律，克精講貫。宣宗重興佛法，召入對，御前草聖，遂賜紫衣……老思歸鄉，終於本寺。……閑常好將霅川白紵書真草之蹤，與人爲學法焉。」

〔二〕安國：孔安國，西漢人。以治尚書爲武帝博士，官至諫議大夫、臨淮太守。漢書有傳。當以孔安國喻韓愈。韓愈有送高閑上人序。

〔三〕沃洲：施宿嘉泰會稽志卷八：「沃州山真覺院在（新昌）縣東四十里。方新昌未爲縣時，在剡縣南三十里，居沃州之陽、天姥之陰，南對天台山之華頂、赤城，北對四明山之金庭、石鼓。西北有支遁養馬坡、放鶴峰，東南有石橋溪，溪源出天台石橋，故以爲名。晉白道猷、竺法乾、支道林……皆嘗居焉。」

〔四〕黄蘗：樂史太平寰宇記卷九四湖州：「黄蘗山在（烏程）縣西南三十五里，梁光禄卿江淹賦詩之所。」

〔五〕碧雲：文選江淹雜體詩三十首休上人：「日暮碧雲合，佳人殊未來。」

〔六〕陶：謂陶淵明。闕名蓮社高賢傳：「時遠法師與諸賢結蓮社，以書招淵明，淵明曰：『若許飲則往。』許之，遂造焉，忽攢眉而去。」

〔七〕生：謂竺道生。釋慧皎高僧傳卷七宋京師龍光寺竺道生：「初關中僧肇始注維摩，世咸翫味，生乃更發深旨，顯暢新異，及諸經義疏，世皆寶焉。」

〔八〕羲之：王羲之，晉代著名書法家。少從叔父廙，後從衛夫人學書，博採衆家之長，工草、隸、正、行，世稱書聖。晉書有傳。

〔九〕智永：全唐文卷四四七竇臮述書賦下：「智永智果，禪林筆精。」竇蒙注：「會稽永欣寺僧智永，俗姓王氏，右軍孫，今見具名真草千字文數本，并帶名草書二紙。」

〔一〇〕銀鈎：晉書索靖傳載其所作草書狀：「蓋草書之狀也，婉若銀鈎，漂若驚鸞。」

【輯評】

王楙野客叢書卷一二：遯齋閑覽云：文選有江淹擬湯惠休詩曰「日暮碧雲合，佳人殊未來」，今人遂用爲休上人詩故事。僕謂此誤自唐已然，不但今也。……權德輿贈惠上人詩曰「支郎有佳思，新句凌碧雲」，孟郊送清遠上人詩曰「詩誇碧雲句，道證青蓮心」，張祜贈高閑上人詩曰「道心黄蘗老，詩思碧雲秋」，雪竇詩曰「碧雲流水是詩家」，曰「湯惠休詞豈易聞，暮風吹斷碧谿雲」。此等語皆以爲湯詩用。惟韋蘇州贈皎然上人詩曰「願以碧雲思，方君怨别詞」，似不失本意。

貧居遣懷

築室枕隋流〔一〕，貧居喜自由。未爲齊國晏〔二〕，争免魯人丘〔三〕。不畏長堪恥〔四〕，無成久更羞。家須男子繼，國合丈夫憂。苟利他相與，誅當我自求。輪迴翻礙直，劍折却思柔〔五〕。老虎終開眼〔六〕，微蟲會叩頭〔七〕。但令吾舌在〔八〕，何畏不封侯。

【箋注】

〔一〕隋流：指運河。世説新語排調：「孫子荆（楚）年少時欲隱，語王武子『當枕石漱流』，誤曰『漱石枕流』。王曰：『流可枕、石可漱乎？』孫曰：『所以枕流，欲洗其耳；所以漱石，欲礪其齒。』」

〔二〕齊國晏：樂府詩集卷四一梁甫吟：「一朝被讒言，二桃殺三士。誰能爲此謀？相國齊晏子。」

〔三〕魯人丘：論語微子：「（長沮）曰：『是魯孔丘與？』曰：『是也。』曰：『是知津矣。』」

〔四〕不畏：論語季氏：「小人不知天命而不畏也，狎大人，侮聖人之言。」

〔五〕劍折：吕氏春秋似順别類：「相劍者曰：『白所以爲堅也，黄所以爲牣也，黄白雜則堅且牣，良劍也。』難者曰：『……又柔則錈，堅則折，劍折且錈，焉得爲利劍？』」

〔六〕老虎：晉書列女傳杜有道妻嚴氏：「（何）晏等驕侈，必當自敗，司馬太傅獸睡耳，吾恐卵破雪消，行自有在。」獸睡即虎睡，唐人諱「虎」字，改言獸。

〔七〕叩頭：劉敬叔異苑卷三：「有小蟲，形色如大豆，呪令叩頭，又呪令吐血，皆從所教，如似請放，稽顙輒七十而有聲，故俗呼爲叩頭蟲也。」

〔八〕吾舌：史記張儀列傳：「張儀已學而游説諸侯，嘗從楚相飲，已而楚相亡璧，門下意張儀……掠笞數百，不服，醳之。其妻曰：『嘻，子毋讀書游説，安得此辱乎？』張儀謂其妻曰：『視吾舌尚在不？』其妻笑曰：『舌在也。』儀曰：『足矣。』」

題弋陽徐明府水亭

小邑不勞賢，心期勝地偏。樹微青嶂聳，沙淺碧波旋。蕩槳投昏岸，燒燔指濕煙〔一〕。板簷傍眺寺，石路上登船。水檻推衣浴，風軒側枕眠。無因長寄此，吟和酒中仙。

【箋注】

〔一〕燒燔：燔即燒，當是指炊飯之煙。

觀泗州李常侍打毬〔一〕

日出樹煙紅，開場畫鼓雄。穩騎鞍上月〔二〕，輕撥鐙前風。斗轉俄乘勢〔三〕，傍梢乍迸空。等來低背手，争得便分鬃〔四〕。遠射門斜入，深排馬迴通。遥知三殿下〔五〕，長恨出征東。

【校記】

題中「打毬」原作「抛打毬」，衍一「抛」字，據百家及全詩刪。全詩收此詩於卷八八三補遺卷中。

穩騎：「穩」上二書作「驟」。

俄乘勢：「俄」上二書作「時」。

便分鬃：「便」上二書作「旋」。

馬迴通：「馬」原誤作「鳥」，據上二書改。

【箋注】

〔一〕泗州：唐泗州臨淮郡，今屬安徽。李常侍：李進賢。白居易白氏長慶集卷五三有前河陽節度使魏義通授右龍武軍統軍前泗州刺史李進賢授右驍衛將軍并檢校常侍兼御史大夫制，約作於元和十五年，則元和十三、十四年李進賢在泗州刺史任。打毬：打馬毬。宋史禮志二十四：「打毬本軍中戲，太宗令有司詳定其儀，三月會鞠大明殿，有司除地，豎木東西爲毬門，高丈餘……左右分朋主之，以承旨二人守門，衛士二人持小紅旗唱籌。」

〔二〕月：此喻鞍橋，鞍橋呈彎月形。

〔三〕斗：同「陡」，突然。

〔四〕分鬃：馬奔跑時鬃毛分散的樣子。

〔五〕三殿：王應麟玉海卷一六〇唐三殿：「三殿者，麟德殿也，一殿而有三面，故名，亦名三院。」資治通鑑卷二四三唐敬宗寶曆二年：「六月甲子，上御三殿，令左右軍、教坊、内園爲擊毬、手搏、雜戲。」

中秋夜杭州看月上裴晉公〔一〕

萬古太陰精〔二〕，中秋海上生。鬼愁緣辟照，人愛爲高明。霧捲千門入，潮迴一道平。影流江不盡，輪下冷無聲。似電臨津館，如霜繞郡城。岸沙全借白，石壁半銜清。小檻循環看，長崗踏練行。殷勤未歸客，煙水夜來情。

【校記】

全詩題無「上裴晉公」四字，且「看」作「玩」。

緣辟照：「辟」原作「僻」，據全詩改。辟，明。禮記祭統「對揚以辟之。」鄭玄注：「對，遂；辟，明也。」

霧捲千門入，潮迴一道平：此一聯全詩作「歷歷華星遠，霏霏薄暈縈」。

輪下冷：「下冷」全詩作「曳谷」。

似電臨津館，如霜繞郡城：此一聯全詩作「似鏡當樓曉，如珠出浦盈」。

石壁半銜清：此句全詩作「山木半含清」。

循環看：「環」原作「還」，從全詩。

長崗踏練行：此句全詩作「長堤踏陣行」。

【箋注】

〔一〕裴晉公：裴度，元和十二年十二月封晉國公，見舊唐書裴度傳。

〔二〕太陰：許慎説文解字：「月，闕也，大陰之精。」「大」即「太」。

題靈巖寺〔一〕

北寺三年別，西湖十里程〔二〕。山門橋上轉，石路閣中行。地入千重險，江分一面平。引藤聞鼠亂，窺洞見龍驚。嶂月排簷出，屏風倚檻成。猿尋青壁過，樹遶碧崖生。小殿靈雲影，高廊下水聲。何當還夢謝〔三〕，盡我一詩情。

【箋注】

〔一〕「靈巖寺」當是「靈隱寺」之訛。靈巖寺在蘇州城西，同治重修蘇州府志卷六：「靈巖山在府西三十里，高三百六十丈，一名硯石山。」又卷四〇：「靈巖禪寺在靈巖山，舊名秀峰寺，即吴館娃宫也，梁天監中置，有智積菩薩化形畫相之跡。」靈隱寺在杭州，潛説友咸淳臨安志卷二三：「靈山之陰、北澗之陽即靈隱寺，靈山之南、南澗之陽即天竺寺。」又卷八〇引陸羽記，有「南天竺北靈隱」之語。此詩曰「北寺」，曰「西湖」，可知所寫爲杭州靈隱寺而非蘇州靈巖寺。又詩曰「江分一面平」，杭州濱錢塘江而蘇州不臨江，又用「夢謝」之典，皆可證「巖」爲「隱」之誤。

〔二〕西湖：樂史太平寰宇記卷九三杭州：「西湖在（錢塘）縣西，周迴三十里，源出武林泉，郡人仰汲於此，爲錢塘之巨澤，山川秀麗，自唐以來爲勝賞之處。」

〔三〕夢謝：咸淳臨安志卷二三：「夢謝亭，晏公（殊）輿地志：『晉謝靈運，會稽人，其家不宜子，乃寄養於錢塘杜明師。明師夜夢東南有賢人相訪，翌日靈運至，故號夢謝亭。』陸羽記云：『一名客兒亭，在靈隱山間。』」

題天竺寺〔一〕

臺殿聳高標，鍾聲下界遥。路分松到寺，山斷石爲橋〔二〕。引水穿廊去，呼猿繞檻跳〔三〕。海明初上月，江白正來潮。夏雨蓮苞破，秋風桂子彫〔四〕。亂雲行没脚，欹樹過低腰。嫩緑茶新焙，乾黄竹旋燒。唯思閑事了，長此卧煙霄。

【校記】

繞檻跳：「跳」原作「眺」，眺爲去聲，於韻不協，顯誤。咸淳臨安志卷二三引上二句此字作「跳」，跳屬平聲豪韻，據以改。

【箋注】

〔一〕天竺寺：潛説友咸淳臨安志卷八〇：「下竺靈山教寺，在錢塘縣西一十七里，隋開皇十五年僧真觀法師與道安禪師建，號南天竺，唐永泰中賜今額。五代時有五百羅漢院，後廢。」

〔二〕石爲橋：指合澗橋。咸淳臨安志卷二三：「靈山之陰、北澗之陽即靈隱寺，靈山之南、南澗之陽即天竺寺。二澗流水號錢源泉，繞寺峰南北而下，至峰前合爲一澗，有橋號爲合澗。」

〔三〕呼猿：咸淳臨安志卷二三：「陸羽云：『宋僧智一善嘯，有哀松之韻，嘗養猿於山間，臨澗長嘯，衆猿畢集，謂之猿父。』又遵式白猿峰詩序云：『西大竺僧慧理蓄白猿於靈隱寺。』詩云：『引水穿廊走，呼猿繞檻跳。』澗側有飯猿臺，寺僧舊施食於此。」以此二句作遵式詩，王象之輿地紀勝卷二則引作裴休詩句，皆誤。

〔四〕蓮苞、桂子：咸淳臨安志卷二三：「蓮華峰，錢塘記云：峰頂有孤石可四十圍，頂上四開，狀似千葉蓮華。」又：「月桂峰，僧遵式月桂峰詩序云：相傳月中桂子嘗墜此峰，生成大樹，其華白，其實丹。一説：天聖中天降靈實於此山，狀如珠璣，識者曰：此月中桂子也。」二句既寫實，又暗寓二峰之名。海録碎事卷六、嘉泰會稽志卷九皆引此二句。

贈王昌涉侍御〔一〕

十里指東平〔二〕，軍前首出征。諸侯青眼用〔三〕，御史紫衣榮〔四〕。入陣梟心死，衝圍虎力生。晝時安楚塞，尅日下齊城。號令朝移幕，偷蹤夜斫營。雲梯曾險上，地道慣深行。舉旆招降將，投戈趁敗兵。自慙居虜者，當此立功名。

【校記】

題中「贈」：英華、全詩作「送」。

青眼用：英華、全詩作「青服舊」。諸侯指方鎮之主，無服八、九品之青服之理，故不取。

衝圍：「衝」上二書作「分」。

尅日：「尅」上二書作「刻」。

【箋注】

〔一〕白居易白氏長慶集卷五三武寧軍將王昌涉等授官制：「敕：王昌涉等早以材力，召募從軍，元和已來，南征北伐，咸有勞績，著於一時，主帥上聞，乞加褒賞，故以寺卿憲職序而寵之。」即此王昌涉。

〔二〕東平：唐鄆州東平郡，今屬山東。蓋叙王昌涉隨軍討李師道事。

〔三〕青眼：贊賞的眼神。用阮籍能作青白眼之典，見晉書阮籍傳。

〔四〕御史：舊唐書穆宗紀：「（元和十五年九月）丙寅，以御史大夫崔群檢校兵部尚書、徐州刺史、充武寧軍節度使、徐泗宿濠觀察等使。」新唐書車服志三品服紫；又百官志三：「御史臺大夫一人，正三品。」可知「御史」謂崔群。王昌涉時爲武寧軍將。

投常州從兄十七中丞十韻

扁舟何所往？言入善人邦〔一〕。舊愛鵬摶海〔二〕，今聞虎渡江〔三〕。士因爲政樂〔四〕，儒爲説詩降〔五〕。素履冰容靜〔六〕，新詞玉韻摐〔七〕。金魚聊解帶〔八〕，畫鷁稍移檣〔九〕。促坐邀逃席，留賓命倒釭〔一〇〕。吏材誰是伍？經術世無雙〔一一〕。廣厦當宏構〔一二〕，洪鍾併待撞〔一三〕。成龍須讓邴〔一四〕，展驥莫先龐〔一五〕。應念宗中末，秋螢照一牕〔一六〕。

【校記】

全詩題無「十七」及「十韻」四字。從兄十七中丞未詳。

士因爲政：「士」原作「土」，據全詩改。
玉韻摐：「韻」全詩作「潤」。
促坐邀逃席：「促坐邀」全詩作「邀妓思」。
命倒釭：「釭」全詩作「缸」。
吏材：「吏」全詩作「史」。

【箋注】

〔一〕善人：孔子家語六本：「與善人居，如入芝蘭之室，久而不聞其香，即與之化矣。」

〔二〕鵬搏海：莊子逍遥遊：「諧之言曰：鵬之徙於南冥也，水擊三千里，搏扶摇而上者九萬里。」

〔三〕虎渡江：後漢書宋均傳：「遷九江太守。郡多虎暴，數爲民患，常募設檻阱而猶多傷害，均到，下記屬縣曰：『……今爲民害，咎在殘吏，而勞勤張捕，非憂恤之本也。其務退姦貪，思進忠善，可一去檻阱，除削課制。』其後傳言虎相與東遊度江。」

〔四〕爲政：論語爲政：「爲政以德，譬如北辰，居其所而衆星共之。」

〔五〕説詩：漢書匡衡傳：「尤精力過絶人，諸儒爲之語曰：『無説詩，匡鼎來，匡説詩，解人頤。』」

〔六〕素履：周易履：「初九，素履往，無咎。」王弼韓康伯注：「履道惡華，故素。」晉書皇甫謐傳贊：「皇甫謐素履幽貞，閑居養疾。」冰容：冰姿。冰形容清高。世説新語言語：「衛洗馬初欲渡江」劉孝標注引衛玠别傳：「娶樂廣女，裴叔道曰：『妻父有冰清之姿，壻有璧潤之望，所謂秦晉之匹也。』」

〔七〕玉韻：美好的韻律。廣弘明集卷二八蕭綱八關齋制序：「目對金容，耳餐玉韻。」摐：撞擊。

〔八〕金魚：楊慎升庵詩話卷六：「佩魚，始於唐永徽二年，以鯉爲李也。武后天授元年改佩龜，以玄武爲龜也。杜詩『金魚換酒來』，蓋開元中復佩魚也。」此言解佩亦金魚換酒之意。

〔九〕畫鷁：淮南子本經：「龍舟鷁首。」高誘注：「鷁，大鳥也，畫其像著船頭，故曰鷁首。」

〔一〇〕倒釭：重新張燈，與「迴燈」同義。倒，倒换。

〔一一〕經術：漢書循吏傳序：「三人（按指董仲舒、公孫弘、兒寬）皆儒者，通於世務，明習文法，以經術潤飾吏事。」

〔一二〕廣厦：後漢書崔駰傳崔駰達旨：「夫廣厦成而茂木暢，遠求存而良馬縶。」李賢等注：「廣厦既成，不求材，故林木條暢也。」

〔一三〕洪鍾：禮記學記：「善待問者如撞鐘，叩之以小者則小鳴，叩之以大者則大鳴。」

〔一四〕「成龍」句：三國志魏書管寧傳裴松之注引傅子：「寧謂（邴）原曰：『潛龍以不見成德，言非其時，皆招禍之道也。』密遣令西還。」

〔一五〕「展驥」句：三國志蜀書龐統傳：「吴將魯肅遺先主書曰：『龐士元非百里才也，使處治中别駕之任，始當展其驥足耳。』」

〔一六〕秋螢：藝文類聚卷九七引續晉陽秋：「車胤字武子，學而不倦。家貧不常得油，夏日用練囊盛數十螢火，以夜繼日焉。」

讀韓文公集十韻

天縱韓公愈〔一〕，才爲出世英。言前風自正，筆下意先萌。塵土曾無跡，波瀾不可名。詞高碑益顯，疏直事終明。片段隨冰釋〔二〕，絲毫入鏡清〔三〕。文彫玉璽重，詩織錦梭輕。別得春王旨〔四〕，深沿大雅情〔五〕。窮奇開蜀道〔六〕，詭怪哭秦坑〔七〕。驥逸終難襲，鵰蹲力更生。誰當死後者，別爲破規程。

【箋注】

〔一〕天縱：論語子罕：「固天縱之將聖，又多能也。」

〔二〕冰釋：杜預左傳序：「涣然冰釋，怡然理順。」太平御覽卷三八五引何晏別傳：「魏武帝讀兵書，有所未解，試以問晏，晏分散所疑，無不冰釋。」

〔三〕鏡清：南史陸慧曉傳：「廬江何點常稱：『慧曉心如照鏡，遇形觸物，無不朗然。』」

〔四〕春王：春秋隱公元年：「春王正月。」公羊家認爲表示孔子尊王室、大一統的思想。

〔五〕大雅：詩經大雅，舊訓「雅」爲「正」，即與夷俗邪音不同的正聲，見荀子王制。

〔六〕蜀道：酈道元水經注卷二七沔水：「秦惠王欲伐蜀，而不知道，作五石牛，以金置尾下，言能屎金，蜀王負力，令五丁引之成道。秦使張儀、司馬錯尋路滅蜀，因名石牛道。」

〔七〕秦坑：史記秦始皇本紀：「（犯禁者）四百六十餘人，皆阬之咸陽。」

題岳州徐員外雲夢新亭十韻〔一〕

古地標圖籍〔二〕，新亭建梓材〔三〕。水從三峽漲，人自九江來。宿涵曹推遠〔四〕，停驂謝喜陪〔五〕。山形連岳去，草色盡天迴。晚檻高牆出，晴郊古戍開。陽精動金礦〔六〕，暗魄孕珠胎〔七〕。竹換經冬葉，松移帶雨栽。夜深南浦雁〔八〕，春老北枝梅〔九〕。峴嶺功初畢〔一〇〕，汀洲詠幾裁〔一一〕。仙遊秖斯在，何用便蓬萊。

【箋注】

〔一〕徐員外即聽岳州徐員外彈琴之徐希仁。雲夢：李吉甫元和郡縣圖志卷二七鄂州：「雲夢澤，在（安陸）縣南五十里……而禹貢及爾雅皆曰雲夢者，蓋雙舉二澤而言之，故後代以來，通名一事，左傳曰『畋於江南之雲夢』是也。」

〔二〕圖籍：尚書禹貢：「雲土夢作乂。」周禮夏官職方氏：「荆州，其澤藪曰雲瞢。」

〔三〕梓材：尚書梓材：「若作梓材，既勤樸斲。」孔安國傳：「爲政之術，如梓人治材爲器。」

〔四〕宿涵：「涵」爲平聲，於詩律此字當用一仄聲字，當有誤。疑當作「酒」。「宿酒」用徐邈事，爲同姓人之典。三国志魏書徐邈传：「爲尚書郎。時科禁酒，而邈私飲至於沈醉。校事趙達問以曹事，邈曰：『中聖人。』達白之太祖，太祖甚怒。」曹：謂曹操，亦雙關曹政。

〔五〕停驂：謝朓新亭渚別范零陵：「停驂我悵望，輟棹子夷猶。」謝：即謂謝朓。

〔六〕陽精：許慎説文解字：「日，實也，太陽之精。」左傳成公十六年孔穎達疏：「日爲陽精，月爲陰精。」金礦：文選郭璞江賦：「其下則金礦丹礫，雲精爥銀。」

〔七〕暗魄：謂月。樂府詩集吉中孚妻張氏拜新月：「拜新月，新月出堂前。暗魄深籠桂，虚弓未引弦。」珠胎：大戴禮易本命：「蚌蛤龜珠，與月盈虚。」文選揚雄羽獵賦：「方椎夜光之流離，剖明月之珠胎。」李善注：「明月珠，蚌子珠，爲蚌所懷，故曰胎。」

〔八〕南浦：屈原九歌河伯：「子交手兮東行，送美人兮南浦。」

〔九〕北枝：白孔六帖卷九九：「大庾嶺上梅，南枝落，北枝開。」

〔一〇〕峴嶺：晉書杜預傳：「預好爲後世名，常言『高岸爲谷，深谷爲陵』。刻石爲二碑，紀其勳績，一沈萬山之下，一立峴山之上，曰：『焉知此後不爲陵谷乎。』」

〔一一〕汀洲：梁書柳惲傳：「復爲吴興太守六年，爲政清静，民吏懷之。」有詩：「汀洲採白蘋，日暖江南春。」

寄靈隱寺師一上人十韻〔一〕

八十空門子，深山土木骸〔二〕。片衣閑自衲，單食老長齋。道性終能遣，人情小不乖。櫟枸居上院〔三〕，薜荔俯層階〔四〕。洗鉢前臨水，窺門外掩柴。朗吟揮竹拂，高揖曳芒鞋。迸笋斜穿塢，飛泉下噴崖。種花忻土潤，撥石恐沙埋。舊枉師招隱〔五〕，初徵我詠懷〔六〕。聊當因興翫，更爲表新牌。

【校記】

題中「寄」：英華與全詩皆作「題」。

小不乖：「小」上二書作「少」。

外掩柴：「掩」上二書作「有」。

忻土潤：「忻土」原作「憐玉」，據上二書改。

恐沙埋：「恐」上二書作「慮」。

舊枉：「枉」上二書作「往」。

初徵：「徵」上二書作「臨」。

聊當因興翫：「聊當因」上二書作「何當緣」。

【箋注】

〔一〕靈隱寺：王象之輿地紀勝卷二臨安府：「靈隱寺，元和郡縣志：『錢塘有靈隱山。』又晏公類要云：『在錢塘縣西一十二里。』有嵓石室、龍泓洞，西南臨浙江。十三州記曰：『錢塘武林山，泉水原出焉，即此浦也。晉咸和中，有西乾梵僧登此山，歎曰：「此武林山是中天竺國靈鷲山之小嶺，不知何年飛來。」乃創靈隱寺。」寰宇記云：『許由、葛洪皆隱此山忘歸，本號稽留山。』」祝穆方輿勝覽卷一臨安府：「靈隱寺，在錢塘十二里，靈隱、天竺，兩山（寺）由一門而入。」

〔二〕土木骸：晉書嵇康傳：「康早孤，有奇才，遠邁不群，身長七尺八寸，美詞氣，有風儀，而土木形骸，不自藻飾。」

〔三〕櫟枸：櫟謂田野中守望之草樓，於意不切。疑當作「椇枸」，椇枸即枳椇，木名。詩經小雅南山有臺：「南山有枸，北山有楰。」崔豹古今注草木：「枳椇子，一名樹蜜，一名木餳，實形拳曲，核在實外，味甜美如餳蜜。」

〔四〕薜荔：又名木蓮。楚辭屈原離騷：「擥木根以結茝兮，貫薜荔之落蕊。」王逸注：「薜荔，香草也，緣木而生。」

〔五〕招隱：左思有招隱詩。

〔六〕詠懷：阮籍有詠懷詩。

張承吉文集卷第九　長韻

吴中懷古十六韻

萬里江連蜀，千山水占吴。地形分楚塞，舟路控閩隅。西北京華遠，東南王氣無〔一〕。未爲勾踐入〔二〕，先是子胥殂〔三〕。國破重泉恨，天迷兆庶呼。黑煙宗廟廢，紅豔美人軀〔四〕。舊戰儲宫盡〔五〕，新加太宰誅〔六〕。誓言江北死〔七〕，羞面甬東途〔八〕。假債屍猶泊〔九〕，教懸骨未枯〔一〇〕。墮釵殘玉燕，穿墓得金鳧〔一一〕。苑樹深行鹿〔一二〕，閶門迥噪烏〔一三〕。夜陰生越絶〔一四〕，秋色遍姑蘇。群邑空遺迹，山川是廢圖。六朝人已去，三國事應殊。欲下金陵泣〔一五〕，還爲建業吁〔一六〕。傷心此時意，狂乞賴麻襦〔一七〕。

【箋注】

〔一〕王氣：史記高祖本紀：「秦始皇帝常曰：『東南有天子氣。』於是東遊以厭之。」

〔二〕勾踐：國語越語下載勾踐戰敗，「令大夫種守於國，與氾蠡入宧於吴」。

〔三〕子胥：伍子胥屢諫吴王不許越和，史記伍子胥列傳：「（吴王）乃使使賜伍子胥屬鏤之劍，曰：『子以此死。』」

〔四〕美人：謂西施。舊題任昉述異記卷上：「吴王夫差築姑蘇之臺，三年乃成，周旋詰曲，横亘五里，崇飾土木，殫耗人力，宫妓數千人，上别立春宵宫，爲長夜之飲。造千石酒鍾，夫差作天池，池中造青龍舟，舟中盛陳妓樂，日與西施爲水嬉。」

〔五〕儲宫：太子。史記伍子胥列傳：「其明年，因北大會諸侯於黄池，以令周室，越王句踐襲殺吴太子，破吴兵。」

〔六〕太宰：太宰嚭，受越賄，勸吴王許越和，又譖殺子胥。史記伍子胥列傳：「後九年，越王句踐遂滅吴，殺王夫差而誅太宰嚭，以不忠於其君，而外受重賂，與己比周也。」

〔七〕江北：國語越語上：「果行，國人皆勸，父勉其子，兄勉其弟，婦勉其夫，曰：『孰是君也，而可無死乎？』是故敗吴於囿，又敗之於没，又郊敗之。」

〔八〕甬東：史記越王句踐世家：「句踐憐之，乃使人謂吴王曰：『吾置王甬東，君百家。』吴王謝曰：『吾老矣，不能事君王。』遂自殺，乃蔽其面，曰：『吾無面以見子胥也。』」裴駰集解引杜預曰：「甬東，會稽句章縣東海中洲也。」

〔九〕屍猶泊：國語吴語：「（子胥）將死，曰：『以懸吾目於東門，以見越之入，吴國之亡也。』王愠曰：『孤不使大夫得有見也。』乃使取申胥之尸，盛以鴟鴺，而投之於江。」

〔一〇〕教懸：史記伍子胥列傳：「乃告其舍人曰：『必樹吾墓上以梓，令可以爲器，而抉吾眼縣吴東門之上，以觀越寇之入滅吴也。』乃自剄死。吴王聞之大怒，乃取子胥尸盛以鴟夷革，浮之江中。」

〔一一〕金鳧：藝文類聚卷八引吴越春秋：「闔廬死，葬於國西北，名虎丘。穿土爲川，積壤爲丘，發五都之士十萬人，共治千里，使象摙土。塚池四周，水深丈餘，槨三重，傾水銀爲池，池廣六十步，黄金珠玉爲鳧雁，專諸之劍魚腸三千在焉。葬之已三日，金精上揚爲白虎踞墳，故曰虎丘。」

〔一二〕行鹿：史記淮南王劉安傳：「(伍)被悵然曰：『……臣聞子胥諫吴王，吴王不用，乃曰「臣今見麋鹿遊姑蘇之臺也」。』」

〔一三〕閶門：蘇州城西門。吴越春秋闔閭内傳：「立閶門者以象天門，通閶闔風也。」噪烏：王嘉拾遺記卷三：「初，越王入吴國，有丹烏夾王而飛，故勾踐之霸也，起望烏臺，言丹烏之異也。」

〔一四〕越絶：酈道元水經注卷四〇漸江水：「韋昭曰：越北鄙在嘉興，浙江又東逕柴辟南，舊吴楚之戰地矣，備候於此，故謂之辟塞，是以越絶稱。」

〔一五〕金陵：太平御覽卷一七〇引金陵圖：「昔楚威王見此有王氣，因埋金以鎮之，故曰金陵。秦併天下，望氣者言江東有天子氣，鑿地斷連崗，因稱金陵爲秣陵。」

〔一六〕建業：晉書地理志下揚州：「建鄴，本秣陵，孫氏改爲建業。武帝平吴，以爲秣陵。太康三年，分秣陵北爲建鄴，改業爲鄴。」

〔一七〕麻襦：晉書藝術傳麻襦：「麻襦者，不知何許人也，莫得其姓名。石季龍（虎）時，在魏縣市中乞丐，恒着麻襦布裳，故時謂之麻襦。言語卓越，狀如狂者，乞得米穀不食，輒散置大路，云飴天馬。趙興太守籍狀收伏詣季龍……惟道『陛下當終一柱殿下』。……後慕容儁投季龍尸於漳水，倚橋柱不流，時人以爲『一柱殿下』即謂此也。及元帝嗣位江左，亦以爲天馬之應云。」

和岳州徐員外雲夢新亭二十韻〔一〕

澤國連荒徼，津亭揭上游。飛欄控乾馬〔二〕，却住壓坤牛〔三〕。滉漭吞何處？青蒼别幾州？黑天三伏裏〔四〕，紅日五更頭〔五〕。樹失湘潭髮〔六〕，山明楚塞漚〔七〕。舜巡初此去〔八〕，禹鑿向南休〔九〕。白氣都爲曉，清光别是秋。雨行神女過〔一〇〕，雲降帝妃遊〔一一〕。接鑑凌星斗，褰簾就月鈎。草煙凝夜思，花露滴春愁。近渚延沙濕，中壖小島浮。竹尋諸洞遍，石占一泉幽。日復上山頂，波連歸客舟。招魂宋餘恨〔一二〕，吊死屈何投〔一三〕。臣子悲遷斥，王孫念去留〔一四〕。林當藏漢道〔一五〕，兵昔益巴丘〔一六〕。縛將高皇策〔一七〕，燒船太祖羞〔一八〕。星霜人自變，江漢事長流。勝景離方絶〔一九〕，功符坎德優〔二〇〕。還因望京意，歌詠爲皇猷。

【箋注】

〔一〕徐員外爲徐希仁，與聽岳州徐員外彈琴之徐員外爲一人。

〔二〕乾馬：周易説卦：「乾爲馬。」孔穎達疏：「乾象天，天行健，故爲馬也。」

〔三〕却住：「住」疑爲「柱」之訛。坤牛：周易説卦：「坤爲牛。」孔穎達疏：「坤象地，任重而順，故爲牛也。」

〔四〕三伏：藝文類聚卷五引曹丕典略：「光禄劉松北鎮，而袁紹夜酣酒，以盛夏三伏之際，晝夜與松飲酒，至於無知，云以避一時之暑。」

〔五〕五更：樂府詩集陳伏知道從軍五更轉：「五更催送籌，曉色映山頭。城烏初起堞，更人悄下樓。」

〔六〕髮：指草木。晏子春秋諫上：「夫靈山固以石爲身，以草木爲髮。」

〔七〕漚：通鷗，鷗鳥。

〔八〕舜巡：尚書舜典：「(舜)五十載，陟方乃死。」孔安國傳：「舜即位五十年，升道，南方巡守，死於蒼梧之野而葬焉。」

〔九〕禹鑿：尚書大禹謨：「三旬，苗民逆命……禹拜昌言曰：『俞。』班師振振，帝乃誕敷文德，舞干羽於兩階，七旬，有苗格。」

〔一〇〕神女：文選江淹别賦「惜瑶草之徒芳」句李善注：「宋玉高唐賦曰：我，帝之季女，名曰瑶姬，未行而亡，封於巫山之臺，精魂爲草，寔曰靈芝。」

〔一一〕帝妃：楚辭屈原九歌湘夫人：「帝子降兮北渚，目眇眇兮愁予。」王逸注：「帝子，謂堯女也。降，下也。言堯二女娥皇、女英，隨舜不反，墮於湘水之渚，因爲湘夫人。」

〔一二〕招魂：楚辭宋玉招魂王逸注：「招魂者，宋玉之所作也。……宋玉憐哀屈原忠而斥棄，愁懣山澤，魂魄放佚，厥命將落，故作招魂。」

〔一三〕吊死：史記賈生列傳：「賈生既辭往行，聞長沙卑濕，自以壽不得長，又以適（謫）去，意不自得，及渡湘水，爲賦以弔屈原。」

〔一四〕王孫：楚辭淮南小山招隱士：「王孫兮歸來，山中兮不可以久留。」王逸注：「小山之徒閔傷屈原，又怪其文昇天乘雲，役使百神，似若仙者，雖身沈没，名德顯聞，與隱處山澤無異，故作招隱士之賦，以章其志也。」

〔一五〕漢道：史記西南夷列傳：「夜郎旁小邑皆貪漢繒帛，以爲漢道險，終不能有也，乃且聽蒙約。還報，乃以爲犍爲郡，發巴蜀卒治道，自僰道指牂柯江。」

〔一六〕巴丘：三國志吴書吴主孫權傳：「乃遣吕蒙督鮮于丹、徐忠、孫規等兵二萬取長沙、零陵、桂陽三郡，使魯肅以萬人屯巴丘，以禦關羽。」

〔一七〕縛將：史記高祖本紀：「（六年）十二月，人有上變事告楚王（韓）信謀反，上問左右，左右爭欲擊之，用陳平計，乃僞遊雲夢，會諸侯於陳，楚王信迎，即因執之。」

〔一八〕燒船：藝文類聚卷二引英雄記：「曹公赤壁之役，行至雲夢大澤中，遇大霧，迷失道。」李吉甫元和郡縣圖志卷二七岳州：「巴丘湖……俗云古雲夢澤也。曹公征荊州，還於巴丘，遇疾燒船，歎曰：『郭奉孝在，不使孤至此。』」

〔一九〕離方：周易説卦：「離也者，明也……南方之卦也。」

〔二〇〕坎德：周易説卦：「坎者，水也。」

投陳許崔尚書二十韻〔一〕

重鎮壓華戎，恩威達聖聰。泰山高不讓〔二〕，滄海闊難窮〔三〕。接物懽盈貌，安民術在衷。旱天雲出水〔四〕，霜野鶚摶風〔五〕。東土承殊渥，南方著顯功。瑞呈須是鳳〔六〕，畋獲必非熊〔七〕。令下齊軍仵，詩傳入帝宫。春行膏雨降〔八〕，夜仰德星藂〔九〕。翰苑推詞敏，台庭揖道崇。才周儒學外，禮厚笑譚中。吏理今廉度〔一〇〕，文章昔馬融〔一一〕。行憑孤竹立〔一二〕，諾爲一言終。揭檻樓臺聳，加籩海陸豐。俯移青玉案〔一三〕，高挂緑沉弓〔一四〕。大幕賓名瑀〔一五〕，長裾客姓馮〔一六〕。耻爲狂猾者〔一七〕，强厠滑稽雄〔一八〕。馬足虚行地，鞭頭漫畫空〔一九〕。無能甘畫虎〔二〇〕，失趣奈雕蟲〔二一〕。死歎身何處，生嗟命不通。聊當問詹尹〔二二〕，猶許訴明公。

【箋注】

〔一〕唐貞元三年置陳許節度使，治許州，貞元十年賜號忠武軍，見新唐書方鎮表二。「崔」當是「馬」之訛。忠武軍節度使崔姓者唯有一崔安潛，在乾符三年至五年，時張祜已故去多年，顯非崔安潛。此詩云「東土承殊渥，南方著顯功」，所述與馬總仕歷正合。馬總曾副裴度宣慰淮西，吴元濟平，檢校工部尚書、蔡州刺史、兼御史大夫充淮西節度使。又曾於元和初爲虔州刺史，四年兼御史中丞充嶺南都護、本管經略使，頗有政績，二句正述此。又詩曰「文章昔馬融」，已暗寓其姓矣。故知「崔」爲「馬」之誤。舊唐書憲宗紀下：「（元和十三年五月丙辰）以彰義軍節度使馬總爲許州刺史、忠武軍節度使、陳許溵蔡觀察等使。」又見兩唐書馬總傳。馬總之「總」，或作「揔」「摠」。

〔二〕泰山：史記李斯列傳李斯諫逐客書：「是以太山不讓土壤，故能成其大；河海不擇細流，故能就其深。」

〔三〕滄海：藝文類聚卷八潘岳滄海賦：「測之莫量其深，望之不見其廣。」

〔四〕旱天：尚書説命武丁云傳説：「若歲大旱，用汝作霖雨。」

〔五〕鶚搏：漢書鄒陽傳鄒陽諫吳王書：「鷙鳥累百，不如一鶚。」

〔六〕瑞呈：漢書循吏傳黄霸：「前後八年，郡中愈治，是時鳳皇神爵數集郡國，潁川尤多。」

〔七〕畋獲：史記齊太公世家：「西伯將出獵，卜之，曰：『所獲非龍非彲，非虎非羆，所獲霸王之輔。』於是周西伯獵，果遇太公於渭之陽。」

〔八〕膏雨：詩經曹風下泉：「陰雨膏之。」孔穎達疏：「以黍苗之仰膏雨，猶衆人之仰恩惠。」

〔九〕德星：史記天官書：「天精而見景星，景星者，德星也，其狀無常，常出於有道之國。」

〔一〇〕廉度：東漢廉范字叔度，建初中遷蜀郡太守，廢除夜間禁火之令，只要求家家儲水備火，民稱便，作歌：「廉叔度，來何暮。不禁火，民安作。平生無襦今五袴。」見後漢書廉范傳。

〔一一〕馬融：東漢茂陵人，字季長，安帝時爲校書郎，桓帝時爲南郡太守。才高博洽，爲世通儒，諸生受其學者千數。見後漢書馬融傳。

〔一二〕孤竹：孤拔挺生之竹。喻特立獨行。

〔一三〕青玉案：盤盂之類的名貴食器。張衡四愁詩：「美人贈我錦繡段，何以報之青玉案。」

〔一四〕緑沉弓：塗以緑漆的弓。蕭子雲贈吳均：「緑沉弓項縱，紫艾刀横拔。」

〔一五〕名瑀：阮瑀，字元瑜，三國尉氏人，爲曹操司空軍謀祭酒，管記室，書檄多出其手。見三國志魏書阮瑀傳。

〔一六〕姓馮：馮諼，戰國齊孟嘗君食客，曾爲孟嘗君收債於薛，矯命盡焚其券，後孟嘗君被廢，卒賴馮諼之力得復位。見史記孟嘗君列傳。

〔一七〕狂狷：論語子路：「不得中行而與之，必也狂狷乎？狂者進取，狷者有所不爲也。」

〔一八〕滑稽：史記樗里子列傳：「樗里子滑稽多智，秦人號爲智囊。」

〔一九〕「馬足」二句：謂策馬揚鞭趕了許多的路。虛，形容馬飛奔貌。漫，亂也。如杜甫聞官軍收河南河北：「漫卷詩書喜欲狂」。

〔二〇〕畫虎：後漢書馬援傳馬援誡兄子嚴敦書：「效伯高不得，猶爲謹敕之士，所謂刻鵠不成尚類鶩者也。效季良不得，陷爲天下輕薄子，所謂畫虎不成反類狗者也。」時龍伯高以敦厚周慎、杜季良以豪俠好義著稱。

〔二一〕雕蟲：揚雄法言吾子：「或問：『吾子少而好賦？』曰：『然，童子彫蟲篆刻。』俄而，曰：『壯夫不爲也。』」

〔二二〕詹尹：楚辭卜居：「屈原既放，三年不得復見，竭知盡忠，而蔽鄣於讒，心煩慮亂，不知所從，往見太卜鄭詹尹，曰：『余有所疑，願因先生決之。』」

酬房子客郊居六韻

三畝田東竹一墟，習家深處自安居〔一〕。每逢山簡能騎馬，長羨王弘不賣魚〔二〕。

南國煙帆低晚岸，北林霜葉墮寒蔬。郡中舊指賢哉巷〔三〕，門外多來長者車〔四〕。近日稍聞池盡墨〔五〕，他時誰見壁藏書〔六〕。已知每事能攜酒，同倚閶門四檻虚〔七〕。

【箋注】

〔一〕習家：世説新語任誕：「山季倫（簡）爲荆州，時出酣暢，人爲之歌曰：『山公時一醉，徑造高陽池。日莫倒載歸，茗艼無所知。復能乘駿馬，倒著白接羅。舉手問葛彊，何如并州兒？』高陽池在襄陽，彊是其愛將，并州人也。」劉孝標注引襄陽記：「漢侍中習郁，於峴山南依范蠡養魚法作魚池，池邊有高堤，種竹及長楸，芙蓉緣岸，菱芡覆水，是遊宴名處也。山簡每臨此池，未嘗不大醉而歸，曰：『此是我高陽池也。』」

〔二〕王弘：王弘之，南朝宋人。南史王弘之傳：「性好釣，上虞江有一處名三石頭，弘之常垂綸於此。經過者不識之，或問漁師：『得魚賣不？』弘之曰：『亦自不得，得亦不賣。』日夕載魚入上虞郭，經親故門，各以一兩頭置門内而去。」

〔三〕賢哉巷：論語雍也：「子曰：『賢哉回也！一簞食，一瓢飲，在陋巷，人不堪其憂，回也不改其樂，賢哉回也。』」

〔四〕長者車：史記陳丞相世家：「（陳平）家乃負郭窮巷，以席爲門，然門外多有長者車轍。」

〔五〕池盡墨：晉書衛恒傳衛恒四體書勢：「弘農張伯英……臨池學書，池水盡黑。」

〔六〕壁藏書：後漢書樂恢傳李賢等注引華嶠後漢書：「京師貴戚慕其行，或遺之書，（杜）安不發，悉壁藏之，及後捕案貴戚賓客，安開壁出書，印封如故。」

〔七〕閶門：趙曄吴越春秋闔閭内傳：「闔閭欲西破楚，楚在西北，故立閶門以通天氣，因復名之破楚門。」

觀潮十韻〔一〕

泯泯順爲迴〔二〕，泙泙逆是來。草微淹澤莽，沙漲積雲堆。不止靈威怒，當憑怪力推。夏天江疊雪，晴日海奔雷。近落痕猶淺，初平勢漸開。舟驚浮浩渺，石看打崔嵬。鳥下愁灘没，人行畏岸頽。鼓風連涵澹，值洑更旋迴。進退隨蟾魄〔三〕，盈虚合蚌胎〔四〕。何妨俾巨浸，爲爾濟川才。

【箋注】

〔一〕李吉甫元和郡縣圖志卷二五杭州：「浙江在（錢塘）縣南一十二里，莊子云浙河，即謂浙江，蓋取其曲折爲名。江源自歙州界東北流經界石山，又東北經州理北，又東北流入於海。江濤每日晝夜再上，常以月十日、二十五日最小，月三日、十八日極大，小則水漸漲不過數尺，大則濤湧高至數丈，每年八月十八日，數百里士女共觀，舟人漁子泝濤觸浪，謂之弄潮。」

〔二〕迴：「迴」字重韻，當爲「洄」之訛。洄，逆流。爾雅釋水：「逆流而上曰泝洄。」

〔三〕蟾魄：謂月。太平御覽卷四引抱朴子：「月之精生水，是以月盛而潮濤大。」

〔四〕蚌胎：吕氏春秋季秋精通：「月也者，群陰之本也，月望則蚌蛤實，群陰盈；月晦則蚌蛤虚，群陰虧。」文選左思吴都賦：「蚌蛤珠胎，與月虧全。」

觀山海圖二首

古色辨微茫，華夷在一堂。雲霞開藻井〔一〕，天地出雕梁。細草生毫末，輕風拂黛光。夜山猶帶景，秋樹不凋霜。隱竹纔分翠，穠華欲墮香。無風帆自起，度日鳥空翔。舟勢鯨吞久，樓形蜃吐長〔二〕。更看臺上鏡，造化落中央。

【箋注】

〔一〕藻井：廳堂上承塵，木縱横交叉如井字，通常飾以水草花紋，以爲可以厭火災。文選何晏景福殿賦：「繚以藻井，編以綷疏。」

〔二〕蜃吐：史記天官書：「海旁蜄氣象樓臺，廣野氣成宫闕然。」禮記月令孟冬之月：「雉入大水爲蜃。」鄭玄注：「大蛤曰蜃。」

其二

何人筆思狂？一壁盡滄浪。日月明丹栱，煙雲起畫梁。山嵐開曉色，海氣動秋光。島踞鰲睛大〔一〕，沙行鰐齒長〔二〕。粉波明百越，黛點簇三湘。詎作無圖意，空迷造化鄉。

【箋注】

〔一〕鰲睛：列子湯問言渤海之東有大壑名曰歸墟，其中有五山，常隨波上下往還，帝「乃命禺彊使巨鰲十五舉首而戴之，迭爲三番，六萬歲一交焉，五山始峙而不動」。玄應一切經音義卷一九引字林：「鰲，海中大鼃也，力負蓬、瀛、壺三山是也。」

〔二〕鰐齒：文選左思吴都賦：「黿鼉鯖鰐。」劉逵注：「鰐魚長二丈餘，有四足，似鼉，喙長三尺，甚利齒，虎及大鹿渡水，鰐擊之，皆中斷。」

題海陵監李端公後亭十韻〔一〕

古城連廢地，規畫自初心。眺出紅亭址，栽成紅樹林。竹欹叢岸勢，池滿到簷陰。暗草通溪遠，閑花落院深。上簾新燕入，拋葉小魚沉。晚影移罇惜，殘芳秉燭尋。風蘭曳衣繡，露柳拂頭簪。屬詠聊題板，垂竿旋曲針。短橋多憑看，高堞幾登臨。漫厠賓階末，無因和至音。

【校記】

栽成紅樹林：「栽」原作「裁」，徑改。

【箋注】

〔一〕海陵：縣名，唐屬揚州廣陵郡。李端公：未詳。

題江陵崔兵曹林亭〔一〕

小隱蜀江邊〔二〕，重巒盡一川。山形分斷岸，水勢盡平田。嫩碧生欄淺，輕紅落砌蔫。短橋扶竹過，欹路把藤緣。南巷纖埃隔，東郊遠思延。月庭潛潤石，風渚自移船。滴露蒲光冷，搖波柳翠鮮。關心每來勝，幸爾必相然。

【箋注】

〔一〕江陵：唐江陵府江陵郡，今湖北江陵。崔兵曹：未詳。

〔二〕小隱：文選王康琚反招隱：「小隱隱陵藪，大隱隱朝市。」

題宿州城西宋徵君林亭〔一〕

數畝西郊地，經營勝漸偏。蹬崖欹入竹，筒水下澆田〔二〕。黑壤霑河潤，紅葩寄樹鮮。驛明昏岸火，檣插曉林煙。嫩笋撑簷曲，新荷帖沼圓。不妨成隱顯，長日步通阡。

【校記】

西郊地：「西」原作「四」，顯誤，由詩題可知，徑改。

【箋注】

〔一〕宿州：今安徽宿縣。宋徵君：未詳。

〔二〕筒水：指筒車，一種引水於高地灌溉的設備，以木爲輪，輪周安裝圓筒，利用水流的衝激力使之轉動，參看宋應星天工開物卷一水利筒車及圖。

題泗州劉中丞郡中新樓〔一〕

一檻構庭中，臨川望益崇。朗懷披夏日，高嘯得清風。紫府須黄霸〔二〕，青山屬謝公〔三〕。夜聲聞動草，春意覺抽叢。野迥雲初白，天寒樹間紅。月華深委素，淮色迴流空。暮雨佳人到，良辰樂事同。更憐初渡水，先詠子來工〔四〕。

【箋注】

〔一〕泗州：今安徽泗縣。劉中丞未詳。

〔二〕紫府：即紫庭，指朝廷。黄霸：漢陽夏人，字次公，宣帝時累官潁川太守、揚州刺史，治行稱天下第一。見漢書循吏傳黄霸。

〔三〕謝公：謝朓遊東田：「不對芳春酒，還望青山郭。」王象之輿地紀勝卷一八太平州：「謝公宅，在城東南三十里青山。齊宣城太守謝朓築室鑿池於山南，遺址今在，人呼爲謝家青山。李白詩有『宅近青山同謝朓』之句，天寶十二年改爲謝公山。」寰宇記云：

〔四〕子來工：詩經大雅靈臺：「經始勿亟，庶民子來。」鄭玄箋：「亟，急也。度始靈臺之基址，非有急成之意，衆民各以子成父事，而來攻(工)之。」

奉和湖州蘇員外題游杯池〔一〕

舊勝因金刹，新遷就水堂。何勞數爵算，不止一龜航〔二〕。忝座非珍席，窮源喜濫觴〔三〕。酒醲開若醞〔四〕，詩妙掇蘋芳。廣檻餘清景，連山疊霽光。徒思繼高韻，益歎謬成章。

【箋注】

〔一〕湖州：唐湖州吴興郡，今浙江湖州。蘇員外：蘇特。錢易南部新書戊：「李景先自和牧謫爲司馬，戲湖守蘇特曰：『使君貴郡有三黄鼉子、五蒂木瓜。』特頗銜之。」談鑰嘉泰吴興志卷一四郡守題名：「蘇特，大中二年五月自陳州刺史拜，除鄭州刺史。」游杯：即流杯，古代會飲的一種方式。於環曲的水池旁會集，在水上放置酒杯，杯流行經其前，即取飲。宗懍荆楚歲時記：「三月三日，士民並出江渚池沼間，爲流杯曲水之飲。」

〔二〕龜航：干寶搜神記卷二〇：「（孔）愉少時嘗經行餘不亭，見籠龜於路者，愉買之，放於餘不溪中，龜中流左顧者數過。及後，以功封餘不亭侯，鑄印而龜鈕左顧，三鑄如初，印工以聞，愉乃悟其爲龜之報，遂取佩焉。」此指龜形酒杯。

〔三〕濫觴：荀子子道：「昔者江出於岷山，其始出也，其源可以濫觴。」

〔四〕若醞：李吉甫元和郡縣圖志卷二五湖州：「若溪水，釀酒甚濃，俗稱若下酒。」李肇唐國史補卷下：「酒則有郢州之富水、烏程之若下、滎陽之土窟春。」

奉和浙西盧大夫題假山〔一〕

入門驚秀崒，規畫自奇人。遠不離堦砌，高寧讓隙塵。巖成須夢説〔二〕，岳就合生申〔三〕。掩映深尤妙，踈通久更新。聊思峴嶺日〔四〕，小認會稽春〔五〕。好是怡情處，西樓長景真。

【箋注】

〔一〕浙西：唐浙西節度使，乾元元年初置，後改稱觀察使，治潤州，見新唐書方鎮表五。盧大夫爲盧簡辭，新唐書盧簡辭傳：「累擢湖南、浙西觀察使。」杜牧有與浙西盧大夫書，即盧簡辭。約會昌元年至五年在浙西觀察使任。

〔二〕夢説：史記殷本紀：「武丁夜夢得聖人，名曰説，以夢所見視群臣百吏，皆非也。於是乃使百工營求之野，得説於傅險中，是時説爲胥靡，築於傅險。」墨子尚賢下：「（傅説）衣褐帶索，庸築於傅巖之城，武丁得而舉之，立爲三公。」

〔三〕生申：詩經大雅崧高：「維嶽降神，生甫及申。維申及甫，維周之翰。」朱熹詩集傳：「申伯也，皆姜姓之國也。」

〔四〕峴嶺：晉羊祜鎮荆襄時，常於峴山飲酒賦詩，曾對同遊者歎曰：「自有宇宙，便有此山，由來賢者勝士登此遠望，如我與卿者多矣，皆湮滅無聞，使人悲傷。」祜死，襄陽人爲之於峴嶺立碑，見者無不悲泣，號墮淚碑。見晉書羊祜傳。

〔五〕會稽：王羲之蘭亭集序：「永和九年，歲在癸丑，暮春之初，會於會稽山陰之蘭亭，修禊事也。」見晉書王羲之傳。

越州懷古

振檝大江東，前林波萬頃。高秋海天闊，色落湖山影。行尋王謝迹〔一〕，望望登絶嶺。荒林草木瘦，古樹泉石冷。昔游不可見，牢落餘風景。窮愁心未死，一筆聊復秉。

【箋注】

〔一〕王謝：王羲之曾爲會稽内史，曾宴會稽山陰之蘭亭。謝安曾隱會稽東山。又謝靈運有别墅在會稽，曾作山居賦。

晚下彭澤〔一〕

斜日照馬當〔二〕，孤舟下彭澤。平分江九派〔三〕，斂度山一壁。淺浦横黑查，高林間白石。帆收天益暝，鳥没嵐更碧。依依戍前鼓，稍稍村外笛。何處不眠人？月明西楚客。

【校記】

首句「馬」原誤作「鳥」，徑改。

【箋注】

〔一〕彭澤：縣名，唐屬江州潯陽郡。今屬江西。

〔二〕馬當：樂史太平寰宇記卷一一一江州：「馬當山在（彭澤）古縣北一百二十里，其山横枕大江，山象馬形，迴風急擊，波洑湧沸，爲舟船艱阻。山腹在江中，山際立馬當山廟。」

〔三〕九派：尚書禹貢「九江孔殷」句孔安國傳：「江於此州界分爲九道。」文選郭璞江賦：「流九派乎潯陽。」

遊仙

赤足一仙翁，耳毫垂兩頸。摩娑雪毛項〔一〕，騎上崑崙頂。顧我蹤鹿蹄，去遊遐寂境。洞門出昏黑，却望如側井。行折青桂枝，隔雲敲石屏。空巖響深徹，臺觀凝碧冷。風觸瓊樹花〔二〕，動摇天水影。端衣禮真貌，心目明耿耿。願侣牧羊兒〔三〕，休休在崖嶺。

【箋注】

〔一〕雪毛：指白鹿。樂府詩集漢古辭王子喬：「王子喬，參駕白鹿雲中遨。」葛洪神仙傳卷一〇魯女生：「入華山廟，逢女生，乘白鹿，從後有玉女數十人。」

〔二〕瓊樹：漢書司馬相如傳司馬相如大人賦「咀噍芝英兮嘰瓊華」句顏師古注引三國志魏書張揖傳：「瓊樹生崑崙西流沙濱，大三百圍，高萬仞。」

〔三〕牧羊兒：葛洪神仙傳卷二：「皇初平者，丹谿人也，年十五，而家使牧羊。有道士見其良謹，使將至金華山石室中四十餘年，忽然不復念家。其兄初起，入山索初平，歷年不能得見。後在市中，有道士善卜，乃問之曰：『吾有弟名初平，因令牧羊，失之，今四十餘年，不知死生所在，願道君爲占之。』道士曰：『金華山中有一牧羊兒，姓皇名初平，是卿弟非耶？』初起聞之驚喜，即隨道士去尋求，果得相見，兄弟悲喜。因問弟曰：『羊皆何在？』初平曰：『羊近在山東。』初起往視，了不見羊，但見白石無數，還謂初平曰：『山東無羊也。』初平曰：『羊在耳，但兄自不見之。』初平便乃俱往看之，乃叱曰：『羊起。』於是白石皆變爲羊，數萬頭。」

寓言

江海一遺叟，塊然窮巷居〔一〕。門前是川陸，反背卧枕袪。興來座援琴，忽忽味關雎〔二〕。但願致樽酒，豈憂無斗儲〔三〕。野牧亦乘馬〔四〕，家池還釣魚〔五〕。偶思榮啓期〔六〕，益喜鬢白初。日夕初充飢，呼兒掇園蔬。行登逸民舟，坐愧長者車。倏值體中佳，未嘗廢三餘〔七〕。理生且自昧，安忍限梟狙〔八〕。屏迹豈無素，立誠非甚踈〔九〕。杜門草大玄〔一〇〕，落草賦子虛〔一一〕。大賈傾十萬〔一二〕，一名終不書。小人苟片善，言下輒紀渠。不然少年長，百萬看一樗〔一三〕。過此任老圃，笑歌立倚鋤。道門演空言，未必死録除。

【校記】

限梟狙：「狙」原誤作「徂」，徑改。

【箋注】

〔一〕塊然：孤獨、孑然貌。史記滑稽列傳：「今世之處士，時雖不用，崛然獨立，塊然獨處。」窮巷：三國志魏書管寧傳：「環堵蓽門，偃息窮巷。」

〔二〕關雎：論語八佾：「子曰：『關雎樂而不淫，哀而不傷。』」

〔三〕斗儲：晉書儒林傳王歡：「安貧樂道，專精耽學，不營産業，常丐食誦詩，雖家無斗儲，意怡如也。」

〔四〕乘馬：藝文類聚卷一九引陳武别傳：「陳武字國本，休屠胡人，常騎驢牧羊。諸家牧豎十數人，或有知歌謡者，武遂學太山梁父吟、幽州馬客吟，及行路難之屬。」此變用陳武事。

〔五〕釣魚：劉向列仙傳卷上：「寇先者，宋人也，以釣魚爲業，居睢水旁百餘年。得魚，或放或賣，或自食之。」

〔六〕榮啓期：列子天瑞：「孔子遊於太山，見榮啓期行乎郕之野，鹿裘帶索，鼓琴而歌。孔子問曰：『先生所以樂，何也？』對曰：『吾樂甚多。天生萬物，唯人爲貴，而吾得爲人，是一樂也。男女之别，男尊女卑，故以男爲貴，吾既得爲男矣，是二樂也。人生有不見日月，不免繦褓者，吾既已行年九十矣，是三樂也。貧者士之常也，死者人之終也，處常得終，當何憂哉？』孔子曰：『善乎，能自寬者也。』」

〔七〕三餘：三國志魏書王肅傳裴松之注引魏略：「（董）遇言『當以三餘』。或問三餘之意，遇言：『冬者歲之餘，夜者日之餘，陰雨者時之餘也。』」

〔八〕衆狙：列子黄帝：「宋有狙公者，愛狙，養之成群，能解狙之意，狙亦得公之心。損其家口，充狙之欲。俄而匱焉，將限其食，恐衆狙之不馴於己也，先誑之曰：『與若芧，朝三而暮四，足乎？』衆狙皆起而怒。俄而曰：『與若芧，朝四而暮三，足乎？』衆狙皆伏而喜。」

〔九〕立誠：樹立誠信。周易乾：「修辭立其誠，所以居業也。」

〔一〇〕大玄：即太玄。漢書揚雄傳：「哀帝時，丁、傅、董賢用事，諸附離之者，起家至二千石，時雄方草太玄，有以自守，泊如也。」

〔一一〕子虚：葛洪西京雜記卷二：「司馬相如爲上林、子虚賦，意思蕭散，不復與外事相關。控引天地，錯綜古今，忽然如睡，躍然而興，幾百日而後成。」

〔一二〕大賈：王充論衡佚文：「揚子雲作法言，蜀富人齎錢千萬，願載於書，子雲不聽。夫富無仁義之行，圈中之鹿，欄中之牛也，安得妄載？」

〔一三〕一樗：晉書何無忌傳桓玄語：「劉毅家無儋石之儲，樗蒱一擲百萬。」

題池州杜員外弄水新亭〔一〕

廣厦光奇輩，恢材卓不群。夏天平岸水，春雨近山雲。蜿衍榱甍揭，端完柱石分。孤帆驚乍駐，一葉動初聞。晚檻餘清景，涼軒啓碧氛。賓筵習主簿〔二〕，詩版鮑參軍〔三〕。露灑新篁滴，風含秀草薰。何勞思峴嶺〔四〕，虛望漢江濱。

【箋注】

〔一〕杜員外：杜牧。弄水亭：張舜民畫墁集卷七郴行録：「又三四里入池州，谿口宛轉，行陂澤中，可十餘里，次池州弄水亭，杜牧之所創。」光緒安徽通志卷四七：「弄水亭在（池州）府治南通遠門外，唐杜牧建，取李白『飲弄水中月』句爲名。」

〔二〕習主簿：晉習鑿齒。曾爲桓温西曹主簿，桓温曾言：「三十年看儒書，不如一詣習主簿。」見晉書習鑿齒傳。

〔三〕鮑參軍：鮑照。宋臨海王劉子頊爲荆州刺史，照爲前軍參軍，掌書記之任。見南史宋臨川烈武王劉道規傳附鮑照。

〔四〕峴嶺：晉書羊祜傳：「祜樂山水，每風景，必造峴山，置酒言詠，終日不倦。」李吉甫元和郡縣圖志卷二一襄州：「峴山，在（襄陽）縣東南九里，山東臨漢水，古今大路。」羊祜鎮襄陽，與鄒潤甫共登此山，後人立碑，謂之墮淚碑，其碑文即蜀人李安所製。」

送蜀客

楚國去岷江〔一〕，西南指天末。平生不達意，萬里船一發。行行三峽夜，十二峰頂月〔二〕。哀猿别曾林，忽忽聲斷咽。嘉陵水初漲〔三〕，巖嶺耗積雪〔四〕。不妨高唐雲〔五〕，却藉宋玉説。峨眉遠凝黛〔六〕，脚底谷洞穴。錦城晝氲氲〔七〕，錦水春活活。成都滯游地，酒客須醉殺。莫戀卓家壚〔八〕，相如已屑屑〔九〕。

【校記】

哀猿别曾林：「曾」原作「冒」，據全詩改。曾通層。

卓家壚：「壚」原作「炉」，據全詩改。

【箋注】

〔一〕岷江：源出岷山北部羊膊嶺，流經今四川中部，至宜賓併入長江。

〔二〕十二峰：范成大吴船録卷下：「十二峰皆有名，不甚切，事不足録。」陳耀文天中記卷七：「（巫山）十二峰曰望霞峰、翠屏峰、朝雲峰、松巒峰、集仙峰、聚鶴峰、浮壇峰、上昇峰、起雲峰、飛鳳峰、登龍峰、聖泉峰。」

〔三〕嘉陵：水名，源出今陝西鳳縣西北嘉陵谷，南流經南充、合川，至重慶入長江。

〔四〕巖嶺：嘉慶重修一統志卷三五八岳州府：「巖嶺，在臨汀縣南四十里，接巴陵縣界，稍下曰小崖嶺，有數峰連絡，怪石壁立，纔通一線，爲長沙間道。」

〔五〕高唐：吴船録卷下：「神女廟乃在諸峰對岸小岡之上，所謂陽雲臺、高唐觀，人云在來鶴峰上，亦未必是。神女之事，據宋玉賦云以諷襄王，其詞亦止乎禮義，如『玉色頩以赬顏』，『羌不可兮犯干』之語，可以概見。後世不詧，一切以兒女子褻之。余嘗作前後巫山高以辯。今廟中石刻引墉城記：瑤姬，西王母之女，稱雲華夫人，助禹驅鬼神，斬石疏波，有功見紀，今封妙用真人。廟額曰凝真觀，從祀有白馬將軍，俗傳所驅之神也。」

〔六〕峨眉：李吉甫元和郡縣圖志卷三一嘉州：「峨眉大山，在（峨眉）縣西七里。蜀都賦云『抗峨眉於重阻』，兩山相對，望之如峨眉，故名。此山亦有洞天石室，高七十六里。」

〔七〕錦城：酈道元水經注卷三三江水：「道西城，故錦官也。言錦工織錦，則濯之江流，而錦至鮮明，濯以他江，則錦色弱矣，遂命之爲錦里也。」

〔八〕卓家壚：史記司馬相如列傳：「相如與（文君）俱之成都，盡賣其車騎，買一酒舍酤酒，而令文君當鑪，相如身自著犢鼻褌，與保庸雜作，滌器於市中。」

〔九〕屑屑：瑣碎繁細，忙碌不安。

戊午年寓興二十韻〔一〕

大道開王室，辛勤自賈生。白衣逢聖主，青眼賴時英。一路來邊海，三年別上京。淚因南國盡，心向北辰傾〔二〕。咄咄中途事〔三〕，栖栖此日行〔四〕。登封期未卜〔五〕，弔汨恨空盈〔六〕。讁見天何再〔七〕，勤憂詔未并。漢胡當重理〔八〕，魏相昔權兵〔九〕。葛藟機尤巧〔一〇〕，鴟鴞義可精〔一一〕。舊恩移保傅〔一二〕，初論激公卿。後學稽前古，先儒制未萌。朱雲曾痛憤〔一三〕，劉向幾吞聲〔一四〕。日月今纔朗，煙塵久未清。詎聞高鳥盡〔一五〕，終俟小鮮烹〔一六〕。坦坦前王道，雄雄近世名。帝圖殷太甲〔一七〕，人鏡魏文貞〔一八〕。逸足期千里〔一九〕，窮鱗渴一泓〔二〇〕。徵賢寧乏詔，進善豈無旌。狡兔當寒伏〔二一〕，荒雞半夜鳴〔二二〕。殷勤在伊吕〔二三〕，爲我致昇平。

【校記】

鴟鴞義可精：「鴞」原誤作「鶚」，徑改。

【箋注】

〔一〕戊午：唐文宗開成三年。

〔二〕北辰：星名，即北極星。論語爲政：「爲政以德，譬如北辰居其所，而衆星共（拱）之。」

〔三〕咄咄：晉殷浩被桓温廢免，終日書空作「咄咄怪事」四字，見世説新語黜免。

〔四〕栖栖：忙碌不安貌。論語憲問：「微生畝謂孔子曰：『丘何爲是栖栖者與？無乃爲佞乎？』」

〔五〕登封：登泰山封禪，是古代朝廷的大事。唐自安史之亂後，河北戰亂頻仍，封禪之事再未舉行。

〔六〕弔汨：屈原謫於江南，自投汨羅江而死。西漢賈誼爲長沙王太傅，過湘水時，作賦以弔屈原。見史記屈原賈生列傳。

〔七〕謫見：禮記昏義：「適見於天。」鄭玄注：「適之言責也。」適通謫。

〔八〕漢胡：漢朝胡人。疑指金日磾，西漢人。本爲匈奴休屠王太子，武帝時歸漢，賜姓金。曾爲馬監，遷侍中，以篤實忠誠爲武帝所寵信。見漢書金日磾傳。理：唐高宗名「治」的避諱字。

〔九〕魏相：西漢定陶人，宣帝時爲丞相，與丙吉同心輔政。見漢書魏相傳。漢書趙充國載：趙充國征伐西域諸羌，每有奏事，丞相魏相曰：「臣愚不習兵事利害，後將軍數畫軍册，其言常是，臣任其計可必用也。」多得詔可，故得以成功。「權兵」事謂此。

〔一〇〕葛藟：詩經王風葛藟毛傳：「王族刺平王也，周室道衰，棄其九族焉。」左傳文公九年：「公族，公室之枝葉也，若去之，則本根無所庇陰矣。葛藟猶能庇其本根，故君子以爲比。」

〔一一〕鴟鴞：詩經豳風鴟鴞毛傳：「周公救亂也，成王未知周公之志，公乃爲詩以遺王。」尚書吕刑：「罔不寇賊鴟義，姦宄奪攘矯虔。」

〔一二〕保傅：賈誼文帝時爲博士，上書言政事，超遷至太中大夫，爲公卿所忌，出爲長沙王太傅，後爲梁懷王太傅。見史記賈生列傳。

〔一三〕朱雲：西漢魯人。少任俠，元帝時爲槐里令，數忤權貴，獲罪被刑。成帝時復上書，願借上方劍斬佞臣張禹之頭，帝怒欲殺之，御史將雲去，雲攀折殿檻，以辛慶忌救得免。見漢書朱雲傳。

〔一四〕劉向：原名更生，字子政，元帝時因反對宦官弘恭、石顯，被捕下獄。成帝時任光禄大夫，校閲圖書經籍。見漢書劉向傳。

〔一五〕高鳥：史記淮陰侯列傳：「（韓）信曰：『果若人言：狡兔死，走狗亨，高鳥盡，良弓藏，敵國破，謀臣亡。天下已定，我固當亨。』」

〔一六〕小鮮：老子：「治大國若烹小鮮。」

〔一七〕太甲：湯之嫡長孫，即位三年，暴虐亂德，伊尹放之桐宫，暫攝行政當國。太甲居桐宫三年，悔過自責，反善，伊尹乃迎太甲而授之政，修德從善，百姓以寧。伊尹於是作太甲訓三篇。見史記殷本紀。

〔一八〕魏文貞：魏徵死謚文貞。唐太宗嘗臨朝歎曰：「以銅爲鑑，可正衣冠；以古爲鑑，可知興替；以人爲鑑，可明得失。朕嘗保此三鑑，内防己過。今魏徵逝，一鑑亡矣。」見新唐書魏徵傳。

〔一九〕逸足：世説新語品藻「龐士元至吴」龐統語：「陸子所謂駑馬有逸足之用，顧子所謂駑牛可以負重致遠。」

〔二〇〕窮鱗：莊子外物：「莊周家貧，故往貸粟於監河侯，監河侯曰：『諾，我將得邑金，將貸子三百金，可乎？』莊周忿然作色曰：『周昨來，有中道而呼者，周顧視車轍，中有枯鮒焉。周問之曰：「鮒魚來，子何爲者也？」對曰：「我，東海之波臣也，君豈有斗升之水而活我哉？」周曰：「諾，我且南遊吴越之王，激西江之水以迎子，可乎？」鮒魚忿然作色曰：「吾失我常與，我無所處，吾得斗升之水然活耳，君乃言此，曾不如早索我於枯魚之肆。」』」

〔二〕狡兔：戰國策齊策四：「馮諼曰：『狡兔有三窟，僅得免其死耳，君今有一窟，未得高枕而卧也。』」

〔三〕荒雞：晉書祖逖傳：「與司空劉琨俱爲司州主簿，情好綢繆，共被同寢。中夜聞荒雞鳴，蹴琨覺，曰：『此非惡聲也。』因起舞。」

〔三〕伊吕：伊尹、吕尚。伊尹佐商湯，吕尚輔周武王滅商，皆古代名相。按：此詩意思頗晦，不易詮解。唐甘露事變後，朝政爲宦官所把持，正直之士，動輒得禍，作者亦有所顧忌耶？詩屢言賈生，當是自喻。

投陳許李司空二十韻〔一〕

上將出東征，驊騮得路行〔二〕。青雲仰高步〔三〕，白日見精誠。朗抱韜群物，沉思活庶氓。田文今得士〔四〕，孫武舊能兵〔五〕。曉月當樓色，秋鞞入地聲。鬼神愁運思，姦滑恐迴情。破敵連收柵，屯師立下城〔六〕。龍觀淮甸虎，鱣視海湄鯨〔七〕。勇冠臨危貌〔八〕，勳崇定遠名〔九〕。突圍親斬首，開道看擒生。陣變蛇頭出〔一〇〕，槍迴豹尾橫。束衣金甲冷，揮箭鐵鞭鳴。歷戰長諸葛〔一一〕，封侯小富平〔一二〕。去淮初五馬〔一三〕，遷滑再雙旌〔一四〕。道秖蕭何直〔一五〕，功惟范蠡成〔一六〕。感恩懷敢炙〔一七〕，知味渴和羹〔一八〕。曙閤銅牌入〔一九〕，昏堂蠟燭明。玉鈎紅袖把，銀注紫衣擎〔二〇〕。接坐羞人識，還家畏嫂輕〔二一〕。猶希匹夫膽，一向信陵傾〔二二〕。

【箋注】

〔一〕李司空：李光顔。光顔曾三爲許州刺史、忠武軍節度使。新唐書李光顔傳：「賊（吴元濟）平，加檢校司空。」詩云「遷滑再雙旌」，可知作於李光顔第二次鎮陳許時，即元和十三年至十四年間。舊唐書憲宗紀下：「（元和十三年十月丙子）以義成軍節度使李光顔爲許州刺史、充忠武軍節度使、陳許觀察等使。」

〔二〕驊騮：周穆王八駿之一。後泛指駿馬。

〔三〕青雲：喻高官顯宦。史記伯夷列傳：「閭巷之人，欲砥行立名者，非附青雲之士，惡能施於後世哉！」

〔四〕田文：即戰國齊孟嘗君。史記孟嘗君列傳：「孟嘗君在薛，招致諸侯賓客及亡人有罪者，皆歸孟嘗君，孟嘗君舍業厚遇之，以故傾天下之士，食客數千人。」

〔五〕孫武：戰國齊人，以兵求見吴王闔閭，用爲將，西破强楚，北威齊晉，著有兵法十三篇。史記孫子列傳載武欲斬吴王愛姬，吴王曰：「寡人已知將軍能用兵矣。」

〔六〕收栅、下城：舊唐書李光顔傳：「（元和十年）十一月，光顔又與懷汝節度烏重胤同破元濟之衆於小溵河，平其栅……十二年四月，光顔敗元濟之衆三萬於郾城……郾城守將鄧懷金請以城降，光顔許之，而收郾城。」

〔七〕鱣：爾雅釋魚郭璞注：「鱣，大魚，似鱏而短……大者長二三丈，今江東呼爲黄魚。」鯨：文選曹冏六代論：「掃除凶逆，翦滅鯨鯢。」李周翰注：「鯨鯢，大魚，吞食小魚者，以喻不義人也。」以上兩句之龍、鱣皆喻李光顔，「淮甸虎」謂吴元濟，「海湄鯨」則喻李師道。師道盤踞淄青，近海。

〔八〕臨危：文選潘岳西征賦：「銜使則蘇屬國，震遠則張博望……臨危而智勇奮，投命而高節亮。」李善注：「臨危，張騫也。」

〔九〕定遠：班超以功封定遠侯，見後漢書班超傳。

〔一〇〕蛇頭：孫子九地：「故善用兵，譬如率然，率然者，常山之蛇也，擊其首則尾至，擊其尾則首至，擊其中則首尾俱至。」晉書桓温傳：「初，諸葛亮造八陣圖於魚復平沙之上……温見之，謂『此常山蛇勢也』。」

〔一一〕諸葛：三國蜀諸葛亮，先後六次出師伐魏，大困魏軍，見三國志蜀書諸葛亮傳。

〔一二〕富平：漢張安世封富平侯，五世襲爵，見漢書張湯傳。

〔一三〕五馬：宋書禮志五引逸禮記王度記：「天子駕六，諸侯駕五，卿駕四，大夫三，士二，庶人一。」漢代太守爲一方之長，其地位相當於古諸侯，故以五馬稱之。李光顔曾爲代、洺二州刺史，元和九年欲討淮蔡，遷陳州刺史充忠武軍都知兵馬使，見舊唐書李光顔傳。

〔一四〕雙旌：唐節度使專制軍事，給雙旌雙節，行則建節，樹六纛，旌以專賞，節以專殺，見新唐書百官志四下。元和十三年平淮蔡後，朝廷東討李師道，授光顔滑州刺史、義成軍節度使，以討師道。

〔一五〕蕭何：漢沛人，佐劉邦起兵，曾薦韓信於劉邦，使爲大將。此以喻裴度。淮西之役，裴度力主征討，又薦光顔勇而知義，光顔果立功淮蔡。見舊唐書李光顔傳。

〔一六〕范蠡：戰國越人，佐越王勾踐攻滅吴國。

〔一七〕懷敢炙：漢武帝於三伏天賜群臣肉，大官至日晏不來，東方朔獨割肉懷之而去。大臣奏之，朔曰：「朔來！朔來！受賜不待詔，何無禮也！拔劍割肉，壹何壯也！割之不多，又何廉也！歸遺細君，又何仁也！」上爲賜酒一石、肉百斤。見漢書東方朔傳。

〔一八〕和羹：尚書説命：「若作和羹，爾（傅説）惟鹽梅。」孔安國傳：「鹽鹹梅酸，羹須鹹醋以和之。」

〔一九〕銅牌：宋史輿服志六：「諸王、節度、觀察使、州、府、軍、監、縣印，皆有銅牌，長七寸五分……諸王、節度、觀察使牌塗以金，刻文云『牌出印入，印出牌入』。」

〔二〇〕銀注：銀製酒壺。李匡乂資暇集：「元和初，酌酒猶用樽杓……居無何，稍用注子，其形若罃，而蓋、觜、柄皆具。太和九年後，中貴人惡其名同鄭注，乃去柄安繫，若茗瓶而小異，目之曰偏提。」

〔二一〕畏嫂：戰國策秦策一：「（蘇秦）説秦王，書十上而説不行，黑貂之裘弊，黄金百斤盡，資用乏絶，去秦而歸。……歸至家，妻不下紝，嫂不爲炊，父母不與言。」

〔二二〕信陵：戰國魏公子魏無忌，封信陵君，仁而下士，士無賢不肖，皆謙而禮交之。見史記魏公子列傳。

投魏博田司空二十韻〔一〕

聖代倚龍驤〔二〕，青油鎮北方〔三〕。國除心腹病〔四〕，時詠股肱良〔五〕。兆協周畋吉〔六〕，言應禹拜昌〔七〕。中台初復位〔八〕，太白定揚光〔九〕。傳癖深元凱〔一〇〕，籌謀奥子房〔一一〕。率先供帝命，時地擧朝綱。吏改新曹局，民耕舊戰場。節旌窮海島〔一二〕，詩句起河梁〔一三〕。幕府推賢佐，杯盤任客狂。峰巒資秀崒，雕鶚避軒昂。列座花茵展，鳴鼉錦臂攘。小旗鞍馬令〔一四〕，尖帽柘枝娘〔一五〕。掃路麾幢出，開衙斧鉞行。旌旗垂珫瑁，黄帕結鴛鴦。報主親臨敵，屯師首犯疆〔一六〕。裂紅偷賊號，纏褐眩戎裝。夜栅迴千馬，昏鼙亞萬槍。按聲鋪陣血，垂淚撫刀瘡。豹望因文變〔一七〕，鯤期假翅翔〔一八〕。空勞千里役，何策利梁王〔一九〕。

【箋注】

〔一〕唐魏博節度，廣德元年置，治魏州，見新唐書方鎮表三。田司空爲田弘正。弘正原名興，元和七年以魏博歸順朝廷，加銀青光禄大夫、上柱國、沂國公、魏博等州觀察處置支度營田等使，賜名弘正。元和十三年檢校司空。元和十四年平李師道，以功加檢校司徒、同中書門下平章事。元和十五年移鎮成德。見舊唐書田弘正傳及憲宗紀下。

〔二〕龍驤：後漢書吴漢傳贊：「吴公鷙彊，實爲龍驤。」李賢等注：「驤，舉也，若龍之舉，言其威盛。」

〔三〕青油：青油幕，塗有青油的帷幕。南史梁宗室傳蕭韶：「後爲郢州，（庚）信西上江陵，途經江夏，韶接信甚薄，坐青油幕下，引信入宴。」

〔四〕心腹病：史記范雎列傳：「秦之有韓也，譬如木之有蠹也，人之有心腹之病也。」安史亂後，魏博等鎮擁兵自立，屢與朝廷對抗，田興舉魏博歸順，一遵朝廷約束，故云。

〔五〕股肱：尚書益稷：「帝曰：『臣作朕股肱耳目。』」又：「元首明哉，股肱良哉，庶事康哉。」

〔六〕周畋：史記齊太公世家：「西伯將出獵，卜之，曰：『所獲非龍非彲，非虎非羆，所獲霸王之輔。』於是周西伯獵，果遇太公於渭之陽。」

〔七〕禹拜：尚書大禹謨：「三旬，苗民逆命，益贊於禹曰……禹拜昌言曰：『俞。』班師振旅。帝乃誕敷文德，舞干羽於兩階，七旬，有苗格。」孔安國傳：「昌，當也，以益言爲當，故拜受而然之。」此以益喻李絳。據新唐書李絳傳：魏博田季安死，子田懷諫弱不能軍，李吉甫議討之，李絳主張蓄威以俟，俄而田興果以魏博歸命。

〔八〕中台：星名，爲三台之一。漢晉以來，以三台象徵三公的職位，中台象徵司徒或司空。

〔九〕太白：即金星。舊説太白星主殺伐，如李白胡無人：「雲龍風虎盡交回，太白入月敵可摧。」元和十三年討李師道，田弘正爲主要力量，故云。

〔一〇〕元凱：杜預字元凱。晉書杜預傳：「預常稱『(王)濟有馬癖，(和)嶠有錢癖』，武帝聞之，謂預曰：『卿有何癖？』對曰：『臣有左傳癖。』」

〔一一〕子房：漢張良字子房。劉邦曾説：「運籌策帷帳中，決勝千里外，子房功也。」見史記留侯世家。

〔一二〕海島：秦漢之際，田横爲齊相國，韓信破齊，横自爲齊王，率從屬五百人逃往海島。劉邦稱帝，遣使者往招降，横與客二人往洛陽，終因羞爲漢臣而自殺，客亦自殺。原居海島上的五百客聞之，亦皆自殺。見史記田儋列傳。

〔一三〕河梁：文選李陵與蘇武詩其三：「攜手上河梁，遊子暮何之？」

〔一四〕鞍馬：白居易白氏長慶集卷一六東南行一百韻……：「鞍馬呼教住，骰盤喝遣輸。長驅波白，連擲采成盧。」自注：「骰盤、卷白波、莫走、鞍馬，皆當時酒令。」王讜唐語林卷八：「酒令之設，本骰子、卷白波律令，自後問以鞍馬、香毬，或調笑、抛打。」

〔一五〕柘枝：沈括夢溪筆談卷五：「柘枝舊曲，遍數極多，如羯鼓録所謂渾脱解之類，今無復此遍。」

〔一六〕屯師：舊唐書田弘正傳：「（元和）十三年，王師加兵於鄆，詔弘正與宣武、義成、武寧、横海等五鎮之師會軍齊進。十一月，弘正帥全師自揚劉渡河築壘，距鄆四十里。師道遣大將劉悟率重兵以抗弘正，結壘相望，前後合戰，魏軍大捷。」

〔一七〕豹望：劉向列女傳卷二：「（陶）答子治陶三年，名譽不興，家富三倍……居五年，從車百乘歸休，宗人擊牛尾而賀之，其妻獨抱兒而泣。姑怒曰：『何其不祥也？』婦曰：『……妾聞南山有玄豹，霧雨七日而不食者，何也？欲以澤其毛而成文章也，故藏而遠害。……今夫子治陶，家富國貧，君不敬，民不戴，敗亡之徵見矣，願與少子俱脱。』……處期年，答子之家果以盗誅。」

〔一八〕鯤期：莊子逍遥遊：「北冥有魚，其名爲鯤，鯤之大，不知其幾千里也。化而爲鳥，其名爲鵬，鵬之背，不知其幾千里也。怒而飛，其翼若垂天之雲。」

〔一九〕梁王：漢文帝少子劉武，景帝同母弟，封於梁。好文學，招致四方之士，鄒陽、枚乘、莊忌、司馬相如等皆從之遊。栗太子廢，竇太后説景帝以梁王爲儲宫，袁盎諫以爲不可，梁王遣刺客殺袁盎，景帝怒，梁王抑鬱而死。見史記梁孝王世家。

投魏博李相國三十二韻〔一〕

天意兆昇平，忠良自間生。二年移四鎮〔二〕，一夜破重城〔三〕。白刃來臨敵，青油引出京〔四〕。指途諳老馬〔五〕，望海哂長鯨〔六〕。國用鞭頭算〔七〕，軍機帳下萌。王師初戮力，賊將首推誠〔八〕。鼎鼐傳家世〔九〕，藩隅易弟兄〔一〇〕。風雲將氣合〔一一〕，才命與時并。咳唾收齊土〔一二〕，瘡痍育蔡甿〔一三〕。指撝從上策〔一四〕，談笑賴高情〔一五〕。發號方迴踵，歸農務散兵。紫微纔近侍〔一六〕，彤矢又專征〔一七〕。曲直須繩準，幽深藉鏡明。曉江流汗漫，秋華聳崢嶸。士勇思陳力，兒啼畏道名〔一八〕。文王開卦兆〔一九〕，武帝下星精〔二〇〕。遠寄恩彌厚，深欺敵不勍。儉風敦制度，和氣茂逢迎。畫障朱軒設，鑾刀粉壁横。木魚連鑰動〔二一〕，金獸齒環獰〔二二〕。舞席宫鬟出，賓盤海饌盈。繡蹄紅毯卧，花領紫絲縈。鵷鷺初移府〔二三〕，熊羆夜烈營〔二四〕。濟河無反顧，當陣必前行。野迴朱旗卜，霜乾翠幕輕。角吹寒日色，槍揭暑雷聲。甯越身猶賤〔二五〕，馮煖膽未呈〔二六〕。貴門心强迹，賢路力何爭。閟手從抛劍，愁腸却賴觥。寧依劉表死〔二七〕，不接賈充榮〔二八〕。阻轍羞偏轂〔二九〕，蟠泥渴一泓〔三〇〕。應憐望塵眼〔三一〕，歧路拜雙旌。

【校記】

繡蹄紅毬臥：「毬」，疑爲「毯」之訛，依詩律此字當爲一仄聲字。「繡蹄」則指地毯上的野獸圖案。

熊羆夜烈營：「烈」，於義不切，疑作「裂」，攻破之意。

野迴朱旗卜：「卜」字義亦不可解，當是「下」或「小」之訛。

【箋注】

〔一〕李相國爲李愬。舊唐書穆宗紀：「（元和十五年十月乙酉）以昭義節度使檢校尚書左僕射、同中書門下平章事李愬可本官，爲魏州大都督府長史、充魏博等州節度觀察等使。」「（長慶元年九月癸丑）以前魏博節度使李愬爲太子少保。」

〔二〕二年四鎮：元和十一年討吴元濟，以李愬爲鄧州刺史、御史大夫、充隋唐鄧節度使，十三年平蔡後爲襄州刺史、山南東道節度使，十三年五月授徐州刺史、武寧軍節度使，十五年九月移潞州大都督府長史、昭義軍節度使，十月遷魏州大都督府長史、魏博節度使。二年四鎮即謂元和十三年至十五年歷任山南東道、武寧、昭義、魏博。

〔三〕「一夜」句：指李愬雪夜襲破蔡州擒吴元濟事，見兩唐書李愬傳。

〔四〕青油：隋書禮儀志五：「二千石四品已上及列侯，皆給軺車，駕牛，伏兔箱，青油幢，朱絲絡，轂輞皆黑漆。」

〔五〕老馬：韓非子説林上：「管仲、隰朋從桓公伐孤竹，春往冬反，迷惑失道，管仲曰：『老馬之智可用也。』乃放老馬而隨之，遂得道。」

〔六〕長鯨：文選左思吴都賦：「長鯨吞航，修鯢吐浪。」劉逵注引異物志：「鯨魚長者數十里，小者數十丈，雄曰鯨，雌曰鯢。」

〔七〕鞭頭：新唐書劉晏傳：「自言如見錢流地上，每朝謁，馬上以鞭算。」

〔八〕推誠：李愬討蔡，先後獲吴元濟部將吴秀琳、李忠義、李祐、董重質，皆不殺，并令李祐佩刀巡警，出入帳中。助李愬破蔡，李祐最爲得力。

〔九〕鼎鼐：皆器名，用於烹調食物。古以和羹喻執政，因指居相位爲鼎鼐。李愬爲名將李晟之子，德宗時，晟破朱泚，收復長安，累官至太尉、中書令，以功封西平郡王，故云。

〔一〇〕易弟兄：李愬兄愿，元和十三年五月李愬授鳳翔節度使，李愿爲武寧軍節度使，後改授李愬爲武寧軍節度使，移李愿爲鳳翔節度使，兄弟交换方鎮。

〔一一〕風雲：范曄後漢書卷二二二十八將論：「然咸能感會風雲，奮其智勇，稱爲佐命，亦各志能之士也。」

〔一二〕咳唾：三國志吴書甘寧傳：「後隨魯肅鎮益陽，拒關羽……乃曰：『可復以五百人益吾，吾往對之，保羽聞吾欬唾，不敢涉水，涉水即是吾禽。』」收齊土：舊唐書李愬傳：「破賊（李師道）金鄉，凡十一戰，擒賊將五十，俘斬萬計。」李師道據淄青，戰國齊地。

〔一三〕瘡痍：喻災禍。漢書季布傳：「今瘡痍未瘳，（樊）噲又面諛。」

〔一四〕指撝：同指揮、指麾。晉書張重華傳：「重華以謝艾爲使持節、軍師將軍……左戰帥李偉勸艾乘馬，艾不從，乃下車踞胡牀，指麾處分，賊以爲伏兵發也，懼不敢進。」

〔一五〕談笑：三國志吴書孫破虜（堅）傳：「堅方行酒談笑，敕部曲整頓行陳，無得妄動。」

〔一六〕紫微：晉書天文志上：「一曰紫微，大帝之座，天子之常居也。」舊唐書李愬傳元和十五年九月，「仍賜興寧里第」，即謂此事。

〔一七〕彤矢：尚書文侯之命：「彤弓一，彤矢百。」孔安國傳：「諸侯有大功，賜弓矢，然後專征伐。」

〔一八〕兒啼：太平御覽卷二七九引魏志：「張遼爲孫權所圍，遼潰圍出，復入，權衆破走，由是威震江東。兒啼不肯止，父母以遼恐之。」南史鄧琬傳附劉胡：「討伐諸蠻，往無不捷，蠻甚畏憚之……小兒啼，語云『劉胡來』，便止。」

〔一九〕開卦：宋書符瑞志上：「（文王）將畋，史編卜之，曰：『將大獲，非熊非羆，天遺汝師以佐昌。臣太祖史疇爲禹卜畋，得皋陶，其兆如此。』王至於磻谿之水，吕尚釣於涯。」

〔二〇〕星精：郭憲別國洞冥記：「（東方）朔以元封中游濛鴻之澤，忽見王母採桑於白海之濱，俄有黄翁指阿母以告朔曰：『昔爲吾妻，託形爲太白之精，今汝此星精也。』」太平御覽卷六引風俗通：「東方朔，太白星精。」

〔二一〕木魚：太平御覽卷一八四引風俗通：「鑰施懸魚，翳伏淵源，欲令楗閉如此。」丁用晦芝田録：「門鑰必以魚，取其不瞑目守夜之義。」

〔二二〕金獸：闕名三輔黄圖卷二：「金鋪玉户。」注：「金鋪，扉上有金華，中作獸及龍蛇鋪首以銜環也。」

〔二三〕鵷鷺：喻官員行列。北齊書文苑傳序：「於是辭人才子，波駭雲屬，振鵷鷺之羽儀，縱雕龍之符采。」

〔二四〕熊羆：喻精兵强將。尚書牧誓：「如虎如貔，如熊如羆。」

〔二五〕甯越：吕氏春秋不苟博志：「甯越，中牟之鄙人也，苦耕稼之勞，謂其友曰：『何爲可以免此苦也？』其友曰：『莫如學，學三十歲則可以達矣。』甯越曰：『請以十五歲。人將休，吾將不敢休；人將卧，吾將不敢卧。』十五歲而周威公師之。」

〔二六〕馮煖：戰國孟嘗君食客，初不被賞識，倚柱彈鋏而歌，孟嘗君許之食魚、乘車，并迎其家人。見史記孟嘗君列傳。

〔二七〕劉表：三國志魏書王粲傳：「年十七，司徒辟，詔除黄門侍郎，以西京擾亂，皆不就，乃之荆州依劉表。表以粲貌寢而體弱通侻，不甚重也。」

〔二八〕賈充：夏統字仲御，於洛陽市藥，會三月上巳，洛中王公已下并至浮橋，統不之顧。太尉賈充怪而問之，不應，重問，乃徐答曰：「會稽夏仲御也。」賈充欲使之仕，俛而不答。充耀以文武鹵簿，覬其來觀，統危坐如故，若無所聞。充曰：「此吳兒是木人石心也。」見晉書隱逸傳夏統。

〔二九〕偏轂：軸不在中心的車輪。如孟郊哭李觀：「偏轂不可轉，隻翼不可翔。」

〔三〇〕蟠泥：莊子外物載莊子貸粟於監河侯，監河侯許日後給其三百金，莊周遂説一故事，云其見一涸轍枯鮒，向莊周討水，周云開西江之水以迎之，鮒魚忿然。

〔三一〕望塵：晉書潘岳傳：「岳性輕躁，趨世利，與石崇等諂事賈謐，每候其出，與崇輒望塵而拜。」

遊天台山〔一〕

崔嵬海西鎮，靈跡傳萬古。群峰日來朝，累累孫侍祖〔二〕。三茅即拳石〔三〕，二室由塊土〔四〕。傍洞窟神仙，中巖宅龍虎。名從乾取象，位與坤作輔。鸞鶴自相群，前人空若瞽。巉巉割秋碧，媧女徒巧補〔五〕。視聽出塵埃，處高心漸苦。纔登招手石〔六〕，肘底笑天姥〔七〕。仰看華蓋尖〔八〕，赤日雲上午。奔雷撼深谷，下見山腳雨。

迴首望四明〔九〕，矗若城一堵。昏晨邈千態，恐動非自主。控鵠大夢中〔一〇〕，坐覺身栩栩〔一一〕。東溟子時月，却孕元化母。彭蠡不盈盃〔一二〕，浙江微辨縷〔一三〕。石梁屹橫架〔一四〕，萬仞青壁豎。却看赤城顛〔一五〕，勢來如刀弩。盤松國清道〔一六〕，九里天莫覩。穹崇上攢三〔一七〕，崄屼傍聳五〔一八〕。空崖絶凡跡，癡立麋與麈。邈峻極天門，覷深窮地户。金庭路非遠〔一九〕，步徒將欲舉。身樂道家流，惇儒若一矩。行尋白雲叟，禮象登峻宇〔二〇〕。佛窟繚杉嵐，仙壇半榛莽。懸巖與飛瀑〔二一〕，險噴難足俯。海眼三井通〔二二〕，洞門雙闕拄〔二三〕。瓊臺下昏側〔二四〕，手足前採乳〔二五〕。但造不死鄉〔二六〕，前勞何足數。

【校記】

孫侍祖：「侍」原誤作「氏」，據全詩改。

宅龍虎：「宅」原作「澤」，據全詩改。

望四明：「明」原誤作「門」，據全詩改。

控鵠：「控」原作「涳」，亦從全詩。

身栩栩：「栩栩」全詩作「詡詡」。

不盈盃：「盈」原作「分」，從全詩。

萬仞：「仞」原誤作「紐」，據全詩改。
絶凡跡：「跡」全詩作「路」。
窮地户：「窮」全詩作「窺」。
將欲舉：「舉」原作「迂」，據全詩改。
惇儒若一矩：「惇」原作「敦」，「若」原作「者」，皆從全詩。
繚杉嵐：「繚」全詩作「繞」。
仙壇：「壇」原作「檀」，據全詩改。
前採乳：「乳」原誤作「乱」，據全詩改。

【箋注】

〔一〕天台山：陳耆卿嘉定赤城志卷二一：「天台山在（天台）縣北三里。按陶弘景真誥：高一萬八千丈，周迴八百里，山有八重，四面如一。十道志謂之頂對三辰，或曰當牛女之分，上應台宿，故曰天台。」

〔二〕孫侍祖：杜甫望嶽：「西嶽崚嶒竦處尊，諸峰羅立似兒孫。」白居易白氏長慶集卷六八沃洲山禪院記：「其餘卑巖小泉，如子孫之從父祖者，不可勝數。」

〔三〕三茅：太平御覽卷四一引茅君内傳：「句曲山，秦時名爲華陽之天，三茅君居之，因而爲名。」

其名也。」

〔四〕二室：初學記卷五嵩高山引戴延之西征記：「其山東謂太室，西謂少室，相去十七里，嵩總

〔五〕媧女：淮南子覽冥：「往古之時，四極廢，九州裂，天不兼覆，地不周載……於是女媧煉五色石以補蒼天，斷鰲足以立四極，殺黑龍以濟冀州，積蘆灰以止淫水。」

〔六〕招手石：釋道原景德傳燈録卷二七天台山智顗禪師：「十五禮佛像，誓志出家，恍焉如夢，見大山臨海際，峰頂有僧招手，復接入一伽藍，云：『汝當居此。』……隱天台山佛隴峰，有定光禪師先居此峰，謂弟子曰：『不久當有善知識領徒至此。』俄而師至，光曰：『還憶疇昔舉手招引時否？』師即悟禮像之徵。」

〔七〕天姥：施宿嘉泰會稽志卷六：「天姥山在（新昌）縣東南五十里，東接天台華頂峰，西北聯沃洲山，上有楓千餘丈，寰宇記云登此山者或聞歌謠之響。」

〔八〕華蓋：明闕名天台山志：「華頂峰在縣東北六十里，乃天台第八重最高處。……天台九峰，崒律猶如蓮花，此爲花心之頂，故名華頂。」

〔九〕四明：嘉泰會稽志卷九：「四明山在（餘姚）縣南一百十里，高二百二十丈，周迴二百一十里。四傍皆虛明玲瓏如牖，故名。」

〔一〇〕控鵠：鵠即鶴，鶴、鵠可通。文選孫綽遊天台山賦：「王喬控鶴以沖天，應真飛錫以躡虛。」

〔一一〕栩栩：歡暢貌。莊子齊物論：「昔者莊周夢爲胡蝶，栩栩然胡蝶也。」

〔一二〕彭蠡：湖名，隋時改名鄱陽湖。

〔一三〕浙江：古浙水，下游即錢塘江，以其曲折回環，故稱浙江。

〔一四〕石梁：文選孫綽遊天台山賦：「跨穹隆之懸磴，臨萬丈之絶冥。」李善注引顧愷之啓蒙記注曰：「天台山石橋，路逕不盈尺，長數十步，步至滑，下臨絶冥之澗。」

〔一五〕赤城：嘉定赤城志卷二一：「赤城山在（天台）縣北六里，一名燒山，又名消山，石皆霞色，望之如雉堞，因以爲名。」

〔一六〕國清：嘉定赤城志卷二八：「景德國清寺在縣北一十里，舊名天台，隋開皇十八年僧智顗建。先是顗修禪於此，夢定光告曰：『寺若成，國即清。』大業中遂改名國清，李邕記所謂『應運題寺』是也。」

〔一七〕攢三：嘉定赤城志卷二一引賈耽十道志，謂天台山頂對三辰，上應台宿，故名天台。

〔一八〕聳五：天台山志：「五峰在國清寺側，其峰有五：正北曰八桂，東北曰靈禽，東南曰祥雲，西南曰靈芝，西北曰映霞。」

〔一九〕金庭：嘉泰會稽志卷一一：「金庭洞天在（嵊）縣東南，天台華頂之東門也。道經云：越有金庭、桐柏，與四明、天台相連，神仙之宮也。唐裴通記云：剡中山水之奇麗，金庭洞天爲最，其洞即道門所謂赤城丹霞第六洞天也。」

〔二〇〕禮象：佛教又稱象教，禮象即參拜佛祖。

〔二一〕飛瀑：洪頤煊臨海記：「天台山超然秀出，山有八重，視之如一……又有飛泉，懸流十仞似布。」

〔二二〕三井：嘉定赤城志卷二四：「三井在(天台)縣北二十里昭慶院東，唐時嘗遣使投金龍白璧，舊傳爲尼所觸，一井自塞。其二深不可測，每春夏時雨，則衆流灌注，激湧雷吼。或云通海，又云海眼，李郢所謂『三井應潮通海浪』是也。」

〔二三〕雙闕：文選孫綽遊天台山賦：「雙闕雲竦以夾路。」李善注引顧愷之啓蒙記注曰：「天台山，列雙闕於青霄中，上有瓊樓、瑶林、醴泉，仙物畢具。」

〔二四〕瓊臺：嘉定赤城志卷二一：「瓊臺、雙闕兩山，自崇道觀西北行二里至元應真人祠，由真人祠取道仙人跡，經龍潭側，凡五里至瓊臺，轉南三里至雙闕。皆翠壁萬仞，森倚相向，孫綽賦所謂『雙闕雲竦以夾道，瓊臺中天而危居』是也。」

〔二五〕乳：指石鍾乳。宋書謝靈運傳謝靈運山居賦：「訪鍾乳於洞穴，訊丹陽於紅泉。」自注：「此皆住年之藥，即近山之所出，有采拾，欲以消病也。」

〔二六〕不死鄉：陶弘景真誥卷一四：「金庭有不死之鄉，在桐柏之中。」

讀西漢書十四韻〔一〕

日月中華正，星辰上國偏。經綸今四海，討伐舊三邊。失道非無素，乘時不偶然。安劉機在早〔二〕，誅呂計須權。禮樂勝殘後，干戈止殺前。未聞晁氏戮〔三〕，初幸賈生緣〔四〕。善馬來何利〔五〕，窮兵去甚堅。國讎因破虜，民耗是求仙。忍憤中郎節〔六〕，殘形太史編〔七〕。沖融當魏邴〔八〕，覗衍自昭宣〔九〕。故老心徒切，先皇道益懸。元成真漸地〔一〇〕，哀少卒崩天〔一一〕。七廟傾王莽〔一二〕，三公敗董賢〔一三〕。興亡豈無誡，爲看借秦篇〔一四〕。

【箋注】

〔一〕西漢書即漢書，班固撰。固後以竇憲事死獄中，全書未竟，成帝詔其妹班昭續成之。唐顔師古爲之作注。共一百二十卷。

〔二〕安劉：史記高祖本紀劉邦語：「周勃重厚少文，然安劉氏者必勃也，可令爲太尉。」呂后卒後，呂禄、呂産欲爲亂，周勃與陳平、劉章謀，誅諸呂，迎劉恒即皇帝位，是爲文帝。

〔三〕晁氏：景帝即位，晁錯爲内史，主張削減諸侯王封地。漢書晁錯傳：「錯父聞之，從潁川來，謂錯曰：『上初即位，公爲政用事，侵削諸侯，疏人骨肉，口讓多怨，公何爲也？』錯曰：『固也，不如此，天子不尊，宗廟不安。』父曰：『劉氏安矣而晁氏危，吾去公歸矣。』遂飲藥死，曰：『吾不忍見禍。』」吴楚七國遂以誅晁錯爲名起兵反叛，景帝令將晁錯衣朝衣斬於東市。

〔四〕賈生：漢書賈誼傳：「頗通諸家之書，文帝召爲博士。是時，誼年二十餘，最爲少，每詔令議下，諸老先生未能言，誼盡爲之對，人人各如其意所出，諸生於是以爲能。文帝説之，超遷，歲中至太中大夫。」

〔五〕善馬：漢書西域傳上：「宛别邑七十餘城，多善馬，馬汗血，言其先天馬子也。張騫始爲武帝言之，上遣使者持千金及金馬以請宛善馬，宛王以漢絶遠，大兵不能至，愛其寶馬，不肯與。……於是天子遣貳師將軍李廣利將兵，前後十餘萬人伐宛，連四年。」

〔六〕中郎：天漢元年，武帝遣蘇武以中郎將持節送匈奴使留於漢者，被留，居北海上，齧雪吞氈，仗節牧羝，卧起持節，節旄盡落。十九年乃還。見漢書蘇武傳。

〔七〕太史：司馬遷元封三年繼父談爲太史令，後因替李陵辯護，觸怒武帝，下獄，處宫刑。出獄後繼爲中書令，發憤著書，成史記一百三十篇。見漢書司馬遷傳。史記原名太史公書。

〔八〕沖融：文選木華海賦：「沖瀜沆瀁。」李善注：「深廣之貌。」魏邴：魏相與邴吉，宣帝時二人爲相，同心輔政，以識大體著名。漢書皆有傳。邴吉，漢書作丙吉。

〔九〕覥衍：即漫延，延續。江淹學梁王兔園賦：「金塘涵演，緑竹被阪。」昭宣：昭帝與宣帝。昭帝時與民休息，宣帝勵精圖治，史稱中興。

〔一〇〕元成：元帝與成帝。元帝好儒，成帝溺於酒色。漢書成帝紀贊：「建始以來，王氏始執國命，哀平短祚，莽遂篡位，蓋其威福所由來者漸矣。」

〔一一〕哀少：哀帝與少帝。平帝立時，年僅九歲，元帝后王氏以太皇太后臨朝稱制，委政於其侄王莽。平帝死，年十四，一説爲王莽所鴆殺。

〔二〕七廟：禮記王制：「天子七廟，三昭三穆，與太祖之廟而七。」平帝立，王莽專朝政，號安國公。平帝死，立孺子嬰爲帝，莽自稱攝政皇帝，三年即皇帝位，改國號曰新。見漢書王莽傳。

〔三〕董賢：字聖卿，以容貌姣好爲哀帝所寵，常與帝同卧起，封高安侯，官至大司馬衛將軍，年僅二十二。後被劾殺。見漢書佞幸傳董賢。

〔四〕借秦：漢書賈山傳：「孝文時，言治亂之道，借秦爲喻，名曰至言。」其文云：「臣不敢以久遠諭，願借秦以爲諭。」

苦旱

河上勞兵地，江南酷旱天。那知討邢日〔一〕，不是尅殷年〔二〕。忽忽嗟時難，矜矜畏序愆。雲徒蔽日月，雨合降山川。造化爐思火〔三〕，陰陽炭鼓煙〔四〕。披懷遭赤晝，濯足想清漣。獄侯于公決〔五〕，心期戴令虔〔六〕。敢忘霑霈澤，何幸及私田〔七〕。請禱誠明矣〔八〕，焚巫策昧然〔九〕。靈山罷齊景〔一〇〕，美玉罄周宣〔一一〕。石燕曾誰舞〔一二〕，泥龍愈自堅〔一三〕。魚窮悲涸轍〔一四〕，井滲奈枯泉。五畝憂還軫〔一五〕，三時望益懸〔一六〕。暫欣垂滴瀝，終訝阻纏綿。貶損心應懇，疏通稅必蠲。乘軒嘗拯物，飲馬昔投錢〔一七〕。

火宅逢僧話〔一八〕，炎荒想客還。泥蟠尺蠖久〔一九〕，草長蒺藜先〔二〇〕。病體長兼慮，窮愁益自煎〔二一〕。猶希畏途上〔二二〕，一詠凱歌旋。

【箋注】

〔一〕討邢：左傳僖公十九年：「衛大旱，卜有事於山川，不吉。甯莊子曰：『昔周饑，克殷而年豐。今邢方無道，諸侯無伯，天其或者欲使衛討邢乎？』從之，師興而雨。」

〔二〕尅殷：史記齊太公世家：「居二年，紂殺王子比干，囚箕子。武王將伐紂，卜，龜兆不吉。風雨暴至，群公盡懼，唯太公彊之勸武王，武王於是遂行。」

〔三〕造化：莊子大宗師：「今一以天地爲大爐，造化爲大冶。」

〔四〕陰陽：賈誼鵩鳥賦：「且夫天地爲鑪兮，造化爲工；陰陽爲炭兮，萬物爲銅。」

〔五〕于公：漢書于定國傳載東海有孝婦，少寡無子，養姑甚謹，姑欲其嫁，不肯。姑自經死，姑女告吏，言婦殺姑。吏捕孝婦，自誣服。于公以爲婦養姑十餘年，必不殺姑，争之，太守不聽，終殺孝婦。郡中枯旱三年。後太守至，于公言之，遂殺牛自祭孝婦塚，因表其墓，天立大雨。

〔六〕戴令：後漢書獨行傳戴封：「遷西華令……其年大旱，封禱請無獲，乃積薪坐其上以自焚，火起而大雨暴至，於是遠近歎服。」

〔七〕私田：詩經小雅大田：「雨我公田，遂及我私。」

〔八〕請禱：吕氏春秋季秋順民：「昔者湯克夏而正天下，天大旱，五年不收，湯乃以身禱於桑林……於是翦其髮，鄜其手，以身爲犧牲，用祈福於上帝，民乃甚説，雨乃大至。」

〔九〕焚巫：左傳僖公二十一年：「夏大旱，公欲焚巫尪。」杜預注：「巫尪，女巫也，主祈禱請雨者。或以爲尪非巫，瘠病之人，其面上向，俗謂天哀其病，恐雨入其鼻，故爲之旱，是以公欲焚之。」

〔一〇〕齊景：晏子春秋諫上：「齊大旱，逾時，景公召群臣問曰：『天不雨久矣，民有飢色，吾使人卜，云祟在高山廣水，寡人欲少賦斂，以祠靈山，可乎？』群臣莫對，晏子進曰：『不可，祠此無益也。夫靈山固以石爲身，以草木爲髮，天久不雨，髮將焦，身將熱，彼獨不欲雨乎？祠之無益。』……於是景公出野居，暴露，三日，天果大雨。」

〔一一〕周宣：詩經大雅雲漢：「靡神不舉，靡愛斯牲，圭璧既卒，寧莫我聽。」又：「旱既太甚，滌滌山川，旱魃如虐，如惔如焚。」毛傳：「雲漢，仍叔美宣王也。宣王承厲王之烈，内有撥亂之志，遇烖而懼，側身修行，欲銷去之。」

〔一二〕石燕：初學記卷二引湘州記：「零陵山有石燕，遇風雨即飛，止還爲石。」

〔一三〕泥龍：淮南子墬形：「土龍致雨。」高誘注：「湯遭旱，作土龍以象龍，雲從龍，故致雨也。」

〔一四〕涸轍：莊子外物載莊子云其途中見一涸轍枯鮒，向莊周求水，周云開西江之水以迎之，鮒魚忿然。

〔一五〕五畝：孟子梁惠王上：「五畝之宅，樹之以桑，五十者可以衣帛矣。」

〔一六〕三時：國語周語上：「三時務農而一時講武。」韋昭注：「三時，春夏秋。」

〔一七〕飲馬：初學記卷六引三輔決録：「安陵清者有項仲仙，飲馬渭水，每投三錢。」

〔一八〕火宅：法華經譬喻品：「三界無安，猶如火宅……衆苦皆燒，我皆濟拔。」

〔一九〕尺蠖：尺蠖蛾的幼蟲。周易繫辭下：「尺蠖之屈，以求信（伸）也。」

〔二〇〕蒺藜：草名。藝文類聚卷八一引師曠占：「黄帝問師曠……對曰：『……歲欲旱，旱草先生，旱草，蒺藜也。』」

〔二一〕自煎：莊子人間世：「山木自寇也，膏火自煎也。」

〔二二〕畏途：艱難險惡的道路。莊子達生：「夫畏途者，十殺一人，則父子兄弟相戒也。」

苦雨二十韻

積雨江城久，騰雲海嶠來。暑當初縝絺〔一〕，寒亦重然灰〔二〕。曖昧連中夏，調和仰上台。地平天没塹，舟利木兼材。電影窗遥入，雷聲轍乍迴〔三〕。庭除深溢潦，枕簟去浮埃。太陸青蘋泛，曾崖白浪豗。初跳倒蛙黽，疾長半蒿萊。壞壤虚爲穴，淙沙迥作堆。未知歸結網〔四〕，何憚渴操杯〔五〕。漏屋誠難葺，崩牆不易坯。遠愁超滉瀁〔六〕，高羡陟崔嵬〔七〕。俯視陰靈遍，聊飡水物該。病非宜長老，憂是主嬰孩。淺淺酌茶鼎，環環蕩酒罍〔八〕。濯枝憐鳥噤〔九〕，流麥分人咍〔一〇〕。日色凝羞出，天心似惜開。巨鱗乘水便，纖介幸時災。折角巾全委〔一一〕，低頭柱頓摧〔一二〕。神龍曾未失，螻蟻莫相裁〔一三〕。

【箋注】

〔一〕絺：禮記月令孟夏之月：「天子始絺。」鄭玄注：「初服暑服。」

〔二〕然灰：史記韓長孺列傳：「安國曰：『死灰獨不復然乎？』田甲曰：『然即溺之。』」

〔三〕雷聲：淮南子原道：「令雨師灑道，使風伯掃塵，電以爲鞭策，雷以爲車輪。」

〔四〕結網：漢書董仲舒傳董仲舒賢良對策：「古人有言曰：『臨淵羨魚，不如（退）而結網。』」

〔五〕渴：史記司馬相如列傳：「（相如）常有消渴疾。」釋名：「腎氣不周於胸，胃中津潤消渴，故欲得水也。」

〔六〕滉瀁：水廣闊無邊貌。三國志吴書薛綜傳薛綜上疏：「加又洪流滉瀁，有成山之難。」

〔七〕崔嵬：山高貌。詩經周南卷耳：「陟彼崔嵬，我馬虺隤。」

〔八〕酒罍：詩經周南卷耳：「我姑酌彼金罍。」孔穎達疏：「罍者，尊之大者也……皆得畫雲雷之形，以其云罍，取于雲雷故也。」

〔九〕濯枝：初學記卷二引周處風土記：「六月有大雨，名濯枝雨。」

〔一〇〕流麥：後漢書逸民傳高鳳：「少爲書生，家以農畝爲業，而專精誦讀，晝夜不息。妻嘗之田，曝麥於庭，令鳳護雞，時天暴雨，而鳳持竿誦經，不覺潦水流麥。妻還怪問，鳳方悟之。」

〔一一〕折角巾：後漢書郭太傳：「嘗於陳梁閒行遇雨，巾一角墊，時人乃故折巾一角，以爲林宗巾。」

〔一二〕低頭杖：上端作彎形的拐杖。

〔一三〕螻蟻：楚辭賈誼惜誓：「神龍失水而陸居兮，爲螻蟻之所裁。」

陪楚州韋舍人北闈門遊宴〔一〕

柘岸齊空遠，通波跨檻牢〔二〕。四方人意便，兩路馬行高。霧柳蒙疏葉，風帆掛並艘。碧雲秋水静，紅日暮霞韜。荷藉公心度，稀逢敏手操。舊恩重雨露，新命壓波濤。挹海驚涯涘〔三〕，衝霄訝羽毛〔四〕。絲綸初變體〔五〕，錦袖旋抽毫。美景尤難卜，良辰不易遭。名華應獨步，語韻洽朋曹。異日知司衮〔六〕，閑時解夢刀〔七〕。卿材尊宦達，侯業重人豪〔八〕。拽盞憐稀飲，扶鞍哂遽逃。香梟深促坐〔九〕，晝鷁遠迴篙〔一〇〕。賭氣連呼采，縻心乍漱醪〔一一〕。何妨孤憤激〔一二〕，肯忘一言褒〔一三〕。北闕承優話，南方續廣騷〔一四〕。不嘗書咄咄〔一五〕，誰話酒陶陶〔一六〕。末路猶提筆，雄藩佇擁旄。只愁迂蹇步，歸去又蓬蒿〔一七〕。

【箋注】

〔一〕韋舍人：韋瓘，即觀楚州韋舍人新築河堤兼建兩閶門之韋舍人。

〔二〕通波：陸機吴趨行：「閶門何峨峨，飛閣跨通波。」

〔三〕涯涘：水的邊際。莊子秋水：「今爾出於崖涘，觀於人海，乃知爾醜，爾將可與語大理矣。」

〔四〕羽毛：北史盧詢祖傳：「詢祖謂人曰：『見未能高飛者，借其羽毛；知逸勢沖天者，翦其翅翮。』」

〔五〕絲綸：禮記緇衣：「王言如絲，其出如綸。」孔穎達疏：「王言初出，微細如絲，及其出行於外，言更漸大如綸也。」後因稱帝王詔書爲絲綸。韋瓘曾爲中書舍人，起草詔旨、册命等，故云。

〔六〕司衮：文選張衡思玄賦：「董弱冠而司衮兮，設王隧而弗處。」李善注：「漢書曰：董賢年二十二爲三公。」

〔七〕夢刀：晉書王濬傳：「濬夜夢懸三刀於卧屋梁上，須臾又益一刀，濬驚覺，意甚惡之，主簿李毅再拜賀曰：『三刀爲州字，又益一者，明府其臨益州乎？』及賊張弘殺益州刺史皇甫晏，果遷濬爲益州刺史。」

〔八〕人豪：史記陳餘列傳：「於此時而不成封侯之業者，非人豪也。」

〔九〕香凫：鴨形香爐。

〔一〇〕畫鷁：文選張衡西京賦：「浮鷁首，翳雲芝。」薛綜注：「船頭象鷁鳥，厭水神。」

〔一一〕漱醪：指喝酒。劉伶酒德頌：「先生於是方捧罌承槽，銜杯漱醪。」

〔一二〕孤憤：耿直孤行，憤世嫉俗。司馬遷報任安書：「韓非囚秦，説難孤憤。」

〔一三〕一言褒：左傳昭公二十八年：「昔叔向適鄭，鬷蔑惡，欲觀叔向，從使之收器者，而往立於堂下，一言而善，叔向將飲酒，聞之，曰：『必鬷明也。』下執其手以上。」

〔一四〕廣騷：漢書揚雄傳：「又旁離騷作重一篇，名曰廣騷……廣騷文多不載，獨載反離騷。」

〔一五〕咄咄：世説新語黜免：「殷中軍（浩）被廢，在信安終日恒書空作字，揚州吏民尋義逐之，竊視，惟作『咄咄怪事』四字而已。」

〔一六〕陶陶：劉伶酒德頌：「無思無慮，其樂陶陶。」

〔一七〕蓬蒿：藝文類聚卷八七引三輔決録：「張仲蔚，平陵人也，與同郡魏景卿俱隱身不仕，所居蓬蒿没人。」

又陪楚州韋舍人閶門遊讌次韻北閶門

遠派通催急，層欄架柱牢。中開一閤静，外拔兩簷高。屼崒基崇岸，灣環隘近艘。勁竿紅旆展，長鐙紫囊韜。舊好千金諾〔一〕，新題一筆操。開懷侵月露，惜別話風濤。盡納黃泥水，平分沼沚毛〔二〕。詩能拘咫寸，酒妙乏絲毫。不止才無敵，非論運合遭。宦情周上智，美論逸諸曹。擬義臨戎鉞〔三〕，從容宰社刀〔四〕。三千蘗秀彦，百萬舉名豪。死士曾無悔，生民肯更逃。下簾欣繼燭，歸路止排篙。彩袖撩青鬢，金船泛白醪〔五〕。韻慙高手壓，文豈拙詞褒。賈誼猶興歎〔六〕，揚雄重返騷〔七〕。不當離急引〔八〕，應獲在甄陶〔九〕。强逐騑騑駟〔一〇〕，徒瞻孑孑旄〔一一〕。何堪蹤高祖，生意任庭蒿。

【箋注】

〔一〕千金諾：史記季布列傳：「楚人諺曰：『得黃金百斤，不如得季布一諾。』」

〔二〕沼沚：左傳隱公三年：「澗谿沼沚之毛，蘋蘩薀藻之菜。」杜預注：「毛，草也。」

〔三〕擬義：當作「擬議」。周易繫辭上：「擬之而後言，議之而後動，擬議以成其變化。」本指事物的揣度變化，後用爲設計、籌劃之意。

〔四〕宰社：史記陳丞相世家：「里中社，平爲宰，分肉食甚均，父老曰：『善，陳孺子之爲宰。』平曰：『嗟乎，使平得宰天下，亦如是肉矣。』」

〔五〕金船：酒器之大者。白醪：糯米酒。

〔六〕賈誼：史記賈生列傳：「賈生爲長沙王太傅三年，有鵩飛入賈生舍，止於坐隅，楚人命鵩曰『服』……乃爲賦以自廣。」其鵩鳥賦曰：「服乃歎息，舉首奮翼，口不能言，請對以意。」

〔七〕揚雄：漢書揚雄傳：「乃作書，往往摭離騷文而反之，自崏山投諸江流以弔屈原，名曰反離騷。」

〔八〕急引：當作「汲引」。漢書楚元王傳附劉向上封事：「昔孔子與顏淵、子貢更相稱譽，不爲朋黨；禹稷與皋陶傳相汲引，不爲比周。」

〔九〕甄陶：揚雄法言先知：「甄陶天下者，其在和乎？剛則甈，柔則坯。」

〔一〇〕騑騑：馬行疾貌。詩經小雅四牡：「四牡騑騑，周道倭遲。」

〔一一〕孑孑：孤立挺出貌。詩經鄘風干旄：「孑孑干旄，在浚之郊。」

投太原李司空〔一〕

煙塵繞北京，千里動人情。位壓中華險，功排上將榮。四方分萬石〔二〕，三鎮擁雙旌〔三〕。大郡爲深寄，河湟仗素誠。雄才身挺拔，柱石勢映傾〔四〕。霍氏勳元重〔五〕，胡家正本清〔六〕。殊恩酬義勇，積慶自忠貞〔七〕。海岱乘時出，風雲得氣生。虎頭膺將號〔八〕，龍額擅侯名〔九〕。麴蘖功歸酒，鹽梅味到羹〔一〇〕。碧霄長日路，黃犬少年行〔一一〕。號令誅無軌〔一二〕，觀風審未萌〔一三〕。物情周智用〔一四〕，賓禮盡逢迎〔一五〕。促坐杯心亞，開場鏡面平〔一六〕。神隈旗幹動，虎占地衣獰。紫綬分排馬，青娥亂替觥。魚金垂獺重，羅袖拂毬輕。暖閣朝呈簡，深簾夜按笙。栖惶窮蔡澤〔一七〕，孱弱病劉楨〔一八〕。試暗秦臺下〔一九〕，應迴照膽明。

【校記】

河湟仗素誠：「誠」原作「城」，當誤，如姚合寄陝府內兄郭冏端公：「睽違逾十載，一會豁素誠」，徑改。

黃犬：「犬」原誤作「大」，徑改。

垂獺重：「獺重」原作「重獺」，以與下句「毬輕」作對仗觀之，可知「重獺」誤倒，故乙。

【箋注】

〔一〕李司空：李載義。舊唐書李載義傳：「上嘉其誠懇，特加檢校右僕射，累破賊（李同捷）軍，以功加司空，進階金紫。」同書文宗紀下：「（大和七年五月）癸卯，興元李載義來朝……六月丁巳朔，乙巳，以山南西道節度使李載義爲太原尹、北都留守、河東節度使，依前守太保、同平章事。」

〔二〕萬石：漢石奮及其四子皆官至二千石，景帝號奮爲萬石君，見史記萬石列傳。又漢嚴延年，其母賢而有教，其子五人皆至大官，東海號曰萬石嚴嫗，見漢書嚴延年傳。舊唐書敬宗紀寶曆二年六月，「都知兵馬使李再義與弟再寧同殺朱延嗣并其家屬三百餘人……仍賜名載義」。僅知其一弟，餘不詳。

〔三〕三鎮：李載義先爲盧龍軍節度使，徙山南西道，再轉河東，故曰三鎮。

〔四〕柱石：漢書霍光傳田延年語霍光「將軍爲國柱石」。映傾：高大而遮蔽。

〔五〕霍氏：昭帝即位，僅八歲，霍光以大司馬大將軍受遺詔輔政。昭帝卒，迎立昌邑王，王多淫行，廢之，更立宣帝。光卒後，宣帝圖畫其像於麒麟閣，稱大將軍博陸侯霍氏而不名。見漢書霍光傳。

〔六〕胡家：三國志魏書胡質傳裴松之注引晉陽秋：「(胡)威字伯虎，少有志向，厲操清白。質之爲荆州也，威自京都省之，家貧，無車馬童僕，威自驅驢單行，拜見父……臨辭，質賜絹一疋，爲道路糧。威跪曰：『大人清白，不審於何得此絹？』質曰：『是吾俸禄之餘，故以爲汝糧耳。』……(武)帝歎其父清，謂威曰：『卿清孰與父清？』威跪曰：『臣不如也。』帝曰：『以何爲不如？』對曰：『臣父清恐人知，臣清恐人不知，是臣不如者遠矣。』」

〔七〕積慶：周易坤：「積善之家，必有餘慶。」

〔八〕虎頭：班固等東觀漢紀卷一六：「(班)超行詣相者，曰：『祭酒布衣諸生爾，而當封侯萬里之外。』超問其狀，相者曰：『生燕頷虎頭，飛而食肉，此萬里侯相也。』」後漢書班超傳作「燕頷虎頸」。

〔九〕龍頷：漢書韓王信傳附：「(韓)嫣弟説，以校尉擊匈奴，封龍頷侯。」

〔一〇〕麴蘖、鹽梅：尚書說命：「王曰：『……若作酒醴，爾惟麴蘖。若作和羹，爾惟鹽梅。』」

〔一一〕黄犬：史記李斯列傳：「（斯）顧謂其中子曰：『吾欲與若復牽黄犬俱出上蔡東門逐狡兔，豈可得乎？』」

〔一二〕無軌：即不軌。左傳隱公五年：「故講事以度軌量謂之軌，取材以章物采謂之物。不軌不物，謂之亂政。」

〔一三〕觀風：禮記王制：「命太師陳詩以觀民風。」

〔一四〕智用：嵇康養生論：「識而後感，智之用也。智用者，從感而求，勌而不已。」

〔一五〕逢迎：三國志蜀書費禕傳：「丞相亮南征還，群寮於數十里逢迎。」

〔一六〕開場：場指毬場。資治通鑑卷二〇九唐中宗景龍二年載中宗好擊毬，駙馬武崇訓、楊慎交灑油以築毬場。

〔一七〕蔡澤：戰國燕人，遊説於諸侯，皆不遇，乃西入秦，説范睢辭相位。范睢薦之於昭王，拜爲客卿。見史記蔡澤列傳。

〔一八〕劉楨：建安七子之一。文選劉楨贈五官中郎將：「余嬰沈痼疾，竄身清漳濱。」

〔一九〕秦臺：葛洪西京雜記卷三：「（秦宮）有方鏡……表裏洞明，人直來照之，影則倒見。以手捫心而來，則見腸胃五臟，歷然無礙。人有疾病在内，則掩心而照之，則知病之所在。又女子有邪心，則膽張心動。秦始皇常以照宮人，膽張心動者則殺之。」

張承吉文集卷第十　長韻

獻太原裴相公二十韻〔一〕

萬古元和史，功名將相殊。英明逢主斷，直道與天符。一鏡辭西闕，雙旌鎮北都。輪轅歸大匠〔二〕，劍戟盡洪爐〔三〕。物望朝端洽〔四〕，人情海内輸。重輕毫在手，斟酌斗迴樞〔五〕。邴吉真丞相〔六〕，陳蕃實丈夫〔七〕。禮賓青眼色〔八〕，憂國白髭鬚〔九〕。幾賴平中土，長愁入五湖。旱苗今雨活〔一〇〕，妖沴共風驅。料敵窮天象〔一一〕，開邊過地圖。黄河歸博望〔一二〕，青塚破匈奴〔一三〕。虎豹皆親射，豺狼例手誅。坐籌千不失，持鉞四無虞。勇義精誠感〔一四〕，温良美價沽〔一五〕。夔龍甘道劣〔一六〕，賈馬分材枯〔一七〕。曙色開營柳〔一八〕，秋聲動塞榆〔一九〕。縱横追穴兔〔二〇〕，直下灌城狐〔二一〕。舉論當前古，推心及後儒〔二二〕。風雲如借便，開眼即天衢〔二三〕。

【校記】

詩題中「二」原作「三」，此詩僅二十韻，故知「三」字誤，徑改。

青塚破匈奴：「匈」誤作「兇」，亦徑改。

【箋注】

〔一〕裴相公：裴度。裴度曾兩次出鎮太原，第一次爲元和十四年四月至長慶二年二月，第二次爲開成二年五月至三年十二月，見兩唐書裴度傳及舊唐書憲宗、穆宗、文宗紀。此詩當作於裴度第一次出鎮太原時。

〔二〕大匠：老子：「夫代大匠斲者，希有不傷其手矣。」

〔三〕洪爐：後漢書何進傳引陳琳諫曰：「將軍總皇威，握兵要……此猶鼓洪爐燎毛髮耳。」

〔四〕朝端：朝臣之首，指宰相。宋書王弘傳王弘奏彈謝靈運表：「臣弘忝承人乏，位副朝端。」

〔五〕斟酌：後漢書李固傳李固對策：「今陛下之有尚書，猶天之有北斗也，斗爲天喉舌，尚書亦爲陛下喉舌。斗斟酌元氣，運平四時；尚書出納王命，賦政四海，權尊埶重，責之所歸。」

〔六〕邴吉：即丙吉，宣帝時爲丞相。道行見有毆鬬而死者，不問。見牛喘，問之。以爲春末大熱，牛喘，恐氣失節候，故問之。因以知大體稱。見漢書丙吉傳。

〔七〕陳蕃：東漢人，仕至太傅。因上疏救黨人與宦官結怨。靈帝時，與大將軍竇武謀誅宦官，事洩被殺。後漢書陳蕃傳：「蕃年十五，常閑處一室，而庭宇蕪穢。父友薛勤謂蕃曰：『孺子何不灑掃以待賓客？』蕃曰：『大丈夫處世，當掃除天下，安事一室乎！』」

〔八〕青眼：阮籍能爲青白眼，青眼表示喜悦之情，白眼表示厭惡。見晉書阮籍傳。

〔九〕白髭鬚：北齊崔伯謙任濟北太守，有善政，任南鉅鹿守，事無巨細，必自親覽。民有貧弱未理者，皆曰：「我自有白鬚公，不慮不決。」見北齊書崔伯謙傳。

〔一〇〕旱苗：尚書説命：「若歲大旱，用汝（傅説）作霖雨。」

〔一一〕天象：周易繫辭上：「天垂象，見吉凶，聖人象之。」

〔一二〕博望：張騫建元二年以郎應募出使月氏，經匈奴被留十餘年，逃歸。又以校尉從大將軍衛青擊匈奴，有功封博望侯，見漢書張騫傳。史記大宛列傳：「自張騫使大夏之後，窮河源。」

〔一三〕青塚：樂史太平寰宇記卷三八振武軍：「青塚在（金河）縣西北，漢王昭君葬於此。其上草色常青，故曰青塚。」

〔一四〕精誠：莊子漁父：「真者，精誠之至也。不精不誠，不能動人。」

〔一五〕温良：論語學而：「夫子温良恭儉讓以得之。」

〔一六〕夔龍：史記五帝本紀：「天下歸舜，而禹、皋陶、契、后稷、伯夷、夔、龍、倕、益、彭祖，自堯時而皆舉用，未有分職。」於是以禹爲司空，夔爲典樂，龍爲納言。

〔一七〕賈馬：指西漢賈誼、司馬相如，二人以善賦並稱。

〔一八〕營柳：周亞夫軍細柳，治軍嚴整，文帝勞軍至營，亦不得馳驅。見史記絳侯周勃列傳。

〔一九〕塞榆：漢書韓安國傳王恢語：「累石爲城，樹榆爲塞，匈奴不敢飲馬於河。」

〔二〇〕穴兔：藝文類聚卷二六顔之推古意：「狐兔穴宗廟，霜露霑朝市。」

〔二一〕城狐：晉書謝鯤傳：「對曰：『（劉）隗誠始禍，然城狐社鼠也。』」

〔二三〕推心：後漢書光武紀上：「降者更相語曰：『蕭王（光武帝）推赤心置人腹中，安得不投死乎？』」

〔二四〕天衢：文選孔融薦禰衡表：「如得龍躍天衢，振翼雲漢，揚聲紫微，垂光虹蜺。」

途次揚州贈崔荊二十韻〔一〕

逆旅揚州郭，音容幸此遭。酒漿曾不罷，風月更何逃。寺塔排雲直，閶門架水牢。煙籠春樹薄，日映曙樓高。碧草連塗巷〔二〕，青旗指濁醪。粉胸斜露玉，檀臉慢迴刀〔三〕。躍馬君心勁〔四〕，嗔奴我氣豪。尾生從抱柱〔五〕，顔子也餔糟〔六〕。赤怕看眉睫〔七〕，生憎惜羽毛〔八〕。北邙終寂寞〔九〕，南國且遊遨。鬌箠行移束，箜篌旋轉緣〔一〇〕。袖因迎顛破，肩爲請挼勞。未省求媒氏，焉能泥賊曹。揀花偷芍藥〔一一〕，和葉窠櫻桃〔一二〕。閟口無端語，窮頭盡興搔。覆身唯綠葛〔一三〕，醫病只青蒿〔一四〕。事過宜他哂，詩成苟自褒。醉時心爛漫，別夜眼號咷。接席觀誠忝〔一五〕，升堂跡貴叨〔一六〕。殷勤欲離抱，爲爾一揮毫。

【校記】

碧草連塗巷：「塗巷」原誤作「除卷」，徑改。

赤怕看眉睫：「怕」原誤作「柏」，亦徑改。

【箋注】

〔一〕崔荆：唐尚書省郎官石柱題名金部郎中有崔荆。全唐文卷八三二錢珝授李褒刺史等制：「褒可虢州刺史，韋曈、崔荆並可刑部外郎。」玉泉子：「崔珙爲東都留守判尚書省事，中書舍人崔荆爲庶子分務。」皆提到崔荆。然細玩張祜此詩，此崔荆爲女性，當是揚州一妓女，非文士崔荆。

〔二〕塗巷：禮記王制：「山陵、林麓、川澤、溝瀆、城郭、宫室、塗巷。」南史王晏傳：「時帝常遣心腹左右陳世範等出塗巷，采聽異言。」

〔三〕刀：喻目光之明亮。如李宣古杜司空席上賦：「能歌姹女顔如玉，解引蕭郎眼似刀。」

〔四〕躍馬：史記蔡澤列傳：「謂其御者曰：『吾持粱刺齒肥，躍馬疾驅，懷黄金之印，結紫綬於要。』」

〔五〕尾生：莊子盜跖：「尾生與女子期於梁下，女子不來，水至，不去，抱梁柱而死。」

〔六〕顔子：孔子弟子顔回，簞食瓢飲，在陋巷，不改其樂。見論語雍也。酺糟：楚辭漁父：「世人皆濁，何不淈其泥而揚其波？衆人皆醉，何不餔其糟而歠其醨？」

〔七〕看眉睫：魏書崔亮傳：「時隴西李沖當朝任事，亮從兄光往依之，謂亮曰：『安能久視筆硯，而不往託李氏也？彼家饒書，因可得學。』亮曰：『弟妹飢寒，豈可獨飽？自可觀書於市，安能看人眉睫乎？』」

〔八〕羽毛：南史齊高帝諸子傳武陵昭王蕭曄：「武帝聞之，故無寵，未嘗處方岳。於御坐曲宴，醉伏地，貂抄肉柈。帝笑曰：『汚貂。』對曰：『陛下愛其羽毛，而疏其骨肉。』帝不悦。」

〔九〕北邙：李吉甫元和郡縣圖志卷五河南府：「北邙山，在（偃師）縣北二里，西自洛陽縣界，東入鞏縣界。舊説云北邙山是隴山之尾，乃衆山總名，連嶺修亘四百餘里。」

〔一〇〕「觱篥」二句：描寫演奏者一邊演奏一邊舞蹈的情景。

〔一一〕芍藥：詩經鄭風溱洧：「惟士與女，伊其相謔，贈之以芍藥。」崔豹古今注問答釋義：「芍藥一名可離，故將別以贈之。亦猶相招召，贈之以文無，文無亦名當歸也。」許顗彦周詩話：「陸農師説芍藥破血，欲其不成子姓耳，不知真有此意否？」

〔一二〕櫻桃：郭茂倩樂府詩集卷八五有鄭櫻桃歌，云櫻桃爲石虎妾，擅寵宮掖。太平御覽卷九六九引吕氏本草經：「櫻桃味甘，主調中，益脾氣，令人好顏色，美志氣。一名朱桃，一名麥英也。」

〔一三〕緑葛：韓非子外儲説左下：「孫叔敖相楚，棧車牝馬，糲餅菜羹，枯魚之膳，冬羔裘，夏葛衣，面有飢色。」

〔一四〕青蒿：陸璣毛詩草木鳥獸蟲魚疏卷上：「蒿，青蒿也，香中炙啖。荆豫之間、汝南汝陰皆云菣也。」

〔一五〕接席：曹丕與吳質書：「行則連輿，止則接席。」

〔一六〕升堂：後漢書：「（張劭）對曰：『巨卿（范式）信士，必不乖違。』至其日，巨卿果到，升堂拜飲，盡歡而別。」

和杜舍人題華清宮三十韻

五十年天子，離宮舊粉牆。登封時正泰〔一〕，御宇日初長。上位先名實〔二〕，中興事憲章〔三〕。舉戎輕甲冑〔四〕，餘地取河湟〔五〕。道帝玄元祖〔六〕，儒封孔子王〔七〕。因緣百司署，叢會一人湯。渭水波摇淥，秦山草半黄。馬頭開夜照〔八〕，鷹眼利星芒〔九〕。下箭朱弓滿，鳴鞭皓腕攘。畋思獲吕望〔一〇〕，諫祇避周昌〔一一〕。兔跡貪前逐〔一二〕，梟心不早防〔一三〕。幾添鸚鵡勸〔一四〕，頻賜荔枝嘗〔一五〕。月鎖千門静，天高一笛涼〔一六〕。細音摇翠珮，輕步宛霓裳〔一七〕。禍亂根潛結，昇平意遽忘。衣冠逃犬虜，鼙鼓動漁陽〔一八〕。外戚心殊迫〔一九〕，中途事可量〔二〇〕。雪埋妃子貌，刃斷禄兒腸〔二一〕。近侍煙塵隔，前蹤輦路荒。益知迷寵佞〔二二〕，惟恨喪忠良〔二三〕。北闕尊明主〔二四〕，南宮遜上皇〔二五〕。禁清餘鳳吹〔二六〕，池冷映龍光〔二七〕。祝壽山猶在〔二八〕，流年水共傷。杜鵑魂厭蜀〔二九〕，蝴蝶夢悲莊〔三〇〕。雀卵遺雕栱，蟲絲罥畫梁。紫苔侵壁潤，紅樹閉門芳。守吏齊鴛瓦〔三一〕，耕民得翠璫〔三二〕。歡康昔時樂，講武舊兵場。暮草深巖靄，幽花墜徑香。不堪垂白叟，行折御溝楊〔三三〕。

【校記】

英華、全詩題作「華清宫和杜舍人」。杜舍人爲杜牧，杜有華清宫三十韻，所用即七陽韻。按：此詩作者涉及四人，全唐詩便同時收在張祜（卷五一一）、趙嘏（卷五五〇）、薛能（卷五五九）名下，曾益顧嗣立等温飛卿詩集校注卷九集外詩亦載之，詩題皆作「華清宫和杜舍人」。考文苑英華卷三一一收此詩，并未注作者姓名。其前面一首是過華清宫二十二韻，署温庭筠；後面一首是華清宫二首，署「前人」。全唐詩編者并未見到十卷本張承吉文集，蓋因華清宫二首已載二卷和六卷本張處士詩集，遂推斷華清宫和杜舍人亦張祜作。曾益顧嗣立則認爲文苑英華此首題下漏書「前人」字，於是將前後三首皆歸爲温庭筠作。杜牧大中六年由考功郎中、知制誥遷中書舍人。再考文苑英華所列校語皆曰「集作某」，其「作某」之異文恰與張祜詩合，故「集」當即指張祜之集，如此，此篇及華清宫四首之一、二首，當皆是張祜詩。

天子：「子」原作「于」，據全詩改。

舊粉牆：「舊粉」英華作「仰峻」，全詩校「一作仰傾」。

日初長：「日」原誤作「月」，據英華及全詩改。「初」英華作「何」。

舉戎輕甲胄：「舉」英華作「起」。

取河湟：「取」英華作「復」。

秦山：「山」英華作「郊」。

馬頭開夜照，鷹眼利星芒：此聯英華作「馬馴金勒細，鷹健玉鈴鏘」。

頻賜荔枝嘗：「頻」英華作「先」。

天高：「高」英華作「吹」。

搖翠珮：「翠珮」英華作「羽佩」。

禍亂根潛結：「根」英華作「基」。

逃犬虜：「犬」原誤作「大」，據全詩改。

雪埋妃子貌：「雪」英華作「血」，「貌」英華作「豔」。

刃斷禄兒腸：「刃」原誤作「門」，「禄」原誤作「鹿」，皆據英華及全詩改。

惟恨喪忠良：「惟」英華作「遺」，「忠」英華作「賢」。

歡康昔時樂：此句英華作「登年昔酺樂」，并校云「集作昔時歡康樂」。

暮草深巖靄：「草」原作「鳥」，據英華及全詩改。「靄」英華作「翠」。

【箋注】

〔一〕登封：唐玄宗開元十三年登泰山封禪，見舊唐書玄宗紀上。

〔二〕名實：孟子告子下：「先名實者，爲人也；後名實者，自爲也。」

〔三〕中興：詩經大雅烝民毛傳：「任賢使能，周室中興焉。」憲章：著書以彰之叫憲章。禮記中庸：「仲尼祖述堯舜，憲章文武。」

〔四〕甲冑：代指軍隊。尚書説命：「惟甲冑起戎。」

〔五〕河湟：指黄河與湟水兩流域地區。新唐書吐蕃傳：「湟水出蒙谷，抵龍泉與河合……故世舉謂西戎地曰河湟。」

〔六〕玄元：唐高宗乾封元年追號老子爲太上玄元皇帝，玄宗天寶八載加祖聖大道玄元皇帝，見新唐書高宗、玄宗紀。

〔七〕孔子：開元二十七年，追謚孔子爲文宣王，見資治通鑑卷二一四。

〔八〕夜照：張彦遠歷代名畫記卷九：「玄宗好大馬，御廐至四十萬……則有玉花驄、照夜白等。」

〔九〕鷹眼：全唐詩卷五六七鄭嵎津陽門詩注：「申王有高麗赤鷹，岐王有北山黄鶻，逸翮奇姿，特異他等。上愛之，每弋獵，必置於駕前，目爲決勝兒。」

〔一〇〕吕望：史記齊太公世家：「西伯將出獵，卜之，曰：『所獲非龍非彲，非虎非羆，所獲霸王之輔。』於是周西伯獵，果遇太公於渭之陽。」

〔一一〕周昌：史記張丞相列傳附周昌：「昌爲人彊力，敢直言，自蕭曹等皆卑下之。昌嘗燕時入奏事，高帝方擁戚姬，昌還走，高帝逐得，騎周昌項，問曰：『我何如主也？』昌仰曰：『陛下即桀紂之主也。』於是上笑之，然尤憚周昌。」

〔一二〕兔迹：戰國策齊策三：「韓子盧者，天下之疾犬也。東郭逡者，海内之狡兔也。韓子盧逐東郭逡，環山者三，騰山者五，兔極於前，犬廢於後，犬兔俱罷，各死其處。田父見之，無勞勸之苦而擅其功。」

〔一三〕梟心：史記武帝紀「祠黄帝用一梟破鏡」句裴駰集解引孟康云：「梟，鳥名，食母。破鏡，獸名，食父。黄帝欲絶其類，使百物祠皆用之。」此以喻安禄山。

〔一四〕鸚鵡勸：白孔六帖卷九四引明皇雜録：「開元中，嶺南獻白鸚鵡，養之宫中，歲久頗聰慧，洞曉言詞，上及貴妃皆呼爲雪衣女……忽一日，飛上貴妃鏡臺，語曰：『雪衣娘昨夜夢爲鷙鳥所搏，將盡於此乎？』上使貴妃授以多心經……上命從官校獵於殿下，鸚鵡方戲於殿上，忽有鷹搏之而斃。上與貴妃歎息久之，遂命瘗於苑中，爲立塚，呼爲鸚鵡塚。」

〔一五〕荔枝：李肇唐國史補卷上：「楊貴妃生於蜀，好食荔枝，南海所生尤勝蜀者，故每歲飛馳以進。然方暑而熟，經宿則敗，後人皆不知之。」

〔一六〕一笛：鄭綮開天傳信記：「上嘗坐朝，以手指上下按其腹……上曰：『非也。吾昨夜夢遊月宫，諸仙娱予以上清之樂，寥亮清越，殆非人間所聞也……吾回，以玉笛尋之，盡得之矣。坐朝之際，慮忽遺忘，故懷玉笛，時以手指上下尋，非不安。』……其聲寥寥然，不可名言也。力士又再拜，且請其名。上笑言曰：「此曲名紫雲回。」遂載於樂章，今太常刻石在焉。」

〔一七〕霓裳：郭茂倩樂府詩集卷五六舞曲歌辭引樂苑：「霓裳羽衣曲，開元中西涼府節度楊敬述進。」鄭愚（嵎）曰：『玄宗至月宫，聞仙樂，及歸，但記其半，會敬述進婆羅門曲，聲調相符，遂以月中所聞爲散序，敬述所進爲曲，而名霓裳羽衣也。』」

〔一八〕漁陽：天寶元年改河北道薊州爲漁陽郡。安禄山兼平盧、范陽、河東三鎮節度使，漁陽爲其轄地。

〔一九〕外戚：舊唐書楊國忠傳：「自禄山起兵，國忠以身領劍南節制，乃布置腹心於梁益間，以圖自全之計。（天寶十五載）六月九日，潼關不守，十二日凌晨，上率龍武將軍陳玄禮、左相韋見素、京兆尹魏方進、國忠與貴妃及親屬，擁上出延秋門，諸王妃主從之不及。」

〔二〇〕中途：新唐書后妃傳玄宗楊貴妃：「及西幸至馬嵬，陳玄禮等以天下計誅國忠。已死，軍不解，帝遣力士問故，曰：『禍本尚在。』帝不得已，與妃訣，引而去，縊路祠下，裹尸以紫茵，瘞道側。」

〔二一〕禄兒：鄭嵎津陽門詩注：「太真又以（禄山）爲子，時繈褓戲而加之，上亦呼爲禄兒。每入宫，必先拜貴妃，然後拜上。上笑而問其故，輒對曰：『臣本蕃中人，禮先拜母後拜父，是以然也。』」安禄山佔領長安後，體瘡甚而眼昏，以疾加躁急，動用斧鉞。嚴莊與安慶緒謀，領豎李豬兒同入禄山帳内，豬兒以大刀斫其腹，禄山撼幄帳大呼：「是我家賊！」腸流數斗於牀上而死。見舊唐書安禄山傳。

〔二二〕寵佞：資治通鑑卷二一八唐玄宗天寶十五載：「有老父郭從謹進言曰：『禄山包藏禍心，固非一日……臣猶記宋璟爲相，數進直言，天下賴以安平。自頃以來，在廷之臣，以言爲諱……是以闕門之外，陛下皆不得而知。草野之臣，必知有今日久矣……』上曰：『此朕之不明，悔無所及。』」

〔二三〕忠良：新唐書張九齡傳：「帝後在蜀，思其忠，爲泣下，且遣使祭於韶州，厚幣恤其家。」

〔二四〕明主：天寶十五載八月，太子李亨即位於靈武，改元至德，是爲肅宗。明主即指唐肅宗。

〔二五〕上皇：玄宗知太子已即帝位，乃命韋見素、房琯、崔渙等奉寶册赴靈武，禪位，改稱太上皇。回京後居興慶宫，即南内。

〔二六〕鳳吹：謂笙簫之細樂。玄宗曾選樂工三百人、宫女數百人，教授樂曲於梨園，稱梨園弟子。安史亂後，梨園弟子流落民間，故有此言。

〔二七〕龍光：舊唐書音樂志二：「龍池樂，玄宗所作也。玄宗龍潛之時，宅在隆慶坊，宅南坊人所居，變爲池，望氣者亦異焉。故中宗季年，汎舟池中。玄宗正位，以坊爲宫，池水逾大，瀰漫數里，爲此樂以歌其祥也。」

〔二八〕祝壽：史記封禪書：「三月，遂東幸緱氏，禮登中嶽太室，從官在山下聞若有言萬歲云。」

〔二九〕杜鵑：常璩華陽國志卷三：「杜宇稱帝，號曰望帝……遂禪位於開明，帝升西山隱焉。時適二月，子鵑鳥鳴，故蜀人悲子鵑鳥鳴也。」

〔三〇〕蝴蝶：莊子齊物論：「昔者莊周夢爲胡蝶，栩栩然胡蝶也，自喻適志與，不知周也。俄然覺，則蘧蘧然周也。不知周之夢爲胡蝶與？胡蝶之夢爲周與？」

〔三一〕齊：通躋，登。鴛瓦：鴛鴦瓦，屋瓦一俯一仰扣合在一起，故名鴛鴦瓦。

〔三二〕翠瑠：翠玉做的屋椽頭的裝飾。

〔三三〕御溝：馬縞中華古今注卷上：「長安御溝，謂之楊溝，植高楊於其上也。一曰羊溝，謂羊喜觸垣牆，故爲溝以隔之，故曰羊溝。亦曰禁溝，引終南山水從宮内過，所謂御溝。」

投宛陵裴尚書二十韻〔一〕

憶拜明公日，青雲料果符〔二〕。徵賢披顯詔，射策冠群儒〔三〕。物論推前哲，朝綱揖大巫〔四〕。德門深茂秀，義士闢膏腴。簡翰垂師法〔五〕，文章述帝謨。民歡車轍至〔六〕，士畏履聲趨〔七〕。省闥名尤美，藩方政歷殊。五兵森武庫〔八〕，百氏祕文樞。小謝才難比〔九〕，諸荀道亦具〔一〇〕。幾年思樂土〔一一〕，長日詠生蒭〔一二〕。潔儉遵明訓，清通軌令圖。馬奔爲信竹〔一三〕，鞭舉示刑蒲〔一四〕。促座佳賓滿，分題健筆濡。碧江秋鳥聚，青嶂暝猿孤。月上連城璧〔一五〕，星環合浦珠〔一六〕。早涼生玉樹〔一七〕，盛暑退冰壺〔一八〕。豹變真君子〔一九〕，龍鍾淺丈夫〔二〇〕。新知多雋彥〔二一〕，舊態只狂奴〔二二〕。敢望憐哀鳥〔二三〕，何煩敬朽株〔二四〕。已愁沾灑淚，還去海西隅。

【校記】

連城璧：「璧」原作「壁」，徑改。

【箋注】

〔一〕裴尚書：裴休。全唐文卷七四三裴休黄蘗山斷際禪師傳心法要序：「大中二年，（予）廉於宛陵，復去禮迎至所部，安居開元寺，旦夕受法。」又卷七六八盧肇宣州新興寺碑銘并序：「若夫宣城新興寺者，會昌四年既毁，大中二祀故相國裴公之所立也。公諱休，字公美……大中二年拜宣城。」

〔二〕青雲：史記范雎列傳：「須賈頓首言死罪，曰：『賈不意君能自致於青雲之上。』」

〔三〕射策：漢書蕭望之傳：「以射策甲科爲郎。」舊唐書裴休傳：「長慶中，從鄉賦登第，又應賢良方正，升甲科。」

〔四〕大巫：三國志吴書張紘傳裴松之注引陳琳答張紘書：「今景興（王朗）在此，足下與子布（張昭）在彼，所謂小巫見大巫，神氣盡矣。」

〔五〕簡翰：指書法。舊唐書裴休傳：「善爲文，長於書翰，自成筆法。」

〔六〕車轍：孔子家語正論解右尹子革語楚靈王：「昔周穆王欲肆其心，將過行天下，使皆有車轍并馬跡焉，祭公謀父作祈昭，以止王心。」

〔七〕履聲：漢書鄭崇傳：「（傳）喜爲大司馬，薦崇，哀帝擢爲尚書僕射。數求見諫争，上初納用之，每見曳革履，上笑曰：『我識鄭尚書履聲。』」

〔八〕武庫：晉書裴頠傳：「弘雅有遠識，博學稽古，自少知名，御史中丞周弼見而歎曰：『頠若武庫，五兵縱横，一時之傑也。』」

〔九〕小謝：謂謝朓。謝朓與謝靈運爲同族，故有小謝之稱。

〔一〇〕諸荀：東漢荀淑，有子八人，並有聲名，時人謂之八龍，荀爽最爲著名。見後漢書荀淑傳。裴休父裴肅，兄儔、弟俅，故以諸荀比之。具：通俱，偕，同。

〔一一〕樂土：詩經魏風碩鼠：「逝將去女，適彼樂土。」

〔一二〕生蒭：詩經小雅白駒：「生芻一束，其人如玉。」後漢書徐穉傳：「及林宗（郭泰）有母憂，穉往弔之，置生芻一束於廬前而去。」即取「其人如玉」之意。

〔一三〕信竹：後漢書郭伋傳：「始至行部，到西河美稷，有童兒數百，各騎竹馬，道次迎拜。」

〔一四〕刑蒲：後漢書劉寬傳：「遷南陽太守。典歷三郡，温仁多恕，雖在倉卒，未嘗疾言遽色。常以爲『齊之以刑，民免而無耻』，吏人有過，但用蒲鞭罰之，示辱而已，終不加苦。」

〔一五〕連城璧：史記藺相如列傳：「趙惠文王時，得楚和氏璧，秦昭王聞之，使人遺趙王書，願以十五城請易璧。」

〔一六〕合浦珠：後漢書循吏傳孟嘗：「遷合浦太守。郡不産穀實，而海出珠寶，與交阯比境，常通商販，貿糴糧食。先時宰守並多貪穢，詭人採求，不知紀極，珠遂漸徙於交阯郡界。於是行旅不至，人物無資，貧者死餓於道。嘗到官，革易前弊，求民病利。曾未逾歲，去珠復還，百姓皆返其業，商貨流通，稱爲神明。」

〔一七〕玉樹：珍奇之樹。世説新語言語：「謝太傅問諸子侄：『子弟亦何預人事，而正欲使其佳？』諸人莫有言者，車騎（謝玄）答曰：『譬如芝蘭玉樹，欲使其生於庭階耳。』」

〔一八〕冰壺：盛冰之壺，古人暑季用以降温。文選鮑照白頭吟：「直如朱絲繩，清如玉壺冰。」李周翰注：「玉壺冰，取其絜净也。」

〔一九〕豹變：周易革：「君子豹變，其文蔚也。小人革面，順以從君也。」

〔二〇〕龍鍾：廣韻三鍾：「躘蹱，小兒行貌。」

〔二一〕雋彦：傑出的人材。尚書太甲：「旁求俊彦，啓迪後人。」

〔二二〕狂奴：後漢書逸民傳嚴光：「司徒侯霸與光素舊，遣使奉書……光不答，乃投札與之，口授曰：『君房足下：位至鼎足，甚善。懷仁輔義天下悦，阿諛順旨要領絶。』霸得書，封奏之，帝笑曰：『狂奴故態也。』」

〔一三〕哀鳥：論語泰伯：「曾子言曰：『鳥之將死，其鳴也哀；人之將死，其言也善。』」

〔一四〕朽株：世説新語棲逸「南陽翟道淵」條劉孝標注引晉陽記：「初，庾亮臨江州，聞翟湯之風，束帶躡屐而詣焉。亮禮甚恭，湯曰：『使君直敬其枯木朽株耳。』亮稱其能言。」

庚子歲寓遊揚州贈崔荆四十韻〔一〕

窮賤正相仍，逢君又廣陵。坐愁身兀兀，行信脚騰騰。小巷朝歌滿，高樓夜吹凝。月明街廓路，星散市橋燈。鈍僕常羞使，羸驂半醉乘。酷遭狂客引，剛被俗人憎。睚眦寧宜慣〔二〕，趑趄苟未能〔三〕。坊期瑞芝宿〔四〕，閣詣慶雲登〔五〕。迴眺江千里，高臨塔九層。山嵐開碧罅，海日上紅稜。曲岸盤回出，飛欄斗峻憑。鷺鷥行淺草，龜殼上新菱。野霽崗形兀，林昏地氣蒸。春天聊共賞，夏日幾同瞢。自給勞方寸〔六〕，官沽厭窄升。堅强心似石，險峭志如陵。悶極行挑耳〔七〕，狂來起扼肱〔八〕。腸風終作疹，肺病不爲徵。玉樹當巡打〔九〕，香毬帶拍承。暗歸逃酒席，私語結鈎朋。僻性從他論，幽情且自矜。砌開紅豔槿，庭架緑陰藤。冷滑連心簟，輕疎着體繒。被裁新蜀錦，光砑小吴綾。久滯終何益，長貧也未應。莫輕垂耳驥〔一〇〕，須看脱鱗鵬〔一一〕。善惡都鈐口，存亡只撫膺。楚才君漫倚〔一二〕，荆璞我虚憑〔一三〕。委順容如妾，幽迂論若僧。早知身足累，近信卜無徵。畫虎誠堪誚〔一四〕，雕蟲詎可稱〔一五〕。掃門蹤魏勃〔一六〕，開閣竚孫弘〔一七〕。勿易侵苗鼠〔一八〕，須防止棘蠅〔一九〕。足憂行夜露〔二〇〕，心懼履春冰〔二一〕。旅望孤煙起，鄉愁遠水澄。每思人似玉〔二二〕，長願酒如澠〔二三〕。去國程無盡，離筵思不勝。感恩思病雀〔二四〕，逐物甚飢鷹〔二五〕。詎憶園蔬灌〔二六〕，唯希社肉秤〔二七〕。寃讎閑物在，知己大官薨。郄弟終須得〔二八〕，蘧非誓欲懲〔二九〕。看看重西去，從此又兢兢。

【箋注】

〔一〕庚子歲爲唐憲宗元和十五年。崔荆即途次揚州贈崔荆二十韻之崔荆。此詩題云四十韻，實四十二韻。憶江東舊遊四十韻寄宣武李尚書却祇有三十八韻，當竄入前詩四句。二詩同押蒸韻。

〔二〕睚眦：怒目而視。史記范雎列傳：「一飯之德必償，睚眦之怨必報。」

〔三〕趑趄：欲進不前。三國志蜀書張裔傳：「徑往至郡，（雍）闓遂趑趄不賓。」

〔四〕瑞芝：漢書武帝紀：「（元封二年）六月，詔曰：『甘泉宫内中産芝，九莖連葉，上帝博臨，不異下房……』作芝房之歌。」

〔五〕慶雲：漢書天文志：「若煙非煙，若雲非雲，郁郁紛紛，蕭索輪囷，是謂慶雲。慶雲見，喜氣也。」

〔六〕方寸：指心。三國志蜀書諸葛亮傳：「（徐）庶辭先主而指其心曰：『本欲與將軍共圖王霸之業者，以此方寸之地也。今已失老母，方寸亂矣。』」

〔七〕挑耳：抱朴子備闕：「挑耳，則棟梁不如鷦鷯之羽。」

〔八〕扼肱：意同扼腕。戰國策燕策三：「樊於期偏袒扼腕而進曰：『此臣日夜切齒拊心也。』」

〔九〕玉樹：白居易白氏長慶集卷一三代書詩一百韻寄微之：「打嫌調笑易，飲訝卷波遲。」自注：「抛打曲有調笑，飲酒曲有卷白波。」疑「玉樹」亦爲抛打曲名。或將玉樹後庭花用於抛打曲。

〔一〇〕垂耳：文選陳琳爲曹洪與魏文帝書：「夫騄驥垂耳於林牧，鴻雀戢翼於污池，褻之者固以爲園囿之凡鳥，外廄之下乘也。」

〔一一〕脱鱗：莊子逍遥遊：「北冥有魚，其名爲鯤，鯤之大，不知其幾千里也。化而爲鳥，其名爲鵬，鵬之背，不知其幾千里也。怒而飛，其翼若垂天之雲。」

〔一二〕楚才：左傳襄公二十六年：「如杞、梓、皮革，自楚往也。雖楚有材，晉實用之。」

〔一三〕荆璞：楚人卞和得一玉璞，先後獻於厲王、武王，皆被視爲石，因之被截去雙脚。文王即位，卞和抱璞哭於荆山之下，文王使人剖璞得玉，命曰和氏之璧。見韓非子和氏。

〔一四〕畫虎：後漢書馬援傳馬援誡兄子嚴敦書：「效伯高不得，猶爲謹敕之士，所謂刻鵠不成尚類鶩者也。效季良不得，陷爲天下輕薄子，所謂畫虎不成反類狗者也。」

〔一五〕雕蟲：揚雄法言吾子：「或問：『吾子少而好賦？』曰：『然，童子彫蟲篆刻。』俄而曰：『壯夫不爲也。』」

〔一六〕魏勃：史記齊悼惠王世家：「魏勃少時，欲求見齊相曹參，家貧無以自通，乃常獨早夜埽齊相舍人門外，相舍人怪之，以爲物，而伺之，得勃。勃曰：『願見相君，無因，故爲子埽，欲以求見。』於是舍人見勃曹參，因以爲舍人。」

〔一七〕孫弘：漢書公孫弘傳：「弘自見爲舉首，起徒步，數年至宰相、封侯，於是起客館，開東閣以延賢人，與參謀議。」

〔一八〕侵苗鼠：詩經魏風碩鼠：「碩鼠碩鼠，無食我苗。三歲貫女，莫我肯勞。」

〔一九〕止棘蠅：詩經小雅青蠅：「營營青蠅，止於棘。讒人罔極，交亂四國。」

〔二〇〕行露：詩經召南行露：「厭浥行露，豈不夙夜，謂行多露。」

〔二一〕履冰：詩經小雅小旻：「戰戰兢兢，如臨深淵，如履薄冰。」

〔二二〕似玉：詩經小雅白駒：「生芻一束，其人如玉。」

〔二三〕如澠：左傳昭公十二年：「有酒如澠，有肉如陵。」

〔二四〕病雀：吳均續齊諧記：「弘農楊寶嘗見一黃雀爲鴟梟所搏，墜於樹下，又爲螻蟻所困。寶愍之，取置巾箱中養之，唯食黄花。百餘日，毛羽成，放之，朝去暮還。忽與群雀俱來，哀鳴繞室，數日乃去。爾夕三更，寶讀書未卧，有黄衣童子，向寶再拜曰：『我，王母使臣，爲鴟梟所搏，蒙君拯濟。今當使南海，不得復住，極以悲傷。』以白環四枚與寶曰：『令君子孫潔白，位登三公。』於此遂絶。」

〔二五〕飢鷹：三國志魏書吕布傳：「（陳）登不爲動容，徐喻之曰：『登見曹公，言養將軍譬如養虎，當飽其肉，不飽則將噬人。公曰：「不如卿言也，譬如養鷹，飢則爲用，飽則颺去。」其言如此。』布意乃解。」

〔二六〕園蔬：藝文類聚卷六五引謝承後漢書：「（戴宏）爲河間相，因自免歸家，不復仕，灌園蔬，以經書教授。」

〔二七〕社肉：史記陳丞相世家：「里中社，平爲宰，分肉食甚均，父老曰：『善，陳孺子之爲宰。』平曰：『嗟乎，使平得宰天下，亦如是肉矣。』」

〔二八〕郄弟：「郄」同「郤」，與「郗」爲兩姓。此句用郗超事，「郄」當作「郗」。「弟」當爲「第」之訛。世説新語棲逸：「郗超每聞欲高尚隱退者，輒爲辦百萬資，并爲造立居宇。在剡爲戴公（逵）起宅，甚精整。戴始往舊居，與所親書曰：『近至剡，如官舍。』郗爲傅約亦辦百萬資，傅隱事差互，故不果遣。」

〔二九〕蘧非：淮南子原道：「蘧伯玉年五十而有四十九年非。」高誘注：「伯玉，衛大夫蘧瑗也。今年所行是也，則還顧知去年之所行非也，歲歲悔之，以至於死。」按：自「冤讎閑物在」以下四句當是憶江東舊遊四十韻寄宣武李尚書詩羼入者。「知己大官薨」之大官謂令狐楚，楚卒開成二年，憶江東舊遊作於開成四或五年，時間正合。「閑物」當指白居易，時正在東都爲太子少傅分司。又用「蘧非」之典，元和十五年張祜非年近五十之時，故知此四句非此詩中句。

遊蔚過昭陵十六韻〔一〕

天意亡隋日，人心啓聖年。順時興義卒，撥亂起戎旃〔二〕。群盜猶蜂蟻，妖星尚屬聯。既教龍戰野〔三〕，須見血成川。睿算無遺策，神功亦有權。王尋徒百萬，光武只三千〔四〕。太宗常以騎兵三千破僞夏十萬於虎牢。海静鯨鯢死〔五〕，雲開日月懸。講兵將耀德，獵渭本搜賢〔六〕。向闕皆鏘玉，臨關罷控弦〔七〕。大爐銷劍戟，鴻澤蕩腥膻。太祖恩堯禪，武德末，天下既平，高祖致政。神孫受禹傳。貞觀既終，高宗嗣位。宫車悲未已〔八〕，陵樹靄蒼然。岳立青冥外〔九〕，虯蟠白水邊〔一〇〕。乾坤資王氣，巖壑擁晴煙。虞舜曾南狩〔一一〕，軒轅亦上仙〔一二〕。斷髯無復見〔一三〕，空拜鼎湖前。

【箋注】

〔一〕蔚：唐蔚州興唐郡，今河北宣化。昭陵：唐太宗陵墓，在今陝西醴泉縣九嵕山。

〔二〕撥亂：公羊傳哀公十四年：「撥亂世，反諸正，莫近諸春秋。」

〔三〕龍戰：周易乾：「龍戰於野，其血玄黄。」

〔四〕「王尋」二句：西漢末年，王莽遣大司徒王尋、大司空王邑將兵百萬，其甲士四十萬人圍昆陽，緑林軍諸將畏怯，皆欲棄城逃走。劉秀獨持異議，乃與敢死者三千人從城西水上衝尋、邑軍中堅，尋、邑陣亂，劉秀乘鋭進擊，遂殺王尋。城中亦鼓噪而出，莽軍大潰，見後漢書光武紀上。舊唐書太宗紀上：「（武德四年）會竇建德以兵十餘萬來援（王）世充……（太宗）親率步騎三千五百人趣武牢……生擒（竇）建德於陣。」竇建德曾建國號曰夏。

〔五〕鯨鯢：左傳宣公十二年：「古者明王伐不敬，取其鯨鯢而封之。」杜預注：「鯨鯢，大魚名，以喻不義之人吞食小國。」

〔六〕獵渭：周文王獵於渭濱，遇吕尚，與語大悦，載與俱歸，立爲師。見史記齊太公世家。

〔七〕控弦：漢書婁敬傳：「當是時，冒頓單于兵彊，控弦四十萬騎。」控弦指軍隊。此代指戰争。舊唐書太宗紀上：「（武德九年八月）乙酉，又幸便橋，與頡利刑白馬設盟，突厥引退。」

〔八〕宫車：宫車晏駕之省稱。史記樊噲列傳：「是時高帝病甚，人有惡（樊）噲黨於吕氏，即上一日宫車晏駕，則噲欲以兵盡誅戚氏、趙王如意之屬。」

〔九〕岳立：藝文類聚卷九漢王褒四瀆祠碑銘：「靈祠岳立，貝闕雲浮。」

〔一〇〕白水：漢光武帝劉秀生於南陽白水鄉，讖稱白水真人。舊唐書太宗紀上：「生於武功之别館，時有二龍戲於館門之外，三日而去。」唐太宗重幸武功：「白水巡前跡，丹陵幸舊宮。」自比劉秀。

〔一〕虞舜：史記五帝本紀：「虞舜者，名曰重華……踐帝位三十九年，南巡狩，崩於蒼梧之野，葬於江南九疑，是爲零陵。」

〔二〕軒轅：史記五帝本紀：「黄帝者，少典之子，姓公孫，名曰軒轅。」史記封禪書：「黄帝采首山銅，鑄鼎於荆山下。鼎既成，有龍垂胡髯下迎黄帝，黄帝上騎，群臣後宫從上者七十餘人，龍乃上去。餘小臣不得上，乃悉持龍髯，龍髯拔，墮，墮黄帝之弓。百姓仰望黄帝既上天，乃抱其弓與胡髯號。故後世因名其處曰鼎湖，其弓曰烏號。」

〔三〕斷髯：段成式酉陽雜俎前集卷一：「太宗虬髯，常戲張弓挂矢。」錢易南部新書癸：「太宗文皇帝，虬鬚上可掛一弓。」杜甫贈汝陽郡王璡「虬髯似太宗」。此句既用黄帝典，又有寫實之意。

叙詩

二雅泄詩源〔一〕，滂滂接漣漪。宣尼昔道茨〔二〕，豁豁無阻疑。小開作涇港，大漲爲塘陂。可令萬頃澄，可使百派支。生民苟灌溉，九穀長蕃滋。何意束晳徒〔三〕，補亡輒繼之。安知去聖遠，立旨無乖隳？五言起李陵〔四〕，其什傷遠離。雄材耻小用，屬詠偶成規。後時班婕妤〔五〕，團扇託憂悲。枚情既云妙〔六〕，蔡韻肯容卑〔七〕。建安陳思王〔八〕，龍變五不知〔九〕。劉楨骨氣真〔一〇〕，王粲文質奇〔一一〕。阮公先興亡〔一二〕，陸氏以才推〔一三〕。雅怨止潘子〔一四〕，高標存左思〔一五〕。延年得殊致〔一六〕，靈運拔英姿〔一七〕。沈侯美玉藴〔一八〕，謝守文錦摛〔一九〕。江詞騁奇妙〔二〇〕，鮑趣出孤危〔二一〕。飄飄彭澤翁〔二二〕，於在務脱遺。陳隋後諸子，往往沙可披〔二三〕。拾遺昔陳公〔二四〕，强立制頹萎。英華自沈宋〔二五〕，律唱牙相維〔二六〕。其間豈無長，聲病爲深宜。江寧王昌齡〔二七〕，名貴人可垂。波瀾到李杜〔二八〕，碧海東瀰瀰。曲江兼在才〔二九〕，善奏珠累累。四面近劉復〔三〇〕，遠與何相追〔三一〕。邇來韋蘇州〔三二〕，氣韻甚怡怡。伶倫管尚在〔三三〕，此律誰能吹？

【校記】

宣尼昔道⿰氵芺：「⿰氵芺」原作⿰氵茰，字書無此字。説文：「⿰氵芺，灌溉也。」段玉裁注：「自上澆下曰沃。」故徑改。

屬詠偶成規：「偶」原誤作「隅」，徑改。

碧海東瀰瀰：「瀰瀰」原作「獼獼」，徑改。

邇來韋蘇州：「邇」原作「趑」，徑改。

【箋注】

〔一〕二雅：詩經中的大雅、小雅。毛詩序：「雅者正也，言王政之所由廢興也。政有小大，故有小雅焉，有大雅焉。」

〔二〕宣尼：孔子名丘，字仲尼，唐開元二十七年追謚爲文宣王。

〔三〕束晳：晉人，晉書有傳。文選載其補亡詩六首，即南陔、白華、華黍、由庚、崇丘、由儀，皆爲詩經小雅中笙樂而無辭者。

〔四〕李陵：文選載李陵與蘇武詩三首。鍾嶸詩品序：「逮漢李陵，始著五言之目矣。」

〔五〕班婕妤：文選班婕妤怨歌行：「新裂齊紈素，皎潔如霜雪。裁爲合歡扇，團團似明月。」班婕妤，漢成帝時選入宫，後失寵。

〔六〕枚情：枚指枚乘，漢文、景時人，曾爲梁王賓客。玉臺新詠載枚乘五言詩九首，其中八首文選歸入古詩十九首中。

〔七〕蔡韻：蔡指蔡邕，其翠鳥是一首完整的五言詩。

〔八〕建安：漢獻帝的年號，其時政歸曹操，曹氏父子雅好文學，文士多歸之。陳思王：謂曹植，曹操第三子，曾封爲陳王，謚曰思。

〔九〕「龍變」句：史記老子列傳：「孔子去，謂弟子曰：『鳥，吾知其能飛；魚，吾知其能游；獸，吾知其能走。走者可以爲網，游者可以爲綸，飛者可以爲矰，至乎龍，吾不能知，其乘風雲而上天。吾今日見老子，其猶龍耶？』」故知「五」爲「吾」之誤，蓋脱其下部。

〔一〇〕劉楨：建安七子之一。鍾嶸詩品稱其「仗氣愛奇，動多振絶，真骨凌霜，高風跨俗」。

〔一一〕王粲：建安七子之一。詩品稱其「發愀愴之詞，文秀而質羸」。

〔一二〕阮公：阮籍，有詠懷詩八十二首。

〔一三〕陸氏：陸機。劉勰文心雕龍鎔裁：「至如士衡（陸機字）才優，而綴辭尤繁。」

〔一四〕潘子：潘岳。詩品評其「猶淺於陸機」。

〔一五〕左思：晉人。文心雕龍才略：「左思奇才，業深覃思，盡鋭於三都，拔萃於詠史。」

〔一六〕延年：顔延之，字延年。詩品引湯惠休云「顔詩如錯采鏤金」。

〔一七〕靈運：謝靈運。詩品云其「譬猶青松之拔灌木，白玉之映塵沙」。

〔一八〕沈侯：沈約。梁時爲尚書僕射，封建昌縣侯。於詩創四聲八病之説。美玉：文選王褒四子講德論：「美玉藴於碔砆，凡人視之怢焉，良工砥之，然後知其和寶也。」

〔一九〕謝守：謝朓，齊時爲宣城太守。梁書庾肩吾傳：「齊永明中，文士王融、謝朓、沈約，文章始用四聲，以爲新變，至是轉拘聲韻，彌尚麗靡，復逾於往時。」

〔二〇〕江詞：江指江淹。詩品云其「詩體總雜」。

〔二一〕鮑趣：鮑指鮑照。詩品云其「跨兩代而孤出」。

〔二二〕彭澤翁：陶淵明，曾爲彭澤令。蕭統陶淵明集序云其「横素波而傍流，干青雲而直上」。

〔二三〕沙可披：即披沙簡金之意。詩品引謝混語：「陸文如披沙簡金，往往見寶。」

〔二四〕陳公：陳子昂。盧藏用右拾遺陳子昂文集序稱其：「卓立千古，横制頹波，天下翕然，質文一變。」

〔二五〕沈宋：沈佺期與宋之問。新唐書文藝傳中宋之問：「及之問、沈佺期，又加靡麗，回忌聲病，約句準篇，如錦繡成文，學者宗之，號爲沈宋。」

〔二六〕牙：當爲「㸦」的誤寫。㸦即互。劉攽中山詩話：「本稱駔儈，今謂牙，非也。劉道原云：『本稱互郎，主互市，唐人書互爲㸦，因訛爲牙。』理或信然。」

〔二七〕王昌齡：京兆長安人，開元末因事貶江寧丞。殷璠河岳英靈集卷中評其「王稍聲峻……則中興高作可知矣」。

〔二八〕李杜：李白與杜甫。韓愈調張籍：「李杜文章在，光焰萬丈長。」

〔二九〕曲江：張九齡，韶州曲江人。劉肅大唐新語卷八引張説語：「張九齡之文，有如輕縑素練，雖濟時適用，而窘於邊幅。」

〔三〇〕劉復：韓愈集賢院校理石君墓誌銘「而尚書水部郎劉復爲之銘」。計有功唐詩紀事卷二九：「（劉）復，登大曆進士第，嘗爲水部員外郎。」令狐楚御覽詩選劉復詩四首，全唐詩卷三〇五收其詩十六首。近年出土郭□□撰唐故尚書水部員外郎以著作郎致仕彭城劉府君

〔復〕墓志文〔見河洛墓刻拾遺第四六六頁〕，記劉復自述，稱其早年攻經史，後學文，曾得王昌齡、李白、趙象、王偃器異。有文集三十卷，凡五百餘篇。參王學文唐劉復墓志及相關問題考釋，黃河科技大學學報二〇一四年第四期。

〔三一〕何：謂何遜，梁時官至尚書水部郎。

〔三二〕韋蘇州：韋應物，長安人，曾爲蘇州刺史。白居易與元九書：「如近歲韋蘇州歌行，才麗之外，頗近興諷，其五言詩又高雅閑澹，自成一家之體。」

〔三三〕伶倫：呂氏春秋仲夏古樂：「昔黃帝令伶倫作爲律，伶倫自大夏之西，乃阮隃之陰，取竹於嶰谿之谷。」高誘注：「伶倫，黃帝臣。」

大唐聖功詩

祜聞昔隋末，煬帝厄圍兵。太宗初應募，杖劍起邊征〔一〕。揚師列虛旗，首激將軍誠。神略在一斷，解圍當未萌。高祖守河東，權力已兼并。倡狂蟻結徒〔二〕，舉踵乃擊平。隋德日已衰，俯折士尊名。群才牙相枝〔三〕，諾以義爲盟。屯軍起邊州，李密馳傳迎〔四〕。揚眉愛姿度，失口真王英。由是大河南，千里響應聲。降王與拘竇〔五〕，親待入宮城〔六〕。乃命臣蕭瑀，府庫掌虛盈。次命臣玄齡，圖書收付卿。開牢釋姦枉，各更重從輕。迴戈略僞主，太廟告明明〔七〕。殊功苟未已，徽號爲重旌。文物一以興，賢良俱間生。聲詩日盈聽，智論益縱横〔八〕。何意蕭牆内〔九〕，陰謀中搆傾。直詞雖可進，王法詎該情。甲子上即位〔一〇〕，南郊赦憲瀛。八蠻與四夷，朝貢路交争。三月后親蠶〔一一〕，癸亥上親耕。侍臣虞南等〔一二〕，碑以紀功成。

【箋注】

〔一〕邊征：舊唐書太宗紀上：「大業末，煬帝於雁門爲突厥所圍，太宗應募救援，隸屯衛將軍雲定興營。將行，謂定興曰：『必賫旗鼓以設疑兵，且始畢可汗舉國之師，敢圍天子，必以國家倉卒無援，我張軍容，令數十里幡旗相續，夜則鉦鼓相應，虜必謂救兵雲集，望塵而遁矣。不然，彼衆我寡，悉軍來戰，必不能支矣。』定興從焉。師次崞縣，突厥候騎馳告始畢曰：『王師大至。』由是解圍而遁。」

〔二〕蟻結：舊唐書太宗紀上：「及高祖之守太原，太宗時年十八，有高陽賊帥魏刀兒，自號歷山飛，來攻太原。高祖擊之，深入賊陣，太宗以輕騎突圍而進，射之，所向皆披靡，拔高祖於萬衆之中。適會步兵至，高祖與太宗又奮擊，大破之。」

〔三〕牙：即互。漢書劉向傳劉向上封事：「宗族磐互。」顔師古注：「磐結而交互也。字或作牙，謂若犬牙相交入之意也。」枝：音伏，即「伏」的假借字，降伏之意。

〔四〕李密：舊唐書太宗紀上：「時李密初附，高祖令密馳傳迎太宗於豳州，密見太宗天姿神武，軍威嚴肅，驚悚歎服，私謂殷開山曰：『真英主也，不如此，何以定禍亂乎？』」

〔五〕降王拘竇：武德三年七月，太宗率軍討洛陽王世充，世充求救於竇建德，建德來援。四年五月，太宗大破竇建德於虎牢，生擒建德，世充遂降。見舊唐書太宗紀上。

〔六〕宫城：舊唐書太宗紀上：「太宗入據宫城，令蕭瑀、竇軌等封守府庫，一無所取，令記室房玄齡收隋圖籍。於是誅其同惡段達等五十餘人，枉被囚禁者悉釋之，非罪誅戮者祭而誄之。」

〔七〕太廟：舊唐書太宗紀上：「（武德四年）六月，凱旋。太宗親披黄金甲，陳鐵馬一萬騎，甲士三萬人，前後部鼓吹，俘二僞主及隋氏器物輦輅獻於太廟。……高祖以自古舊官不稱殊功，乃别表徽號，用旌勳德。十月，加號天策上將、陝東道大行臺，位在王公上。」

〔八〕智論：舊唐書太宗紀上：「於時海内漸平，太宗乃鋭意經籍，開文學館以待四方之士。行臺司勳郎中杜如晦等十有八人爲學士，每更直閣下，降以温顔，與之討論經義，或夜分而罷。」

〔九〕蕭牆：論語季氏：「吾恐季孫之憂不在顓臾，而在蕭牆之内。」資治通鑑卷一九一唐高祖武德九年：「秦王世民既與太子建成、齊王元吉有隙……建成夜召世民，飲酒而酖之，世民暴心痛，吐血數升。……於是世民密奏建成、元吉淫亂後宫……（六月）庚申，世民帥長孫無忌等人，伏兵於玄武門……建成、元吉至臨湖殿，覺變，即跋馬東歸宫府……世民射建成，殺之。尉遲敬德將七十騎繼之，左右射元吉墜馬……殺之。」

〔一〇〕甲子：舊唐書太宗紀上：「（武德九年六月）甲子，立爲皇太子，庶政皆斷決。……八月癸亥，高祖傳位於皇太子，太宗即位於東宫顯德殿，遣司空魏國公裴寂告於南郊，大赦天下。……是歲，新羅、龜兹、突厥、高麗、百濟、党項，并遣使朝貢。」

〔一一〕三月：資治通鑑卷一九二唐太宗貞觀元年：「三月癸巳，皇后帥内外命婦親蠶。」又卷一九三貞觀三年：「春正月，戊午，上祀太廟。癸亥，耕藉於東郊。」

〔一二〕虞南：舊唐書太宗紀上：「（貞觀三年十二月）癸丑，詔建義以來交兵之處，爲義士勇夫殞身戎陣者各立一寺，命虞世南、李百藥、褚亮、顔師古、岑文本、許敬宗、朱子奢等爲之碑銘，以紀功業。」

元和直言詩

東野小臣祜〔一〕，聖朝垂淚言。微塵豈裨助，永負丘山恩。箕子昔爲奴〔二〕，所悲逢世昏。明時便鉗舌〔三〕，切恐負乾坤。臣當涉黄河，心目日且煩。分明在人世，不喻波渾渾。願以所支流，却尋到崑崙。但窮此生感，没齒寧爲冤〔四〕。臣讀帝王書，粗知治亂源。文思苟未安，詎得賓四門〔五〕。陛下欲垂衣〔六〕，一與夔契論〔七〕。成湯事不盡〔八〕，勿更隨波翻。直者舉其材，曲者尋其根。直固不可遺，曲亦不可焚。用材苟端審，帝道即羲軒〔九〕。陛下復土階〔一〇〕，四方敢高垣？陛下喜雕墻，四方必重藩。畋獵豈無娛？湯泉豈無温？始知堯爲心，清浄自成尊。比干不憚死〔一一〕，諫道久而存。許由不務策〔一二〕，志士亦所敦。兢兢小臣祜，萬死甘詞繁。

【箋注】

〔一〕東野：孟子萬章上：「此非君子之言，齊東野人之語也。」

〔二〕箕子：史記殷本紀：「箕子懼，乃詳狂爲奴，紂又囚之。」

〔三〕鉗舌：王符潛夫論賢難：「此智士所以鉗口結舌，括囊共默而已者也。」

〔四〕没齒：猶言終身。論語憲問：「飯蔬食，没齒無怨言。」

〔五〕四門：後魏於四門建學，置四門博士。唐合於太學，招收七品以上侯伯子男的子弟及有才幹的庶人子弟入内學習。

〔六〕垂衣：周易繫辭下：「黄帝、堯、舜垂衣裳而天下治。」

〔七〕夔契：夔爲舜時樂官。契，商人祖先，舜時佐禹治水有功，任司徒，封於商。

〔八〕成湯：即湯，契之後。夏桀無道，湯伐之，遂有天下，國號商。見史記殷本紀。

〔九〕羲軒：羲爲伏羲氏，即太昊，相傳其始作八卦，教民捕魚畜牧。軒指軒轅氏，即黄帝。與蚩尤戰於涿鹿之野，擒之，諸侯尊爲天子。凡宫室器用衣服貨幣之制相傳皆始於黄帝。

〔一〇〕土階：史記太史公自序：「墨者亦尚堯舜道，言其德行曰：堂高三尺，土階三等，茅茨不翦，采椽不刮。」

〔一一〕比干：史記殷本紀：「紂愈淫亂不止……比干曰：『爲人臣者，不得不以死争。』迺强諫紂。紂怒曰：『吾聞聖人心有七竅。』剖比干，觀其心。」

〔一二〕許由：傳説中上古高士。堯讓天下與許由，不受，遁迹於箕山。見莊子逍遥遊、皇甫謐高士傳卷上。

旅次岳州呈徐員外〔一〕

襄漢止薄遊，登舟捨嬴策。浮名乃閑事，且作山水客。遠持屠龍伎〔二〕，南訪賈誼跡。連崗黯雲樹，斜日半赤壁。青水去悠悠，青山來歷歷。囊無一金備，不省爲計畫。村旗乎詩酒，味薄升斗窄。提筆厭班超〔三〕，把詩憐阮籍〔四〕。徐公岳陽守，遇我心的的〔五〕。湖鮮爲我膾，湖藻爲我摘。得吟多高樓，得語多末席〔六〕。平生負微志，不獨詩酒溺。終懷咸谷泥〔七〕，定刻燕然石〔八〕。會公鐃迎餞，微懇私已識。逢時魯連輩〔九〕，一局如博弈。憂來獨求醉，兀兀臨大澤。屈原誠褊人，自死終何益。南湖雪晴夜，星月林槭槭。君山洞門叟〔一〇〕，相語鶴兩隻〔一一〕。風松座翹睞，向月吹玉笛。

笑命詩思苦，莫信狂李白。於狂是空踈，於仙是遐謫〔三〕。寄言徐太守，人在無金液〔三〕。

【校記】

村旗丫誇酒：「丫」原作「牙」，徑改。

憂來獨求醉：「求」原作「來」，重第二字，且義未通，徑改。

座翹睞：「睞」原作「脥」，亦徑改。睞，高視。

【箋注】

〔一〕徐員外爲徐希仁，與聽岳州徐員外彈琴之徐員外爲一人。

〔二〕屠龍：莊子列禦寇：「朱泙漫學屠龍於支離益，單千金之家，三年技成，而無所用其巧。」

〔三〕班超：後漢書班超傳：「家貧，常爲官傭書以供養。久勞苦，嘗輟業投筆歎曰：『大丈夫無他志略，猶當效傅介子、張騫，立功異域，以取封侯，安能久事筆研間乎？』」

〔四〕阮籍：晉書阮籍傳：「嘗登廣武，觀楚漢戰處，歎曰：『時無英雄，使豎子成名。』登武牢山，望京邑而歎，於是賦豪傑詩。」

〔五〕的的：明白，坦率。淮南子說林：「旳旳者獲，提提者射。」高誘注：「旳旳，明也，爲衆所見，故獲。」

〔六〕末席：三國志吴書陸績傳：「孫策在吴，張昭、張紘、秦松爲上賓，共論四海未泰，須當用武治而平之。績年少末坐，遥大聲言曰……昭等異焉。」

〔七〕咸谷：即函谷。唐文宗初名涵，避其諱改。後漢書隗囂傳：「（王）元遂説囂曰：『……案秦舊迹，表裏河山，元請以一丸泥爲大王東封函谷關，此萬世一時也。』」

〔八〕燕然：後漢書竇憲傳：「憲、（耿）秉遂登燕然山，去塞三千餘里，刻石勒功，紀漢威德，令班固作銘」。

〔九〕魯連：魯仲連。秦軍圍趙都城邯鄲，魯仲連説梁客新垣衍不敢再言帝秦，秦軍聞之，爲之退五十里。見史記魯仲連列傳。

〔一〇〕君山：水經注卷三八湘水：「（洞庭）湖中有君山、編山……是山，湘君之所遊處，故曰君山矣。」

〔一一〕語鶴：劉敬叔異苑卷三：「晉太康二年冬，大寒，南洲人見二白鶴語於橋下，曰：『今茲寒不減堯崩年也。』於是飛去。」

〔一二〕遐謫：孟棨本事詩高逸第三：「李太白初自蜀至京師，舍於逆旅，賀監知章聞其名，遂訪之……號爲謫仙，解金龜换酒，與傾盡醉。」後李白因永王李璘事受累流放夜郎。

〔一三〕金液：葛洪抱朴子金丹：「金液，太乙所服而仙者也，不減九丹矣。」王嘉拾遺記卷一〇：「其山（洞庭山）又有靈洞……采藥石之人入中，如行十里，迥然天清霞耀……乃見衆女……

來邀采藥之人，飲以瓊漿金液，延入璇室，奏以簫管絲桐，餞令還家，贈之丹醴之訣……而達舊鄉，已見邑里人户，各非故鄉鄰，唯尋得九代孫。」

登香爐峰寄遠人〔一〕

前登香爐峰，却指湓城郡〔二〕。大江北朝海〔三〕，崇岳南作鎮。相逢虎溪子〔四〕，輕策聊一振。水石動寒光，風松灑高韻〔五〕。憂來獨成語，忽忽千里憤。六朝空遺文，三國無尺燼。孤禽下雲久，遠樹入煙盡。客恨厭山重，歸心喜流順。故人瀟湘别，即此無音信。憔悴十年心，誰人不緇磷〔六〕？

【校記】

大江北朝海：「朝」原誤作「潮」，徑改。

【箋注】

〔一〕香爐峰：藝文類聚卷七引慧遠廬山記：「東南有香爐山，孤峰秀起，遊氣籠其上，則棼氲若煙。」王象之輿地紀勝卷三〇江州：「香爐峰，在（廬）山西北，宋鮑昭、唐李白有詩。」

〔二〕湓城：李吉甫元和郡縣圖志卷二八江州：「州理城，古之湓口城也，漢高帝六年灌嬰所築。漢建安中，孫權經此城，權自標地，令人掘之，正得古井。」

〔三〕朝海：尚書禹貢「江漢朝宗于海。」孔安國傳：「宗，尊也……二水經此州而入海，有似於朝。」

〔四〕虎溪：闕名蓮社高賢傳：「遠法師居東林，其處流泉匝寺下，入於谿。每送客過此，輒有虎號鳴，因名虎谿。後送客未嘗過，獨陶淵明、陸修静至，語道契合，不覺過谿，因相與大笑。」陸游入蜀記卷四：「（東林）寺門外虎溪，本小澗，比午甃以磚，但若一溝，無復古趣。」

〔五〕風松：南史隱逸傳下陶弘景：「特愛松風，庭院皆植松，每聞其響，欣然爲樂。」

〔六〕緇磷：論語陽貨：「不曰堅乎？磨而不磷。不曰白乎？涅而不緇。」

丹陽新居四十韻〔一〕

不出丹陽郭，茅簷寄北偏。四隅疏積潦，萬頃控平田。地勢金陵豁〔二〕，灣形洱瀆連〔三〕。路分南畝上，山映後湖邊〔四〕。故國心殊阻，新池手强穿。閑吟招隱詠〔五〕，静賦篤終篇〔六〕。大樹應徒爾〔七〕，高門亦偶然〔八〕。孤雲出小嶼，侶鶴下遼天。早市歸人語，昏亭醉客眠。五更銜月岸，一宿渡江船。雪旦飛瓊圃，花時麗錦川。茅峰遥自對〔九〕，練水曲相沿〔一〇〕。夜出津頭火，晴昏巷裏煙。人情嗤散漫，鳥性樂喧妍。夏菓垂簷上，春農起面前。竹欄隈杳嫋，藤杖泱潺湲。不忝端居勝，何妨病者便。水軒斜浸柳，風檻散披蓮。接壤重崗抱，坯沙淺洞延〔一一〕。外瞻群嶺拔，中坐兩崖顛。峻面嶙峋甃〔一二〕，崇臺碨礧填〔一三〕。小橋深宛宛，新瀑下涓涓。架俯薔薇立，籬因枳殼編〔一四〕。何當把牙算〔一五〕，祇是躡苔錢〔一六〕。勃窣松栽短，尖纖石筍圓。緑含山桂潤，紅綻海棠鮮。枕上看羈鞅〔一七〕，門前見着鞭〔一八〕。闌珊棊未畢，撥剌釣初牽。麈尾曾無誚〔一九〕，猪肝是不緣〔二〇〕。坐甘塵外老，來幸酒中仙。潘岳因成賦〔二一〕，楊雄便草玄〔二二〕。散襟梳短髮〔二三〕，揭指上遊絃〔二四〕。粗可迴車馬，聊堪駐旆旃。藉莎慚異席〔二五〕，折筍俟加籩〔二六〕。哭地心知矣〔二七〕，儒家分已焉。窮猿半啼嘯〔二八〕，病隺欲飛眠〔二九〕。授籙陶貞白〔三〇〕，留齋竺法乾〔三一〕。觀心知不二〔三二〕，叩齒問羅千〔三三〕。帝里思徒切，家山望益懸。閶門不可上〔三四〕，西恨涕漣漣。

【箋注】

〔一〕丹陽：縣名，唐屬潤州丹楊郡。今屬江蘇。

〔二〕金陵：此指鎮江。杜牧杜秋娘詩序：「杜秋，金陵女也。」樊川詩集注卷一馮集梧注引至大金陵志：「唐潤州亦曰金陵。」王楙野客叢書卷二〇：「僕謂當時京口亦金陵之地，不特牧之爲然，唐人江寧詩，往往多言京口事，可驗也。又如張氏行役記言甘露寺在金陵山上；趙璘因話録言李勉至金陵，屢贊招隱寺標致，蓋時人稱京口亦曰金陵。」

〔三〕珥瀆：脱因俞希魯至順鎮江志卷七：「珥瀆河在丹陽縣南七里，與漕渠連，繇此達金壇縣。」

〔四〕後湖：王存元豐九域志卷五兩浙路：「丹陽，（潤）州東南六十四里……有運河、後湖、練湖。」

〔五〕招隱：晉陸機與左思均有招隱詩，歌詠隱士的清高生活。

〔六〕篤終：晉書皇甫謐傳：「著論爲葬送之制，名曰篤終。」

〔七〕大樹：後漢書馮異傳：「每所止舍，諸將並坐論功，異常獨屏樹下，軍中號曰大樹將軍。」

〔八〕高門：漢書于定國傳：「始定國父于公，其閭門壞，父老方共治之，于公謂曰：『少高大閭門，令容駟馬高蓋車。我治獄多陰德，未嘗有所冤，子孫必有興者。』」

〔九〕茅峰：王象之輿地紀勝卷七鎮江府：「晏公類要云：『茅山在金壇縣西十五里。』按茅山新記云：『一名句曲山，即三十六洞天華陽第八洞天也。又有咸陽三茅來治，故名茅山。』」

〔一〇〕練水：輿地紀勝卷七鎮江府：「練塘，即練湖也，在丹陽城一里。唐永泰中韋損守潤，修之，李華爲頌。」

〔一一〕坯：山丘一重叫坯。義於此不切，當爲「坏」之誤。坏即培。

〔一二〕嶙峋：重疊高聳貌。

〔一三〕碨礧：不平貌。礧同磊。

〔一四〕枳殼：藥材，小而未成熟者稱枳實，大而成熟者稱枳殼。疑當作「枳落」，即用枳木編成的籬笆。文選張衡西京賦：「揩枳落，突棘藩。」

〔一五〕牙算：即牙籌，計數用。晉書王戎傳：「性好興利……積實聚錢，不知紀極，每自執牙籌，晝夜算計，恒若不足。」

〔一六〕苔錢：太平御覽卷一〇〇〇引古今注：「空室無人行生苔，或紫或青，一名員蘚，一名緑錢，一名緑蘚，一名緑苔。」

〔一七〕羈鞅：羈爲馬籠頭，鞅爲馬頸革，馬拉車時所戴之物。如元稹春遊遺興：「野馬籠赤霄，無由負羈鞅。」徐鉉題碧巖亭贈孫尊師：「終須脱羈鞅，來此會空談。」

〔一八〕着鞭：晉書劉琨傳：「聞(祖)逖被用，與親故書曰：『吾枕戈待旦，志梟逆虜，常恐祖生先吾著鞭。』」

〔一九〕麈尾：拂塵。晉書桓温傳附孟嘉：「太尉庾亮領江州，辟部廬陵從事。嘉還都，亮引問風俗得失，對曰：『還傳當問吏。』亮舉麈尾掩口而笑。」

〔二〇〕猪肝：東觀漢記卷一六：「閔貢字仲叔……客居安邑，老病家貧，不能得錢買肉，日買一片豬肝，屠或不肯與斷。安邑令候之……令出敕市吏，後買輒得。貢怪問其子，道狀如此，乃歎曰：『閔仲叔豈以口腹累安邑耶?』遂去，之沛。」

〔二一〕潘岳：晉書潘岳傳：「既仕宦不達，乃作閒居賦。」

〔二二〕楊雄：即揚雄。漢書揚雄傳：「哀帝時，丁、傅、董賢用事，諸附離之者，或起家至二千石，時雄方草太玄，有以自守，泊如也。」

〔二三〕散襟：陶淵明庚戌歲九月中於西田獲早稻：「盥濯息簷下，斗酒散襟顔。」

〔二四〕遊絃：宋書戴顒傳：「衡陽王（劉）義季鎮京口……（顒）爲義季鼓琴，並新聲變曲，其三調遊絃、廣陵、止息之流，皆與世異。」

〔二五〕異席：禮記曲禮上：「群居五人，則長者必異席。」鄭玄注：「席以四人爲節，因宜有所尊。」

〔二六〕加籩：周禮天官籩人：「加籩之實，蔆芡㮚脯。」鄭玄注：「加籩謂尸既食后，亞獻所加之籩。」

〔二七〕哭地：晉書謝安傳：「羊曇者，太山人，知名士也，爲安所愛重。安薨後，輟樂彌年，行不由西州路。嘗因石頭大醉，扶路唱樂，不覺至州門，左右白曰：『此西州門。』曇悲感不已，以馬策扣扉，誦曹子建詩曰：『生存華屋處，零落歸山丘。』慟哭而去。」

〔二八〕窮猿：晉書文苑傳李充：「充以家貧，苦求外出，（褚）裒將許之爲縣，試問之，充曰：『窮猨投林，豈暇擇木？』」

〔二九〕病隺：「隺」同「鶴」。干寶搜神記卷二〇：「噲參，養母至孝。曾有玄鶴爲弋人所射，窮而歸參，參收養，療治其瘡，愈而放之。後鶴夜到門外，參執燭見之，見鶴雌雄雙至，各銜明珠，以報參焉。」

〔三〇〕陶貞白：南史隱逸傳下陶弘景：「大同二年卒……謚曰貞白先生。」

〔二一〕竺法乾：即竺乾，代指僧侣。

〔二二〕觀心：釋道原景德傳燈録卷二七天台山智顗禪師：「示三止三觀，一一觀心，念念不可。」十不二門指要鈔卷上：「蓋一切教行，皆以觀心爲要。」不二：維摩詰經入不二法門品：文殊師利問維摩詰何等是不二法門，維摩詰默然不應。殊曰：「善哉！善哉！乃至無有文字語言，是真不二法門。」

〔二三〕叩齒：張君房雲笈七籤卷一一黄庭内景經瓊室章梁丘子注：「上清紫文靈書有採飛根之法，常以日初出，東向叩齒九通，畢，陰咒日魂名、日中五帝字曰：『日魂珠景，照韜緑映，迴霞赤童，玄炎飆象。』祝呼此十六字畢，瞑目握固，存想日中五色流霞來繞一身，於是日光流霞俱入口中。」羅千：雲笈七籤卷一一黄庭内景經至道章：「舌神通命字正倫，齒神崿鋒字羅千。」

〔二四〕閶門：閶闔門，即天門。屈原離騷：「吾令帝閽開關兮，倚閶闔而望予。」

憶江東舊遊四十韻寄宣武李尚書〔一〕

憶作江東客，倡狂事頗曾。海隅思變化，雲路折飛騰。小子今何述，高賢昔謬稱。瘦體休問馬〔二〕，病爪莫論鷹〔三〕。海棹扁舟泛，江開一檻憑。岸環青莽蒼，峰峭碧崚嶒。水國程無盡，煙郊思不勝。金絲援嫩柳，玉片犯殘冰。夜泊聞操檝，朝行看下罾。沙明春雨霽，野白暮雲蒸。蒲晚帆山葉〔四〕，花開鏡水菱〔五〕。亂芳叢沼沚〔六〕，餘溜泄溝塍〔七〕。鷲嶺因支訪〔八〕，龍門憶李登〔九〕。黄鶯春惱客〔一〇〕，白鶴夜依僧〔一一〕。粗得狂歌趣〔一二〕，深疑笑病癥〔一三〕。地窮屯健馬，天盡抑飛鵬。桂彩分城堞，松香在閣層。酒徒窮不破〔一四〕，詩債老相仍。伯玉年將近〔一五〕，宣尼易未弘〔一六〕。歲儲雖自乏〔一七〕，社肉必均秤〔一八〕。造化三光借〔一九〕，乾坤一塊凝〔二〇〕。才當論曲直，命可繫衰興。鳳鳥非無歎〔二一〕，驊騮靡不乘〔二二〕。豹文須蔚蔚〔二三〕，羊目漫睖睖〔二四〕。范蠡嘗金鑄〔二五〕，吴王昔土崩。雄圖翻自失，高躅鮮相承。禹廟思陳藻〔二六〕，秦山憶杖藤〔二七〕。幾時心豁豁，長日醉瞢瞢。水室窮深討〔二八〕，雲門極峻登〔二九〕。北歸天尚遠，東望海方澄。鶴跂虚爲羡〔三〇〕，人言敢不應〔三一〕。旅游星正孛〔三二〕，愁望月初絙〔三三〕。詎欲由斜徑〔三四〕，聊思枕曲肱〔三五〕。興捫頭上虱〔三六〕，閑視筆鋒蠅〔三七〕。鳥岸勞方寸，魚餅惜一升。詩秋情未劇，别夜思偏增。白首身從賤，青雲氣可凌。當知在塵土，言直更兢兢。

【校記】

詩題云四十韻，實只三十八韻，當脱四句。庚子歲寓遊揚州贈崔荆四十韻却四十二韻，二詩押同一韻，寄李尚書當有四句孱入贈崔荆，疑即「兔𪄽閑物在，知己大官薨。郄弟終須得，蘧非誓欲懲」四句。參前詩注〔二九〕。

【箋注】

〔一〕李尚書爲李紳。舊唐書文宗紀下：「（開成元年六月）癸亥，以河南尹李紳檢校禮部尚書、汴州刺史、充宣武軍節度使。」至開成五年九月轉淮南節度使。李紳於大和七年至大和九年曾爲越州刺史、充浙東觀察使，見兩唐書李紳傳。故此詩多述浙東遊事。

〔二〕「瘦體」句：太平廣記卷二四六引談藪：「太祖嘗面許（張）融爲司徒長史，敕竟不出。融乘一馬甚瘦，太祖曰：『卿馬何瘦？給粟多少？』融曰：『日給一石。』帝曰：『何瘦如此？』融曰：『臣許而不與。』明日即除司徒長史。」又北史王慧龍傳附王瓊：「道逢太保、廣平王（元）懷，據鞍抗禮，自言馬瘦，懷即以誕馬并乘具與之。」

〔三〕「病爪」句：文選陳琳爲袁紹檄豫州：「謂其鷹犬之才，爪牙可任。」

〔四〕帆山：樂史太平寰宇記卷九六越州：「石帆山在（會稽）縣東南十五里。夏侯曾先記云：石帆壁立，臨川湧石亘山，遥望之，有似張帆也。」

〔五〕鏡水：太平寰宇記卷九六越州：「山陰鏡湖。漢順帝永和五年會稽太守馬臻創立鏡湖，在會稽、山陰兩縣界。築塘蓄水，水高丈餘，田又高海丈餘，若水少則洩湖灌田，如水多則閉湖洩田中水入海，所以無凶年。」

〔六〕沼沚：詩經召南采蘩：「于以采蘩，于沼于沚。」

〔七〕溝塍：文選班固西都賦：「溝塍刻鏤，原隰龍鱗。」

〔八〕鷲嶺：陳耆卿嘉定赤城志卷二〇：「靈巖山在（黄巖）縣北一十里，又名鷲峰，後有飛瀑，乘崖而下，石根插水瀦者爲一潭，樵人續藤繫石，測之無極。」支：晉僧支遁，字道林，曾居剡中沃洲山。見釋慧皎高僧傳卷四晉剡沃洲山支遁傳。

〔九〕龍門：後漢書李膺傳：「膺獨持風裁，以聲名自高，士有被其容接者，名爲登龍門。」李賢等注：「龍門，河水所下之口，在今絳州龍門縣。辛氏三秦記曰：『河津一名龍門，水險不通，魚鼈之屬莫能上，江海大魚，薄集龍門下數千，不得上，上則爲龍也。』」

〔一〇〕黄鶯：馮贄雲仙雜記引高隱外書：「戴顒春日攜雙柑斗酒，人問何之，曰：『往聽黄鸝聲，此俗耳針砭、詩腸鼓吹，汝知之乎？』」

〔一一〕白鶴：世説新語言語：「支公好鶴，住剡東岇山，有人遺其雙鶴……養令翮成，置，使飛去。」

〔一二〕狂歌：論語微子：「楚狂接輿歌而過孔子曰：『鳳兮鳳兮，何德之衰！往者不可諫，來者猶可追。已而已而，今之從政者殆而。』」

〔一三〕笑病：晉書陸雲傳：「機初詣張華，華問雲何在？機曰：『雲有笑疾，未敢自見。』俄而雲至，華爲人多姿制，又好帛繩纏鬚，雲見而大笑，不能自已。」

〔一四〕酒徒：史記酈生列傳褚少孫補：「酈生（食其）瞋目案劍叱使者曰：『走！復入言沛公，吾高陽酒徒也，非儒人也。』」

〔一五〕伯玉：淮南子原道：「蘧伯玉年五十而有四十九年非。」高誘注：「伯玉，衛大夫蘧瑗也。今年所行是也，則還顧知去年之所行非也，歲歲悔之，以至於死。」

〔一六〕宣尼：論語述而：「子曰：『加我數年，五十以學易，可以無大過矣。』」

〔一七〕歲儲：晉書阮修傳：「雖當世富貴而不肯顧，家無儋石之儲，宴（晏）如也。」

〔一八〕社肉：史記陳丞相世家：「里中社，平爲宰，分肉食甚均，父老曰：『善，陳孺子之爲宰。』平曰：『嗟乎，使平得宰天下，亦如是肉矣！』」

〔一九〕三光：淮南子原道：「紘宇宙而章三光。」高誘注：「三光，日、月、星。」

〔二〇〕一塊凝：淮南子天文：「清陽者，薄靡而爲天；重濁者，凝滯而爲地。」

〔二一〕鳳鳥：論語子罕：「子曰：『鳳鳥不至，河不出圖，吾已矣夫！』」

〔二二〕驊騮：荀子性惡：「驊騮、騹、驥、纖離、緑耳，此皆古之良馬也。」楊倞注：「皆周穆王八駿名。」

〔二三〕豹文：周易革：「君子豹變，其文蔚也。」蔚蔚：文彩鮮明。

〔二四〕羊目：伏生尚書大傳卷三洪範五行傳「時則有羊禍」句鄭玄注：「羊，畜之遠視者，屬視。」李筌神機制敵太白陰經卷三監人篇：「羊目直視，能殺妻子。豬目應瞪，刑禍相仍，亦主小貴。」睖睖：同棱棱，威嚴貌。

〔二五〕范蠡：國語越語下：「王（勾踐）命工以良金寫范蠡之狀，而朝禮之。」

〔二六〕禹廟：酈道元水經注卷四〇漸江水：「又有會稽之山……山下有禹廟，廟有聖姑像。禮樂緯云：禹治水畢，天賜神女聖姑，即其像也。山上有禹塚，昔大禹即位十年，東巡狩，崩於會稽，因而葬之。」

〔二七〕秦山：水經注卷四〇漸江水：「又有秦望山，在州城正南，爲衆峰之傑，陟境便見。史記云秦始皇登之以望南海。自平地以取山頂七里，懸隥孤危，徑路險絶。」

〔二八〕水室：當作「冰室」，古代藏冰之處。袁康越絶書越絶外傳記地傳：「東郭外南小城者，句踐冰室，去縣三里。」

〔二九〕雲門：施宿嘉泰會稽志卷九：「雲門山在（會稽）縣南三十里。舊經云：晉義熙二年，中書令王子敬居此，有五色雲見，詔建寺，號雲門。」

〔三〇〕鶴跂：世説新語容止：「有人語王戎曰：『嵇延祖（紹）卓卓如野鶴之在雞群。』」跂，踮脚，提起脚跟。

〔三一〕不應：孟子公孫丑下：「孟子去齊，宿於晝，有欲爲王留行者，坐而言，不應，隱几而卧。」

〔三二〕星孛：春秋昭公十七年：「冬，有星孛於大辰。」孔穎達疏：「公羊傳曰：孛者何？彗星也。彗爲帚也，言其狀似埽帚，光芒孛孛然。」

〔三三〕絙：通「恒」。詩經小雅天保：「如月之恒，如日之升。」月上弦爲恒。

〔三四〕斜徑：三國志魏書管寧傳裴松之注引魏略隱者焦先：「人多死者，縣常使埋藏，童兒豎子皆輕易之。然其行不踐邪徑，必循阡陌。」

〔三五〕曲肱：論語述而：「子曰：『飯蔬食飲水，曲肱而枕之，樂亦在其中矣。』」

〔三六〕頭上虱：班固東觀漢記卷一二：「（馬援）擊尋陽山賊，上書曰：『除其竹木，譬如嬰兒頭多蟣虱，而剃之蕩蕩，蟣虱無所復依。』書奏，上大悦……因出小黄門頭有虱者皆剃之。」

〔三七〕筆鋒蠅：太平御覽卷九四四引魏略：「王思，正始中爲大司農。性急，嘗執筆作書，蠅集筆端，驅去復來，如是再三，思怒，自趕逐蠅，不能得，還取筆，擲地，踏壞之。」

戊午年感事書懷一百韻謹寄獻太原裴令公淮南李相公漢南李僕射宣武李尚書〔一〕

塞色深河曲〔二〕，江聲接海壖。一生勞遠地，萬事誠中年〔三〕。失路爲閑物，無官入長錢〔四〕。高蹤非隱遁，下界即狂顛。漸老稀時輩，歸休著近篇。星明知帝座〔五〕，琴妙覺商絃〔六〕。闕下非才入，江南是性牽。山猿拾蝨豸〔七〕，野鳥避鷹鸇〔八〕。戲傲東方朔〔九〕，文輕司馬遷〔一〇〕。萬言成棄置〔一一〕，五字失雕鐫〔一二〕。去處尋莊叟〔一三〕，生涯挈道詮〔一四〕。新秋唯白髮〔一五〕，舊物祗青氈〔一六〕。志業寧常墮，窮耕豈素便。高低徇雞口〔一七〕，得失付魚筌〔一八〕。醉卧捫雲扃，狂歌上釣船。古桐收取好〔一九〕，壞屋薦來偏〔二〇〕。祜累蒙方鎮論薦。却厭長裾曳〔二一〕，寧辭短褐穿〔二二〕。憤窮多自樂，不佞少人憐。静祝旄頭矢〔二三〕，閑看馬腹鞭〔二四〕。長途思逐日〔二五〕，高閣夢淩煙〔二六〕。讀易删王註〔二七〕，通詩斷鄭箋〔二八〕。灰心志射鵠〔二九〕，火性急韋編〔三〇〕。昔命公稱許，當封國是燕〔三一〕。中間得道濟，内外益心虔。始助周文理〔三二〕，俄隨漢武仙〔三三〕。長沙歸賈誼〔三四〕，汗馬得張騫〔三五〕。戰伐窮蕃域，英雄是將員。幾當陳俎豆〔三六〕，長謂鑄戈鋋〔三七〕。世故貞元末，時清天寶前。亂離中可惋，愚俊日相肩。憶昨聆商鞅〔三八〕，於今俟魯連〔三九〕。陰陽初未契，造化昔何邅。竊位崇姦力，沽榮瀆貨權。滿堂金已散〔四〇〕，一草命無全〔四一〕。皂白今徒爾〔四二〕，蒼黄古亦然〔四三〕。不時經廢宅，無地見荒埏。絶塞塵猶起，窮陰候莫愆。楊朱寧謾泣〔四四〕，阮籍不空眠〔四五〕。上意今唯允，人心遽益悛。洪鑪當劍戟〔四六〕，大匠主陶甄〔四七〕。諫豸心彌果〔四八〕，星郎議亦先〔四九〕。氣腸思藻鏡〔五〇〕，血首待花磚〔五一〕。地峻清流急，天高白日懸。軍庭深自誡，相閤肯虚延〔五二〕。金馬門徒啓〔五三〕，蒲輪詔未宣〔五四〕。會逢嵩岳幸〔五五〕，應見渭濱畋〔五六〕。始賀官衣叚〔五七〕，尋聞御食鱣。災蝗雖犯稼，彗孛欲依躔〔五八〕。楚國風殊革〔五九〕，夷門政已傳〔六〇〕。深謀南界郢〔六一〕，重德北臨邊〔六二〕。跡戀羊公切〔六三〕，心依魏相專〔六四〕。苦眉虛更結，窮肺勿相煎。輪轉功何倍，藩方寄甚堅。三千擁簪紀，十萬各旌旃。大器能斟酌〔六五〕，長材少棄捐〔六六〕。樂音猶在律，星象倏開乾。子夜汾河上〔六七〕，陽春峴嶺顛〔六八〕。兔園濡健筆〔六九〕，花塔醉妖鉛〔七〇〕。入室風儀迴〔七一〕，登樓月思圓〔七二〕。塞旗冬獵獵，江鼓夜鼘鼘。卧犬偎氈毯，鳴騮躍錦韉。綠毛鸚鵡細，紅實荔支駢。酒夕繁含管，詩秋疊彩牋。擁爐香旋爇，剪燭豔重然。畫鷁交浮淺〔七三〕，雕盤幾飫饘。蟹黃鹹滿筯，熊白軟加籩。文業臻曹植〔七四〕，軍書到謝玄〔七五〕。鷓鴣詞綺靡〔七六〕，鸜鵒舞蹁躚〔七七〕。末坐扶狼狽〔七八〕，重茵睡倮然〔七九〕。夜門歸妓樂，部砌拾花鈿。揭袖從風虎〔八〇〕，彈冠仰露蟬〔八一〕。依劉身未殺〔八二〕，投趙踵空旋〔八三〕。竊語機關少〔八四〕，徐行病體攣。詎煩詹尹策〔八五〕，徒挂養由弦〔八六〕。勃窣形骸朽〔八七〕，眼迴語氣嫣〔八八〕。萬端饒睚眦，一笑泥嬋娟。大網寧羅雀〔八九〕，深源亦聚鱣〔九〇〕。偏思公子館〔九一〕，誰問李膺船〔九二〕。筆硯今猶置，文章昔精研。行因竹林寺〔九三〕，出爲柘枝筵〔九四〕。物外心仍僻，塵中病已痊。蕭踈吟草木，浩渺泝波漣。南陌逢車馬〔九五〕，西陵見墓田〔九六〕。傷心從楚塞，垂淚到湘川。建業人無也，姑蘇事已焉。翠華深杳靄，情籟響潺湲。夢去爲蝴蝶〔九七〕，魂遊逐杜鵑〔九八〕。詩吟陳後主〔九九〕，傳範楚先賢〔一〇〇〕。百越鄰疆境〔一〇一〕，三吳隘井鄽〔一〇二〕。江分九派水〔一〇三〕，海石一方天〔一〇四〕。步日松陰缺，披嵐石翠鮮。朝帆入大浦，暝輇逸長阡。囊造西霞律〔一〇五〕，新參北固禪〔一〇六〕。澗遊提破屨〔一〇七〕，樓卧枕空拳〔一〇八〕。□肆行聊問〔一〇九〕，僧棊坐與填。朽心降杞梓〔一一〇〕，生意慕蘭荃〔一一一〕。真道非無隘，空談是信緣。侯王如重阻，歸看數峰蓮〔一一二〕。

【校記】

題「一」原作「二」，詩實九十八韻，可知當作「一百韻」而佚四句，故徑改。

皂白今徒爾：「今」原作「金」，當是涉上聯「金」字致誤，徑改。

【箋注】

〔一〕戊午年：唐文宗開成三年。裴令公爲裴度，開成二年五月以開府儀同三司、守司徒兼中書令，爲太原尹、北都留守、河東節度使，至開成三年十二月回京任中書令。李相公爲李德裕，開成二年五月至開成五年九月以檢校户部尚書兼揚州大都督府長史、充淮南節度使。李僕射爲李程，開成二年三月至開成三年八月爲檢校司徒、襄州刺史、山南東道節度使。李尚書爲李紳，開成元年六月至開成五年九月檢校禮部尚書、汴州刺史、宣武軍節度使。

〔二〕河曲：春秋文公十二年：「晉人秦人戰於河曲。」杜預注：「河曲，在河東蒲阪縣南。」

〔三〕中年：梁書徐勉傳：「勉嘗爲書誡其子崧曰：『中年聊於東田間營小園者，非在播藝，以要利入，正欲穿池種樹，少寄情賞。』」

〔四〕長錢：餘錢。史記貨殖列傳：「白圭樂觀時變，故人棄我取，人取我與……欲長錢，取下穀；長石斗，取上種。」

〔五〕帝座：晉書天文志上：「帝坐一星，在天市中候星西，天庭也。」

〔六〕商絃：淮南子覽冥：「故東風至而酒湛溢，蠶咡絲而商絃絶，或感之也。」

〔七〕山猿：藝文類聚卷九〇引抱朴子：「周穆王南征，一朝盡化，君子爲猿爲鶴，小人爲蟲爲沙。」蟲豸：漢書五行志中之上：「蟲豸之類謂之孽。」顔師古注：「有足謂之蟲，無足謂之豸。」

〔八〕鷹鸇：左傳文公十八年：「見無禮於其君者，誅之如鷹鸇之逐鳥雀也。」陸璣毛詩草木鳥獸蟲魚疏卷下：「鸇，似鷂，青黄色，燕頷勾喙，嚮風摇翅，乃因風飛急，疾擊鳩鴿燕雀食之。」

〔九〕東方朔：字曼倩，官至太中大夫，以奇計俳辭得親近，爲武帝弄臣。史記、漢書皆有傳。

〔一〇〕司馬遷：武帝元封三年繼父職爲太史令，後因替李陵辯護，觸武帝怒，下獄，處腐刑。出獄後繼爲中書令，發憤著書，成史記一百三十篇。漢書有傳。

〔一一〕萬言：史記東方朔傳：「朔上書陳農戰强國之計，因自訟獨不得大官，欲求試用……指意放蕩，頗復詼諧，辭數萬言，終不見用。」

〔一二〕五字：三國志魏書鍾會傳裴松之注引郭頒世語：「司馬景王（師）命中書令虞松作表，再呈輒不可意，命松更定。以經時，松思竭不能改，心苦之，形於顏色。會察其有憂，問松，松以實答。會取視，爲定五字，松悦服。以呈景王，王曰：『不當爾邪，誰所定也？』松曰：『鍾會。向亦欲啓之，會公見問，不敢饕其能。』王曰：『如此，可大用，可令來。』」

〔一三〕莊叟：莊周。楚威王聞莊周賢，使使厚幣迎之，許以爲相，莊周笑謂楚使者曰：「子亟去，無污我，我寧遊戲污瀆之中自快，無爲有國者所羈，終身不仕，以快吾志焉。」見史記老子列傳附莊周。

〔一四〕道詮：釋慧皎高僧傳卷一三宋謝寺釋智宗傳：「時有慧寶、道詮，雖非同時，作法相似……宋明忽賞道詮，議者謂逢時也。」

〔一五〕白髮：文選潘岳秋興賦：「斑鬢髟以承弁兮，素髮颯以垂領。」

〔一六〕青氈：晉書王獻之傳：「夜卧齋中，而有偷人入其室，盗物都盡，獻之徐曰：『偷兒，青氈我家舊物，可特置之。』群偷驚走。」

〔一七〕雞口：史記蘇秦列傳：「臣聞鄙諺曰：『寧爲雞口，無爲牛後。』」司馬貞索隱：「按戰國策云：『寧爲雞尸，不爲牛從。』延篤注云：『尸，雞中主也。從謂牛子也。言寧爲雞中之主，不爲牛之從後也。』」

〔一八〕魚筌：莊子外物：「荃者所以在魚，得魚而忘荃；蹄者所以在兔，得兔而忘蹄。」

〔一九〕古桐：後漢書蔡邕傳：「吴人有燒桐以爨者，邕聞火烈之聲，知其良木，因請而裁爲琴，果有美音。」

〔二〇〕壞屋：孔子家語在厄：「孔子厄於陳蔡，從者七日不食。子貢以所賫貨，竊犯圍而出，告糴於野人，得米一石焉。顏回、仲由炊之於壞屋之下，有埃墨墮飯中，顏回取而食之。子貢自井望見之，不悦，以爲竊食也。」用此事以言己曾遭人誤解。

〔二一〕長裾：漢書鄒陽傳鄒陽獄中上吴王書：「飾固陋之心，則何王之門不可曳長裾乎？」

〔二二〕短褐：陶淵明五柳先生傳：「短褐穿結，簞瓢屢空，晏如也。」

〔二三〕旄頭：詩經鄘風干旄：「孑孑干旄，在浚之城。素絲祝之，良馬六之。」毛傳：「注旄於干首，大夫之旃也。」

〔二四〕馬腹：左傳宣公十五年：「古人有言曰：『雖鞭之長，不及馬腹。』」

〔二五〕逐日：山海經海外北經：「夸父與日逐走，入日，渴，欲得飲，飲於河渭。河渭不足，北飲大澤，未至，道渴而死。」

〔二六〕凌煙：庾信庾子山集卷一四周柱國大將軍紇干弘神道碑：「天子畫凌煙之閣，言念舊臣；出平樂之宫，實思賢傳。」

〔二七〕王注：「易」指周易，三國魏王弼爲之作注。

〔二八〕鄭箋：「詩」指詩經，東漢鄭玄爲之箋。

〔二九〕射鵠：儀禮大射：「大侯之崇，見鵠於參。」鄭玄注：「鵠，所射之主。」

〔三〇〕韋編：史記孔子世家：「讀易，韋編三絶。」

〔三一〕「昔命」二句：「許」疑指蘇頲，襲封許國公，曾爲中書舍人、知制誥。「燕」疑指張説，玄宗時徵拜中書令，封燕國公，蘇頲代朝廷作授張説中書令制，見文苑英華卷三八〇。二人兩唐書皆有傳。以下至「長謂鑄戈鋋」數聯疑皆寫張説。以周文王喻唐睿宗、漢武帝喻唐玄宗，張説兩朝皆曾爲同中書門下平章事。張説曾遭貶爲岳州刺史，又爲朔方節度大使征討叛胡及党項，建議玄宗封禪，主張通和吐蕃。張祜自謂張説之後耶？

〔三二〕周文：周文王姬昌，殷時爲西方諸侯之長，稱西伯。子武王滅殷，建立周朝。

〔三三〕漢武：漢武帝劉徹，在位時尊儒術，黜百家，對外用兵，開疆拓土，迷信神仙，以爲長生可致。疑以周文喻唐睿宗，漢武喻唐玄宗，二句寫張説。

〔三四〕賈誼：西漢洛陽人，文帝時爲博士，超遷至太中大夫，爲公卿所忌，出爲長沙王太傅。史記、漢書皆有傳。

〔三五〕汗馬：汗血馬。漢書武帝紀：「（太初四年）貳師將軍（李）廣利斬大宛王首，獲汗血馬來。」顔師古注：「應劭曰：大宛舊有天馬種，蹋石汗血，汗從前肩髆出，如血，號一日千里。」張騫：武帝建元二年以郎應募出使月氏，經匈奴被留十餘年，後逃歸，又以校尉從大將軍衛青擊匈奴，有功封博望侯。見漢書張騫傳。

〔三六〕俎豆：論語衛靈公：「俎豆之事，則嘗聞之矣。」

〔三七〕戈鋋：鋋，許慎説文解字：「小矛也。」段玉裁注：「方言曰：矛或謂之鋋。」

〔三八〕商鞅：戰國衛人，入秦爲相，輔佐秦孝公變法，廢井田，開阡陌，獎勵耕戰，秦國以富强。見史記商君列傳。

〔三九〕魯連：魯仲連，戰國齊人，高蹈不仕，善爲人排難解紛。遊於趙，曾説梁客新垣衍不敢再言帝秦。齊田單攻聊城，魯連以書射城中，燕將自殺，田單遂下聊城。見史記魯仲連列傳。

〔四〇〕滿堂：後漢書方術傳折像：「(父)國爲鬱林太守……有貲財二億，家僮八百人……及國卒，(像)感多藏厚亡之義，乃散金帛資産，周施親疏……像曰：『昔鬭子文有言：我乃逃禍，非避富也。』」

〔四一〕一草：世説新語排調：「謝公(安)始有東山之志，後嚴命屢臻，勢不獲已，始就桓公司馬。於時人有餉桓公藥草，中有遠志，公取以問謝：『此物又名小草，何一物而二稱？』謝未即答，時郝隆在坐，應聲答曰：『此甚易解，處則爲遠志，出則爲小草。』謝甚有愧色。」

〔四二〕皂白：詩經大雅桑柔：「匪言不能，胡斯畏忌。」鄭玄箋：「賢者見此事之是非，非不能分别皂白言之於王也。」

〔四三〕蒼黄：墨子所染：「子墨子見染絲者而歎曰：『染於蒼則蒼，染於黄則黄，所入者變，其色立變，五入畢，而已則爲五色矣，故染不可不慎也。』」

〔四四〕楊朱：淮南子説林：「楊子見逵路而哭之，爲其可以南可以北。墨子見練絲而泣之，爲其可以以黃可以黑。」

〔四五〕阮籍：晉書阮籍傳：「會帝（司馬昭）讓九錫，公卿將勸進，使籍爲其辭。籍沈醉忘作，臨詣府，使取之，見籍方據案醉眠，使者以告，籍便書案，使寫之，無所改竄。」

〔四六〕洪鑪：抱朴子勗學：「鼓九陽之洪鑪，運大鈞乎皇極。」

〔四七〕陶甄：造就，治理。晉書樂志上張華正德舞歌：「祚命于晉，世有哲王。弘張區夏，陶甄萬方。」

〔四八〕誎豸：晉書輿服志：「或謂獬豸、神羊，能觸邪佞。異物志云：『北荒之中，有獸名獬豸，一角，性別曲直，見人鬬，觸不直者。聞人争，咋不正者。楚王嘗獲此獸，因象其形，以製衣冠。』」

〔四九〕星郎：後漢書明帝紀：「館陶公主爲子求郎，不許，而賜錢千萬，謂群臣曰：『郎官上應列宿，出宰百里，有非其人，則民受其殃。』」

〔五〇〕藻鏡：品藻鏡察。藝文類聚卷四八江總讓尚書僕射表：「藻鏡官方，品裁人物。」北史赫連子悦馮子琮傳論：「子悦牧宰流譽，子琮薄領見知，及居藻鏡，俱稱尸禄。」

〔五一〕花磚：李肇唐國史補卷下：「御史故事，大朝會則監察押班……紫宸最近，用六品，殿中得立五花磚。」白居易待漏入閣書事：「彩筆停書命，花磚趁立班。」

〔五二〕相閣：西京雜記卷四：「平津侯（公孫弘）自以布衣爲宰相，乃開東閣營客館，以招天下之士。其一曰欽賢館，以待大賢；次曰翹材館，以待大才。次曰接士館，以接國士。……而躬自菲薄，所得俸禄，以奉待之。」

〔五三〕金馬：漢書東方朔傳：「上大笑，因使待詔金馬門，稍得親近。」

〔五四〕蒲輪：漢書儒林傳申公：「於是上使使束帛加璧，安車以蒲裹輪，駕駟迎申公。」

〔五五〕嵩岳：晉書載記苻堅傳附王猛：「少貧賤，以鬻畚爲業。嘗貨畚於洛陽，乃有一人貴買其畚，而云無直，自言：『家去此無遠，可隨我取直。』猛利其貴而從之。行不覺遠，忽至深山，見一老父，鬚髪皓然，踞胡牀而坐，左右十許人，有一人引猛進拜之，老父曰：『王公何緣拜也？』乃十倍償其畚直，遣人送之。猛既出，顧視，乃嵩高山也。」

〔五六〕渭濱：史記齊太公世家：「西伯將出獵，卜之，曰：『所獲非龍非彲，非虎非羆，所獲霸王之輔。』於是周西伯獵，果遇太公於渭之陽。」

〔五七〕叚：通假，代。

〔五八〕依躔：按照躔度。躔度是標誌日月星辰在天空運行的度數。西京雜記卷四公孫乘月賦：「躔度運行，陰陽以正。」

〔五九〕楚國：代指淮南，其地戰國屬楚。

〔六〇〕夷門：山名，一名夷山，因山勢平夷而名。戰國魏大梁舊有夷門，因山爲城門名。唐時汴州即古之大梁，爲宣武節度使駐地。

〔六一〕郢：戰國楚都，唐爲山南東道節度使駐地。

〔六二〕北：指唐北都太原。

〔六三〕羊公：晉書羊祜傳謂祜都督荆州諸軍事，與吴人開市大信，於是吴人翕然悦服，稱爲羊公，不之名也。

〔六四〕魏相：漢書魏相傳：「復有詔守茂陵令，遷揚州刺史，考案郡國守相，多所貶退。」

〔六五〕大器：管子小匡：「施伯謂魯侯曰：『……管仲者，天下之賢人也，大器也。』」

〔六六〕長材：多才幹。晉書劉琨傳附劉輿：「時稱越府有三才：潘滔大才，劉輿長才，裴邈清才。」

〔六七〕子夜：南朝樂府有子夜歌。此處雙關。汾河：水名，至河津入黄河。漢武帝秋風辭：「泛樓船兮濟汾河，横中流兮揚素波。」

〔六八〕陽春：古歌曲有陽春白雪。此處雙關。峴嶺：即峴山，在襄陽南。晉羊祜鎮襄陽，常登此山，置酒言詠。見晉書羊祜傳。

〔六九〕兔園：西京雜記卷二：「梁孝王好營宫室園囿之樂，作曜華之宫，築兔園。」古文苑枚乘梁王菟園賦：「修竹檀欒，夾池水，旋菟園，並馳道，臨廣衍。」

〔七〇〕花塔：即化塔，即塔。張説侍宴蘘荷亭作：「園林看化塔，壇墠識餘封。」此指揚州栖靈塔。李白有秋日登揚州西靈塔，白居易有與夢得同登栖靈塔。太平廣記卷九八引獨異志：「揚州西靈塔，中國之尤峻峙者，唐武宗末，拆寺之前一年……數夕後，天火焚塔俱盡，白雨如瀉。」妖鉛：指女伎。

〔七一〕入室：晉書隱逸傳楊軻：「雖受業門徒，非入室弟子，莫得親言。」

〔七二〕登樓：文選王粲登樓賦：「登茲樓以四望兮，聊暇日以銷憂。」

〔七三〕畫鷁：文選張衡西京賦：「浮鷁首，翳雲芝。」薛綜注：「船頭象鷁鳥，厭水神。」

〔七四〕曹植：三國志魏書陳思王曹植傳：「年十餘歲，誦讀詩、論及辭賦數十萬言，善屬文。太祖嘗視其文，謂植曰：『汝倩人邪？』植跪曰：『言出爲論，下筆成章，顧當面試，奈何倩人？』」

〔七五〕謝玄：謝安之侄。苻堅率十萬入寇，安舉玄鎮禦，以精鋭八千破前秦軍於淝水。謝玄捷書至，安正與客圍棋，了無喜色，過户不覺屐齒之折。見晉書謝安傳。

〔七六〕鷓鴣：崔令欽教坊記有山鷓鴣曲。全唐詩卷五三四許渾聽歌鷓鴣辭序：「余過陝州，夜讌將罷，妓人善歌鷓鴣者，辭調清怨，往往在耳。」郭茂倩樂府詩集卷八〇近代歌辭：「山鷓鴣，羽調曲也。」

〔七七〕鸜鵒：晉書謝尚傳：「始到府通謁，（王）導以其有勝會，謂曰：『聞君能作鸜鵒舞，一坐傾想，寧有此理不？』尚曰：『佳。』便著衣幘而舞，導令坐者撫掌擊節，尚俯仰在中，傍若無人。」

〔七八〕狼狽：李密陳情表：「臣之進退，實爲狼狽。」段成式酉陽雜俎前集卷一六：「或言狼狽是兩物，狽前足絶短，每行常駕兩狼，失狼則不能動，故世言事乖者稱狼狽。」

〔七九〕猓然：藝文類聚卷九五引南方異物志：「交州以南有果然獸，其鳴自呼，身如猨，犬面，通身白色，其體不過三尺，而尾長四尺餘。反尾度身，過其頭，視其鼻，仍見兩孔仰向天。其毛長，柔細滑澤，色以白爲質，黑爲文。」李肇唐國史補卷下：「劍南人采猓猣者，獲一猓猣，則數十猓猣可盡得矣。何哉？其猓猣性仁，不忍傷類，見被獲者，聚族而啼，雖殺之，終不去也。」

〔八〇〕風虎：周易乾：「雲從龍，風從虎。」三國志魏書管輅傳裴松之注引管輅别傳：「夫虎者，陰精而居於陽，依木長嘯，動於巽林，二氣相感，故能運風。」

〔八一〕彈冠：楚辭漁父：「吾聞之，新沐者必彈冠，新浴者必振衣。」露蟬：荀子大略：「飲而不食者，蟬也。」太平御覽卷九四四曹大家（班昭）蟬賦：「吸清露於丹園，抗喬枝而理翮。」蔡邕獨斷卷下：「太尉以下及侍中、常侍皆冠惠文冠，侍中、常侍加貂蟬。」

〔八二〕依劉：三國志魏書王粲傳：「年十七，司徒辟，詔除黄門侍郎，以西京擾亂，皆不就，乃之荆州依劉表。表以粲貌寢而體弱通侻，不甚重也。」

〔八三〕投趙：史記蔡澤列傳：「去之趙，見逐。之韓魏，遇奪釜鬲於塗。聞應侯任鄭安平、王稽皆負重罪於秦，應侯内慚，蔡澤乃西入秦。」

〔八四〕機關：鬼谷子權篇：「故口者幾關也，所以閉情意也。」

〔八五〕詹尹：楚辭卜居：「屈原既放，三年不得復見，竭知盡忠，而蔽鄣於讒，心煩慮亂，不知所從，往見太卜鄭詹尹，曰：『余有所疑，願因先生決之。』」

〔八六〕養由：史記周本紀：「楚有養由基者，善射者也，去柳葉百步而射之，百發而百中之。」

〔八七〕勃窣：跛行貌。司馬相如子虛賦：「媻珊勃窣上金隄。」

〔八八〕眼迴：疑爲「裴迴」之訛。「勃窣」爲疊韻，亦當以疊韻對。裴迴即徘徊。司馬相如子虛賦：「於是楚王乃弭節裴回，翱翔容與。」

〔八九〕羅雀：世説新語賞譽：「公孫度目邴原：所謂雲中白鶴，非燕雀之網所能羅也。」

〔九〇〕聚鱣：詩經小雅四月：「匪鱣匪鮪，潛逃于淵。」爾雅釋魚郭璞注：「鱣，大魚，似鱏而短鼻，口在頷下，體有邪行甲，無鱗，肉黄，大者長二三丈，今江東呼爲黄魚。」

〔九一〕公子館：史記魏公子列傳：「公子爲人仁而下士，士無賢不肖皆謙而禮交之，不敢以其富貴驕士，士以此方數千里争往歸之，致食客三千人。」

〔九二〕李膺船：後漢書郭太傳：「後歸鄉里，衣冠諸儒送至河上，車數千兩，林宗唯與李膺同舟而濟，衆賓望之，以爲神仙焉。」

〔九三〕竹林寺：祝穆方輿勝覽卷三鎮江府：「鶴林寺在黄鶴山，舊名竹林寺。宋高祖嘗遊，獨卧講堂前，上有五色龍罩，即位改名鶴林。今名報恩。」

〔九四〕柘枝：沈括夢溪筆談卷五：「柘枝舊曲，遍數極多，如羯鼓録所謂渾脱解之類，今無復此遍。」

〔九五〕南陌：樂府詩集卷二八陌上桑：「羅敷憙蠶桑，采桑城南隅。……使君從南來，五馬立踟躕。」

〔九六〕西陵：樂府詩集卷八五蘇小小歌：「我乘油壁車，郎乘青驄馬，何處結同心，西陵松柏下。」

〔九七〕蝴蝶：莊子齊物論：「昔者莊周夢爲胡蝶，栩栩然胡蝶也，自喻適志與，不知周也。俄然覺，則蘧蘧然周也。不知周之夢爲胡蝶與？胡蝶之夢爲周與？」

〔九八〕杜鵑：常璩華陽國志卷三：「杜宇稱帝，號曰望帝……遂禪位於開明，帝升西山隱焉。時適二月，子鵑鳥鳴，故蜀人悲子鵑鳥鳴也。」

〔九九〕陳後主：南史陳本紀：「及從東巡，登芒山，侍飲，賦詩曰：『日月光天德，山川壯帝居。太平無以報，願上東封書。』并表請封禪，隋文帝優詔謙讓不許。」

〔一〇〇〕楚先賢：史記屈原列傳：「屈平正道直行，竭忠盡智以事其君，讒人間之，可謂窮矣。信而見疑，忠而被謗，能無怨乎？」

〔一〇一〕百越：古南方之國，以越爲大，楚滅越後，諸子散處海上，有東越、閩越、甌越、南越、駱越等號，故稱百越。

〔一〇二〕三吴：古吴地。一説以吴興、吴郡、會稽爲三吴，一説以蘇州、潤州、湖州爲三吴。

〔一〇三〕九派：長江流至九江附近，分爲九個支流，故稱其地九江。

〔一〇四〕石：通「碩」，大。

〔一〇五〕西霞：即栖霞寺。馬光祖周應合景定建康志卷一七：「攝山一名繖山……在城東北四十五里……齊明僧紹住江乘攝山，後捨宅爲寺，今栖霞寺是也。山有千佛嶺。」

〔一〇六〕北固：顧祖禹讀史方輿紀要卷二五鎮江府：「北固山在（鎮江）城北一里府治後，下臨長江……三面濱水，迴嶺斗絶，勢最險固……蔡謨起樓其上，以貯軍實，謝安復營葺之。」即所謂北顧樓，亦曰北固亭。

〔一〇七〕澗遊：世説新語品藻「金谷中蘇紹最勝」句劉孝標注引石崇金谷詩序：「有別廬在河南縣界金谷澗中，或高或下，有清泉茂林，衆果竹柏藥草之屬……時征西大將軍祭酒王詡當還長安，余與衆賢共送往澗中，晝夜遊宴。」破履：史記滑稽列傳：「東郭先生久待詔公車，貧困飢寒，衣弊，履不完，行雪中，履有上無下，足盡踐地。」

〔一〇八〕樓卧：三國志魏書張邈傳附陳登：「許汜與劉備並在荆州牧劉表坐，表與備共論天下人……汜曰：『昔遭亂過下邳，見元龍，元龍無客主之意，久不相與語，自上大牀卧，使客卧下牀。』備曰：『君有國士之名，今天下大亂，帝主失所，望君憂國忘家，有救世之意，而君求田問舍，言無可采，是元龍所諱也，何緣當與君語？如小人，欲卧百尺樓上，卧君於地，何但上下牀之間邪？』」空拳：桓寬鹽鐵論險固：「戍卒陳勝，無將帥之任、師旅之象，奮空拳而破百萬之師。」

〔一〇九〕□肆：缺字疑爲「酒」。

〔一〇〕杞梓：國語楚語上：「其大夫皆卿材也，若杞梓、皮革焉，楚實遺之。」

〔一一〕蘭荃：屈原離騷：「蘭芷變而不芳兮，荃蕙化而爲茅。」

〔一二〕峰蓮：廬山有蓮花峰，蓋以陶淵明自喻。白居易白氏長慶集卷一六東南行一百韻寄通州元九侍御……「廬峰蓮刻削」句自注：「蓮花峰在廬山北，湓水在江城南。」

夢李白

我愛李峨眉〔一〕，夢尋尋不見。忽聞海上騎鶴人，云白正陪王母宴〔二〕。須臾不醉下碧虛，摇頭逆浪鞭赤魚〔三〕。迴眸四顧飛走類〔四〕，若嗔元氣多終諸。問余曰張祜，爾則狂者否？朝來王母宴瑶池，茅君道爾還愛酒〔五〕。祜當聽我言，我昔開元中，生時值明聖，發迹侍文雄。一言可否由賀老〔六〕，即知此老心還公。朝廷大稱我，我亦自超群。嚴陵死後到李白〔七〕，布衣長揖萬乘君。玄宗開懷樂其説，滿朝呼吸生氣雲。中人高力士，脱韡羞欲死〔八〕。讒言密相構，送我千萬里。辛苦夜夜歸，知音聊復稀。青雲舊李白，憔悴爲酒客。自此到人間，大蟲無肉喫〔九〕。男兒重意氣，百萬呵一擲〔一〇〕。董賢在前官亦崇〔一一〕，梁冀破家金漫積〔一二〕。匡山夜醉時〔一三〕，吟爾古風詩〔一四〕。振振二雅具，重顯此人詞。賀老不得見，百篇徒爾爲？李白歎爾空淚下，王喬聞爾甚相思〔一五〕。爾當三萬六千日，訪我蓬萊山〔一六〕。高聲叫李白，爲爾開玄關〔一七〕。天明夢覺白亦去，兀兀此身天地間。

【校記】

玄宗開懷樂其説：「樂」原作「死」，顯與下句「樂」字互訛，徑改。

脱韡羞欲死：「韡」原訛作「驊」，徑改。「死」原作「樂」，亦徑改。

【箋注】

〔一〕峨眉：李白代壽山答孟少府移文書：「近者逸人李白自峨眉而來。」魏顥李翰林集序亦稱李白「身既生蜀」，「久居峨眉」。

〔二〕王母：穆天子傳卷三：「乙丑，天子觴西王母於瑶池之上，西王母爲天子謡。」

〔三〕赤魚：劉向列仙傳卷上：「琴高者，趙人也，以鼓琴爲宋康王舍人。行涓、彭之術，浮游冀州涿郡之間二百餘年。後辭，入涿水中取龍子，與諸弟子期日，皆潔齋待於水傍，設祠，果乘赤鯉來，出坐祠中，旦有萬人觀之，留一月餘，復入水去。」

〔四〕飛走類：王嘉拾遺記卷一：「四年，旃塗國獻鳳雛……中國飛走之類，不復喧鳴。」

〔五〕茅君：葛洪神仙傳卷五：「茅君者，名盈，字叔申，咸陽人也。……十八歲入恒山學道，積二十年，道成而歸……乃與父母宗親辭別，乃登羽蓋車而去……君遂徑之江南，治於句曲山，山有洞室，神仙所居，君治之焉。」

〔六〕賀老：孟棨本事詩高逸第三：「李太白初自蜀至京師，舍於逆旅。賀監知章聞其名，首訪之，既奇其姿，復請所爲文，出蜀道難以示之。讀未竟，稱賞者數四，號爲謫仙。」

〔七〕嚴陵：東漢嚴光字子陵，會稽餘姚人，與光武帝劉秀同學。劉秀即位，光隱居不見，耕於富春山，後人名其釣處爲嚴陵釣臺。見後漢書逸民傳嚴光。

〔八〕脱韡：李肇唐國史補卷上：「李白在翰林多沈飲，玄宗令撰樂詞，醉不可待，以水沃之，白稍能動，索筆一揮十數章，文不加點。後對御引足令高力士脱韡，上命小閹排出之。」

〔九〕大蟲：干寶搜神記卷二：「扶南王范尋養虎於山，有犯罪者，投與虎，不噬，乃宥之。故虎名大蟲，亦名大靈。」

〔一〇〕百萬：晉書劉毅傳：「後於東府聚摴蒱大擲，一判至數百萬……(劉)裕惡之，因挼五木久之，曰：『老兄試爲卿答。』既而四子皆黑，其一子轉躍未定，裕厲聲喝之，即成盧焉。」

〔一一〕董賢：字聖卿，以容貌姣好爲哀帝所寵，常與帝同卧起，封高安侯，官至大司馬衛將軍，年僅二十二。後被劾殺。見漢書佞幸傳董賢。

〔一二〕梁冀：東漢安定烏氏人，爲順帝、桓帝皇后之兄。生活奢侈，驕横不法，質帝稱之「跋扈將軍」。後毒殺質帝，立桓帝，專朝政二十餘年。延熹二年，桓帝與中常侍單超等五人共謀，派兵捕冀，冀自殺。收其家財，斥賣合三十餘萬。見後漢書梁冀傳。

〔一三〕匡山：計有功唐詩紀事卷一八引楊天惠彰明遺事：「太白恐，棄去，隱居戴天大匡山，往來旁郡……今大匡山猶有讀書臺。」

〔一四〕古風：李白有古風五十九首。

〔一五〕王喬：列仙傳卷上：「王子喬者，周靈王太子晉也，好吹笙作鳳凰鳴。遊伊洛之間，道士浮丘公接以上嵩高山。三十餘年後，求之於山上，見柏良曰：『告我家，七月七日待我於緱氏山巔。』至時，果乘白鶴駐山頭，望之不得到，舉手謝時人，數日而去。」

〔一六〕蓬萊：山海經海内北經：「蓬萊山在海中。」郭璞注：「上有仙人宫室，皆以金玉爲之，鳥獸盡白，望之如雲，在渤海中也。」

〔一七〕玄關：文選王中頭陀寺碑：「於是玄關幽鍵，感而遂通。」張銑注：「玄幽，謂道之深邃也。關、鍵，皆所以閉距於門者。」

張承吉文集集外詩　附斷句、聯句

團扇郎〔一〕

白團扇，今來此去捐。願得入郎手，團圓郎眼前。

【校記】

此詩録自樂府詩集卷四五、全唐詩卷二一及卷五一〇。

【箋注】

〔一〕郭茂倩樂府詩集卷四五清商曲辭引古今樂録：「團扇郎歌者，晉中書令王珉，捉白團扇，與嫂婢謝芳姿有愛，情好甚篤。嫂捶撻婢過苦，王東亭（珣）聞而止之。芳姿素善歌，嫂令歌一曲，當赦之。應聲歌曰：『白團扇，辛苦五流連，是郎眼所見。』珉聞，更問之：『汝歌何遺？』芳姿即改云：『白團扇，憔悴非昔容，羞與郎相見。』後人因而歌之。」

拔蒲歌〔一〕

拔蒲來，領郎鏡湖邊〔二〕。郎心在何處？莫趁新蓮去。拔得無心蒲，問郎好看無？

【校記】

此詩録自樂府詩集卷四九、全唐詩卷二一及卷五一〇。

【箋注】

〔一〕樂府詩集卷四九清商曲辭此曲解題引古今樂録：「拔蒲，倚歌也。」

〔二〕鏡湖：李吉甫元和郡縣圖志卷二六越州：「鏡湖，後漢永和五年太守馬臻創立，在會稽、山陰兩縣界，築塘蓄水，水高丈餘，田又高海丈餘，若水少則洩湖溉田，如水多則閉湖洩田中水入海，所以無凶年。隄塘周迴三百一十里，溉田九千頃。」

車遥遥〔一〕

東方曨曨車軋軋，地色不分新去轍。閨門半掩牀半空，斑斑枕花殘淚紅。君心若車千萬轉，妾身如轍遺漸遠。碧川迢迢山宛宛，馬蹄在耳輪在眼。桑間女兒情不淺〔二〕，莫道野蠶能作繭。

【校記】

此詩録自樂府詩集卷六九、全唐詩卷二二五及卷五一〇。

牀半空：「牀」全詩作「窗」。

碧川迢迢：「迢迢」樂府作「樓樓」，從全詩。

桑間女兒：「間」樂府作「門」，從全詩。

【箋注】

〔一〕樂府詩集將其歸入雜曲歌辭。

〔二〕桑間：漢書地理志下：「衛地有桑間濮上之阻，男女亦亟聚會，聲色生焉，故俗稱鄭衛之音。」

【輯評】

周珽删補唐詩選脈箋釋會通評林卷二五：志慨氣，亦流走。又訓曰：心似車輪莫定，安免行之不遠、牀之不空、枕之不斑也？「馬蹄在耳輪在眼」，别後恍惚如在之想，説得有情。末二句見交以形跡者鮮克有終。自古桑間兒女，誰謂情不深耶？君臣朋友，總之心孚道合爲貴。

捉搦歌〔一〕

門上關，牆上棘，窗中女子聲唧唧。洛陽大道徒自直，女子心在婆舍側。嗚嗚籠鳥觸四隅，養男男娶婦，養女女嫁夫。阿婆六十翁七十，不知女子長日泣，從他嫁去無悒悒〔二〕。

【校記】

此詩録自樂府詩集卷二五、全唐詩卷一八及卷五一〇。

【箋注】

〔一〕樂府詩集卷二五横吹曲辭列之於梁鼓角横吹曲，并引釋智匠古今樂録曰：是時樂府胡吹舊曲有十四曲，其中即有大白浄皇太子、小白浄皇太子、雍臺、捉搦、東平劉生等，三曲有歌，十一曲亡。可知是當時北朝傳入南朝的北方樂歌。無名氏四曲其一曰：「黄桑柘屐蒲子履，中央有系（絲）兩頭繫。小時憐母大憐婿，何不早嫁論家計。」張祜此詩即擬古辭。

〔二〕悒悒：愁苦不安。

雁門太守行〔一〕

城頭月没霜如水，趚趚踏沙人似鬼〔二〕。燈前拭淚試香裘，長引一聲殘漏子。駝囊瀉酒酒一杯〔三〕，前頭啑血心不回〔四〕。寄語年少妻莫哀，魚金虎竹天上來〔五〕，雁門山邊骨成灰〔六〕。

【校記】

此詩録自樂府詩集卷三九、全唐詩卷二〇及卷五一〇。

前頭啑血：「啑」全詩一作「滴」。

【箋注】

〔一〕樂府詩集卷三九相和歌辭引古今樂録：「王僧虔技録云：雁門太守行歌古洛陽令（王涣）一篇。」吴兢樂府古題要解卷上：「按其歌詞，歷述涣本末，與本傳合，而題云雁門太守行，所未詳也。若梁簡文帝『輕霜中夜下』，備言邊城征戰之苦，及皇甫規雁門之問，蓋依題焉。」

〔二〕趚趚：許慎説文解字：「趚，側行也，從走，朿聲。」段玉裁注：「側行也，謹畏也。」

〔三〕駝囊：駝皮製的酒囊。西安何家莊出土有唐代仿皮囊銀酒壺，可見當時酒囊之形狀。

〔四〕啑血：即喋血、蹀血，踏血而行。

〔五〕魚金：唐六典卷八符寶郎：「凡國有大事，則出納符節……一曰銅魚符，所以起軍旅，易守長……三曰隨身魚符，所以明貴賤，應徵召。」虎竹：漢書文帝紀二年九月：「初與郡守爲銅虎符、竹使符。」顔師古注：「應劭曰：銅虎符第一至第五，國家當發兵，遣使者至郡合符，符合乃聽受之。竹使符皆以竹箭五枚，長五寸，鐫刻篆書，第一至第五。」

〔六〕雁門山：山海經海内西經：「雁門山，雁出其間，在高柳北。」嘉慶重修一統志卷一五一代州：「雁門山，在州西北三十五里。……州志：山一名雁門塞，雙關陡絶，雁度其間，稍東有過雁峰，巍然特高，北與應州龍首山相望。」

思歸引〔一〕

重重作閨清旦鐍，兩耳深聲長不徹。深宫坐愁百年身，一片玉中生憤血。焦桐彈罷絲自絶〔二〕，漠漠暗魂愁夜月。故鄉不歸誰共穴〔三〕？石上作蒲蒲九節〔四〕。

【校記】

此詩録自樂府詩集卷五八、全唐詩卷二三及卷五一〇。

焦桐彈罷：「彈罷」樂府作「罷彈」，從全詩。

【箋注】

〔一〕吳兢樂府古題要解卷下：「思歸引，一曰離拘操。右舊説衛有賢女，邵王聞其美，請聘之，未至而王薨。太子曰：『吾聞齊桓公得衛女而霸，今衛女賢者，欲留之。』大夫曰：『不可。若賢女必不我聽，若聽必不賢，則不足取也。』太子遂留之。果不聽，拘於深宮，思歸不得，援琴而歌，曲終，縊而死。晉石崇亦有思歸引，但歸河陽取居。若劉孝威『胡地憑良馬』，備言思歸之狀而已。」

〔二〕焦桐：後漢書蔡邕傳：「吳人有燒桐以爨者，邕聞火烈之聲，知其良木，因請而裁爲琴，果有美音，而其尾猶焦，故時人名曰焦尾琴焉。」

〔三〕共穴：詩經王風大車：「穀則異室，死則同穴。」

〔四〕九節：葛洪抱朴子仙藥：「菖蒲生須得石上，一寸九節已上，紫花者尤善也。」李賀帝子歌：「九節菖蒲石上死。」

司馬相如琴歌〔一〕

鳳兮鳳兮非無皇〔二〕，山重水闊不可量。梧桐結陰在朝陽〔三〕，濯羽弱水鳴高翔〔四〕。

【校記】

此詩録自樂府詩集卷六〇、全唐詩卷二三及卷五一〇。

濯羽弱水：「羽」樂府作「雨」，從全詩。

【箋注】

〔一〕樂府詩集卷六〇琴曲歌辭：「琴集曰：『司馬相如客臨邛，富人卓王孫有女文君新寡，竊於壁間見之，相如以琴心挑之，爲琴歌二章。』按漢書：相如飲卓氏弄琴，文君竊從户窺，心悦而好之，乃夜亡奔相如，相如與馳歸成都，後俱如臨邛是也。」

〔二〕皇：爾雅釋鳥：「鳳，其雌皇。」

〔三〕梧桐：詩經大雅卷阿：「鳳皇鳴矣，于彼高崗。梧桐生矣，于彼朝陽。」

〔四〕弱水：山海經海内西經：「弱水、青水出西南隅……開明西有鳳皇、鸞鳥。」後漢書西域傳：「或云其國西有弱水、流沙，近西王母所居處。」

雉朝飛操〔一〕

朝陽隴東泛暖景，雙啄雙飛雙顧影。朱冠錦襦聊日整，漠漠霧中如衣褧〔二〕。傷心盧女絃，七十老翁長獨眠。雄飛在草雌在田，衷腸結憤氣呵天。聖人在上心不偏，翁得女妻甚可憐。

【校記】

此詩録自樂府詩集卷五七、全唐詩卷二三及卷五一〇。

【箋注】

〔一〕吴兢樂府古題要解卷下：「雉朝飛操，右舊説齊宣王時，處士犢沐子所作也。年七十無妻，出采薪於野，見雉雄雌相隨而飛，意動心悲，乃仰天而歎曰：『聖王在上，恩及草木鳥獸，而我獨不獲！』因援琴而歌以自傷。其聲中絶，魏武帝宫人有盧女者，故將軍陰淑之妹，七歲入漢宫，學鼓琴，特異於餘妓，善爲新聲，能傳此曲。至魏明帝崩，出降爲尹更生妻。若梁簡文帝『晨光照麥畿』，但詠雉而已。」

〔二〕衣褧：詩經鄭風豐：「衣錦褧衣，裳錦褧裳。」許慎説文解字：「褧，檾衣也。」段玉裁注：「古者麻絲之作，蓋先麻而後絲，故衣錦尚褧，歸真反樸之意。」

從軍行〔一〕

少年金紫就光輝〔二〕，直指邊城虎翼飛〔三〕。一卷旌收千騎虜，萬全身出百重圍。

黄雲斷塞尋鷹去，白草連天射雁歸〔四〕。白首漢庭刀筆吏〔五〕，丈夫功業本相依。

【校記】

此詩録自樂府詩集卷三三、全唐詩卷一九及卷五一〇。

一卷旌收：「旌」樂府校「一作施」，全詩校「一作旄」。

【箋注】

〔一〕吴兢樂府古題要解卷下：「從軍行，右皆述軍旅苦辛之詞也。」樂府詩集卷三三相和歌辭引樂府廣題：「左延年辭云：『苦哉邊地人，一歲三從軍。三子到燉煌，二子詣隴西。五子遠鬬去，五婦皆懷身。』陳伏知道又有從軍五更轉。」

〔二〕金紫：史記蔡澤列傳：「懷黄金之印，結紫綬於要。」

〔三〕虎翼：後漢書翟酺傳：「虎翼一奮，卒不可制。」

〔四〕白草：漢書西域傳上顔師古注：「白草似莠而細，無芒，其乾孰時正白色，牛馬所嗜也。」王先謙補注：「春興新苗與諸草無異，冬枯而不萎，性至堅韌。」

〔五〕刀筆吏：漢書蕭何曹參傳贊：「蕭何曹參皆起秦刀筆吏。」顔師古注：「刀所以削書也，古者用簡牒，故吏皆以刀筆自隨也。」

折楊柳〔一〕

紅粉青樓曙〔二〕，垂楊仲月春。懷君重攀折，非妾妒腰身。舞帶縈絲斷，嬌蛾向葉嚬。横吹凡幾曲？獨自最愁人。

【校記】

此詩録自樂府詩集卷二二、全唐詩卷一八及卷五一〇。

【箋注】

〔一〕樂府詩集歸之爲横吹曲辭。宋書五行志二：「太康末，京、洛始爲折楊柳之歌，其曲始有兵革苦辛之詞。」

〔二〕青樓：妓館。梁劉邈采桑：「倡女不勝愁，結束下青樓。」

少年樂〔一〕

二十便封侯，名居第一流。緑鬟深小院，清管下高樓。醉把金船擲〔二〕，閑敲玉鐙遊。帶盤紅鼴鼠，袍砑紫犀牛。錦袋歸調箭，羅鞋起撥毬。眼前長貴勝，那信世間愁。

【校記】

此詩録自又玄集卷中、才調集卷七、樂府詩集卷六六、全唐詩卷二四與卷五一一。又玄集題作「上牛相公」，才調集題作「貴家郎」。

二十便封侯：「二十」又玄集作「四十」。

清管：又玄集作「紅粉」。

紅鼲鼠：「紅」又玄集作「白」。

末四句：又玄集作：「碧瓦方牆上，朱橋柳巷頭。知君年少貴，不信有春愁。」才調集作：「碧瓦坊牆上，朱橋柳巷頭。眼前長少貴，那信有春愁。」此從樂府。

【箋注】

〔一〕少年樂：樂府詩集卷六六將其歸入雜曲歌辭。

〔二〕金船：葉廷珪海録碎事卷六：「金船，酒器中大者呼爲船。」

【輯評】

劉克莊後村詩話前集卷一：牛奇章（僧孺）有「夜入真珠室，朝遊玳瑁宫」之謗，張祜上牛相亦云「四十便封侯，名居第一流」，下有「緑鬢」「紅粉」之語。末云「知君年少貴，不信有春愁」，蓋前詩非謗矣。牛、李嗜好如冰炭，惟愛客則如一人。然贊皇（李德裕）生相門，無聲色之好，奇章起寒士，備貴人之奉，不及贊皇遠矣。

白鼻騧〔一〕

爲底胡姬酒，長來白鼻騧。摘蓮抛水上，郎意在浮花。

【校記】

此詩見樂府詩集卷二五、萬首唐人絶句卷五、全唐詩卷一八及卷五一一。全唐詩卷五〇二又收入姚合名下，然姚少監詩集不載，當是張祜作。明嘉靖本萬首唐人絶句卷七作姚合，趙宧光黄習遠萬曆刊本萬首唐人絶句已移歸張祜名下。

【箋注】

〔一〕樂府詩集卷二五横吹曲辭將此曲收入梁鼓角横吹曲中，并引釋智匠古今樂録：「高陽樂人歌，魏高陽樂人所作也。又有白鼻騧，蓋出於此。」騧爲白色而黑唇的馬。

讀曲歌五首〔一〕

窗中獨自起，簾外獨自行。愁見蜘蛛織，尋思直到明〔二〕。

【校記】

此五首録自樂府詩集卷四六、萬首唐人絶句卷五、全唐詩卷二一及卷五一一。

【箋注】

〔一〕宋書樂志一：「讀曲哥者，民間爲彭城王（劉）義康所作也，其哥云『死罪劉領軍，誤殺劉第四』是也。」樂府詩集卷四六清商曲辭將其歸入吴聲歌曲中，并引古今樂録：「讀曲歌者，元嘉十七年袁后崩，百官不敢作聲歌，或因酒宴，止竊聲讀曲細吟而已，以此爲名。」

〔二〕尋思：依諧音雙關的通常用法，「思」當作「絲」，以「絲」諧「思」。如南朝樂府七日夜女歌：「桑蠶不作繭，晝夜長懸絲。」

碓上米不春，窗中絲罷絡。看渠駕去車，定是無四角。

【校記】

米不春：「米」樂府作「人」。

不見心相許，徒云脚漫勤。摘荷空摘葉，是底采蓮人？

【輯評】

胡應麟詩藪外編卷三：唐以詩賦聲律取士，於韻學宜無弗精，然今流傳之作，出韻者亦間有之……十二文：張祜讀曲歌五言絶（出人字）。

窗外山魈立〔一〕，知渠脚不多。三更機底下，摸著是誰梭？

【箋注】

〔一〕山魈：國語魯語下「木石之怪曰夔、蝄蜽」句韋昭注：「夔一足，越人謂之山繅，音騷，或作猱，富陽有之，人面猴身，能言，或云獨足。」廣韻四宵「魈」字注：「山魈出汀州，獨足鬼。」

郎去摘黄瓜，郎來收赤棗〔一〕。郎耕種麻地〔二〕，今作西舍道。

【箋注】

〔一〕赤棗：後秦趙整詠棗：「北園有一樹，布葉垂重陰。外雖多棘刺，内實懷赤心。」

〔二〕種麻：顧元慶夷白齋詩話：「南方諺語有：『長老種芝麻，未見得。』余不解其意，偶閲唐詩，始悟斯言，其來遠矣……胡麻即今芝麻也，種時必夫婦兩手同種，其麻倍收，長老，言僧也，必無可得之理，故云。」

【輯評】

胡震亨唐音癸籤卷二九：風人詩，此與藁砧體不同。藁砧語如隱謎，理資箋解。此則以前句比興引喻，後句即覆言以證之，或取諸物，如子夜歌：「攤門不安横，無復相關意。」或取之同音，如懊儂歌：「桐樹不結花，何由得梧子。」微旨所寄，無假猜摧而知。唐人以其近於詩之南箕、北斗，可備采風，故命爲風人詩。張祜、皮、陸爲多。

玉樹後庭花〔一〕

輕車何草草，獨唱後庭花。玉座誰爲主，徒悲張麗華〔二〕。

【校記】

此首録自樂府詩集卷四七、萬首唐人絶句卷五、全唐詩卷二一及卷五一一。

【箋注】

〔一〕南史后妃傳張貴妃：「後主每引賓客，對貴妃等遊宴，則使諸貴人及女學士與狎客共賦新詩，互相贈答，采其尤豔麗者，以爲曲調，被以新聲，選宫女有容色者以千百數，令習而歌之，分部迭進，持以相樂。其曲有玉樹後庭花、臨春樂等。」隋書音樂志上：「及後主嗣位，耽荒於酒……又於清樂中造黄驪留及玉樹後庭花、金釵兩鬢垂等曲，與幸臣等製其歌詞，綺豔相高，極於輕薄，男女唱和，其音甚哀。」

〔二〕張麗華：陳後主張貴妃名麗華。隋軍克臺城，妃與後主俱入井中躲避，隋軍出之，晉王楊廣命斬之於青溪中。見南史后妃傳張貴妃。

【輯評】

俞陛雲詩境淺説續編一：首二句言當日玉車輕幰，草草風花，只餘玉樹豔歌在清樽檀板之場，留其哀怨。後二句言玉座陳宫，幾經易主，後主不能承其帝業，手擲金甌，宜後人不哀其亡國，而爲張麗華悲。兒女江山，齊聲一歎也。

莫愁樂〔一〕

儂居石城下，郎到石城遊。自郎石城出，長在石城頭。

【校記】

此首録自樂府詩集卷四八、萬首唐人絶句卷五、全唐詩卷二一及卷五一一。

【箋注】

〔一〕吴兢樂府古題要解卷上：「莫愁，右出於石城樂。石城有女子名莫愁，善歌謡，故石城樂和中復有莫愁聲。其辭曰：『莫愁在何處？莫愁石城西。艇子打兩槳，催送莫愁來。』古歌亦有莫愁，洛陽女，與此不同。」石城：古竟陵郡，今屬湖北。

襄陽樂〔一〕

大堤花月夜〔二〕，長江春水流。東風正上信，春夜特來遊。

【校記】

此首録自樂府詩集卷四八、萬首唐人絶句卷五、全唐詩卷二一及卷五一一。

特來遊：「特來」樂府與全詩皆校曰「一作待郎」。

【箋注】

〔一〕襄陽樂：舊唐書音樂志二：「襄陽樂，宋隨王（劉）誕之所作也。誕始爲襄陽郡，元嘉二十六年，仍爲雍州，夜聞諸女歌謡，因作之，故歌和云『襄陽來夜樂。』其歌曰：『朝發襄陽來，暮至大堤宿。大堤諸女兒，花豔驚郎目。』裴子野宋略稱：『晉安侯劉道彦爲雍州刺史，有惠化，百姓歌之，號襄陽樂。』其辭旨非也。」

〔二〕大堤：嘉慶重修一統志卷三四七襄陽府：「大堤在（襄陽）府城外。」

自君之出矣〔一〕

自君之出矣，萬物看成古。千尋葶藶枝〔二〕，争奈長長苦。

【校記】

此首録自樂府詩集卷六九、萬首唐人絶句卷五、全唐詩卷二五及卷五一一。

【箋注】

〔一〕樂府詩集卷六九雜曲歌辭：「漢徐幹有室思詩五章，其第三章曰：『自君之出矣，明鏡暗不治。思君如流水，無有窮已時。』自君之出矣蓋起於此。齊虞羲之亦謂之思君去時行。」

〔二〕葶藶：爾雅釋草「蕇亭歷」郭璞注：「實、葉皆似芥，一名狗薺。」邢昺疏：「子細黄，至苦是也。」太平御覽卷九九四引引師曠占：「歲欲儉，苦草先生。苦草者，葶藶也。」

采桑〔一〕

自古多征戰，由來尚甲兵。長驅千里去，一舉兩蕃平。按劍從沙漠，歌謠滿帝京。寄言天下將，須立武功名。

【校記】

此詩録自全唐詩卷五一〇。按：此詩當爲無名氏所作。樂府詩集卷八〇近代曲辭於張祜上巳樂後，列穆護砂、思歸樂二首、金殿樂、胡渭州二首、戎渾、牆頭花二首、采桑、楊下菜桑、破陣樂共十二首，皆不署作者姓名，全唐詩統收之於張祜卷中，大誤。全唐詩卷二七亦載此詩，便作無名氏。

【箋注】

〔一〕舊唐書音樂志二：「三洲，商人歌也……采桑，因三洲曲而生此聲也。」

穆護砂〔一〕

玉管朝朝弄，清歌日日新。折花當驛路〔二〕，寄與隴頭人。

【校記】

此詩録自全唐詩卷五一一。按：樂府詩集卷八〇及全唐詩卷二七此詩皆不著撰人，是無名氏的作品。洪邁所編萬首唐人絶句卷三有題蓋嘉運「編入樂府辭十四首」，皆五言絶句，此首即在其中。蓋氏所進在開元間，自然不可能收入張祜之作，非張祜詩明矣。

【箋注】

〔一〕樂府詩集卷八〇近代歌辭：「穆護砂，犯角。」姚寬西溪叢語卷上以爲此曲出於祆教祀神之詞。洪邁容齋四語卷八以爲「穆護」即「木瓠」，樂器名，擊之以節歌舞。胡震亨唐音癸籤卷一三：「穆護子，即穆護砂也……崇文總目有李燕牧護詞，傳燈録有蘇溪和尚穆護歌，并六言。又黄山谷云：黔中聞賽神者，夜歌五七十語，初云『聽説儂家牧護』，末云『奠酒燒錢歸去』，長短不同。」

〔二〕折花：太平御覽卷四〇九引荊州記：「陸凱與范曄交善，自江南寄梅花一枝，詣長安於曄，兼贈詩曰：『折梅逢驛使，寄與隴頭人。江南無所有，聊寄一枝春。』」

思歸樂二首〔一〕

晚日催絃管，春風入綺羅。杏花如有意，偏落舞衫多。

萬里春應盡，三江雁亦稀〔二〕。連天漢水廣，孤客未言歸。

【校記】

此二首録自全唐詩卷五一一。按：樂府詩集卷八〇、全唐詩卷二七無作者姓名。萬首唐人絶句卷二作薛奇童。第一首，全唐詩卷六八二又收作韓偓詩，題作大酺樂，萬首唐人絶句又列於蓋嘉運所編「樂府辭十四首」中，可知既非張祜詩，也非韓偓詩。第二首其實乃截取王維送友人南歸的前面四句而成，見趙殿成王右丞集箋注卷八，可知此首亦非張祜之詩。

【箋注】

〔一〕樂府詩集卷八〇近代曲辭引樂苑：「思歸樂，商調曲也。後一曲犯角。」

〔二〕三江：李白李太白全集卷二二入彭蠡經松門觀石鏡緬懷謝康樂題詩書遊覽之志王琦注：「今考江水發源蜀地，最居上游，下至湖廣，漢江之水自北來會之，又下至江西，則彭蠡之水自南來會之。三水合流而東，以入於海，所謂『三江既入』也。禹貢既以岷江爲中流，漢水爲北江，則彭蠡之水爲南江，可知矣。蘇東坡謂岷山之江爲中江，嶓塚之江爲北江，豫章之江爲南江，蓋本鄭（玄）説也。」

金殿樂〔一〕

入夜秋砧動，千聲起四鄰。不緣樓上月，應爲隴頭人〔二〕。

【校記】

此首録自全唐詩卷五一一。按：樂府詩集卷八〇、全唐詩卷二七無作者姓名。萬首唐人絶句卷二作崔國輔。此詩當依樂府詩集作無名氏。

千聲起四鄰：「聲」樂府作「門」。

【箋注】

〔一〕金殿樂：崔令欽教坊記曲名有金殿樂。

〔二〕隴頭：後漢書郡國志五：「隴有大阪名隴坻。」李賢等注引郭仲産秦州記：「隴山東西百八十里，登山嶺，東望秦川四五百里，極目泯然。山東人行役，升此而顧瞻者，莫不悲思，故歌曰：『隴頭流水，分離四下。念我行役，飄然曠野。登高遠望，涕零雙墮。』」

牆頭花二首〔一〕

蟋蟀鳴洞房，梧桐落金井〔二〕。爲君裁舞衣，天寒剪刀冷。

妾有羅衣裳，秦王在時作。爲舞春風多，秋來不堪著。

【校記】

此二首録自全唐詩卷五一一。按：樂府詩集卷八〇、全唐詩卷二七皆不著撰人。第二首全唐詩卷一一九又屬崔國輔，自身便混亂如此。其實屬崔作、張作者皆誤，應是無名氏的作品。

【箋注】

〔一〕牆頭花：崔令欽教坊記所載曲名有牆頭花。

〔二〕金井：施有雕欄之井。梁費昶行路難：「唯聞啞啞城上烏，玉闌金井牽轆轤。」

胡渭州二首〔一〕

亭亭孤月照行舟，寂寂長江萬里流。鄉國不知何處是，雲山漫漫使人愁。

【箋注】

〔一〕樂府詩集卷八〇近代曲辭引樂苑：「胡渭州，商調曲也。」

【輯評】

唐汝詢唐詩解卷二九：此旅客之辭，蹈襲黄鶴樓詩，于鱗（李攀龍）採之，足稱一失。

吴昌祺删訂唐詩解卷一五：三用複字，詩病也。

楊柳千尋色，桃花一苑芳。風吹入簾裏，唯有惹衣香。

【校記】

上二首録自全唐詩卷五一一。按：樂府詩集卷八〇與全唐詩卷二七無作者姓名。第一首，萬首唐人絶句卷一二作崔國輔，題曰甘州。王奕清歷代詞話卷一引樂府衍義：「張仲素渭州詞云：『亭亭孤月照行舟，寂寂長江萬里流。鄉國不知何處是，雲山漫漫使人愁。』」即此詩，却又作張仲素。第二首，萬首唐人絶句卷二亦作崔國輔，題亦作甘州。彭大翼山堂肆考卷一六〇：「開元中，李龜年製胡渭州曲云：『楊柳千尋色，桃花一苑春。風吹入簾裏，唯有惹衣香。』王維笑其不工。自是龜年製曲，必請維爲之。」所引李龜年胡渭州即此詩，唯第二句「芳」作「春」。然「春」字於韻不協，當是誤字。李龜年當是製曲者，非作詞也。然其詞既爲李龜年所唱，則其非張祜所作明矣。總之，二詩皆非張祜作，當是無名氏的作品。

戎渾

風勁角弓鳴，將軍獵渭城。草枯鷹眼疾，雪盡馬蹄輕。

【校記】

此首録自全唐詩卷五一一。按：樂府詩集卷八〇、全唐詩卷二七無作者姓名。此詩實爲王維觀獵詩前四句，作張祜大誤。當是樂工截王維詩以入樂，如樂府詩集卷七九陸州歌第一即王維終南山詩之後四句。張祜有觀徐州李司空獵，雲溪友議卷中載白居易云：「張三作獵詩以較王右丞，予則未敢優劣也。」并録王維觀獵，或因此誤將王維詩前半作張祜耶？戎渾，樂府詩集歸入近代曲辭，然他書未見此曲名。王士禛池北偶談卷一六：「唐人所歌樂府詞曲，率是絶句，然又多剪截律詩别立名字，殊不可曉。如王右丞『風勁角弓鳴』一首，截取前四句名戎渾；『揚子談經處』一首，截取前四句名崑崙子……又考教坊記，諸曲名如胡渭州、穆護子、涼州、伊州、甘州之類皆載，而無戎渾、崑崙子之名。」

楊下采桑〔一〕

飛絲惹緑塵，軟葉對孤輪。今朝入園去，物色强着人〔二〕。

【校記】

此首録自全唐詩卷五一一。按：樂府詩集卷八〇、全唐詩卷二七無作者姓名。萬首唐人絶句卷三蓋嘉運所編「樂府辭十四首」中，此詩列第三，當然不可能是張祜的作品。

末句「着」：全詩卷二七作「看」。

【箋注】

〔一〕樂府詩集卷八〇近代曲辭引樂苑：「采桑，羽調曲。又有楊下采桑。」孫光憲北夢瑣言卷六：「供奉彈琵琶樂工關别駕，小紅者，小名也。梁太祖求之，既至，謂曰：『爾解彈陽下采桑乎？』關伶俛而奏之。」

〔二〕物色：景物色彩。强：更加。着人：吸引人。

破陣樂〔一〕

秋風四面足風沙，塞外征人暫别家。千里不辭行路遠，時光早晚到天涯。

【校記】

此詩録自全唐詩卷五一一。按：此詩樂府詩集卷八〇不著撰人，萬首唐人絶句卷一一署曰太宗皇帝。破陣樂本舞曲，唐太宗時所造，然以此詩爲太宗作，則大誤。全唐詩卷二七此詩題下注曰「失撰人」，然於卷五一一又收歸張祜，無據。

首句「風」：樂府作「光」。

【箋注】

〔一〕舊唐書音樂志二：「破陣樂，太宗所造也。太宗爲秦王之時，征伐四方，人間歌謡秦王破陣樂之曲。及即位，使吕才協音律，李百藥、虞世南、褚亮、魏徵等製歌辭，百二十人披甲持戟，甲以銀飾之，發揚蹈厲，聲韻慷慨。」

上方寺〔一〕

寶殿依山險，凌虚勢欲吞。畫簷齊木末，香砌壓雲根〔二〕。遠景窗中岫，孤煙海上村。憑高聊一望，歸思隔吴門〔三〕。

【校記】

此詩見范成大吴郡志卷三五、龔明之中吴紀聞卷二、鄭虎臣吴都文粹卷九、楊慎升庵詩話卷一〇、全唐詩卷五一〇。吴都文粹題作「慧聚寺聖跡」。全詩題作「禪智寺」，誤。

凌虚勢欲吞：「凌」全詩作「臨」，「欲」全詩作「若」。

海上村：「海上」全詩作「竹里」。

【箋注】

〔一〕上方寺：同治重修蘇州府志卷一〇：「上方寺在（吴）縣西南十二里石湖上，舊名楞伽寺，隋大業三年吴郡太守李顯建塔七層據山巔，寺有五通祠，巫覡妄言能禍福人。」祜詩之上方寺實即慧聚寺。朱長文吴郡圖經續記卷中：「慧聚寺在崑山縣西北三里馬鞍山，孤峰特秀，極目湖海，百里無所蔽。昔高僧慧嚮，梁武帝之師，宴坐此山，二虎爲侍，感致神人，願致工力……武帝命建寺，敕張僧繇繪神於兩壁，畫龍於四柱。……詩人孟郊、張祜有詩，今丞相王荆公次韻之作，刻於石。」

〔二〕雲根：雲起處。胡震亨唐音癸籤卷一六：「詩人多以雲根名石，以雲觸石而生也，六朝人先用之。宋孝武登樂山詩：『屯煙擾風穴，積水溺雲根。』」

〔三〕吴門：王充論衡書虛：「傳書或言：顔淵與孔子俱上魯太山，孔子東南望吴閶門外，有繫白馬。」陸廣微吴地記：「又孔子登山望東吴閶門，歎曰：『吴門有白氣如練。』今置曳練坊及望舒坊，因此。」

【輯評】

王安石崑山慧聚寺次張祜韻：峰嶺互出没，江湖相吐吞。園林浮海角，臺殿擁山根。百里見漁艇，萬家藏水村。地偏來客少，幽興祇桑門。（臨川先生文集卷一六）

龔明之中吴紀聞卷二：唐孟郊因其父爲崑山尉，常至山中，題詩於上方云：「昨日到上方，片霞封石牀。錫杖莓苔青，袈裟松柏香。晴磬無短韻，晝燈含永光。有時乞鶴歸，還放逍遥場。」其後張祜嘗遊，亦有詩云……皇祐中，王荆公以舒倅被旨來相水事，到邑已深夜，艤舟寺之前，秉火炬登山，閲寺中之詩，一夕和竟二公之詩，詰旦即回棹。其詩云……此四詩皆爲山中之絶唱。

范成大吴郡志卷三五：崑山慧聚寺，在縣西北三里。崑山一名馬鞍山，世傳殿基乃梁天監中鬼工所造，半疊石，半爲虚閣，縹緲如仙府，他山佛宇未有其比。山上下前後皆擇勝爲僧舍，雲窗霧閣間見層出，不可形容繪畫也。吴人謂崑山爲真山似假山，最得其實，大略見張祜、孟郊詩，及蓋嶼所作圖序。皇祐中，王荆公以舒州倅被旨來相水利，夜至寺，秉燭登山，閲張、孟詩，一夕和之，遂爲山中四絶。

又卷四八：崑山古上方有孟郊、張祜留題詩……摭言載白樂天出守蘇州，科場將開，方干來求解頭，而張祜適至，無何二人言語喧争於席上，由是二人俱不得解頭而去。祜之留題必是樂天守蘇州時。

楊慎升庵詩話卷一〇張祜上方寺詩：此詩張祜集不載，見於石刻，真絶唱也。祜以金山詩得名，此詩相伯仲，惜其無傳，故書。

查慎行崑山一名玉峰，周圍二里許，似累石而成者。唐張祜、孟郊有詩，與蓋嶼所畫山圖同留慧聚寺中。向有石刻，宋皇祐中王半山以舒州倅至縣相水利，登山閲二公詩，次韻和之，時稱四絶。淳熙中毁於火。自唐以來，名流題詠，及楊惠之所塑毗沙門天王像、李後主所書榜額，一掃無餘。今准提閣壁間石刻三公詩，乃後人刻補，非故物也。正月十六日同張昆詒、盧素公登山，感懷往跡，爲詳考本末，并繫以詩（詩略。敬業堂集卷一三）

登金山寺〔一〕

古今斯島絶，南北大江分。水闊吞滄海，亭高宿斷雲。返潮千澗落，啼鳥半空聞。皆是登臨處，歸航酒半醺。

【校記】

此詩載全唐詩卷五一〇、光緒丹徒縣志卷四八。縣志題作「金山寺」。按：此詩用韻與張祜題潤州金山寺全同，非張祜詩。張福清關於張祜詩歌注釋辨僞輯佚的幾個問題（載中國韻文學刊二〇〇六第二期）考出此詩是明代張祐詩，見行海超智編次金山龍游禪寺志略卷三。明張祐，字天祐，明史卷一六六有傳，亦即錢謙益列朝詩集小傳丁集中之張祐。

末句「航」：縣志作「帆」。

【箋注】

〔一〕金山寺：祝穆方輿勝覽卷三鎮江府：「金山寺，在金山上，屹立江中。真宗夢遊此寺，後改名龍遊。」

寄題商洛王隱居〔一〕

近逢商洛口，知爾坐南塘。草閣平春水，柴門掩夕陽。隨蜂收野蜜，尋麝采生香。更憶前年醉，松花滿石牀。

【校記】

此詩録自全唐詩卷五一〇。然全唐詩卷五二八又收入許渾名下，題作「寄題南山王隱居」。許渾丁卯集卷下亦載之，詩題同。文苑英華卷二三二、卷二六一重載之，題爲「寄題商洛王隱士居」，作者許渾。王安石唐百家詩選卷一五亦作許渾詩。又見寶真齋法書贊卷六許渾手迹中，故此詩爲許渾，收作張祜誤也。「商洛」當作「南山」，即終南山。南塘，張禮遊城南記：「南塘，按許渾詩云『背嶺枕南塘』，其亦在韋曲之左右乎？」可見許渾詩不止一次提到南塘。

【箋注】

〔一〕商洛：縣名，唐屬商州上洛郡。

送客歸湘楚

無辭一杯酒，昔日與君深。秋色换歸鬢，曙光生别心。桂花山廟冷，楓樹水樓陰。此路千餘里，應勞楚客吟。

【校記】

此詩録自全唐詩卷五一〇。然全唐詩卷五三〇又作許渾詩。許渾丁卯集卷下亦收。文苑英華卷二八〇亦作許渾，題中「湘」作「荆」。又英華首句作「莫言一樽酒」，校曰：「集作無辭一盃酒。」又第六句「樓」作「亭」，校曰：「集作樓。」所校即據許渾集，可知此詩原收許渾集中，非張祜詩也。

潤州楊別駕宅送蔣侍御收兵歸揚州

冷氣清金虎〔一〕，兵威壯鐵冠〔二〕。揚旌川色暗，吹角水風寒。人對輜軿醉〔三〕，花垂睥睨殘〔四〕。羨歸丞相閣〔五〕，空望舊門闌。

【校記】

此詩原載唐百家詩選卷一五張祜名下，全唐詩卷八八三據之收入補遺中。此詩實爲李嘉祐詩，唐百家詩選誤作張祜。高仲武中興間氣集卷上即收作李嘉祐，題作「潤州王別駕宅送蔣九侍御收兵歸揚州」。文苑英華卷二七一亦作李嘉祐，題爲「潤州陽別駕宅送蔣侍御收兵歸揚州」。

唐詩紀事卷二一李嘉祐條亦載此詩。全唐詩卷二〇六李嘉祐卷亦有此詩，詩題同中興間氣集，唯「王」作「楊」。既入中興間氣集，自然非張祜所作。岑仲勉讀全唐詩札記云：「張祜時代無類此之事，疑應在肅宗初期，時嘉祐方官江陰令也。」李嘉祐任江陰令時，江浙一帶曾發生劉展之亂，唐軍平之，詩即寫此事。詩題之楊（或王、陽）別駕未詳。蔣侍御可考知爲蔣晁。詩中「丞相閣」之丞相則爲崔圓，見全唐文卷三八七獨孤及送蔣員外奏事畢還揚州序。

【箋注】

〔一〕金虎：文選張衡東都賦：「始於宮鄰，卒於金虎。」李善注：「應劭漢官儀曰：『不制之臣，相與比周，比周者，宮鄰金虎。』宮鄰金虎言小人在位，比周相進，與君爲鄰，貪求之德堅若金，讒謗之言惡若虎也。」

〔二〕鐵冠：法冠，御史所服。後漢書方術傳高獲：「（歐陽）歙下獄當斬，獲冠鐵冠，帶鈇鑕，詣闕請歙。」

〔三〕輜軿：有覆蓋載重之車。梁書元帝紀告四方檄：「舳艫泛水，以掎其南。輜軿委輸，以衝其北。」

〔四〕睥睨：劉熙釋名釋宮室：「城上垣曰睥睨，言於其孔中睥睨非常也。亦曰陴。陴，裨也，言裨助城之高也。亦曰女牆，言其卑小，比之於城，若女子之於丈夫也。」

〔五〕丞相閣：漢書公孫弘傳：「弘自見爲舉首，起徒步，數年至宰相，封侯，於是起客館，開東閣以延賢人，與參謀議。」

平望驛寄吴興徐君玄之〔一〕

故人爲作郡，百里到吴興。藻思江湖滿〔二〕，公平道路稱。包山方峻直〔三〕，霅水況澄清〔四〕。佇聽司空第，遥知下詔徵。

【校記】

此詩原載百城煙水卷四吴江，童養年全唐詩續補遺卷六據之收入張祜名下。然此詩非張祜作。談鑰嘉泰吴興志卷一四郡守題名：「徐玄之，開元七年自諫議大夫授，改邠王府長史。統計云十五年。」可知與張祜絶不相及。徐玄之爲徐申之祖，李翺李文公集卷一一唐故金紫光禄大夫檢校禮部尚書使持節都督廣州諸軍事廣州刺史兼御史大夫充嶺南節度營田觀察制置本管經略等使東海郡開國公食邑二千户徐公（申）行狀：「祖玄之，皇考功員外郎，贈吏部郎中、諫議大夫。」唐尚書省郎官石柱題名吏部郎中徐玄之在陳希烈前，吏部員外郎徐玄之在楊軌臣後，司勳員外郎徐玄之在袁仁敬後，可知爲玄宗時人。抑開元間亦有一張祜耶？

【箋注】

〔一〕平望驛：嘉慶重修一統志卷七八蘇州府：「平望驛，在吴江縣東門外，唐置驛在平望鎮，後因之。本朝順治六年移置垂虹亭下。」

〔二〕藻思：魏書邢臧傳：「幼孤，早立操尚，博學有藻思。」

〔三〕包山：酈道元水經注卷二九沔水：「（太）湖有苞山，春秋謂之夫椒山。……吴地記曰：『太湖有苞山，在國西百餘里，居者數百家。』」祝穆方輿勝覽卷二平江府：「包山，在吴縣西南百二十里，又名洞庭山。」

〔四〕霅水：樂史太平寰宇記卷九四湖州：「霅溪在（烏程）縣東南一里，凡四水合爲一溪：自浮玉山曰苕溪，自銅峴山曰前溪，自天目山曰餘不溪，自德清縣前北流至州南興國寺前曰霅溪。東北四十里合入太湖。」

病宫人

佳人卧病動經秋，簾幕繿縿不掛鈎〔一〕。四體強扶藤夾膝〔二〕，雙鬟慵插玉搔頭〔三〕。花顔有幸君王問，藥餌無徵待詔愁〔四〕。惆悵近來消瘦盡，淚珠時傍枕函流〔五〕。

【校記】

此詩見才調集卷七、全唐詩卷五一一。全詩於題下注曰：「一作袁不約詩。」才調集卷九、全唐詩卷五〇八皆又收作袁不約詩。可見此詩混收已久。張祜宮詞皆爲絶句體，與此不類，故此詩當是袁不約作。

【箋注】

〔一〕繿縿：破舊的縑帛。繿同襤。

〔二〕藤夾膝：藤几。夾膝即几。温庭筠晚坐寄友人：「曉夢未離金夾膝，早寒先到石屏風。」陸龜蒙有以竹夾膝寄襲美詩。

〔三〕玉掻頭：玉簪。西京雜記卷二：「武帝過李夫人，就取玉簪掻頭，自此後宮人掻頭皆用玉，玉價倍貴焉。」

〔四〕待詔：唐置翰林院，凡文學、經學之士、醫卜等皆可入，以待皇帝詔命，稱待詔。此指宫醫。

〔五〕枕函：中間可放置物件的匣狀枕頭。

送周尚書赴滑臺〔一〕

楚謡襦袴整三年〔二〕，喉舌新恩下九天〔三〕。鼓角雄都分節鉞〔四〕，蛇龍舊國罷樓船〔五〕。崑河已在兵鈐内〔六〕，堂柳空留鶴嶺前〔七〕。多病無由酬一顧，鄜陵千騎去翩翩〔八〕。

【校記】

此詩當是陳陶作。周尚書爲周墀。舊唐書周墀傳：「會昌六年十一月，遷洪州刺史、江南西道觀察使。大中初，檢校禮部尚書、滑州刺史、義成軍節度、鄭滑觀察使。」又宣宗紀：「（會昌六年十一月）以江西觀察使周墀爲義成軍節度使、鄭滑觀察等使。」陳陶與周墀在江西時已相識，全唐詩卷七四五陳陶有贈江西周大夫。孫光憲北夢瑣言卷五：「大中年，洪州處士陳陶者，有逸才。」晁公武郡齋讀書志卷四中：「陳陶，嵩伯也，鄱陽人，大中時隱洪州西山，自號三教布衣。」周墀自洪州轉滑州，陳陶作詩送之，自在情理之中。故知作張祜詩誤。此詩見全唐詩卷五一一，然卷七四六又收作陳陶詩，題作送江西周尚書赴滑臺。文苑英華卷二七九亦作陳陶，校以陳詩，異字如下：整三年：「年」作「千」。鼓角雄都：「鼓」作「天」。蛇龍舊國：「蛇」作「蛟」。堂柳空留：「堂柳」作「棠樹」。多病無由：「由」作「因」。

【箋注】

〔一〕滑臺：李吉甫元和郡縣圖志卷八滑州：「州城，即古滑臺城……昔滑氏爲壘，後人增以爲城，甚高峻堅險，臨河亦有臺。」

〔二〕襦袴：晉書謝尚傳：「尚爲政清簡，始到官，郡府以布四十匹爲尚造烏布帳，尚壞之，以爲軍士襦袴。」

〔三〕喉舌：詩經大雅烝民：「出納王命，王之喉舌。」

〔四〕節鉞：孔叢子問軍禮：「天子當階東面，命授之節鉞，大將受，天子乃東面西向而揖之，示弗御也。」

〔五〕蛇龍：左傳襄公二十一年：「深山大澤，實生龍蛇。」

〔六〕崑河：指黄河。黄河發源於崑崙山，故云。兵鈐：後漢書方術傳序：「至於河洛之文……鈐決之符。」李賢等注：「兵法有玉鈐篇及玄女六韜要決。」

〔七〕堂柳：世説新語言語：「桓公（温）北伐，經金城，見前爲琅邪時種柳皆已十圍，慨然曰：『木猶如此，人何以堪！』」鶴嶺：王象之輿地紀勝卷二六隆興府：「鶴嶺，雷次宗豫章記云：『在鸞岡之西，王子喬控鶴所降，經過於此。』方輿記云：『西山中峰最高頂名曰鶴嶺。』」

〔八〕鄢陵：元和郡縣圖志卷八許州：「鄢陵故城，在（鄢陵）縣西北十五里。」

邊思

蘇武節旄盡〔一〕，李陵音信稀〔二〕。花當隴上發，人向隴頭歸〔三〕。

【校記】

此詩見席刻唐百家詩張祜詩集卷二、全唐詩卷五一一。然文苑英華卷二九九、唐詩紀事卷五一、萬首唐人絶句卷四皆作楊衡詩，全唐詩卷四六五楊衡卷中亦有之。當是楊衡詩，席刻誤收。

首句「旌」當依楊衡詩作「旄」。花當隴上發：「花」作楊衡詩者皆作「梅」。

【箋注】

〔一〕蘇武：漢書蘇武傳：「武既至海上，廩食不至，掘野鼠去中實而食之，杖漢節牧羊，卧起操持，節旄盡落。」

〔二〕李陵：漢名將李廣之孫，武帝時爲騎都尉，天漢二年，率步兵五千人擊匈奴，戰敗投降。見漢書李陵傳。

〔三〕隴頭：李吉甫元和郡縣圖志卷三九秦州：「小隴山，一名隴坻，又名分水嶺。……隴上有水，東西分流，因號驛爲分水驛。行人歌曰：『隴頭流水，鳴聲嗚咽。遥望秦川，肝腸斷絶。』」

楓橋〔一〕

長洲苑外草蕭蕭〔二〕，却算遊城歲月遥。唯有別時今不忘，暮煙疏雨過楓橋。

【校記】

此詩見范成大吴郡志卷三三、鄭虎臣吴都文粹卷八、全唐詩卷五一一。吴都文粹題作「題楓橋寺」。洪邁萬首唐人絶句卷三二作杜牧詩，題爲「懷吴中馮秀才」。馮集梧樊川詩集注樊川外集收此詩，題同萬首。朱長文吴郡圖經續記卷中：「普明禪院，在吴縣西十里楓橋。楓橋之名遠矣，杜牧詩嘗及之，張繼有晚泊一絶，孫承祐嘗於此建塔。」所云杜牧詩即此首。然在宋時已混作張祜，如王楙野客叢書卷二三：「杜牧之詩曰：『長洲茂苑草蕭蕭，暮煙疏雨過楓橋。』近時孫尚書仲益、尤侍郎延之作楓橋修造記，與夫楓橋植楓記，皆引唐人張繼、張祜詩爲證，以謂楓橋之名著天下者，由二公之詩，而不及牧之。」既以此詩爲杜牧作，又云張祜亦有楓橋詩。畢仲游西臺集卷二〇江行：「長航駕浪入煙空，大醉高吟天地中。快事平生未曾有，渡江才得一帆風。」自注曰：「楓橋寺讀張祜詩碑云：『長洲苑外草蕭蕭，卻憶相從歲月遥。惟有別時應不忘，暮煙疏雨過楓橋。』是夜與温老語，殊可人。翼日又邂逅程夢良，二人相送寺門。因留一章紀事。」以此詩爲張祜作。孫覿平江府楓橋普明禪院興造記今存，見鴻慶居士集卷二二，云：「唐人張繼、張祜嘗即其處作詩紀遊，吟誦至今，而楓橋寺亦遂知名於天下。」吴都文粹此詩亦收兩人名下，卷八作張祜，卷一〇作杜牧。疑張祜原有楓橋詩，但已佚，此詩却是杜牧作。按詩意，顯爲懷人之作，作懷吴中馮秀才甚切。因張祜原詩佚失，遂將杜牧詩誤作張祜。

【箋注】

〔一〕楓橋：范成大吴郡志卷一七：「楓橋在閶門外九里道傍，自古有名，南北客經由，未有不憩此橋而題詠者。」嘉慶重修一統志卷七八蘇州府：「楓橋，在吴縣閶門外西九里。宋周遵道豹隱紀談：『舊作封橋，後因唐張繼詩，相承作楓，今太平寺藏經樓多唐人書，背有封橋常住字。』」

〔二〕長洲苑：樂史太平寰宇記卷九一蘇州：「長洲苑在（長洲）縣西南七十里，孟康云以江水洲爲苑也。」

伊山〔一〕

晉代衣冠夢一場，精藍往是讀書堂。桓伊曾弄柯亭笛〔二〕，吹落梅花萬點香〔三〕。

【校記】

此詩原載古今圖書集成職方典一二五三衡州府部，童養年全唐詩續補遺卷六據之收入張祜名下。

【箋注】

〔一〕伊山：岑建功輿地紀勝補闕卷四衡州：「古迹門有晉桓伊讀書堂，注云：言行録云：向子忞居衡陽之伊山，乃晉桓伊書堂故基。」嘉慶重修一統志卷三六三衡州府：「伊山，在衡陽縣北三十里。括地志：『伊山，晉桓伊讀書處，一名桓山。』」

〔二〕「桓伊」句：藝文類聚卷四四伏滔長笛賦序：「余同僚桓子野（伊）有故長笛，傳之耆艾，云：蔡邕之所作也。初邕避難江南，宿於柯亭，柯亭之館以竹爲椽，仰而眄之曰：『良竹也。』取以爲笛，奇聲獨絶，歷代傳之。」世説新語任誕：「王子猷（徽之）出都，尚在渚下。舊聞桓子野善吹笛，而不相識，遇桓於岸上過，王在船中，客有識之者，云：『是桓子野。』王便令人與相聞云：『聞君善吹笛，試爲我一奏。』桓時已貴顯，素聞王名，即便回下車，踞胡牀，爲作三調，弄畢，便上車去，客主不交一言。」

〔三〕梅花：郭茂倩樂府詩集卷二四横吹曲辭：「梅花落，本笛中曲也。按唐大角曲亦有大單于、小單于、大梅花、小梅花等曲，今其聲猶有存者。」此處雙關。

憂旱吟

炎熇肆蒸溽，南薰日飄颺〔一〕。田疇苦焦烈〔二〕，龜坼無潤壤。嘉禾穟爲實，灌注期穰穰〔三〕。卓午火雲熾，虐焰彌穹蒼。桔槔置無用，何計盈倉箱？老農力耕耨，捫心熱衷腸。公租與私税，焉得俱無傷？今年已憔悴，斗米百錢償。富豪索高價，閉廩幾絶糧。引領望甘雨，傾城禱林桑〔四〕。匹夫動天地，奚俟暴巫尫〔五〕。浹旬竟弗驗，神明果茫茫。彼蒼豈降割〔六〕，以重吾民殃？

【校記】

此詩原載古今圖書集成庶徵典五九旱災部，童養年全唐詩續補遺卷六據之收入張祜名下。

【箋注】

〔一〕南薫：史記樂書：「昔有舜作五絃之琴，以歌南風。」裴駰集解：「王肅曰：南風，育養民之詩也，其辭曰：『南風之薫兮，可以解吾民之慍兮。』」

〔二〕田疇：禮記月令季夏之月：「可以糞田疇。」孔穎達疏：「蔡（邕）云：穀田曰田，麻田曰疇。」

〔三〕穰穰：收穫豐盛。詩經周頌烈祖：「自天降康，豐年穰穰。」

〔四〕林桑：淮南子主術：「湯之時，七年旱，以身禱於桑林之際，而四海之雲湊，千里之雨至。」

〔五〕巫尪：左傳僖公二十一年：「夏大旱，公欲焚巫尪。」杜預注：「巫尪，女巫也，主祈禱請雨者。或以爲尪非巫也，瘠病之人，其面上向，俗謂天哀其病，恐雨入其鼻，故爲之旱，是以公欲焚之。」

〔六〕彼蒼：詩經秦風黄鳥：「彼蒼者天，殲我良人。」割：災害。尚書堯典：「湯湯洪水方割」。

戲簡朱壇詩

昔人有玉盌，擊之千里鳴。今日覩斯文，盌有當時聲。

【校記】

此詩原載范攄雲溪友議卷下雜嘲戲條，全唐詩卷八七〇諧謔二據之收入。雲溪友議卷下：「張祜客於丹徒，有朱壇者輕佻，侮慢祜之篇詠。後壇與祜卷，欲其潤飾之，祜乃戲簡二十字，欣而不悟。詩曰：『……』即此詩。玉盌：葛洪抱朴子廣譬：「無當之玉盌，不如全用之埏埴。」當即底，玉盌無當即不可用來盛東西，故張祜以之喻朱壇之詩。此喻由「玉卮無當」而來。韓非子外儲說右上：「堂谿公見昭侯曰：『今有白玉之卮而無當，有瓦卮而有當，君渴將何以飲？』君曰：『以瓦卮。』」

戲顔郎中獵

忽聞射獵出軍城，人著戎衣馬帶纓。倒把角弓呈一箭，滿川狐兔當頭行。

【校記】

此詩見萬首唐人絶句卷一五、全唐詩卷五一一，原載范攄雲溪友議卷下雜嘲戲條，全唐詩卷八七〇諧謔二亦據之收入，題作「戲顔郎官騎獵詩」。雲溪友議卷下：「温州顔郎中，儒士也。不知弧矢之能。張祜觀其騎獵馬上，以詩戲之曰……」即此詩。顔郎中未詳。

即席爲詩獻徐州節度王智興

古來英傑動寰區，武德文經未有餘。王氏柱天勳業外，李陵章句右軍書。

【校記】

此詩原出康軿劇談録卷上王侍中題詩條，又載萬首唐人絶句卷一五，童養年全唐詩續補遺卷六據之收入。萬首題作「獻王智興」，題目皆爲編者所擬。唐詩紀事卷五四王智興條亦引張祜此詩，前三句作「十年受命鎮方隅，孝節忠規兩有餘。誰信將壇嘉政外」，第四句同。康軿劇談録卷上：「王侍中智興武略英奇，初授徐方節制……時文人張祜亦預此筵，監軍謂之曰：『覩兹盛事，豈得無言？』祜即席爲詩以獻。」即此詩。舊唐書穆宗紀：「(長慶二年三月)己未，以武寧軍節度副使王智興檢校工部尚書、兼徐州刺史、充武寧軍節度使。」末句以李陵與王羲之喻王智興之詩與書法。

【輯評】

李昭玘録張祜詩：勝因禪院有王智興詩刻凡十餘篇。最後處士張祜酬智興詩曰：「更有柱天功業外，李陵章句右軍書。」智興本徐州牙兵，屢擊李師道有功，爲沂州刺史。長慶初，河朔用兵，充武寧軍節度副使，領河北行營。朝廷用崔群爲武寧帥，群畏智興難制，密請追還京師，未報，會赦王廷湊，諸節度班師，智興還，群遣僚屬迎之，戒吏士委甲，智興斬關以入，殺異己者十餘輩，然後謝群曰：「此軍情也。」群爲治裝去，智興以兵衛送還朝，至埇橋掠鹽鐵院，劫商旅，逐濠州刺史侯弘度。朝廷方罷兵，不能討，詔以全節付之。祜所謂「柱天功業」者，既已誣矣。字畫抵捂如刀筆吏所爲，詩句淺惡甚於里巷小人嘲調不根之語，祜比之李陵右軍，又不情之甚也。嘗讀杜牧與祜詩，以謂「千首詩輕萬户侯」，此其足以輕萬户侯耶？唐自元和以後，士人多以辭章遊王公之門，謂之投卷，所幸者大則薦聞於朝，小則資以賕貸，士之急於人知無甚於此時也。……嗚呼，信道不篤，喜於自媒，能不以美言爲禽犢者，寡矣。（樂静集卷五）

斷　句

萬國見清道，一身成白頭。上令狐相公

此地榮辱盛，豈宜山中人。秋晚〔一〕

椿兒繞樹春園裏，桂子尋花月夜中。〔二〕

一到東林寺，春深景致芳。春遊東林寺〔三〕

常聞浣紗女，復有弄珠姬。采蓮〔四〕

草色粘天鶗鴂恨。〔五〕

【校記】

〔一〕以上兩聯見張爲詩人主客圖張祜名下及計有功唐詩紀事卷五二張祜條。

〔二〕馮翊子桂苑叢談崔張自稱俠：「張二子，一椿兒，一桂子，有詩曰：……」所引二句即此。王楙野客叢書卷二四張祜經涉十一朝條：「祜嘗有詩曰：『椿兒繞樹春園裏，桂子尋花夜月中。』」亦引此二句。

〔三〕吟窗雜録卷一二引文彧詩格：「張祜春遊東林寺詩：『□到東林寺，春深景致芳。』」冒春榮葚原詩説卷一：「詩有就題便爲起句者，如……張祜『到東林寺，春深景致芳』是也。」

〔四〕劉克莊後村詩話續集卷一：「鄭左司子敬家有玉臺後集，天寶間李康成所選，自陳後主、隋煬帝、江總、庾信、沈、宋、王、楊、盧、駱而下二百九人，詩六百七十首，彙爲十卷，與前集等，皆徐陵所遺落者，往往其時諸人之集尚存。今不能悉録，姑摘其可存者於後：……『常聞浣紗女，復有弄珠姬。』（張祜采蓮）」按：李康成玉臺後集收迄天寶末，不可能收及張祜之作，明矣。若劉克莊所記不誤，則開元間尚有一張祜（或名張祐），也未可知。

〔五〕楊慎升庵詩話卷九粘天條：「庾闡揚都賦『濤聲動地，浪勢粘天』，本自奇語。昌黎祖之曰『洞庭汗漫，粘天無壁』，張祜詩『草色粘天鶗鴂恨』，黄山谷『遠山粘天吞釣舟』，秦少遊小詞『山抹微雲，天粘衰草』，正用此字爲奇。今俗本作『天連』，非矣。」汲古閣宋六十家詞淮海詞秦觀滿庭芳毛晉校：「天粘衰草，今本改粘作連，非也。韓文『洞庭汗漫，粘天無壁』，張祜詩『草色粘天鶗鴂恨』，山谷詩『遠山粘天吞釣舟』，邵博詩『平浪勢粘天』……粘字極工，且有出處。若作『連天』，是小兒之語也。」然此句實爲范成大詩句，石湖居士詩集卷一代聖集贈别：「一曲悲歌水倒流，尊前何計緩千憂。事如夢斷無尋處，人似春歸挽不留。草色粘天鶗鳩恨，雨聲連曉鷓鴣愁。迢迢緑浦帆飛遠，今夜新晴獨倚樓。」楊慎、毛晉誤記。

聯　句

骰子逡巡裹手拈，無因得見玉纖纖。杜牧。但知報道金釵落，髣髴還應露指尖。張祜。〔一〕

【校記】

〔一〕原出王定保唐摭言卷一三矛盾條，全唐詩卷七九二聯句五據之收入，并加題曰「妓席與杜牧之同詠」。然唐摭言所記并不可靠。阮閱詩話總龜前集卷二三引李頎古今詩話亦載之，大略同唐摭言，阮閱於其下注曰：「南部新書謂此詩乃李義山作。」然李商隱詩集無之，錢易南部新書亦不載。全唐詩卷五七〇收此作李群玉詩，題作戲贈姬人，才調集卷九、李群玉詩集卷五亦皆載之，爲李群玉詩無疑也。南部新書所云李義山乃李文山之訛，李群玉字文山，「義」簡寫作「乂」時與「文」形似而訛也。今本南部新書佚去此條。（以上參吴在慶、陳尚君先生之説。）

附録一 張祜研究資料

評論

王贊玄英先生詩集序：先是丹陽有南陽張祜，差前於生，其詩發言橫肆，皆吴越之遺逸也。予嘗較之，張祜升杜甫之堂，方干入錢起之室矣。（全唐文卷八六五）

孫郃方玄英先生傳：弟子弘農楊弇、釋子居遠，及卒，請舍人王贊之爲序。贊序云：張祜升杜甫之堂，方干入錢起之室云。（全唐文卷八二〇）

張爲詩人主客圖：廣大教化主白居易……入室三人：張祜、羊士諤、元稹。

計有功唐詩紀事卷五二徐凝：樂天薦徐凝屈張祜，論者至今鬱鬱，或歸白之妬才也。余讀皮日休論祜云：「祜元和中作宫體小詩，辭曲豔發，當時輕薄之流重其才，合譟得譽。及老大，稍窺建安風格。誦樂府録，知作者本意，短章大篇，往往間出。講諷怨譎，時與六義相左右。善題目佳境，言不可刊置別處。此爲才子之最也。」祜初得名，乃作樂府豔發之詞，其不羈之狀，往往間見。凝之操履不見於史，然方干學詩於凝，贈之詩曰：「吟得新詩草裏論」，戲反其辭，謂「村裏老」也。方干，世所謂簡古者，且能譏凝，則凝之朴略椎魯，從可知矣。樂天方以實行求才，薦凝而抑祜，其在當時，理其然也。令狐楚以祜詩三百篇上之，元稹曰：「雕蟲小技，或獎激之，恐害風教。」祜在元白時，其譽不甚持重。杜牧之刺池州，祜且老矣，詩益高，名益重。然牧之少年所爲，亦近於祜，爲祜恨白，理亦有之。余嘗謂文章之難，在發源之難也。元白之心本乎立教，乃寓意於樂府雍容宛轉之詞，謂之諷諭，謂之閒適。既持是取大名，時士翕然從之，師其詞，失其旨，凡言之浮靡艷麗者，謂之元白體。二子規規攘臂解辯，而習俗既深，牢不可破。非二子之心也，所以發源者非也，可不戒哉！

晁説之成州同谷縣杜工部祠堂記：前乎韓而詩名之重者錢起，後有李商隱、杜牧、張祜，晚唐惟司空圖，是五子之詩，其源皆出諸杜者也。（嵩山文集卷一六）

葛立方韻語陽秋卷四：張祜喜遊山而多苦吟，凡歷僧寺，往往題詠。如題僧壁云：「客地多逢酒，僧房却獻花。」萬道人禪房云：「殘陽過遠水，落葉滿疏鐘。」題金山寺云：「僧歸夜船月，龍出曉堂雲。寺影中流見，鐘聲兩岸聞。」題孤山寺云：「不雨山長潤，無風水自陰。斷橋荒蘚澀，空院落花深。」如杭之靈隱、天竺，蘇之靈巖、楞伽，常之惠山、善卷，潤之甘露、招隱，皆有佳作。李涉在岳陽嘗贈其詩曰：「岳陽西南湖上寺，水閣松房遍文字。新釘張生一首詩，自餘吟著皆無味。」信知僧房佛寺，賴其詩以標榜者多矣。

洪邁容齋隨筆卷九張祜詩：唐開元、天寶之盛，見於傳記歌詩多矣，張祜所詠尤多，皆他詩人所未嘗及者。如正月十五夜燈云：「千門開鎖萬燈明，正月中旬動帝京。三百内人連袖舞，一時天上著詞聲。」上巳樂云：「猩猩血染繫頭標，天上齊聲舉畫橈。却是内人争意切，六宮紅袖一時招。」春鶯囀云：「興慶池南柳未開，太真先把一枝梅。内人已唱春鶯囀，花下傞傞軟舞來。」又有大酺樂、邠王小管、李謨笛、寧哥來、邠娘羯鼓、退宮人、耍娘歌、悖拏兒舞、阿㑹湯、雨霖鈴、香囊子等詩，皆可補開天遺事，紘之樂府也。

又容齋續筆卷二唐詩無避諱：唐人歌詩，其於先世及當時事，直辭詠寄，略無避隱。至宮禁嬖昵，非外間所應知者，皆反復極言，而上之人亦不以爲罪。……此下如張祜賦連昌宮、元日仗、千秋樂、大酺樂、十五夜燈、熱戲樂、上巳樂、邠王小管、李謨笛、退宮人、玉環琵琶、春鶯囀、寧哥來、容兒鉢頭、邠娘羯鼓、耍娘歌、悖拏兒舞、華清宮、長門怨、集靈臺、阿㑹湯、馬嵬歸、香囊子、散花樓、雨霖鈴等三十篇，大抵詠開元天寶間事。李義山華清宮、馬嵬、驪山、龍池諸詩亦然。今之詩人不敢爾也。

劉克莊後村詩話後集卷一：王贊序方干詩云：「張祜升杜甫之堂，方干入錢起之室。」祜尤爲杜牧所稱，林逋亦有「張祜詩牌妙入神」之句。牧、逋非輕許可者。

又新集卷四：張祜金山寺云：「僧歸夜船月，龍出曉堂雲。樹影中流見，鐘聲兩岸聞。」孤山寺云：「斷橋荒蘚合，空院落花深。」孟浩然宅云：「孟簡雖持節，襄陽屬浩然。」送人嶺南去云：「珠環楊氏果，翠耀孔家禽。」別甥云：「偶作魏舒別，聊爲殷浩吟。」靈隱師上人云：「貧知交道薄，老信釋門空。」題惠山寺云：「泉聲到池盡，月色上樓多。」普賢寺云：「潭黑龍應在，巢空鶴未還。」又云：「中擘庭前棗，教郎見赤心。」又云：「青雲舊李白，憔悴爲酒客。」贈內人云：「斜拔玉釵燈影畔，剔開紅焰救飛蛾。」退宫人云：「開元皇帝掌中憐，流落人間二十年。長説承天門上宴，百官樓下拾金錢。」（劉屏山「不見金錢打著人」之句本此。）勸飲酒云：「燒得硫黄漫學仙，未知長付酒家錢。竇常不吃齊推藥，却在人間八十年。」邠王小管云：「虢國潛行韓國隨，宜春深院映花枝。金輿遠幸無人見，偷把邠王小管吹。」又云：「虢國夫人承主恩，平明騎馬入宫門。却嫌脂粉污顔色，淡掃蛾眉朝至尊。」張祜、崔涯同時齊名，同客淮南，時海宇承平，揚州繁華爲天下第一。兩生以風流自命，所謂十二紅樓名姝角妓，得其一盼，聲價爲重。張祜詩有「天下三分明月夜，二分無賴是揚州」，及「人生只合揚州死，禪智山岡好墓田」之句。其放蕩如此。然五言如「斷橋荒蘚」「空院落花」之語，林和靖有「妙入神」之褒。同時杜牧亦云：「誰人得似張公子，千首詩輕萬户侯。」今祜詩存者僅四卷耳，然則散落多矣。涯詩未之見，當考。

吴禮部詩話引時天彝評唐百家詩選：盧仝奇怪，賈島寒澀，自成一家。張祜樂府，時有美麗。趙嘏多警句，能爲律詩，蓋小才也。

胡震亨唐音癸籤卷七：張承吉（祜）五言律詩，善題目佳境，不可刊置他處。當時以樂府得名，未是定論。

又卷二五：紫微與元白待張祜一案，幾成詩獄。初，杜與白論詩不合，而祜亦常覓解於白，失其意。後彭陽公薦祜詩於朝，元復左袒白，奏罷之。紫微守秋浦，因激而爲祜稱不平，與祜交偏厚，贈祜詩有「不羨人間萬户侯」句，而於元白盛稱李戡欲用法治其詩之説。使諸公仕路相值，豈有幸哉？獨惜一祜詩，受鏑於斯，因受盾於斯，匪拜詩賜紫微，拜詩禍紫微矣。歎賢達成心難化至此。

高棅唐詩品彙五言律詩叙目接武下：貞元以後，戎昱、李益、戴叔倫、張籍、張祜之流，無足多得，其有合作者遺韻尚在，猶可以繼述盛時。

朱警唐百家詩附徐獻忠唐詩品：處士詩長於模寫，不離本色，故覽物品遊，往往超絶，所謂五言之匠也。其宫體小詩，聲唱流美，頗諧音調。中唐以後詩人如處士者裁思精到，安可多得，但陸龜蒙序略謂之稍窺建安風格，則泥乎未之見也。

許學夷詩源辯體卷二九：張祜（字承吉），元和中作宫體七言絶三十餘首，多道天寶宫中事，入録者較王建工麗稍遜而寬裕勝之。其外數篇，聲調亦高。

賀裳載酒園詩話又編張祜：樂天號爲與物無競，乃致張祜坎壈終身，事雖成於元稹，要不能辭「伯仁由我」之譏也。祜自不能爲徐凝俛首，何與於白，更何與於元而泥令狐楚之薦乎？款頭詩、目連救母，藝林載爲雅謔，安知不以其不爲前輩少容而有意壓之？然宫體諸詩，實皆淺淡，即「故國三千里，深宫二十年」，亦甚平常，不知何以合譽至此！

吴景旭歷代詩話卷五一：張爲作主客圖，以白樂天爲廣大教化主，而以祜爲入室，即白公款頭之謔，亦一時欽藉語。杜牧之詩：「誰人得似張公子，千首詩輕萬户侯」，蓋指白公也。要其宫體小詩，諫諷怨譎，與六義相左右，未可以雕蟲小巧目之爾。

王士禛帶經堂詩話卷一八：唐詩人張祜字承吉，與白樂天、杜牧之同時，其詩事班班可考。野客叢書引祜「不信寧王回馬來」及「金輿遠幸無人見，偷取邠王小管吹」之句，以爲目擊時事而作。又祜有詠武宗時孟才人之作，云：「一聲河滿子，雙淚落君前」，一述明皇事，一述武宗事，遂疑其身涉十一朝，年且百二十歲云云。此説愚甚，可笑。唐人詠明皇、太真事者不可枚舉，如元白連昌宫詞、長恨歌，二篇其最著者。又如李義山「如何四紀爲天子，不及盧家有莫愁」之類亦多矣，豈皆同時目擊者耶？即祜樂府春鶯囀、雨霖鈴等作，皆追詠天寶間事，何獨疑於前二詩耶？

又卷二八：唐張祜，長慶、寶曆間詩人之翹楚。或薦於上，時元稹爲相，力沮之，不得召見，罷歸。祜見知於樂天，而沮於微之，此理之不可解者，而元之相度人品亦可想見。

王士禛師友師傳續録：漢魏樂府，高古渾厚，不可擬議。唐人樂府不一……至於唐人王昌齡、王之涣，下逮張祜諸絶句，楊柳枝、水調、伊州、石州等辭，皆可歌也。

趙執信談龍録：唐賢詩學，類有師承，非如後人第憑意見。竊嘗求其深切著明者，莫如陸魯望之叙張祜處士也。曰：「元和中作宫體小詩，辭曲豔發，輕薄之流，合譟得譽。及老大稍窺建安風格。讀樂府録，知作者本意，短章大篇，往往間出，講諷怨譎，與六義相左右。善題目佳境，言不可刊置别處，此爲才子之最也。」觀此，可以知唐人之所尚，其本領亦略可窺矣。不此之循，而蔽於嚴羽囈語，何哉？

李懷民重訂中晚唐詩主客圖説張祜傳：懷民按：承吉作宫詞絶句，韻味風情不下王仲初，樂府長歌亦各成格調。獨五言近體，刻入處太逼閬仙，或亦私淑賈氏者也，斷爲及門一人。

袁枚隨園詩話卷一：陸魯望過張承吉丹陽故居，言「祜善題目佳境，言不可刊置别處，此爲才子之最也。」余深愛此言。自古文章所以流傳至今者，皆即情即景，如化工肖物，著手成春，故能取不盡而用不竭。不然，一切語古人都已説盡，何以唐、宋、元、明，才子輩出，能各自成家而光景常新耶？即如一客之招、一夕之宴，開口便有一定分寸，貼切此人此事，絲毫不容假借，方是題目佳境。若今日所詠，明日亦可詠之；此人可贈，他人亦可贈之，便是空腔虚套，陳腐不堪矣。

喬億劍溪説詩又編：元和、長慶間，自韓、柳而外，古選首孟郊，歌行則李賀，張籍五律，劉禹錫七言律絶，張祜小樂府，並出樂天之右。

翁方綱石洲詩話卷二：陸魯望謂「張祜元和中作宫體小詩，辭曲豔發，及老大，稍窺建安風格。誦樂府録，知作者本意，短章大篇，往往間出，諫諷怨譎，時與六義相左右。善題目佳境，言不可刊置别處，此爲才子之最。」此段論詩極有見，而其所自作，未能擇雅，何也？所謂「不可刊置别處」，非如今日八股體，曲曲鉤貫之謂也。乃言每一篇，各有安身立命處耳。

管世銘讀雪山房唐詩序例七絶凡例：張祜喜詠天寶遺事，合者亦自婉約可思。

余成教石園詩話卷二：張承吉（祜）五言詩，善題目佳境，不可刊置别處。如「鳥啼新果熟，花落故人稀」，「河流出郭静，山色對樓寒」，「落日懸烏臼，空林露寄生」，「晚潮風勢急，寒葉雨聲多」，「地勢遥尊嶽，河流側讓關」，「地盤山入海，河繞郭連天」，「黑夜山魈語，黄昏海燕歸」，「不雨山長潤，無雲水自陰」，「日月光先到，江山勢盡來」，「樹影中流見，鐘聲兩岸聞」，「風帆彭蠡疾，雲水洞庭寬」，「萬里故人去，一行新雁來」，「洞壑江聲遠，樓臺海氣連」諸句，皆時地皆肖，有聲有色，宜乎杜司勳有「誰人得似張公子，千首詩輕萬户侯」之贈也。

又：徐侍郎（凝）奉陪相公看花宴會二絶，勝於杭州開元寺牡丹詩，白香山賞之，以其末句之譬耳。計敏夫云：「樂天薦凝屈祜，論者至今鬱鬱，或歸白之妒才。樂天方以實行求才，故薦凝抑祜。牧之少年所爲，亦近於祜，爲祜恨白，理或有之。」……今觀侍郎諸詩，固皆以情致勝者也，然較之於祜，則實不如。白之抑祜，或出於退輕薄而進樸略之心。而元稹謂「祜雕蟲小技，或奬激之，恐變風教」，則實懷妒才之心矣。世不咎元而但咎白，何也？

潘德輿養一齋詩話卷五：元微之目張承吉爲雕蟲小巧，奬藉之恐變風教，此雖讒譖之詞，不足爲據。然如承吉所製邠王小管、李謩笛、玉環琵琶、邠娘羯鼓、耍娘歌、悖拏兒舞、容兒鉢頭、寧哥來、阿㒒湯、集靈臺諸絶句，專覓宫闈瑣事，被之諷詠，揚其闕失，得不有妨名教？至於病宫人、愛妾换馬諸律，以及「玉釵斜白燕，羅帶弄青蟲」，「鐙金斜燕子，鞍帕嫩鵝兒」，「紅粉美人擎酒勸，錦衣年少臂鷹隨」，「鴛鴦鈿帶抛何處，孔雀羅衫付阿誰」諸律句，豈非纖俗害正之尤耶？吾獨惜以承吉之才，能爲「晴空一鳥渡，萬里秋江碧」，「河流出郭静，山色對樓寒」，「海明先見日，江白迥聞風」，「地盤山入海，河繞國連天」，「俯砌池光動，登樓海氣來」，「風帆彭蠡疾，雲水洞庭寬」，「人行中路月生海，鶴語上方星滿天」，「潮落夜江斜月裏，兩三星火是瓜洲」諸句，可以直跨元白之上，而竟爲微之所短，又爲樂天所遺也。凡有才者，總須貴重其言，承吉不自惜，天耶？人耶？當自反矣。然樂天薦徐凝而抑承吉，心實不公。計敏夫乃謂樂天以實行取人，殆喜凝之樸略椎魯，而以祜之宮體豔詩爲輕薄，不知凝詩如「恃賴傾城人不及，檀妝惟約數條霞」；「一日新妝拋舊樣，六宮争畫黑煙煤」；「憶得倡門人送客，深紅衫子影門時」，何嘗非宮體？何嘗非豔詩耶？且凝詩無語不拙，自誇「一條界破青山色」，坡公目爲惡詩，而後人尤理其冤，可笑甚矣。……考凝之詩，既無以過人，其所以得白公之推重者，白刺杭州，訪求牡丹，開元寺僧植一本以待白至，凝不識白，而先有「含芳只待舍人來」句，殆捷於逢迎耶？中聯云：「海燕解憐頻睥睨，胡蜂未識更徘徊。虛生芍藥徒勞妒，羞殺玫瑰不敢開。」以拙筆而爲巧媒，猶誇於韓侍郎云「一生所遇惟元白」，宜張承吉之滋不服耳。

宋育仁三唐詩品卷二評張祜：不詳其源所出。七言構體生新，勁過張王，而同其風味。琢詞洗骨，在東野、長吉之間。雁門、思歸，尤推高唱。五律蹇澀之中時生俊采。其雅琴之變曲，隱士之幽音乎？

紀　事

范攄雲溪友議卷中錢塘論：致仕尚書白舍人初到錢塘，令訪牡丹花。獨開元寺僧惠澄近於京師得此花栽，始植於庭，欄圈甚密，他處未之有也。時春景方深，惠澄設油幕以覆其上，牡丹自此東越分而種之也。會徐凝自富春來，未識白公，先題詩曰：「此花南地知難種，慚愧僧閑用意栽。海燕解憐頻睥睨，胡蜂未識更徘徊。虛生芍藥徒勞妒，羞殺玫瑰不敢開。惟有數苞紅樸在，含芳只待舍人來。」白尋到寺看花，乃命徐生同醉而歸。時張祜榜舟而至，甚若疏誕，然張、徐二人，未之習稔，各希首薦焉。中舍曰：「二君論文，若廉白之鬬鼠穴，勝負在於一戰也。」遂試長劍倚天外賦、餘霞散成綺詩，試訖解送，以凝爲先，祜其次耳。張祜詩有「地勢遥尊嶽，河流側讓關」，多士以陳後主「日月光天德，山河壯帝居」，此徒有前名矣。又祜題金山寺詩曰（此寺大江之中）：「樹影中流見，鐘聲兩岸聞」，雖綦毋潛云「塔影掛青漢，鐘聲和白雲」，此二句未爲佳也。祜又有觀獵四韻及宮詞，白公曰：「張三作獵詩以較王右丞，予則未敢優劣也。」王維詩曰：「風勁角弓鳴，將軍獵渭城。草枯鷹眼疾，雪盡馬蹄輕。忽過新豐戍，還歸細柳營。回看失雁處，千里暮雲平。」張祜詩曰：「曉出禁城東，分圍淺草中。紅旗開向日，白馬驟臨風。背手抽金鏃，翻身控角弓。萬人齊指處，一雁落寒空。」白公又以宮詞四句之中皆數對，何足奇乎，不如徐生云「今古長如白練飛，一條界破青山色」。徐凝賦曰：「譙周室裏，定游夏於丘虔；馬守帷中，分易禮於盧鄭。如我明公薦拔，豈獨偏黨乎？」張祜曰：「虞韶九奏，非瑞馬之至音；荆玉三投，佇良工之必鑒。且鴻鐘韻擊，瓦缶雷鳴，榮辱糾紛，復何定分？」祜遂行歌而邁，凝亦鼓枻而歸，自是二生終身偃仰，不隨鄉試矣。先是李補闕林宗、杜殿中牧，與白公輦下論文，具言元白詩體舛雜，而爲清苦者見嗤，因兹有恨。白爲河南尹，李爲河南令，道上相遇，尹乃乘馬，令則肩輿，似乖趨事之禮。嘗謂樂天爲囁嚅翁，聞者皆笑，樂天之名稍減矣。白曰：「李直木（林宗字也），吾之猘子也，其鋒不可當。」後杜舍人之守秋浦，與張生爲詩酒之交，酷吟祜宫詞，亦知錢塘之歲，自有是非之論，懷不平之色。爲詩二首以高之。曰：「誰人得似張公子，千首詩輕萬户侯。」又曰：「如何故國三千里，虚唱歌詞滿六宫。」張君詩曰：「故國三千里，深宫二十年。一聲河滿子，雙淚落君前。」此歌宫娥諷念思鄉，而起長門之思也。祜復遊甘露寺，觀盧肇先輩題處曰：「不謂三吴有此詩人也。」祜曰：「日月光先到，山川勢盡來。」盧曰：「地從京口斷，山到海門回。」因而仰俯，願交於此士矣。

又辭雍氏：崔涯者，吴楚之狂生也，與張祜齊名。每題一詩於娼肆，無不誦之於衢路，譽之則車馬繼來，毁之則杯盤失錯。嘲一妓曰：「雖得蘇方木，猶貪玳瑁皮。懷胎十個月，生下崑崙兒。」又曰：「布袍被襖火燒氈，紙補箜篌麻接絃。更著一雙皮屐子，紇梯紇榻出門前。」又嘲李端端曰：「黄昏不語不知行，鼻似煙囪耳似鐺。獨把象牙梳插鬢，崑崙山上月初生。」端端得此詩，憂心如病，使院飲回，遥見二子躡屐而行，於道旁再拜，戰惕曰：「端端祗候三郎、六郎，伏望哀之。」又重贈一絶句粉飾之。於是大賈居豪，競臻其户。或戲之曰：「李家娘子才出墨池，便登雪嶺，何期一日黑白不均？」紅樓以爲娼樂，無不畏其嘲謔。祜、涯久在維揚，天下晏清，篇詞縱逸，貴達欽憚，呼吸風生，頗暢此時之意也。贈端端詩曰：「覓得黄騮鞁繡鞍，善和坊裏取端端。揚州近日渾相詫，一朵能行白牡丹。」

又卷下雜嘲戲：張祜客於丹徒，有朱壇者輕佻，侮慢祜之篇詠。後壇與祜卷，欲其潤飾之，祜乃戲簡二十字，欣而不悟。詩曰：「昔人有玉盌，擊之千里鳴。今日覩斯文，盌有當時聲。」温州顔郎中，儒士也。不知弧矢之能。張祜觀其騎獵馬上，以詩戲之曰：「忽聞射獵出軍城，人著戎衣馬帶纓。倒把角弓呈一箭，滿山狐兔當頭行。」張祜爲冬瓜堰官，憾其牛户無禮，責欲鞭笞，無不取給於其中也。然無名秀才居多，職事皆怯於祜。錢塘酒徒朱沖和小舟經過，祜令語曰：「張祜前稱進士，不亦難乎？」沖和乃自啓名，而贈詩嘲之。祜平生傲誕，至於公侯，未如斯之挫也。詩曰：「白在東都元已薨，蘭臺鳳閣少人登。冬瓜堰下逢張祜，牛屎堆邊説我能。」

孟棨本事詩嘲戲第七：詩人張祜未嘗識白公，白公刺蘇州，祜始來謁。才見白，白曰：「久欽藉，嘗記得君款頭詩。」祜愕然曰：「舍人何所謂？」白曰：「鴛鴦鈿帶抛何處，孔雀羅衫付阿誰，非款頭何邪？」張頓首微笑，仰而答曰：「祜亦嘗記得舍人目連變。」白曰：「何也？」祜曰：「上窮碧落下黄泉，兩處茫茫皆不見，非目連變何邪？」遂與歡宴竟日。

康軿劇談録卷上王侍中題詩：王侍中智興武略英奇，初授徐方節制，雄才磊落，有命世間生之譽。幕府既開，所辟皆是儒者。一旦從事於使院會飲，與從客賦詩，頃之達於王公，乃召護軍俱至，從事乃屏去翰墨，但以杯盤迎接。良久，問之曰：「適聞判官與諸賢作詩，何得見某而罷？」遽令全取筆硯，復以彩箋數十幅散於座。衆賓相顧遲疑，將俟行觴舉樂，復曰：「本來欲觀製作，非以飲酒爲意。」時小吏亦以箋翰置於王公之前，從事禮爲揖讓，王公曰：「前某以韜略發迹，未嘗留心章句，今日陪奉英髦，不免亦陳愚懇。」遂乃引紙援毫，頃刻而就，云：「平生弓箭自相隨，剛被郎官遣作詩。江南花柳從君詠，塞北煙塵我自知。」四座覽之，驚歎無已，咸云：「忠烈詞彩，雖曹景宗、賀若弼，無以加也。」時文人張祜亦預此筵，監軍謂之曰：「覩兹盛事，豈得無言？」祜即席爲詩以獻，云：「古來英傑動寰區，武德文經未有餘。王氏柱天勳業外，李陵章句右軍書。」王公覽之笑曰：「褒飾之詞，可謂過當矣。」左右或言曰：「書生之徒，務爲謟佞。」王公叱之曰：「有人道我惡，汝輩又肯否？張秀才海内知名，篇什豈易得？」天下人聞且以爲王智興樂善矣。留駐數旬，臨歧贈絹千匹。

王定保唐摭言卷二争解元：白樂天典杭州，江東進士多奔杭取解。時張祜自負詩名，以首冠爲己任。既而徐凝後至，會郡中有宴，樂天諷二子矛盾，祜曰：「僕爲解元，宜矣。」凝曰：「君有何嘉句？」祜曰：「甘露寺詩有『日月光先到，山河勢盡來』。又金山寺詩有『樹影中流見，鐘聲兩岸聞』。」凝曰：「善則善矣，奈無野人句云『千古長如白練飛，一條界破青山色』。」祜愕然不對，於是一座盡傾，凝奪之矣。

又卷一一薦舉不捷：張祜元和、長慶中深爲令狐文公所知，公鎮天平日，自草薦表，令以新舊格詩三百篇表進，獻辭略曰：「凡製五言，苞含六義，近多放誕，靡有宗師。前件人久在江湖，早工篇什，研機甚苦，搜象頗深，輩流所推，風格罕及云云。謹令録新舊格詩三百首，自光順門進獻，望請宣付中書門下。」祜至京師，方屬元江夏偃仰内庭，上因召問祜之辭藻高下，稹對曰：「張祜雕蟲小巧，壯夫耻而不爲者，或奬激之，恐變陛下風教。」上頷之，由是寂寞而歸。祜以詩自悼，略曰：「賀知章口徒勞説，孟浩然身更不疑。」

又卷一三敏捷：張祜客淮南，幕中赴宴，時杜紫微爲支使，南座有屬意之處。索骰子賭酒，牧微吟曰：「骰子逡巡裹手拈，無因得見玉纖纖。」祜應聲曰：「但知報道金釵落，髣髴還應露指尖。」

又矛盾：令狐趙公鎮維揚，處士張祜嘗與狎讌。公因視祜改令曰：「上水船，風又急，帆下人，須好立。」祜應聲答曰：「上水船，船底破，好看客，莫倚柂。」

又：張處士憶柘枝詩曰：「鴛鴦鈿帶抛何處，孔雀羅衫付阿誰。」白樂天呼爲問頭。祜矛楯之曰：「鄙薄問頭之誚，所不敢逃，然明公亦有目連經。長恨辭云：『上窮碧落下黄泉，兩處茫茫都不見。』此豈不是目連訪母耶？」

劉崇遠金華子卷下：張祜詩名聞於海外，居潤州之丹陽，嘗作俠客傳，蓋祜得隱俠術，所以托詞自叙也。崇遠猶憶往歲赴恩門，請承乏丹陽，因得追尋往迹。而祜之故居，頽垣廢址，依然東郭長河之隅。常訊於廬里，則亂前故老猶存，頗能記憶舊事。説祜之行止，亦不異從前所聞。問其隱俠，則云：「不覩他異，唯邑人往售物於府城，每抵晚歸時，猶見祜巾褐杖履，相翫酒肆。已則勁步出郭，夜回縣下，及過祜門，則又先歸矣。如此恒常，不以爲怪。」從縣至府七十里，其迢遞而躡履速，人莫測焉。

馮翊子桂苑叢談崔張自稱俠：進士崔涯、張祜，下第後多遊江淮。常嗜酒，侮譃時輩。或乘飲興，即自稱俠，二子好尚既同，相與甚洽。崔因醉作俠士詩云：「太行嶺上三尺雪，崔涯袖中三尺鐵。一朝若遇有心人，出門便與妻兒別。」由是往往播在人口：「崔張真俠士也。」以此人多設酒饌待之，得以互相推許。一旦張以詩上牢盆使，出其子授漕渠小職，得堰俗號冬瓜。張二子，一椿兒，一桂子，有詩曰：「椿兒繞樹春園裏，桂子尋花夜月中。」人或戲之曰：「賢郎不宜作此職。」張曰：「冬瓜合出瓠子。」戲者相與大哂。後歲餘，薄有資力。一夕，有非常人裝飾甚武，腰劍手囊，貯一物，流血於外，入門謂曰：「此非張俠士居也？」曰：「然。」張揖客甚謹，既坐，客曰：「有一讎人，十年莫得，今夜獲之，喜不可已。」指其囊曰：「此其首也。」問張曰：「有酒否？」張命酒飲之。客曰：「此去三數里有一義士，余欲報之，則平生恩讎畢矣。聞公氣義，可假余十萬緡，立欲酬之，是余願矣。此後赴湯蹈火，爲狗爲雞，無所憚。」張且不吝，深喜其説，乃扶囊燭下，籌其縑素中品之物，量而與之。客曰：「快哉，無所恨也。」乃留囊首而去，期以却回。及期不至，五鼓絶聲，東曦既駕，杳無蹤迹。張慮以囊首彰露，且非己爲，客既不來，計將安出？遣家人將欲埋之，開囊出之，乃豕首矣。因方悟而歎曰：「虚其名無其實，而見欺之若是，可不戒歟！」豪俠之氣自此而喪矣。

何光遠鑑誡録卷七釣巨鰲：會昌四年，李相公（紳）節鎮淮海日，所爲尊貴，薄於布衣，若非皇族、卿相囑致，無有面者。張祜與崔涯同寄府下，前後廉問使聞張祜詩名，悉蒙禮重，獨李到鎮，不得見焉。祜遂修剌謁之，詩題銜「釣鰲客」，將俟便呈之。相國遂令延入，怒其狂誕，欲於言下挫之。及見祜，不候從容及問，曰：「秀才既解釣鰲，以何物爲竿？」祜對曰：「以長虹爲竿。」又問曰：「以何物爲鈎？」曰：「以初月爲鈎。」又問曰：「以何物爲餌？」曰：「用唐朝李相公爲餌。」相公良久思之，曰：「用予爲餌，釣亦不難致。」遂命酒對酌，言笑竟日，憐祜觸物善對，遂爲詩酒之知。議者以祜矯諭異端，相國悦其取媚，故史不稱之，惡其僞也。

曾慥類説卷二一引闕名大唐遺事：張祜謁李紳，自稱「釣巨鰲客」。李盛曰：「以何爲竿？」曰：「以虹爲竿。」「以何爲鈎？」曰：「以月爲鈎。」「以何爲餌？」曰：「以短李相爲餌。」紳默然，厚贈之。

馮贄雲仙雜記卷五口吻生花：張祜苦吟，妻孥喚之不應，以責祜。祜曰：「吾方口吻生花，豈恤汝輩。」

子之守冬瓜，所謂過分。」

錢易南部新書丁：張祜字承吉，有三男一女：桂子、椿兒、椅兒。桂子、椿兒皆物故，唯女與椅兒在。椅兒名虎望，亦有詩。後求濟於嘉興監裴弘慶，署之冬瓜堰官，望不甘，慶曰：「祜子之守冬瓜，所謂過分。」

孔平仲孔氏談苑卷五：王嚴光有才不達，自號釣鰲客，巡遊都邑，求麻鐵之資，以造釣具。有不應者，輒録姓名置篋中，曰：「下釣時取此等懞漢爲餌。」其狂誕類此。張祜謁李紳亦稱釣鰲客，李怒曰：「既解釣鰲，以何爲竿？」曰：「以虹爲竿。」曰：「以何爲鈎？」曰：「以月爲鈎。」「以何爲餌？」曰：「以短李相爲餌。」紳默然，厚贈之。

計有功唐詩紀事卷五二張祜：杞兒後名望虔，嘉興監裴洪慶以爲冬瓜堰官。

又：或言祜清河人。嘗賦淮南詩，有「人生只合揚州死，禪智山光好墓田」。大中中，果卒於丹陽隱居。

辛文房唐才子傳卷六張祜：祜字承吉，南陽人，來寓姑蘇。樂高尚，稱處士。騷性雅思，凡知己者悉當時英傑。然不業程文。元和、長慶間，深爲令狐文公器許。鎮天平日，自草表薦，以詩三百首獻於朝，辭略曰：「凡製五言，苞含六義，近多放誕，靡有宗師。祜久在江湖，早工篇什，研幾甚苦，搜象頗深，輩流所推，風格罕及。謹令繕録，詣光順門進獻，望宣付中書門下。」祜至京師，屬元稹號有城府，偃仰内庭，上因召問祜之詞藻高下，稹曰：「張祜雕蟲小巧，壯夫不爲，若獎激太過，恐變陛下風教。」上頷之，由是寂寞而歸。爲詩自悼云：「賀知章口徒勞說，孟浩然身更不疑。」遂客淮南。杜牧時爲度支使，極相善待，有贈云：「誰人得似張公子，千首詩輕萬户侯。」祜苦吟，妻孥每喚之，皆不應，曰：「吾方口吻生華，豈恤汝輩乎？」性愛山水，多遊名寺，如杭之靈隱、天竺，蘇之靈巖、楞伽，常之惠山、善權，潤之甘露、招隱，往往題詠唱絶。同時崔涯亦工詩，與祜齊名，頗自放行樂。或乘興北里，每題詩倡肆，譽之則聲價頓增，毁之則車馬掃迹。涯尚義，有俠詩云：「太行嶺上三尺雪，崔涯袖中三尺鐵。一朝若遇有心人，出門便與妻兒别。」嘗共謁淮南李相，祜稱「釣鰲客」。李怪之曰：「釣鰲以何爲竿？」曰：「以虹。」「以何爲鈎？」曰：「新月。」「以何爲餌？」曰：「以短李相也。」紳壯之，厚贈而去。晚與白樂天相聚讌謔，樂天譏以：「足下新作憶柘枝云『鴛鴦鈿帶抛何處，孔雀羅衫付阿誰』，乃一問頭耳。」祜曰：「鄙薄之誚是也，明公長恨歌曰『上窮碧落下黄泉，兩處茫茫都不見』，又非目連尋母邪？」一座大笑。初過廣陵，曰：「十里長街市井連，月明橋上看神仙。人生只合揚州死，禪智山光好墓田。」大中中，果卒於丹陽隱居，人以爲讖云。詩一卷，今傳。衛蘧伯玉耻獨爲君子，令狐公其庶幾，元稹則不然矣。十譽不足，一毁有餘，其事業淺深，於此可以觀人也。爾所不知，人其捨諸，稹謂祜雕蟲璅璅，而稹所爲，有不若是邪？忌賢嫉能，迎户而噬，略己而過人者，穿窬之行也。祜能以處士自終其身，聲華不借鍾鼎，而高視當代，至今稱之，不遇者天也，不泯者亦天也。豈若彼取容阿附，遺臭之不已者哉！

之遊。雍正廣東通志卷三八名宦志：張祜字承吉，清河人。工詩，晚窺建安風格。一時賢俊多與之遊。受辟諸侯府，狷介鮮容，輒自劾去。後知南海，廉潔自持，一介不取。期月間解職，惟載羅浮石筍還。平生不治産，没後子息幾不自給。温庭筠經其故居，作詩悼之。有丹陽集行於世。

藝　文

李涉岳陽别張祜：十年蹭蹬爲逐臣，鬢毛白盡巴江春。鹿鳴猿嘯雖寂寞，水蛟山魅多精神。山瘧困中聞有赦，死灰不望光陰借。半夜州符唤牧童，虚教衰病生驚怕。巫峽洞庭千里餘，蠻陬水國何親疏。由來真宰不宰我，徒勞歎者懷吹噓。霸橋昔與張生别，萬變桑田何處説。龍蛇縱在没泥塗，長衢却爲駑駘設。愛君氣堅風骨峭，文章真把江淹笑。洛下書生懼刺先，烏鳶不得齊鷹鶚。岳陽西南湖上寺，水閣松房遍文字。新釘張生一首詩，自餘吟著皆無味。策馬前途須努力，莫學龍鍾虚歎息。（全唐詩卷四七七）

杜牧登池州九峰樓寄張祜：百感衷來不自由，角聲孤起夕陽樓。碧山終日思無盡，芳草何年恨即休。睫在眼前長不見，道非身外更何求。誰人得似張公子，千首詩輕萬户侯。（樊川文集卷三）

又酬張祜處士見寄長句四韻：七子論詩誰似公，曹劉須在指揮中。薦衡昔日推文舉（自注：令狐相公曾表薦處士），乞火無人作蒯通。北極樓臺長挂夢，西江波浪遠吞空。可憐故國三千里，虚唱歌辭滿六宮。（自注：處士詩：「故國三千里，深宮二十年。一聲何滿子，雙淚落君前。」）（同前卷四）

又贈張祜：詩韻一逢君，平生稱所聞。粉毫唯畫月，瓊尺只裁雲。鯨陣人人懾，秋星歷歷分。數篇留别我，羞殺李將軍。（樊川外集）

又殘春獨來南亭因寄張祜：暖雲如粉草如茵，獨步長堤不見人。一嶺桃花紅錦黦，半溪山水碧羅新。高枝百舌猶欺鳥，帶葉梨花獨送春。仲蔚欲知何處在，苦吟林下拂詩塵。（同前）

又汴人舟行答張祜：千萬長河共使船，聽君詩句倍愴然。春風野岸名花發，一道帆檣畫柳煙。（同前）

許渾與張處士同題李隱居林亭：千巖萬壑獨攜琴，知在陵陽不可尋。去轍已平秋草遍，空齋長掩暮雲深。霜肥橡栗留山鼠，月冷菰蒲散水禽。唯有西鄰張仲蔚，坐來同愴别離心。（文苑英華卷三一六）

李群玉寄張祜（自注：祜亦未面，頻寄聲相聞。）：越水吴山任興行，五湖雲月掛高情。不遊都邑稱平子，只向江東作步兵。昔歲芳聲到童稚，老來佳句遍公卿。如君氣力波瀾地，留取

陰何沈范名。（全唐詩卷五六九）

顔萱過張祜處士丹陽故居并序：萱與故張處士祜，世家通舊，尚憶孩稚之歲，與伯氏嘗承處士撫抱之仁。目管輅爲神童，期孔融於偉器，光陰徂謝，二紀於兹。適經其故居，已易他主。訪遺孤之所止，則距故居之右二十餘步，荆榛之下，蓽門啓焉。處士有四男一女，男曰椿兒、桂兒、椅兒、杞兒。問之，三已物故，唯杞爲遺孕，與其女尚存。欲揖杞與言，則又求食於汝墳矣。但有霜鬢而黄冠者，杖策迎門，乃昔時愛姬崔氏也。與之話舊，歷然可聽。嗟乎！葛帔練裙，兼非所有；琴書圖籍，盡屬他人。又云：横塘之西，有故田數百畝，力既貧窶，十年不耕，唯歲賦萬錢，求免無所。嗚呼！昔爲穆生置醴、鄭公立鄉者，復何人哉？因吟五十六字，以聞好事者。

憶昔爲兒逐我兄，曾抛竹馬拜先生。書齋已换當時主，詩壁空留故友名。豈是争權留怨敵，可憐當路盡公卿。柴扉草屋無人問，猶向荒田責地徵。（松陵集卷九）

陸龜蒙和過張祜處士丹陽故居并序：張祜字承吉，元和中作宫體小詩，辭曲豔發，當時輕薄之流能其才，合譟得譽。及老大，稍窺建安風格。誦樂府録，知作者本意，短章大篇，往往間出，講諷怨譎，時與六義相左右。善題目佳境，言不可刊置别處，此爲才子之最也。緜是賢俊之士，及高位重名者，多與之遊。謂有鵠鷺之野、孔翠之鮮、竹柏之貞、琴磬之韻。或薦之於天子，書奏不下。亦受辟諸侯府，性狷介不容物，輒自劾去。以曲阿地古澹，有南朝之遺風，遂築室種樹而家焉。性嗜木石，常悉力致之。從知南海問罷職，載羅浮石筍還。不蓄善美田利産爲身後計，死未二十年，而故姬遺孕，凍餒不暇。前所謂鵠鷺、孔翠、竹柏、琴磬之家，雖朱輪尚乘、遺編尚吟，未嘗一省其孤而恤其窮也。噫！人假之爲翫好，不根於道義耶？懼其怨刺於神明耶？天果不愛才，没而猶譴耶？吾一不知之。友人顔弘至行江南道中，訪其廬，作詩弔而序之，屬予應和。予汩没者，不足哀承吉之道，邀襲美同作。庶乎承吉之孤，倚其傳有憐者。

勝華通子共悲辛，荒徑今爲舊宅鄰。一代交遊非不貴，五湖風月合教貧。魂應絶地爲才鬼，名與遺編在史臣。聞道平生多愛石，至今猶泣洞庭人。（同前。詩題原作和張處士詩，據唐甫里先生文集卷一〇補足。）

皮日休魯望憫承吉之孤爲詩序邀予屬和欲用予道振其孤而利之噫承吉之困身後乎魯望視予困與承吉生前孰若哉未有己困而能振人者然抑爲之辭用塞良友之意：先生清骨葬煙霞，業破孤存孰爲嗟。幾篋詩編分貴位，一林石筍散豪家。兒過舊宅啼楓影，姬繞荒田泣稗花。唯我共君堪便戒，莫將文譽作生涯。（同前）

著録

王堯臣等崇文總目卷五：張祜詩一卷。

新唐書藝文志四：張祜詩一卷（字承吉，爲處士。大中中卒）。

尤袤遂初堂書目别集類：張祜集。

又：張承吉集。

晁公武郡齋讀書志卷四中：張祜詩一卷。右唐張祜字承吉，清河人。樂高尚，客淮南，杜牧爲度支使，善其詩。嘗贈之詩曰：「誰人得似張公子，千首詩輕萬户侯。」嘗作淮南詩，有「人生只合揚州死，禪智山光好墓田」之句，大中中，果終丹陽隱舍，人以爲讖云。

陳振孫直齋書録解題卷一九：張祜集十卷，唐處士張祜承吉撰。

宋史藝文志七：張祜詩十卷。

楊士奇文淵閣書目卷一〇：張祜詩一部一册闕。塾本二册。

高儒百川書志卷一四：張處士集四卷，清河張祜承吉撰。

葉盛菉竹堂書目卷四：張祜詩二册。

焦竑國史經籍志卷五：張祜詩三册。

陳第世善堂藏書目録卷下：張祜詩集一卷（又云張處士）。

錢曾述古堂書目卷二：張祜承吉集六卷。

徐𤊹紅雨樓書目：張祜詩五卷。

孫星衍孫氏祠堂書目内編卷四：張祜詩集二卷。

丁丙善本書室藏書志卷二五：唐張處士詩五卷。宋臨安棚北陳氏書肆刊唐人小集，大率半葉十行，行十八字。此爲明正德間所刊，行款悉同，當出書棚本。且有彭城伯子、空翠閣藏書印兩記，可寶也。

繆荃孫藝風藏書續志卷六：張處士詩集五卷，影寫明刻本，唐張祜撰。每葉二十行，行十八字。缺五言七言古、七言律三門。原出於宋本。

王文進文禄堂訪書記卷四：張承吉文集十卷，唐張祜撰。宋蜀刻本，半葉十二行，行二十一字，白口，有翰林國史院官書長方印，劉體仁、潁川劉孝功藏書印。

吴騫拜經樓藏書題跋記卷五：張承吉集，右唐張祜承吉撰，舊鈔本。首題張處士詩集，凡六卷，無序目。按晁志作一卷。

傅增湘藏園群書經眼録卷一二：唐張處士詩集五卷，唐張祜撰。清寫本，十行，十八字。末頁有跋，言將抄寄何夢華刻之云云。（甲子）

北京圖書館善本書目：唐張處士詩集六卷，唐張祜撰。明末葉奕抄本，葉奕校，吴壽暘跋。二册。

雜録

李綽尚書故實「又説洛中頃年有僧得數粒所謂舍利者」條後注：此一事東都儲隱説，後即江表詩人路豹所爲。豹非苟於利者，乃剛正之性，以懲無良。豹與張祜、崔涯三人爲文酒之侶也。

鄭谷高蟾先輩以詩筆相示抒成寄酬：張生故國三千里，知者唯應杜紫微。（自注：杜牧舍人贈張祜處士云：「可憐故國三千里，虚唱歌詞滿六宫。」）君有君恩秋後葉，可能更羨謝玄暉。（自注：蟾有後宫詞云：「君恩秋後葉，日日向人疏。」）（全唐詩卷六七五）

顧陶唐詩類選後序：近則杜舍人牧、許鄂州渾，洎張祜、趙嘏、顧非熊數公，並有詩句播在人口，身殁才二三年，亦正集未得。絶筆之文，若有所得，别爲卷軸，附於二十卷之外。（全唐文卷七六五）

鄭文寶江南餘載卷下：後苑有宫髻石，世傳張祜舊物，上有杜紫微杭州刻字相寄之迹。祜以其形若宮髻，故名之云。祐平生癖好太湖石，故三吳牧伯多以爲贈焉。

王禹偁贈呂通秘丞：聞君公事苦喧卑，紅粟堆邊獨斂眉。已入朝行翻掌庾，未如畿尉且吟詩。堰頭笑傲同張祐，市裏優遊比路隨。唯有才名藏不得，山陽留滯肯多時。（小畜集卷一一）

魏泰臨漢隱居詩話：池州齊山石壁，有刺史杜牧、處士張祐題名。其旁又刊一聯云：「天下起兵誅董卓，長沙子弟最先來。」與題名一手書也，此句乃呂温詩。

張舜民郴行録：左史（洞）在（齊）山東首……亦名小洞天。北嵓有刊志，會昌六年刺史杜牧，建安張祐書石。（畫墁集卷七）

詩話總龜前集卷二四引潘若沖郡閣雅談：張祐素藉詩名，凡知己者皆當世英儒。故杜牧之云：「誰人得似張公子，千首詩輕萬户侯。」祐有華清宮詩，爲世所稱，云：「龍虎旌旗雨露飄，鳳池歌斷玉山遥。明皇上馬太真去，紅杏滿園香自銷。」

又前集卷四五引陳輔之詩話：張祐性酷好太湖石，三吳太守多以贈遺之，故陸魯望以詩哭之曰「一林石笥散豪家」。

何薳春渚紀聞卷七冬瓜堰詩誤：雲溪友議載酒徒朱沖嘲張祐云：「白在東都元已薨，鸞臺鳳閣少人登。冬瓜堰下逢張祐，牛矢灘邊説我能。」以祐時爲堰官也。按承吉以處士自高，諸侯府争相辟召，性狷介不容物，輒自劾去，豈肯屈就堰官之辱耶？金華子雜説云：祜死，子虔望亦有詩名，嘗求濟於嘉興裴弘慶，署之冬瓜堰官，虔望不服，宏慶曰：「祜子守冬瓜已過分矣。」此説似有理也。

趙令畤侯鯖録卷七：張子野年八十五，尚聞買妾。陳述古作杭守，東坡作倅，述古令東坡作詩，云：「錦里先生自笑狂，莫欺九尺鬢毛蒼。詩人老去鶯鶯在，公子歸來燕燕忙。柱下相君猶有齒，江南刺史已無腸。平生謬作安昌客，略遣彭宣到後堂。」詩人謂張籍，公子謂張祜，柱下張蒼，安昌張禹，皆使姓張事。

王楙野客叢書卷二四張祜經涉十一朝：百斛明珠載楊妃竊笛，張祜詩云云；劇談録載唐武宗才人孟氏卒，張祜詩云云。一述明皇時事，一述武宗時事，二事經涉八九十年，其懸絶如此。張祜，唐書無傳，有文集十卷，不著本末。其粗見於松陵集顔萱序中，曰：「過祜丹陽故居，已易他主。祜有四男一女，男曰椿兒、桂兒、椅兒、杞兒，三已物故，惟杞爲遺孕，與女尚存。故姬崔氏，霜鬢黄冠，杖策迎門，與之話舊，歷然可聽。琴書圖籍，今屬他人。横塘之西，有田數百畝，力既貧窶，十年不耕，對賦萬錢，求免無所。」陸龜蒙亦序曰：「祜元和中作宫體小詩，辭曲豔發，及老大，稍窺建安風格。或薦之天子，書奏不下。受辟於諸侯府，性狷介不容物，輒自劾去。居曲阿，性嗜水石，悉力致之。不蓄善田利産爲身後計，死未二十年，而故姬遺孕，凍餒不暇。」

觀二公所序，可以見祜平生大略矣。按松陵集時事在咸通間，龜蒙所謂死未二十年之語推之，祜死於大中之初年，是祜經涉十一朝也，計死時且百二十歲，其壽如此之長，是未可深詰也。祜嘗有詩曰：「椿兒繞樹春園裏，桂子尋花月夜中。」又詩曰：「一身扶杖二兒隨。」桂苑叢談惟知祜有此二子，不知又有所謂椅兒、杞兒者，并表出之。

又卷二九用張家故事：張子野晚年多愛姬，東坡有詩曰：「詩人老去鶯鶯在，公子歸來燕燕忙」，正均用當家故事也。案唐有張君瑞，遇崔氏女於蒲，崔小名鶯鶯，元稹與李紳語其事，作鶯鶯歌。漢童謡曰：「燕燕，尾涎涎。張公子，時相見。」又曰：張祜妾名燕燕。其事迹與夫對偶，精切如此。

宋闕名北山詩話：徐凝瀑布云：「千古常如白練飛，一條界破青山色。」樂天稱之，殊不知凝已用太白句，云：「萬里野雲白，一條江練明。」聊爲張祜雪耻。（明鈔本）

宋闕名寶刻類編卷六張祜：杜牧左史洞題名，牧爲刺史立，左史洞名而題之，祜書。會昌五年刻。池。

王象之輿地紀勝卷七鎮江府：唐張祜墓，在丹陽縣尚德鄉。

謝翱睦州詩派序：唐代言詩在江東者：……張處士祜，金陵人。（晞髮集卷一〇）

至順鎮江志卷一二古跡：唐處士張祜宅未詳所在，或云今雲陽橋河岸有井處是。

胡應麟詩藪内編卷四：張祜字承吉，刻本大半作「祐」，覽者莫辨。緣承吉字，祐、祜俱通耳。一日偶閲雜説，張子小名冬瓜，或以譏之，答云：「冬瓜合出瓠子。」則張之名祜審矣。

又外編卷三：唐舉子不中第者，語林、劇談所紀外，又有來鵬、宋濟、嚴惲、王璘、李洞、胡曾、張祜、汪爲、盧江、孫定、許琯，後爲羽流。

胡震亨唐音癸籤卷二九：張祜之「祜」，人多作「祐」字者。小説：張子小名冬瓜，或以譏之，答云：「冬瓜合出瓠子。」則張之名「祜」不名「祐」，可知矣。

錢謙益列朝詩集小傳丁集中張祐：詩見李子田藝圃集。唐張承吉名祜，而此君名祐，字義迥别。俗人以爲同姓名，可資一噱。

俞樾茶香室叢鈔卷一七俠客爲人頭：唐馮翊桂苑叢談云：「進士張祜自稱豪俠，一夕有非常人裝飾甚武，腰劍手囊，貯一物，流血於外，入門謂曰：『此非張俠士居乎？』曰：『然。』客曰：『有一讎人，十年莫得，今夜獲之，喜不可已。』指囊曰：『此其首也。』問張曰：『有酒否？』張命酒飲之。客曰：『此去三數里有一義士，余欲報之，則平生恩讎畢矣。聞公氣義，可假余十萬緡，立欲酬之。此後赴湯蹈火，無所憚。』張深喜其説，乃傾囊與之。客曰：『快哉，無所恨也。』乃留囊首而去，期以却回。及期不至，張慮囊首爲累，遣家人埋之，乃豕首也。」按今稗官家有敷衍此事者，莫知其本此也，故記之。

蔣瑞藻一葉軒漫筆：儒林外史一書，寓怒駡於嬉笑……第其書波瀾點綴，摭取他籍者爲多。幽閒鼓吹云：「進士張祜下第後……」書中叙「張鐵臂虚設人頭宴」，即本其事以衍之。

附録二　張祜繫年考（一）

張祜，字承吉。寓居蘇州。

張祜之名，許多書中都寫作「祐」，蓋由「祜」「祐」形近而致訛。胡應麟詩藪内編卷四辨之云：「張祜字承吉，刻本大半作祐，賢者莫辨，緣承吉字，祜、祐俱通耳。一日偶閱雜説，張子小名冬瓜，或以譏之，答云：『冬瓜合出瓠子。』則張之名祜審矣。」胡震亨唐音癸籤卷二九亦有此辨，云：「張祜之祜，人多作祐字者。小説：張子小名冬瓜，或以譏之，答云：『冬瓜合出瓠子。』則張之名祜不名祐，可知矣。」二胡所辨甚是，然有小誤。桂苑叢談崔張自稱俠條載：「一日張（祜）以詩上牢盆使，出其子授漕渠小職，得堰俗號爲冬瓜……或戲之曰：『賢郎不宜作此等職。』張曰：『冬瓜合出瓠子。』戲者相與大哂。」二胡所辨即本此，可知是張祜之子爲冬瓜堰小職，非其子名冬瓜也。

張祜之籍貫，計有功唐詩紀事卷五二、晁公武郡齋讀書志卷四中皆稱張祜爲清河人。辛文房唐才子傳卷六則稱張祜爲南陽人。譚優學張祜行年考（載唐詩人行年考，四川人民出版社出版）據顔萱過張祜處士丹陽故居詩序「求食汝墳」之句，認爲「汝墳緊靠南陽之北，故鄉原籍，或不免尚有親戚數家，可資乞貸，似乎也透露了張祜係南陽人之一點消息」。然張舜民畫墁集卷七郴行録載：「左史（洞）在（齊）山東首……亦名小洞天。北崖有刊志，會昌六年刺史杜牧，建安張祜書石。」云張祜爲建安人，爲其他各書所未及。張舜民所記顯然依據石刻，當是可靠的。新唐書地理志五江南道建州建安郡屬縣有建安，當即此建安。

清河、南陽都是張姓之郡望，云張祜無論是清河人還是南陽人，都是舉其郡望，未必確實，其家鄉當是建安，後移居蘇州。唐才子傳稱「來寓姑蘇」，是不錯的。其長安感懷云：「家寄東吴西入秦」，正云其家居吴地。顔萱過張祜處士丹陽故居詩序（全唐詩卷六三一）：「萱與故張處士祜，世家通舊。尚憶孩稚之歲，與伯氏常承處士撫抱之仁。」伯氏，顔萱謂其兄顔蕘，顯然張祜與顔家原居一地，否則他們是不可能經常往來的。孫光憲北夢瑣言卷六載顔蕘自草墓誌，云其「寓於東吴，與吴郡陸龜蒙爲詩論之交」；新唐書隱逸傳中陸龜蒙云陸「居松江甫里」。李吉甫元和郡縣圖志卷二五：「松江在（吴）縣南五十里。」是張祜與顔蕘顔萱兄弟、陸龜蒙同里，皆居蘇州吴縣。

范攄雲溪友議卷中錢塘論載白居易稱張祜爲「張三」；同書辭雍氏條載端端語：「端

端祇候三郎、六郎」，「三郎」亦謂張祜，可知張祜排行第三。

德宗貞元八年（七九二），張祜生。

聞一多唐詩大系定張祜生於七九二年，未作任何説明。按：聞氏所定有理，今爲證之。張祜題青龍寺：「二十年沉滄海間，一遊京國也因閑。人人盡到求名處，猶向青龍寺看山。」青龍寺在長安，唐會要卷四八：「青龍寺，新昌坊。」可知張祜二十歲時曾遊京師，問題是張祜二十歲是哪一年。李涉岳陽别張祜（全唐詩卷四七七）云：「十年蹭蹬爲逐臣，鬢毛白盡巴江春」；資治通鑑卷二三八唐憲宗元和六年：「試太子通事舍人李涉，知上於吐突承璀恩顧未衰，乃投匭上疏，稱『承璀有功，（劉）希光無罪，承璀久委心腹，不宜遽棄。』知匭使諫議大夫孔戣見其副章，詰責不受。涉乃行賂，詣光順門通之。戣聞之，上疏極言『涉姦險欺天，請加顯戮』。（閏十一月）戊申，貶涉峽州司倉。」舊唐書孔戣傳亦載此事，年月同。李涉詩言「巴江」，可知所云即此次之貶。李涉詩有「灞橋昔與張生别」之語，可知李涉貶離長安時張祜正在京師，此（元和六年）正是張祜首遊長安之時，時年二十歲。由元和六年（八一一）上推二十年即貞元八年，是張祜生年。

憲宗元和六年（八一一），二十歲。首遊京師，後赴蔚州。此後一二年中有邊塞之遊。

張祜於元和六年首遊京師，已如上述。此後便赴蔚州，其遊蔚過昭陵十六韻詩可證。其元和直言詩亦云：「臣當涉黄河，心目日且煩。」上述二詩及大唐聖功詩皆於是年作於京師。

投韓員外六韻：韓員外爲韓愈，元和六年在京爲尚書職方員外郎，見朱熹昌黎先生集傳。此詩爲張祜向韓愈的投謁之作。

張祜晚年所作所居即事其五云「南窮海徼北天涯」；耿家歌云「十二年前邊塞行」，其有邊塞之行不容置疑。塞下云「問看行遠近，西去受降城」，此詩所寫也是張祜本人的行蹤。受降城指東受降城，新唐書地理志一關内道豐州九原郡：「東受降城，景雲三年朔方軍總管張仁愿築三受降城，寶曆元年，振武節度使張惟清以東城濱河，徙置綏遠烽南。」又張祜塞下曲云「二十逐嫖姚，分兵遠戍遼」，似乎其有過從軍的經歷。冬日并州道中寄荆門舍或即作於赴邊的途中。陸龜蒙和過張祜處士丹陽故居詩序（甫里先生文集卷一〇）云：「亦受辟諸侯府，性狷介不容物，輒自劾去。」不知是否謂此。

元和十年（八一五），曾至杭州。

陪杭州郡使宴西湖亭：敦煌遺書伯四八七八録張祜詩四首，有此一首，題作陪杭州盧郎中湖亭醼。盧郎中爲誰？查郁賢皓唐刺史考江南東道杭州，自元和至大中年間爲杭州刺史盧姓者唯有一盧元輔，盧元輔胥山祠銘并序（全唐文卷六九五）稱「元和十年冬十月，朝散大夫使持節杭州諸軍事杭州刺史上柱國盧元輔視事三歲」，其爲杭州刺史在元和八年至十年。舊唐書盧杞傳附盧元輔：「特恩拜左拾遺，再遷左司員外郎，歷杭、常、絳三州刺史。以課最高，徵爲吏部郎中。遷給事中。」可知盧元輔任吏部郎中在杭州刺史後。張祜此詩若作於盧元輔爲杭州刺史時，當稱盧員外，不當稱盧郎中。白居易白氏長慶集卷四三冷泉亭記云：「先是領郡者有……有盧給事元輔作見山亭……」張祜此詩云「小亭移宴近雲端，十里山圖馬上看」，當是爲盧元輔作。詩題或是後來所補，又改爲陪杭州郡使宴西湖亭，故一詩兩題。故可證張祜於元和十年曾至杭州。杭州距蘇州甚近，去一趟杭州隨時可能。

中秋夜杭州看月上裴晉公：疑此詩亦作於此年。然裴度元和十二年十二月封晉國公，張祜何得已先言之？全唐詩此詩題無「上晉國公」，詩亦未寫裴度功績，可知「上裴晉公」四字爲後來呈獻裴度時所加。

元和十一年（八一六），曾至宣州、魏州、許州。

陪范宣城北樓夜宴：范宣城爲范傳正，元和七年八月至十一年十一月爲宣州刺史、宣歙觀察使，見吴廷燮唐方鎮年表。

張祜宋城道中逢王直方八韻云：「始因窮去魏，河北戰方酣；後以文投許，淮西難未戢。」資治通鑑卷二三九唐憲宗元和十一年正月：「癸未，制削王承宗官爵，命河北、幽州、義武、横海、魏博、昭義六道進討。」「河北戰」事即謂此。此年朝廷又發兵征討淮西吴元濟，可知張祜赴魏州、許州皆此年事。

元和十三年（八一八），遊泗州、徐州、陳許等地。

觀泗州李常侍打毬：泗州李常侍爲李進賢。白居易前河陽節度使魏義通授右龍武統軍前泗州刺史李進賢授驍衛將軍并檢校常侍兼御史大夫制（白氏長慶集卷五三），此制爲元和十五年白居易爲主客郎中知制誥時作，可知在此之前李進賢正爲泗州刺史。故繫此年。

觀徐州李司空獵：徐州李司空爲李愿。元和十年十月至十三年七月李愿爲徐州刺史、武寧軍節度使，見吴廷燮唐方鎮年表。

投陳許崔尚書：「崔」爲「馬」之誤，陳許馬尚書爲馬總。馬總元和十三年五月至同年十月爲許州刺史、忠武軍節度使。詩云「東土承殊渥，南方著顯功」，馬總曾兼御史中丞充嶺南都護、本管經略使，裴度宣慰淮西，馬總爲制置副使，亂平爲淮西留後，兩句正寫此事。詩又云「吏理今廉度，文章昔馬融」，後句已暗寓其姓，故知爲馬總。

投陳許李司空：陳許李司空爲李光顔。李光顔曾三爲忠武軍節度使鎮陳許，新唐書李光顔傳：「賊（吴元濟）平，加檢校司空。」詩云：「去淮初五馬，遷滑再雙旌」，知作於李光顔爲滑州刺史、義成軍節度使後，故定此詩作於李光顔第二次鎮陳許時，即元和十三年十月代馬總之際，時光顔正由滑州遷至。

元和十四年(八一九),遊襄樊。

題孟浩然宅云:「孟簡雖持節,襄陽屬浩然。」孟簡於元和十三年五月至十四年十二月爲襄州刺史、山南東道節度使,則張祜遊襄樊必在此期間,故繫於此。

元和十五年(八二〇),曾至岳州、揚州,入長安。又遊魏州、太原。再赴長安。

李涉岳陽別張祜云:「十年蹭蹬爲逐臣,鬢毛白盡巴江春。」自元和六年李涉遭貶至元和十五年恰爲十年,可證是年張祜曾至岳州,并與李涉會晤,且時間爲春季。

贈李修源:詩云「岳陽新尉曉銜參」,可知作於岳州。李修源未詳。

庚子歲寓遊揚州四十韻:庚子歲即元和十五年,可證是年張祜曾在揚州。由詩中所描寫的景物看,節令爲夏季。詩最後説「看看重西去,從此又兢兢」,是其欲先赴長安,自述其行蹤甚明。關於崔荆,唐雖有崔荆其人,時代也大致爲元和至大中間人,見唐尚書省郎官石柱題名金部郎中、闕名玉泉子「崔珙爲東都留守」條。然張祜尚有途次揚州贈崔荆二十韻,詩曰「粉胸斜露玉,檀臉慢回刀」;又曰「揀花偷芍藥,和葉棄櫻桃」;又曰「殷勤欲離抱,爲爾一揮毫」,則無疑崔荆爲一女性,故以爲當是揚州一妓女。顔萱過張祜處士丹陽故居詩序云:「但有霜鬢而黄冠者,杖策迎門,乃昔時愛姬崔氏也。」疑此崔氏即崔荆,當是後來成了張祜的妾。

到長安不久即赴魏州。當時田弘正爲魏博節度使,幕下聚集了一批文人才士,如王建、楊巨源、楊茂卿、姚合等，皆先後在田弘正幕府中任過職。舊唐書田弘正傳：「弘正樂聞前代忠孝立功之事，於府舍起書樓，聚書萬餘卷，視事之隙，與賓佐講論古今言行可否。」張祜顯然也是想在田弘正的幕府謀些出路，但不巧的是田弘正恰在此時移鎮成德，希望落空。遂轉赴太原，當時鎮太原的是裴度。

投魏博田司空、投魏博李相國：田司空爲田弘正，李相國爲李愬。元和七年田興以魏博歸朝廷，賜名弘正；元和十三年加檢校司空，十五年十月移鎮成德。李愬以檢校尚書左僕射同中書門下平章事接替田弘正爲魏州大都督府長史、充魏博等州節度觀察等使。見舊唐書憲宗紀及田弘正傳、李愬傳等。可見元和十五年十月前後田弘正與李愬交接之際，張祜正在魏州。

獻太原裴相公二十韻：裴相公爲裴度，元和十四年四月至長慶二年二月爲北都留守、河東節度使，見舊唐書憲宗紀、穆宗紀與裴度傳等。可見元和十五年張祜曾至太原。

由太原入京。張祜此次入京，爲奉裴度的薦表。王定保唐摭言卷一一薦舉不捷條云：「張祜，元和長慶中深爲令狐文公所知，公鎮天平日，自草薦表，令以新舊格詩三百篇表進，獻辭略曰：『凡製五言，苞含六義，近多放誕，靡有宗師。前件人久在江湖，早工篇什，研機甚苦，搜象頗深，輩流所推，風格罕及云云。謹令録新舊格詩三百首，自光順門進獻，望請宣付中書門下。』祜至京師，方屬元江夏偃仰内庭，上因召問祜之辭藻高下，稹對曰：『張祜雕蟲小巧，壯夫耻而不爲者，或奬激之，恐變陛下風教。』上頷之，由是寂寞而歸。祜以詩自悼，略曰：『賀知章口徒勞説，孟浩然身更不疑。』」令狐楚表薦張祜是事實，因杜牧酬張祜處士見寄長句四韻「薦衡昔日推文舉」自注説：「令狐相公曾表薦處士。」令狐楚出爲天平軍節度使是在大和三年十一月，至大和六年二月移鎮太原，此期間不可能有元稹阻撓之事。元稹於大和三年九月罷浙東觀察使回京任尚書左丞，歲杪抵京，四年正月即除武昌軍節度使，旋即離京赴任，何暇攔阻文宗皇帝予張祜以官？再説，文宗朝也非元稹「偃仰内庭」之時。然張祜曾爲元稹所抑也是事實，唐摭言所云並非空穴來風。張祜一生的仕途受挫於元白，故其平生對元白懷恨不已，所以後來在池州便和一向反對元白的杜牧談得非常投機。雲溪友議卷下雜嘲戲條載朱沖和作詩嘲笑張祜，云「白在東都元已薨，蘭臺鳳閣少人登」，也從側面透露了張祜對元白之憾。令狐楚表薦張祜是事實，元稹壓制張祜也是事實，只是二事發生在不同時間，唐摭言誤將不同時間的事捏合在一起，便造成了與事實的矛盾〔二〕。元稹得意之時是在穆宗朝，以張祜事詢之元稹的必爲穆宗，只是此次表薦張祜的不是令狐楚而是裴度。何以知之？張祜戊午年感事書懷一百韻謹寄獻太原裴令公淮南李相公漢南李僕射宣武李尚書詩，所寄四人爲裴度、李德裕、李程、李紳。詩云「壞屋薦來偏」，句下自注：「祜累蒙方鎮論薦。」則可知表薦張祜的不只一令狐楚。張祜此語不是無的放矢之言，推定此四人中有一人亦曾表薦過張祜，當不爲錯。李德裕、李紳可不論，因二人於元和十五年前未曾擔當過一方之鎮。李程也可排除，因無其他材料可證此前張祜與李程有過交往。如此便只有一個裴度了。張祜不僅於太原作詩投贈過裴度，而且前此還作過中秋夜杭州看月上裴晉公，可見與裴度的關係非同一般。定此次表薦張祜的是裴度，且在元和十五年，便與元稹阻撓之事無矛盾了。此時裴度雖未與元稹交惡，但元稹已對裴度之功有所妒嫉。舊唐書裴度傳：「稹雖與度無憾，然頗忌前達加於己上，度方用兵山東，每處置軍事，有所論奏，多爲稹輩所持。」雖然這是後來的事，但壓抑裴度的表薦，已啓裴度與元稹之爭的端倪。

穆宗長慶元年（八二一），在京城，後東歸。

京城寓懷云：「三十年持一釣竿，偶隨書薦入長安。由來不是求名者，唯待春風看牡丹。」「書薦」即指裴度的薦表，是年張祜三十歲。元和十五年張祜至京城已是年末，此詩言「春風」，顯然是春季，此時張祜尚在京城。

寄獻蕭相公：蕭相公爲蕭俛，元和十五年閏正月至長慶元年正月爲中書侍郎、同中書門下平章事，見舊唐書蕭俛傳及新唐書宰相表。詩云「謝安近日違朝旨」，資治通鑑卷二四一唐穆宗長慶元年：「西川節度使王播大修貢奉，且以賂結宦官，求爲相……俛屢於延英力爭，上不聽，俛遂辭位。（正月）己未，播至京師。壬戌，俛罷爲右僕射。」即指此事。詩又云「暫向聊城飛一箭」，聊城唐時屬博州，可證其曾至魏博。詩又云「東去江山是勝遊」，是張祜已決計東歸矣。

長慶二年（八二二），經宋州、徐州東歸。縱遊淮南。

謝高燕公惠生衣：考中晚唐高姓封燕國公者唯有一高駢，僖宗乾符四年駢進位尚書左僕射、潤州刺史、鎮海軍節度使，封燕國公，見舊唐書高駢傳。然張祜大中中卒，見新唐書藝文志四，可知張祜絕不可能接受高駢的饋贈。疑此高燕公指高承簡，高崇文之子。高駢則爲高承明子、高崇文孫。舊唐書高承簡傳：「遷宋州刺史。屬汴州逐其帥，以部將李㝌行帥事，㝌遣其將責宋官私財物，承簡執而囚之。」舊唐書穆宗紀：「（長慶二年八月）以宋州刺史高承簡爲兗州刺史、兗海沂密等州節度觀察處置等使。」張祜此詩當是作於高承簡爲宋州刺史時。詩有「驚訝災天雪滿箱」之句，據舊唐書穆宗紀長慶二年七月，「陳、許、蔡等州水」，是相合的。可知詩題「高燕公」並非高承簡的正式封號。

觀宋州田大夫打毬、題宋州田大夫家樂丘家箏：宋州田大夫爲田穎。册府元龜卷一二八：「（長慶二年八月）以亳州刺史田穎爲宋州刺史。」同書卷一三四：「及汴州平，策勳拜（田穎）宋州刺史。人皆誚穎宜受方任，會以疾卒。」

於徐州受到王智興的款待。康軿劇談録卷上：「侍中王智興武略英奇，初授徐方節制，雄才磊落，有命世間生之譽。幕府既開，所辟皆是儒者。一旦從事於使院會飲……時文人張祜亦預此筵，監軍謂之曰：『覩兹盛事，豈得無言？』祜即席爲詩以獻云：『古來英傑動寰區，武德文經未有餘。王氏柱天勳業外，李陵章句右軍書。』王公覽之笑曰：『褒飾之詞，可謂過當矣。』左右或言曰：『書生之徒，務爲諂佞。』王公叱之曰：『有人道我惡，汝輩又肯否？張秀才海内知名，篇什豈易得？』天下人聞且以爲王智興樂善矣。留駐數旬，臨歧贈絹千匹。」據資治通鑑卷二四二，穆宗長慶二年二月武寧軍節度使崔群被逐，王智興爲節度使。劇談録云「（智興）初授徐方節制」，自當是長慶二年事。張祜又有贈王昌涉侍御，詩云：「諸侯青眼用，御史紫衣榮。」白居易有武寧軍將王昌涉等授官制，可知王昌涉爲徐州將領。「御史」則指崔群。舊唐書穆宗紀：「（元和十五年九月）丙寅，以御史大夫崔群檢校兵部尚書、徐州刺史，充武寧軍節度使、徐泗宿濠觀察等使。」由此可知長慶二年二月王智興逐崔群前後，張祜正在徐州。

縱遊淮南亦當是此年事。張祜求仕失敗，心情抑鬱，故作傲誕，尋歡逐樂，以排遣内心的苦悶。途次揚州贈崔荆二十韻皆述風月之事，當爲此年作。縱遊淮南亦云：「十里長街市井連，月明橋上看神仙。人生只合揚州死，禪智山光好墓田。」桂苑叢談崔張自稱俠：「進士崔涯、張祜下第後，多遊江淮，常嗜酒，侮謔時輩。或乘飲興，即自稱俠。二子好尚既同，相與甚洽。」雲溪友議卷中辭雍氏條亦載：「崔涯者，吴楚之狂生也，與張祜齊名……祜、涯久在維揚，天下晏清，篇詞縱逸，貴達欽憚，呼吸風生，暢此時之意也。」張祜到廣陵：「一年江海恣狂遊，夜宿倡家曉上樓。」大約旅居揚州近一年光景。

長慶三年（八二三），在杭州與徐凝争鄉試，爲白居易所不取。

雲溪友議卷中錢塘論：「致仕尚書白舍人初到錢塘，令訪牡丹花。獨開元寺僧惠澄，近於京師得此花栽，始植於庭，欄圈甚密，他處未之有也。會徐凝自富春來，未識白公，先題詩曰：『此花南地知難種，慚愧僧閑用意栽。海燕解憐頻睥睨，胡蜂未識更徘徊。虛生芍藥徒勞妒，羞殺玫瑰不敢開。惟有數苞紅幞在，含芳只待舍人來。』白尋到寺看花，乃命徐生同醉而歸。時張祜榜舟而至，甚若疏誕，然張、徐二人，未之習稔，各希首薦焉。中舍曰：『二君論文，若廉白之鬭鼠穴，勝負在於一戰也。』遂試長劍倚天外賦、餘霞散成綺詩，試訖解送，以凝爲先，祜其次耳。張祜詩有『地勢遥尊嶽，河流側讓關』，多士以陳後主『日月光天德，山河壯帝居』，此徒有前名矣。又祜題金山寺詩曰『樹影中流見，鐘聲兩岸聞』，雖綦毋潛云『塔影掛青漢，鐘聲和白雲』，此二句未爲佳也。祜又有觀獵四韻及宫詞，白公曰：『張三作獵詩以較王右丞，予則未敢優劣也。』……白公又以宫詞四句中皆數對，何足奇乎？不如徐生云『今古長如白練飛，一條界破青山色』。徐凝曰：『譙周室裏，定游夏於丘虔；馬守幃中，分易禮於盧鄭。如我明公薦拔，豈獨偏黨乎？』張祜曰：『虞韶九奏，非瑞馬之至音；荆玉三投，佇良工之必鑒。且鴻鐘韻擊，瓦缶雷鳴，榮辱糾紛，復何定分？』祜遂行歌而返，凝亦鼓枻而歸，自是二生終生偃仰，不隨鄉試矣。……後杜舍人之守秋浦，與張生爲詩酒之交，酷吟祜宫詞，亦知錢塘之歲，自有是非之論，懷不平之色。爲詩二首以高之，曰『誰人得似張公子，千首詩輕萬户侯』，又曰『如何故國三千里，虛唱歌詞滿六宮』。」唐摭言卷二亦載：「白樂天典杭州，江東進士多奔杭取解。時張祜自負詩名，以首冠爲己任，既而徐凝後至，會郡中有宴，樂天諷二子矛盾。祜曰：『僕爲解元，宜矣。』凝曰：『君有何嘉句？』祜曰：『甘露寺詩有「日月光先到，山河勢盡來」；又金山寺詩有「樹影中流見，鐘聲兩岸聞」。』凝曰：『善則善矣，奈無野人句「千古長如白練飛，一條界破青山色」。』祜愕然不對，於是一座盡傾，凝奪之矣。」二書所載之細節不盡相同，雲溪友議更多想象的成份，然在杭州與張祜争鄉試之事當無疑義。白居易於長慶二年七月由中書舍人除杭州刺史，十月到達杭州，張祜與徐凝争解元爲春季事，可知是在長慶三年。白居易待張祜、徐凝一事，頗有是非之論，宋計有功在唐詩紀事卷五二徐凝中説：「樂天薦徐凝屈張祜，論者至今鬱鬱，或歸白之妒才也。余讀皮日休（按：當作陸龜蒙）論祜云：『……祜初得名，乃作樂府豔發之詞，其不羈之狀，往往間見。』凝之操履不見於史，然方干學詩於凝，贈之詩曰：『吟得新詩草裏論。』戲反其辭，謂『村裏老』也。方干，世所謂簡古者，且能譏凝，則凝之朴略椎魯，從可知矣。樂天方以實行求才，薦凝而抑祜，其在當時，理其然也。……祜在元白時，其譽不甚持重。杜牧之刺池州，祜且老矣，詩益高，名益重，然牧之少年所爲，亦近於祜，爲祜恨白，理亦有之。」所論比較公允。其實徐凝與白居易早就有交往，白爲江州司馬時，徐凝曾作寄白司馬詩。故偏袒一下徐凝也是情理之中事。再説，張祜既已爲元稹所抑，白居易與元稹爲至交，焉有再取薦之理？宜乎祜之深恨元白也。

附考白居易與張祜的另一則佚事。孟棨本事詩嘲戲第七載：「詩人張祜未嘗識白公，白公刺蘇州，祜始來謁。方見白，白曰：『久欽藉，嘗記得君款頭詩。』祜愕然曰：『舍人何所謂？』白曰：『鴛鴦鈿帶抛何處，孔雀羅衫付阿誰，非款頭何邪？』張頓首微笑，仰而答曰：『祜亦嘗記得舍人目連變。』白曰：『何也？』祜曰：『上窮碧落下黄泉，兩處茫茫皆不見，非目連變何邪？』遂與歡宴竟日。」唐摭言卷一三亦有相似的記載，只是未説是蘇州時事，云：「張處士憶柘枝詩曰『鴛鴦鈿帶抛何處，孔雀羅衫付阿誰』，白樂天呼爲問頭。祜矛盾之曰：『鄙薄問頭之誚，所不敢逃，然明公亦有目連經。長恨辭云「上窮碧落下黄泉，兩處茫茫都不見」，此豈不是目連訪母耶？』」白居易寶曆元年三月至二年九月爲蘇州刺史，張祜已於杭州爲白氏所不取，焉有再去拜謁之理？實則張祜一直爲杭州之事而耿耿也。故以爲本事詩之「蘇州」實乃「杭州」之誤，此與杭州白、張爲初會亦合。由此亦可見二人杭州晤談之不投機。

文宗大和二年（八二八），曾至岳州。

旅次岳州呈徐員外、題岳州徐員外雲夢新亭十韻、和岳州徐員外雲夢新亭二十韻、聽岳州徐員外彈琴、將離岳州留獻徐員外：諸詩之岳州徐員外皆爲徐希仁。蔣防汨羅廟記（全唐文卷七一九）：「大和二年春，防奉命宜春，抵湘陰，歇帆西渚……郡守東海徐希仁泊馬搏，以予常學古道，熟君臣至理之義，請述始終符契。」湘陰縣屬岳州，可知徐希仁時爲岳州刺史。由詩看，張祜在岳州受到徐希仁的熱情款待。

大和四年（八三〇），曾至池州、壽州。

壽州裴中丞出柘枝：壽州裴中丞爲裴墉。李紳轉壽春守，大和庚戌歲二月祗命壽陽，時替裴五墉，終歿。因視壁題，自墉而上，或除名在邊，坐殿歿，凡七子，無一存焉。壽人多寇盜，好訴訐，時謂之凶郡，獷俗特著。蒙此處之顧，余衰年，甘躡前患。俾三月而寇靜，期歲人和，虎不暴物，姦吏屏竄。三載復遭邪佞所惡，授賓客分司東都。或舉其目，或寄於風，亦贏繼詩人之末云（全唐詩卷四八〇），庚戌即大和四年，是年李紳接替裴墉爲壽州刺史，裴墉是李紳的前任。

池州周員外出柘枝、周員外出雙舞柘枝妓：池州周員外爲周墀，大和四年攝池州刺史。唐會要卷六八大和四年御史臺奏：「刺史有故及缺，使司不得差攝……昨者，宣州觀察使于敖所差周墀知池州，若據敕旨，便合奏劾。」是年于敖正爲宣歙觀察使。

大和五年（八三一），在鄆州，奉令狐楚表薦入長安求仕，無果。

令狐楚表薦張祜之事，已見前引唐摭言卷一一。杜牧酬張祜處士見寄長句四韻（樊川文集卷四）「薦衡昔日知文舉」，自注云：「令狐相公曾表薦處士。」全唐文卷五三九有令狐楚進張祜詩册表，實亦出自唐摭言。全唐詩卷五一一張祜寓懷寄蘇州劉郎中題下注曰：

「時以天平公薦罷歸。」故張祜蒙令狐楚之薦是在令狐楚任天平軍節度使之時是無疑義的。朱閎歸解書彭陽公碑陰（全唐文卷九〇一）：「公尹洛，禮陳商；爲鄆，薦蔡京；蒞京，辟李商隱」，雖未言於鄆州薦張祜，但令狐楚之喜獎拔後進却於此可見。張祜奉和令狐相公送陳肱侍御即作於鄆州，詩云「清露府蓮結，碧雲臯鶴飛」，爲初秋之節物。詩暗用南齊庾杲之蓮幕之典，可知陳肱當時是令狐楚幕僚。張祜又有平陰夏日作，平陰即屬鄆州東平郡；平原路上題郵亭殘花云「自從身逐征西府，每到花時不在家」，平原屬德州平原郡，當時屬橫海節度使管領，在鄆州北，或爲奉令狐楚之命出使時作。可知張祜曾短期居令狐楚天平軍幕。令狐楚大和三年十一月至大和六年二月爲鄆州刺史、天平軍節度使。

附考與令狐楚的另一則逸事。唐摭言卷一三：「令狐趙公鎮維揚，處士張祜嘗與狎讌。公因視祜改令曰：『上水船，風又急；帆下人，須好立。』祜應聲曰：『上水船，船底破；好看客，莫倚柂。』」令狐趙公爲令狐綯，楚之子，咸通三年冬至十年十二月爲淮南節度使。時張祜已故去多年，其誤自不待言。但若改「令狐趙公」爲「令狐相公」、「鎮維揚」爲「鎮天平」或「鎮東平」，則正與張祜、令狐楚鄆州之事相合，其誤或在此乎？

哭京兆龐尹：京兆龐尹爲龐嚴。舊唐書文宗紀下：「（大和五年八月）丙戌，京兆尹龐嚴卒。」此詩可證張祜已在京師。

大和六年（八三二）至大和七年（八三三），在長安。

寓懷寄蘇州劉郎中：蘇州劉郎中爲劉禹錫，大和五年十月由禮部郎中、集賢學士出爲蘇州刺史。詩云「一聞周邵佐明時，西望都門强策羸」，大和四年六月丁未，裴度平章軍國重事，疑指此事。又曰「天子好文才自薄，諸侯力薦命猶奇」，與張祜此次入京爲蒙令狐楚之薦正合。此詩又云「欲離京國尚遲遲」，是祜此時猶在長安，然已有東歸之意矣。

張祜此次在長安，很可能還應過進士試。桂苑叢談云「進士崔涯、張祜下第後，多遊江淮」，可見張祜應過試，應試的時間只能是在大和六年至七年這二年中。但没有及第。

投太原李司空：太原李司空爲李載義。舊唐書李載義傳：「累破賊（指李同捷），以功加司空。」同書文宗紀下：「（大和七年五月）癸卯，興元李載義來朝……六月丁巳朔，乙巳，以山南西道節度使李載義爲太原尹、北都留守、河東節度使，依前守太保、平章事。」此詩作於長安李載義來朝時。

長安感懷云「家寄東吳西入秦，三年虚度帝城春」，可知此次於長安留居三年時間。

張祜此次入京無果，當與朝廷中的牛李黨争有關係。先是李宗閔、牛僧孺在朝爲相，牛僧孺因處置維州事失當出爲淮南節度使，李德裕入朝，但朝中仍多是李宗閔的人。資治通鑑卷二四四唐文宗大和七年二月：「丙午，以兵部尚書李德裕同平章事。德裕入謝，上與之論朋黨事，對曰：『方今朝士三分之一爲朋黨。』」然李德裕也是排斥己所不悦者。是年六月，李宗閔出爲山南西道節度使。是時令狐楚早已淡出朋黨之争，朝中無人，也就決定了張祜此次入京不會有什麽結果。

大和八年（八三四），赴嶺南。

張祜所居即事其五自述其平生行蹤「南窮海徼北天涯」；戊午年感事書懷一百韻謹寄獻太原裴令公淮南李相公漢南李僕射宣武李尚書云「傷心從楚塞，垂淚到湘川」。又有湘中行、將之衡陽道中作諸詩，其嶺南之行不容置疑。問題是何年。戊午年寓興二十韻云「一路來邊海，三年別上京」，是其於長安住了三年後，即南下嶺南，故定張祜於是年赴嶺南。

陸龜蒙和過張祜處士丹陽故居詩序云：「從知南海間罷職，載羅浮石筍還。」唐嶺南道廣州南海郡轄縣十三，其一即南海，見新唐書地理志七上。何謂「知南海」？顧炎武日知録卷九：「知縣者，非縣令而使之知縣中之事，杜氏通典所謂檢校、試、攝、判、知之官是也。」唐時已有此號，如姚合武功縣中作「長憶青山下」一首「今朝知縣印，夢裏百憂生」，當時姚合爲武功縣主簿，權代縣令之職，故曰「知縣印」。如此可知張祜赴嶺南是代理南海縣令。但僅陸龜蒙一語總令人有些疑惑，好在廣東通志卷三八名宦志亦有記載，云：「張祜字承吉，清河人。工詩，晚窺建安風格，一時豪俊多與之遊。受辟諸侯府，狷介鮮容，輒自劾去。後知南海，廉潔自持，一介不取，期月間解職，惟載羅浮石筍還。」此小傳與陸龜蒙序大致相同，但也提供了新的材料，如關於任職時間的「期月間解職」，可見廣東通志並非完全抄自陸序，大概也參考了其他記載如古縣志之類。可見陸龜蒙云張祜「知南海」是可信的。但時間極短，故不大爲人所提及，人們也就始終以處士稱之了。

湘中行、將之衡陽道中作：二詩即作於赴嶺南途中。

大和九年（八三五），已由嶺南歸來。曾於越州謁李紳。

張祜有憶江東舊遊四十韻寄宣武李尚書，李尚書即李紳。詩云：「憶作江東客，倡狂事頗曾。……蒲晚帆山葉，花開鏡水菱。……鷲嶺因支訪，龍門憶李登。」鏡水即鏡湖，帆山即石帆山，皆在越州，可見追述爲越中之遊事。李紳大和七年閏七月至大和九年五月爲越州刺史、浙東觀察使，謁見李紳自然當在此期間，故繫是年。何光遠鑑誡録卷七：「會昌四年，李相公紳節鎮淮海日，所爲尊貴，薄於布衣，若非皇族、卿相囑致，無有面者。張祜與崔涯同寄府下，前後廉問使聞張祜詩名，悉蒙禮重。獨李到鎮，不得見焉。祜遂修刺謁之，詩題銜『釣鼇客』，將俟便呈之。相國遂令延入，怒其狂誕，欲於言下挫之。及見祜，不俟從容及問，曰：『秀才既解釣鼇，以何物爲竿？』祜對曰：『用長虹爲竿。』又問曰：『以何物爲鈎？』曰：『以初月爲鈎。』又問曰：『以何物爲餌？』曰：『用唐朝李相公爲餌。』相公良久思之，曰：『用予爲餌，釣亦不難致。』遂命酒對酌，言笑竟日。」唐才子傳卷六張祜傳即采其說。小説家言本不必過於認真，王嚴光、李白皆有自稱釣鼇客之事。張祜投謁李紳之事確有，然非會昌四年，其地也非淮南，而是大和九年在越州，依據便是張祜的詩。曾慥類説卷二一引闕名大唐遺事：「張祜謁李紳，自稱釣巨鰲客。李盛曰：『以何爲竿？』曰：『以虹爲竿。』『以何爲鈎？』曰：『以月爲鈎。』『以何爲餌？』曰：『以短李相爲餌。』紳默然，厚贈之。」便不云於淮南。

開成元年（八三六），曾至常州、蘇州。

題李戡山居、題李山人園林：後詩之李山人也是李戡。李戡，初名飛，唐宗室。杜牧唐故平盧節度巡官李府君（戡）墓誌銘（樊川文集卷九）：「一舉近士，耻不肯試，歸晉陵陽羡里，得山水居之。始開百家書，緣飾事業……開成元年春二月，平盧軍節度使王公彦威聞君名，挈卑辭與簡，副以幣馬，請爲節度巡官。明年春，平盧府改，君西歸，病於洛，卒於洛陽友人王廣思恭里第。」晉陵即常州，陽羡屬常州，後并入義興縣。許渾有與張處士同題李隱居林亭（見文苑英華卷三一六，全唐詩卷五三六作與張道士同訪李隱君不遇，「張道士」誤，但看來二人同訪李戡却未遇，故只題其園林），張處士即謂張祜。許詩云：「唯有西鄰張仲蔚，坐來同愴别離心」，以東漢時隱居不仕的張仲蔚喻比張祜。

投蘇州盧中丞：蘇州盧中丞爲盧商。舊唐書盧商傳：「開成初出爲蘇州刺史，中謝日賜金紫之服。」詩曰「金紫清門美丈夫」，故以爲是盧商。

開成二年（八三七），行蹤未詳。

丁巳年仲冬月江上作：丁巳即開成二年。詩云「南來驅馬渡江濆，消息前年此月聞」，此「消息」當指發生於大和九年十一月的甘露事變。

開成三年（八三八）至開成五年（八四〇），家居。

戊午年感事書懷一百韻謹寄獻太原裴令公淮南李相公漢南李僕射宣武李尚書：戊午即開成三年。所寄四人：太原裴令公爲裴度，淮南李相公爲李德裕，漢南李僕射爲李程，宣武李尚書爲李紳。

憶江東舊遊四十韻寄宣武李尚書：李尚書爲李紳，開成元年六月至五年九月爲汴州刺史、宣武軍節度使。詩云「伯玉年將近」，淮南子原道「蘧伯玉年五十而知四十九年非」，即用此典。可知是年張祜將近五十歲。以其年四十九歲計，詩作於開成四或五年，與李紳任宣武軍節度使的年代也是相合的。

武宗會昌元年（八四一），移居丹陽。

陸龜蒙和過張祜處士丹陽故居詩序云：「以曲阿地古澹，有南朝遺風，遂築室種樹而家焉。」曲阿即丹陽，新唐書地理志五潤州丹楊郡：「丹楊，望。本曲阿。」至於何年移居，考張祜訪許用晦云：「怪來音信少，五十我無聞。」許渾字用晦，潤州丹陽人，亦爲當時的著名詩人。丹陽縣丁卯澗有許渾的別墅。詩云「五十我無聞」，是訪許渾時張祜已五十歲，當是張祜移居丹陽後即拜訪許渾，故定其移居丹陽在會昌元年。唐才子傳卷七許渾傳云許渾爲太平、當塗二縣令後，「以伏枕免，久之，起爲潤州司馬」。計其時間，其「以伏枕」免官家居約在會昌元年，而張祜訪許渾之地則顯然即許渾的丁卯別墅，這一切都是十分相合的。

丹陽新居四十韻：詩云：「不出丹陽郭，茅簷寄北偏。……地勢金陵闊，灣形珥瀆連。」金陵指鎮江，王楙野客叢書卷二〇曾辨之，云：「又如張氏行役記言甘露寺在金陵山，趙璘因話録言李勉至金陵，屢贊招隱寺標致，蓋時人稱京口亦曰金陵。」杜牧杜秋娘詩序：「杜秋，金陵女也。」馮集梧注引至大金陵志：「唐潤州亦曰金陵。」珥瀆，至順鎮江志卷七：「珥瀆河在丹陽縣南七里，與漕渠通，由此達金壇縣。」戴叔倫過珥瀆單老，即指此地。可知張祜新居在丹陽縣南傍水，水連珥瀆河，其詩所居即事其一「南下丹陽一水灣」，亦可證。貧居遺懷云「築室枕隋流」，隋流指運河。劉崇遠金華子卷下：「而祜之故居，頹垣廢址，依然東郭長河之隅。」珥瀆北接運河，則張祜其居在丹陽縣南珥瀆與運河交滙處。至順鎮江志卷一二古跡：「唐處士張祜宅未詳所在，或云今雲陽橋河岸有井處是。」

奉和浙西盧大夫題假山：浙西盧大夫爲盧簡辭，會昌元年至會昌五年爲潤州刺史、浙西觀察使。此假山即在潤州，唐丹陽縣屬潤州。許渾亦有奉和盧大夫新立假山。許渾送魚思別處士歸有懷（全唐詩卷五三〇）題下注曰：「一作南亭送張祜。」可知「處士」即指張祜，爲思別張祜之作。

會昌二年（八四二）至會昌四年（八四四），大約是家居。疑曾至嘉興。

雲溪友議卷下雜嘲戲：「張祜爲冬瓜堰官，憾其牛户無禮，責欲鞭笞，無不取給於其中也。然無名秀才居多，職事皆怯於祜。錢塘酒徒朱沖和小舟經過，祜令語，曰：『張祜前稱進士，不亦難乎？』沖和乃自啓名，而贈詩嘲之。祜平生傲誕，至於公侯，未如斯之挫也。其詩曰：『白在東都元已薨，蘭臺鳳閣少人登。冬瓜堰下逢張祜，牛屎堆邊説我能。』」朱沖和作詩嘲笑張祜當是事實，但云張祜「爲冬瓜堰官」則大謬，詳後面的「冬瓜瓠子」之辯。冬瓜堰在嘉興，畢沅續資治通鑑卷二一三元順帝至正十六年：「張士誠將史文炳，以水師數萬攻嘉興，楊鄂勒哲以大軍四伏……戰於冬瓜堰，大破之。」當即此冬瓜堰。嘉興本春秋吴檇李地，秦置由拳縣，屬會稽郡，三國時吴改爲嘉興縣，歷代遂因之。白居易會昌六年八月在東都洛陽去世，故朱沖和作詩嘲笑張祜事當在白居易去世之前。亦可知是年前後張祜曾在嘉興一帶。

會昌五年（八四五），秋，赴池州會杜牧。

雲溪友議卷中錢塘論「後杜舍人之守秋浦，與張生爲詩酒之交」，即云二人池州之會事。杜牧任池州刺史爲會昌四年九月至會昌六年九月，二人會於重陽節前後，顯然爲會昌五年事。繆鉞杜牧年譜即定二人會於會昌五年。寶刻類編卷六：「杜牧左史洞題名，牧爲刺史立，左史洞名而題之，（張）祜書，會昌五年刻，池。」更是二人會於會昌五年之確證。周必大文忠集卷一六八泛舟遊山録二記游貴池：「訪左史洞，爲馬軍寨所限，出寺行里許乃至焉，實寺之後山也。其深數丈，可達於外。左史謂李方玄景業也，杜牧之代景業來守，故爲立名，而張祜書之。」左史洞在池州齊山，嘉靖池州府志卷一山川部貴池齊山：「洞：……曰左史……」

江上旅泊呈杜員外、讀池州杜員外杜秋娘詩、奉和池州杜員外重陽日齊山登高、和池州杜員外題九峰樓：諸詩皆作於是年，杜員外即杜牧。杜牧酬張祜處士見寄長句四韻、登池州九峰樓寄張祜、贈張祜皆爲池州與張祜唱和之作。杜牧九日齊山登高：「江涵秋影雁初飛，與客攜壺上翠微。」「客」即謂張祜。魏泰臨漢隱居詩話：「池州齊山有刺史杜牧、處士張祜題名。」二人池州之會，相與甚洽。鄭谷高蟾先輩以詩筆相示抒成寄酬云：「張生故國三千里，知者惟應杜紫微。」（全唐詩卷六七五）此言不虛。

杜牧有汴人舟行答張祜，是張祜由池州北遊河陽，沿汴水北上時作詩寄杜牧，杜詩爲答作。

附考杜牧與張祜的一則佚事。唐摭言卷一三載：「張祜客淮南，幕中赴宴，時杜紫微爲支使，南座有屬意之處。索骰子賭酒，牧微吟曰：『骰子逡巡裹手拈，無因得見玉纖纖。』祜應聲曰：『但知報道金釵落，髣髴還應露指尖。』」此事純屬虛構。晁公武郡齋讀書志卷一八：「（張祜）客淮南，杜牧爲度支使，嘗贈之詩曰：『何人得似張公子，千首詩輕萬户侯。』」將杜牧池州之作移入淮南，尤誤。其實唐摭言所載二人聯句乃李群玉詩，韋縠所編才調集便收作李群玉，全唐詩卷五七〇亦作李群玉，題爲戲贈姬人。韋縠，晚唐人，其收當可靠。可見池州之前張、杜未曾有過交往。

會昌六年（八四六），北遊河陽。

投河陽石僕射：詩云「狂胡追過磧，貴主奪還京」，可知所投贈對象爲石雄。會昌三年春，回鶻烏介可汗帥衆侵逼振武，被石雄擊潰，又大破之於殺胡山，迎太和公主歸，見資治通鑑卷二四七、兩唐書石雄傳。石雄曾檢校左僕射。資治通鑑卷二四七載石雄武宗會昌四年十二月爲河陽節度使；新唐書石雄傳云會昌六年「宣宗立，徙鳳翔」，故繫是年，亦爲張祜河陽之遊之證。

題河陽新鼓角樓：亦作於會昌六年張祜北遊河陽時。詩云：「馬悲塞北千群牧，雁到城南一半回」，前句寫石雄破回鶻事，後句寫雁不敢飛過城池，畏石雄之射。白居易河陽石尚書破回鶻迎貴主過上黨射鷺鷥繪畫爲圖猥蒙見示移賞不足以詩美之（白氏長慶集卷三七）自注云：「尚書將入潞府，偶逢水鳥鷺鷥，一發中目，三軍踴躍。其事上聞，詔下美之。」可見石雄之箭法。

奉和池州杜員外南亭惜春：杜牧殘春獨來南亭因寄張祜云「仲蔚欲知何處在，苦吟林下拂詩塵」，祜詩云「幾恨今年事已過，翻悲昨日事成塵」，顯然非作於池州之會時，然杜牧仍在池州刺史任，故知作於會昌六年春季。

宣宗大中元年（八四七），曾至楚州。

觀楚州韋舍人新築河堤兼建兩閶門、陪楚州韋舍人北閶門遊宴、陪楚州韋舍人閶門遊讌次韻北閶門：諸詩之楚州韋舍人爲韋瓘。新唐書韋正卿傳：「正卿子瓘，字茂弘。及進士第，仕累中書舍人……會昌末，累遷楚州刺史，終桂管觀察使。」葉奕苞金石録補卷二〇韋瓘永州浯溪題名：「太僕卿分司東都韋瓘大中二年過此。余大和中從中書舍人謫康州，逮今十六年，去冬楚州刺史，今年二月有桂州之命。」可證韋瓘由楚州遷桂管是在大中二年二月，故繫是年。由諸詩觀之，張祜在楚州亦受到韋瓘的款待。

大中二年（八四八），曾至滑州、宣州、蘇州、湖州等地。

投滑州盧尚書（二首）之一云：「雨露恩重棣萼繁，一時旌旆列雄藩。」可知盧尚書爲盧弘止。弘止兄簡辭、弟簡求，或節度重鎮，或爲上州刺史。據唐方鎮年表，盧弘止爲滑州刺史、義成軍節度使是在大中元年至大中三年。二云：「新年幾話南遷客，未必無憂是早榮。」「南遷客」當指李德裕。資治通鑑卷二四八唐宣宗大中元年十二月：「戊午，貶太子少保、分司李德裕爲潮州司馬。」詩云「新年」，可知作於大中二年正月。

投宛陵裴尚書二十韻、宛陵新橋兼獻裴尚書：宛陵裴尚書爲裴休，大中元年至大中三年爲宣州刺史、宣歙觀察使。宛陵即宣州，詩不言宣州而言宛陵，蓋避裴休家諱。裴休祖父名宣。二詩可證張祜有宣州之行。

投蘇州盧郎中：蘇州盧郎中爲盧簡求。舊唐書盧簡求傳：「轉本司郎中，求爲蘇州刺史。」杜牧夜泊桐廬先寄蘇臺盧郎中，亦爲寄盧簡求之作。杜牧大中二年八月由睦州刺史内擢司勳員外郎、史館修撰，詩即作於由睦州回長安途中。可知大中二年盧簡求正在蘇州刺史任。同治重修蘇州府志卷三九：「觀音寺……亦稱支硎山寺，會昌中廢，大中二年刺史盧簡求重修。」

奉和湖州蘇員外題遊柸池：湖州蘇員外爲蘇特。談鑰嘉泰吴興志卷一四郡守題名：「蘇特，大中二年五月自陳州刺史拜。除鄭州刺史。」陸增祥八瓊室金石補正卷四八施安等造幢題名：「唐大中二年歲在戊辰八月戊子朔廿一日戊申建功德主施安……太中大夫使持節湖州諸軍事守湖州刺史上柱國蘇特。」

大中三年(八四九)，寓居臨平。

寓居臨平山下其三曰：「世間年少正行樂，自笑老人無事心。」可知其寓居臨平爲晚年事。孟才人歎詩序云：「大中三年，遇高(璩)於由拳，哀話於余，聊爲興歎。」可知大中三年張祜在餘杭一帶，故定其寓居臨平於大中三年。樂史太平寰宇記卷九三杭州：「臨平湖在(鹽官)縣西五十里，湖在臨平山南。」隋書地理志下：「餘杭，有由拳山。」元和郡縣圖志卷二五杭州：「由拳山，晉隱士郭文舉所居。旁有由拳村，出好藤紙。」

大中五年（八五一），疑已返至丹陽。

江南雜題三十首、窮居、寓言、所居即事六首皆作於丹陽閒居期間。

張祜愛酒。孫光憲北夢瑣言卷六「李群玉校書……然多狎酒徒，疑其爲張祜之流」，已目張祜爲酒徒矣。又酷好吟詩。馮贄雲仙雜記卷五：「張祜苦吟，妻孥喚之不應，以責祜，祜曰：『吾方口吻生花，豈恤汝輩！』」又好石。陸龜蒙和過張祜處士丹陽故居詩序：「性嗜水石，常悉力致之……不蓄善田利産爲身後計。」鄭文寶江南餘載卷下：「後苑有宮髻石，世傳張祜舊物，上有杜紫微杭州刻字相寄之迹，祜以其形若宮髻，故名之云。祜平生癖好太湖石，故三吴牧伯多以爲贈焉。」陳輔之詩話：「張祜性酷好太湖石，三吴太守多遺以贈之。故陸魯望以詩哭之曰：『一林石筍散豪家。』」（郭紹虞輯宋詩話輯佚，然所引之詩實是皮日休詩。）又好任俠。劉崇遠金華子卷下：「張祜詩名聞於海外，居潤州之丹陽，嘗作俠客傳。蓋祜得隱俠術，所以托詞自叙也。崇遠憶往歲赴恩門，請承乏丹陽，因得追尋往迹，而祜之故居，頹垣廢址，依然東郭長河之隅。常訊於廬里，則亂前故老猶存，頗能記憶舊事。説祜之行止，亦不異從前所聞。問其隱俠，則云不睹他異，唯邑人往售物於府城，每抵晚歸時，猶見祜巾褐杖履，相翫酒市。已則勁步出郭，夜回縣下，及過祜門，則又已先歸矣。如此恒常，不以爲怪。從縣至府七十里，其迢遞而躡履速，人莫測焉。」馮翊子桂苑叢談崔張自稱俠則載其爲一假俠客所欺，頗具傳奇色彩。云：「進士崔涯、張祜下第後，多遊江淮，常嗜酒，侮謔時輩。或乘飲興，即自稱俠。二子好尚既同，相與甚洽。崔因醉作俠士詩曰：『太行嶺上三尺雪，崔涯袖中三尺鐵。一朝若遇有心人，出門便與妻兒別。』由是往往播在人口：『崔張真俠士也！』以此人多設酒饌待之，得以互相推許。……後歲餘，（張）薄有資力。一夕，有非常人裝飾甚武，腰劍手囊，貯一物，流血於外，入門謂曰：『此非張俠士居也？』曰：『然。』張揖客甚謹。既坐，客曰：『有一讎人，十年莫得，今夜獲之，喜不可已。』指其囊曰：『此其首也。』問張曰：『有酒否？』張命酒飲之。客曰：『此去三數里有一義士，余欲報之，則平生恩讎畢矣。聞公氣義，可假余十萬緡，立欲酬之，是余願矣。此後赴湯蹈火，爲狗爲雞，無所憚。』張且不吝，深喜其説，乃扶囊燭下，籌其縑素中品之物，量而與之。客曰：『快哉，無所恨也！』乃留囊首而去，期以却回。及期不至，五鼓絶聲，東曦既駕，杳無蹤迹。張慮以囊首彰露，且非己爲，客既不來，計將安出？遣家人將欲埋之。開囊出之，乃豕首矣。因方悟而歎曰：『虚其名無其實，而見欺之若是，可不戒歟！』豪俠之氣自此而喪矣。」小説儒林外史第十二回「張鐵臂虚設人頭會」即本於此。俞樾茶香室叢鈔卷一七俠客爲人頭條説：「唐馮翊桂苑叢談云……按今稗官家有敷衍此事者，莫知其本此也，故記之。」

大中七年（八五三），卒於丹陽，享年六十二歲。其子杞兒後爲冬瓜堰官。

新唐書藝文志四「張祜詩一卷」下注：「字承吉，爲處士，大中中卒。」「大中中」既可理解爲大中期間，也可理解爲大中年的中間之年。聞一多唐詩大系定張祜卒年爲八五二（大中六年），并打一問號，便作後一種理解，然不敢確定。唐宣宗大中年共十三年，七年恰在中間，故定張祜卒於大中七年。試再看一則依據。顧陶唐詩類選後序（全唐文卷七六五）云：「近則杜舍人牧、許鄂州渾，洎張祜、趙嘏、顧非熊數公，並有詩句播在人口，身殁才二三年，亦正集未得。」其唐詩類選序（同上）稱選編之年爲「大中景（即丙字，唐人避諱改）子之歲也」，大中丙子即大中十年，上推二三年，即爲大中八年或大中七年，當即是上述數人去世之年。顧陶與張祜相去甚近，其言自當可信。故定張祜卒大中七年。陸龜蒙和過張祜處士丹陽故居詩序稱：「死未二十年，而故姬遺孕，凍餒不暇。」皮日休亦有和詩。皮、陸唱和在咸通十年（八六九），皮日休松陵集序（全唐文卷七九六）云：「十年，大司諫清河公（崔璞）出牧於吴，日休爲郡從事，居一月，有進士陸龜蒙字魯望者，以其業見造。」咸通十年上距大中七年爲十七年，符合陸龜蒙所云「死未二十年」之數。王楙野客叢書卷二四：「按松陵集時事在咸通間，龜蒙所謂死未二十年之語推之，祜死於宣宗大中之初年。」王楙的推算顯然是錯誤的，其誤在於把二十年作一足數。

王象之輿地紀勝卷七：「唐張祜墓，在丹陽縣尚德鄉。」

關於張祜卒後之情況，顔萱過張祜處士丹陽故居詩序云其重訪張祜故居時，「光陰徂謝，二紀於兹。適經其故居，已易他主。訪遺孤之所止，則距故居之右二十餘步，荆榛之下，蓽門啓焉。處士有四男一女，男曰椿兒、桂子、椅兒、杞兒。問之，三已物故，惟杞爲遺孕，與其女尚存。欲揖杞與言，則又求食於汝墳矣。但有霜鬢而黄冠者，杖策迎門，乃昔時愛姬崔氏也。與之話舊，歷然可聽。嗟乎！葛帔練裙，兼非所有；琴書圖籍，盡屬他人。嗚呼！昔又云：「横塘之西，有故田數百畝，力既貧窶，十年不耕，唯歲賦萬錢，求免無所。爲穆生置醴，鄭公立鄉者，復何人哉？因吟五十六字，以聞好事者。」據此知張祜有四男一女，至咸通十年，三男已亡故，唯一女與遺腹子杞兒尚在。唐詩紀事卷五二於轉録顔萱與陸龜蒙的詩序後説：「杞兒後名望虔，嘉興監裴洪慶以爲冬瓜堰官。」無疑是顔萱、陸龜蒙見張祜故姬崔氏及杞兒生活貧愁潦倒，轉托友人，杞兒方得此職，藉以糊口。顔萱序已言崔氏向其訴説生活之艱難。然此事頗有歧異，不得不辨。桂苑叢談崔張自稱俠云：「一旦張以詩上牢盆使，出其子授漕渠小職，得堰俗號冬瓜……人或戲之曰：『賢郎不宜作此等職。』張曰：『冬瓜合出瓠子。』戲者相與大哂。」據此則爲冬瓜堰官者不可能是杞兒，因杞兒爲遺孕，怎能在張祜還活着的時候得此職呢？然此記誠不足信。雲溪友議卷下雜嘲戲又載張祜爲冬瓜堰官，錢塘酒徒朱沖和小舟經過，贈詩嘲之。朱沖和作詩嘲笑張祜可能是事實，但云張祜「爲冬瓜堰官」則謬之千里。何薳春渚紀聞卷七曾辨之，云：「雲溪友議載酒徒朱沖（按：下奪一「和」字）嘲張祜云：『白在東都元已薨，鸞臺鳳閣少人登。冬瓜堰下逢張祜，牛矢灘邊説我能。』以祜時爲堰官也。按承吉以處士自高，諸侯府争相辟召，性狷介不容物，輒自劾去，豈肯屈就堰官之辱耶？金華子雜説云：『祜死，子虔望亦有詩名，嘗求濟於嘉興監裴弘慶，署之冬瓜堰官。虔望不服，宏慶曰：「祜子守冬瓜已過分矣。」』此説似有理也。」何薳所辨甚是。然今本金華子已不載張祜子虔望爲冬瓜堰官事，當是此書佚文。錢易南部新書丁：「張祜字承吉，有三男一女：桂子、椿兒、椅兒。桂子、椿兒皆物故，惟女與椅兒在。椅兒名虎望（按：春渚紀聞云名「虔望」，唐詩紀事云名「望虔」，未知孰是），亦有詩名。後求濟於嘉興監裴弘慶，署之冬瓜堰官，望不甘，慶曰：『祜子之守冬瓜所謂過分。』」顯然錢易之記爲雜抄諸書而成，然亦以張祜子爲冬瓜堰官是在張祜卒後，亦以「冬瓜瓠（祜）子」之謔爲裴弘慶語，大約亦出自金華子。新唐書宰相世系表一上東眷裴氏有：「弘慶，屯田郎中。」計約大中、咸通間人，當即此裴弘慶。金華子的作者劉崇遠曾親至張祜的丹陽故居訪舊，且與祜相去未遠，其記自然可靠。桂苑叢談所云「冬瓜瓠子」爲張祜自謔，顯是訛傳。故以杞兒爲冬瓜堰官爲張祜卒後事，「冬瓜瓠子」也是裴弘慶之謔。據前引續資治通鑑卷二一三，冬瓜堰確在嘉興，益可證嘉興監裴弘慶以張祜子爲冬瓜堰官爲不誣。

【注釋】

〔一〕本文原發表於唐代文學研究第二輯，廣西師範大學出版社一九九〇年十月出版。然錯誤較多，故此改動較大。

〔二〕本文原發表於唐代文學研究第二輯時，於此採用的是吴在慶先生之説，認爲令狐楚表薦張祜是在元和十五年，當時令狐楚外任宣歙觀察使，路經揚州，張祜謁之，遂將張祜表薦於朝廷（見令狐楚表薦張祜時間考，四川大學學報一九八四年第二期）。但後來認爲不妥，理由有三：一、元和十五年令狐楚正在倒霉之時，據舊唐書穆宗紀，令狐楚元和十五年七月罷相出爲宣歙觀察使，八月再貶衡州刺史，其時自顧尚且不暇，安能再管他人之事？對於張祜來説，他自己必然也清楚，此時若秉令狐楚之薦表，又能有多大的分量？絶對達不到所期待的效果。二、全唐詩卷五一一張祜寓懷寄蘇州劉郎中題下注曰：「時以天平公薦罷歸。」雖然宋蜀刻本張承吉文集此詩題下并無此注，可是詩中説「天子好文才自薄，諸侯力薦命猶奇」，則此次入京爲奉方鎮薦表，當無疑義。詩作於文宗大和五年或六年，正是令狐楚爲天平軍節度使之時，表薦張祜的不是令狐楚又能是誰呢？故唐摭言所云張祜蒙令狐楚之薦是在令狐楚任天平軍節度使時之記載是不足以推翻的。三、張祜奉和令狐相公送陳肱侍御詩云「清露府蓮結，碧雲皐鶴飛」，用庾杲之蓮幕之典，則令狐楚的身份自然是方鎮之主。若認爲此詩作於揚州，與令狐楚的身份是不合的。如果説張祜拜謁令狐楚是在宣州，上詩作於宣州，令狐楚表薦張祜也是在宣州，同樣不可能。令狐楚元和十五年七月貶爲宣歙觀察使，八月再貶衡州刺史，其衡州刺史謝上表云：「去年九月十五日於宣州伏奉某月日敕旨……」在宣州頂多一個月，也是不可能有表薦之事的。故不再取吴在慶先生之説。

附考：張祜詩集版本考

關於張祜詩集，宋元文獻的記載如下：

新唐書藝文志四：張祜詩一卷。

崇文總目卷五：張祜詩一卷。

遂初堂書目别集類：張祜集。又：張承吉集。

郡齋讀書志卷四中：張祜詩一卷。

直齋書録解題卷一九：張祜集十卷。

宋史藝文志七：張祜詩十卷。

以上爲宋元文獻所見，除尤袤的遂初堂書目未著録卷數外，張祜詩集有一卷本、十卷本兩種。一卷本情況不明。十卷本當即宋蜀刻十卷本張承吉文集之源本。這個十卷本北宋時是存在的，因宋初編文苑英華，所收張祜的作品中，有相當一部分便出自後五卷。然十卷本的張祜詩集至南宋時便不易爲世人所見知了，王楙野客叢書卷二四張祜經涉十一朝條云：「張祜，唐書無傳。有文集十卷，不著本末。」王楙是見過十卷本的，野客叢書卷一九司字作去聲條：「白詩多犯鄙俗語，又如枇杷之枇，蒲萄之蒲，亦協入聲……僕又考之，不特白詩爲然，唐人之詩多有如是者，如張祜曰『生摘枇杷酸』，曰『宮樓一曲琵琶聲』……是皆隨其律而用之。」所引「生摘枇杷酸」之句便屬第六卷江南雜題三十首之八；同書卷二四以鄙語入詩中用條：「唐人有以俗字入詩中用者，如張祜詩『銀注紫衣擎』……張祜詩『歸來不把一文錢』，曰『酒引嬌娃活牡丹』……此類甚多。」所引「銀注紫衣擎」屬第九卷投陳許李司空二十韻，「酒引嬌娃活牡丹」則屬第八卷陪杭州郡使宴西湖亭。可證王楙所見的張祜詩集是足本。但劉克莊後村詩話新集卷四云：「今(張)祜詩存者僅四卷耳，然則散落多矣。」由此可見劉克莊所見到的僅是殘本。洪邁評張祜詩，所引亦全是前五卷中的作品，可見他也未見到十卷本。

明、清諸藏書家所收藏絶大多數爲五卷本、六卷本，還有二卷本。如錢曾述古堂書目卷二：「張祜承吉集六卷。」徐𤊹紅雨樓書目：「張祜詩五卷。」清席啓寓於康熙十四年輯刻唐詩百名家全集，其中第二函收張祜詩集二卷。細檢其篇目，與五卷本張祜詩集全同，可見二卷本僅是五卷本的合併。曹氏揚州書局編全唐詩，即以席氏二卷本爲底本，導致張祜詩有近半數的缺失。當然，全唐詩的編者又從又玄集、才調集、文苑英華、唐百家詩選、樂府詩集等總集、類書以及方志中輯補了一些張祜的作品。

宋刻張祜詩集有兩種，一爲浙本，臨安書棚刻；一爲蜀本，眉山刻。宋刻浙本原卷數不得而知，後來流傳的是五卷。疑原裝爲兩册，下册丢失，故只剩前五卷。繆荃孫藝風藏書續志卷六：「張處士詩集五卷，影寫明刻本，唐張祜撰。每葉二十行，行十八字。缺五言七言古、七言律三門，原出於宋本。」丁丙善本書室藏書志卷二五：「唐張處士詩五卷，宋臨安棚北陳氏書肆刊唐人小集，大率半葉十行，行十八字。此爲明正德間所刊，行款悉同，當出書棚本。且有彭城伯子、空翠閣藏書印兩記，可寶也。」蜀本十卷全，然至元時歸國史院藏書，此後一直藏於内府，便不爲世人所知。大概在清康熙時佚出宫禁，但藏主祕不示人，故知之者仍甚少。十卷本僅見王文進文録堂訪書記著録，其卷四云：「張承吉文集十卷，唐張祜撰。宋蜀刻本，半葉十二行，行二十一字，白口。有翰林國史院官書長印，劉體仁、潁川劉孝功藏書印。」可知此書佚出宫禁後先歸劉體仁。劉體仁，山東人，順治進士，有詩名，與宋犖、汪琬、王士禛、施閏章等唱和，歷吏部、刑部二部郎中。估計就是劉體仁在入内閣看書時攜出内府，因而據爲己有的。六卷本爲抄本，即十卷本張祜詩集之前六卷，然第六卷不全，缺後半部分。吴騫拜經樓藏書題跋記卷五：「張承吉集，右唐張祜承吉撰，舊抄本，首題張處士詩集，凡六卷，無序目。按晁志作一卷。」北京圖書館善本書目：「唐張處士詩集六卷，唐張祜撰。明末葉奕抄本，葉奕校，吴壽暘跋，二册。」

一九七九年上海古籍出版社影印宋蜀刻十卷本張承吉文集，張祜詩歌創作之全貌方得爲廣大世人所知。今人整理的張祜詩集有嚴壽澂校點的張祜詩集，江西人民出版社一九八三年出版，即以宋蜀刻十卷本張承吉文集爲底本，校以明刻二卷本張處士集、席刻唐詩百名家全集二卷本張祜詩集，只校不注。

附論：唐有兩張祜（一）

張祜之「祜」，諸書或作「祐」，吴企明先生考定唐代唯有一詩人張祜，言「祐」乃「祜」之訛（見唐音質疑録張祜張祐辨，上海古籍出版社一九八五年版第一一四頁），訛字之説甚是。但人物考定應加一限制，即中唐唯有一詩人張祜。因爲盛唐也有一張祜，也是詩人。

盛唐張祜之名見於天寶間李康成所編玉臺後集，此書南宋時尚存，晁公武郡齋讀書志卷二、陳振孫直齋書録解題卷一五皆有著録，後來便散佚了。曾季貍艇齋詩話云：「山谷嘗辨李太白集中所載二詩云『妾髮初覆額』是李白作，後『憶昔深閨裏』一篇是李益詩。山谷雖能辨其非太白詩，而不知其爲張潮作也。玉臺新詠亦作張潮作，顧陶恐誤。」所云玉臺新詠即李康成玉臺後集。劉克莊也曾提到此書，後村詩話續集卷一云：「鄭左司子敬家有玉臺後集，天寶間李康成所選，自陳後主、隋煬帝、江總、庾信、沈、宋、王、楊、盧、駱而下二百九人，詩六百七十首，彙爲十卷，與前集等，皆徐陵所遺落者，往往其時諸人之集尚存。今不能悉録，姑摘其可存者於後。」又云：「若非子敬家偶存此編，則許多佳句失傳矣。」上述足可證曾季貍、劉克莊都是看過此書的。值得注意的是，劉克莊在摘録玉臺後集中的詩句時，有「常聞浣紗女，復有弄珠姬」一聯，注云：「張祜采蓮。」中唐張祜的詩句不可能被收入天寶間所編的玉臺後集，這是不言而喻的。既然如此，我們就只能承認盛唐尚有一詩人張祜。

單憑劉克莊後村詩話中所載録的兩句似乎不足以説明什麼問題，試再看一證。百城煙水卷四吴江收録張祜平望驛寄吴興徐君玄之五言律詩一首，童養年全唐詩續補遺據之收入張祜名下。徐玄之乃開元中人，據權德輿金紫光禄大夫檢校禮部尚書使持節都督廣州諸軍事兼廣州刺史御史大夫充嶺南節度支度營田觀察處置本管經略等使東海郡開國公贈太子少保徐公（申）墓誌銘（權載之文集卷一四），徐玄之爲徐申之祖。談鑰嘉泰吴興志卷一四郡守題名：「徐玄之，開元七年自諫議大夫授，改邠王府長史。統計云十五年。」可見徐玄之與中唐張祜絶不相及，此詩只能是盛唐張祜所作〔二〕。

王楙野客叢書卷二四張祜經涉十一朝條説張祜「死於宣宗大中之初年，是經涉十一朝，計死時且百二十歲，其壽如此之長，是未可深詰也」。由唐宣宗上推十一朝，便是唐玄宗。野客叢書卷二四還有一條楊妃竊笛，云張祜之寧哥來、邠王小管等詩爲「目擊其事，繫之樂章」。王楙根據什麼斷定張祜經歷過玄宗朝，且「目擊」唐玄宗與楊貴妃之事？不要忘了，白居易長恨歌、元稹連昌宫詞皆寫唐玄宗與楊貴妃、虢國夫人等事，難道他們也經歷過玄宗朝？王楙作爲一個學者，頭腦會簡單到如此地步嗎？可是王楙却明確地説張祜經歷過玄宗朝，那就一定另有依據，最大的可能是他看到過玉臺後集，其中收有張祜的詩，自然以爲開元天寶間是有張祜其人的。王楙當然也還是犯了錯誤，他把盛唐張祜與中唐張祜混爲一人，所以就有了「其壽如此之長」「未可深詰」的困惑。這倒恰好可以證明唐代是有兩個張祜的。

如果承認唐朝有兩個張祜，那麽自然要進一步追究：兩個張祜的作品除了上述一首以及一聯外，還有没有其他相互混淆的情況？這的確是個很難回答的問題。宋蜀刻本張承吉文集是現存最早、且收録張祜作品最全的集子，郭茂倩樂府詩集共收張祜詩三十六首，其中折楊柳、白鼻騧、捉搦歌、從軍行、雁門太守行、團扇郎、讀曲歌、玉樹後庭花、襄陽樂、莫愁樂、拔蒲歌、雉朝飛操、思歸引、司馬相如琴歌、自君之出矣、車遥遥等十六首爲張承吉文集所無。張承吉文集似乎不應漏收張祜的作品。上述諸詩多是寫閨情，與玉臺新詠風格相近。再者，折楊柳一首爲五言體，與中唐以後流行的七言絶句體的楊柳枝不類。故頗懷疑上述作品爲郭茂倩從李康成玉臺後集録出，實爲盛唐張祜之作。也就是説，樂府詩集中所收張祜的作品實乃分屬於兩個張祜，因其不作作者介紹，後人便將它們統歸於一個張祜名下了。上述論斷尚屬猜測，未敢遽信，但唐有兩個張祜，當不應有疑。

【注釋】

〔一〕此文曾發表於中國典籍與文化二〇〇四年第二期，爲唐詩人考辨五則中的一則。然僅屬猜測性質，故此書仍將樂府詩集中的張祜作品統歸於中唐張祜名下，以俟再考。

〔二〕張福清關於張祜詩歌注釋辨僞輯佚的幾個問題（載中國韻文學刊二〇〇六年第二期）認同兩個張祜之説，并認爲卷一之贈貞固上人即贊寧宋高僧傳卷六唐彭州丹景山知玄傳與卷一四唐安州十力寺秀律師傳、義净大唐西域求法高僧傳中的貞固，爲武后至玄宗時人，故此詩也是盛唐張祜的作品。

引用書目

周易　［魏］王弼韓康伯注［唐］孔穎達等正義　中華書局影十三經註疏本
尚書　［漢］孔安國傳［唐］孔穎達等正義　中華書局影十三經註疏本
詩經　［漢］毛公傳［漢］鄭玄箋［唐］孔穎達等正義　中華書局影十三經註疏本
周禮　［漢］鄭玄注［唐］賈公彦疏　中華書局影十三經註疏本
儀禮　［漢］鄭玄注［唐］賈公彦疏　中華書局影十三經註疏本
禮記　［漢］鄭玄注［唐］孔穎達等正義　中華書局影十三經註疏本
左傳　［晉］杜預注［唐］孔穎達等正義　中華書局影十三經註疏本
公羊傳　［漢］何休注［唐］徐彦疏　中華書局影十三經註疏本
論語　中華書局一九五八年版楊伯峻論語譯注本
爾雅　［晉］郭璞注［宋］邢昺疏　中華書局影十三經註疏本

孟子　中華書局一九六〇年版楊伯峻孟子譯注本
尚書大傳　［漢］伏勝撰［漢］鄭玄注［清］陳壽祺輯　四部叢刊初編本
韓詩外傳　［漢］韓嬰撰　中華書局一九八〇年版許維遹韓詩外傳集釋本
毛詩草木鳥獸蟲魚疏　［吴］陸璣撰　影印文淵閣四庫全書本
樂書　［宋］陳暘　影印文淵閣四庫全書本
爾雅義疏　［清］郝懿行撰　中國書店影清咸豐刻本
史記　［漢］司馬遷撰［宋］裴駰集解［唐］司馬貞索隱張守節正義　中華書局一九七五年校點本
漢書　［漢］班固撰［唐］顔師古注　中華書局一九六二年校點本
後漢書　［宋］范曄撰［唐］李賢等注　中華書局一九六五年校點本
三國志　［晉］陳壽撰［宋］裴松之注　中華書局一九五九年校點本
宋書　［梁］沈約　中華書局一九七四年校點本
南齊書　［梁］蕭子顯　中華書局一九七二年校點本
魏書　［北齊］魏收　中華書局一九七四年校點本
梁書　［唐］姚思廉　中華書局一九七三年校點本

北齊書　[唐]李百藥　中華書局一九七二年校點本
晉書　[唐]房玄齡等　中華書局一九七四年校點本
隋書　[唐]魏徵令狐德棻　中華書局一九七三年校點本
南史　[唐]李延壽　中華書局一九七五年校點本
北史　[唐]李延壽　中華書局一九七四年校點本
舊唐書　[五代]劉昫等　中華書局一九七五年校點本
舊五代史　[宋]薛居正等　中華書局一九七六年校點本
新唐書　[宋]歐陽修宋祁等　中華書局一九七五年校點本
宋史　[元]脱脱等　中華書局一九七七年校點本
資治通鑑　[宋]司馬光撰[元]胡三省注　中華書局一九五六年校點本
東觀漢記　[漢]班固等　叢書集成初編本
南唐書　[宋]馬令　叢書集成初編本
册府元龜　[宋]王欽若等編　中華書局影明刻本
唐六典　[唐]李隆基撰[唐]李林甫注　影印文淵閣四庫全書本
通典　[唐]杜佑　中華書局影萬有文庫本
唐會要　[宋]王溥　中華書局一九五五年排印本

唐尚書省郎官石柱題名考　〔清〕勞格　趙鉞　中華書局一九九二年徐敏霞　王桂珍點校本
唐方鎮年表　吴廷燮　中華書局一九八〇年校點本

元和郡縣圖志　〔唐〕李吉甫　中華書局一九八三年賀次君點校本
太平寰宇記　〔宋〕樂史　中華書局二〇〇七年王文楚等點校本
元豐九域志　〔宋〕王存等　中華書局一九八四年王文楚等點校本
新定九域志　〔宋〕黄裳　中華書局一九八四年王文楚等點校元豐九域志合印本
輿地廣記　〔宋〕歐陽忞　叢書集成初編本
方輿勝覽　〔宋〕祝穆編〔宋〕祝洙補訂　上海古籍出版社一九九一年影宋本
輿地紀勝　〔宋〕王象之　續修四庫全書影清道光揚州刻本
嘉慶重修一統志　〔清〕穆彰阿等　四部叢刊續編本
讀史方輿紀要　〔清〕顧祖禹　中華書局二〇〇五年賀次君等點校本
水經注　〔北魏〕酈道元　上海古籍出版社一九九〇年陳橋驛點校本
三輔黄圖　〔漢〕闕名　四部叢刊三編本
洛陽伽藍記　〔北魏〕楊衒之　上海書店出版社二〇〇〇年周祖謨洛陽伽藍記校釋本
華陽國志　〔晉〕常璩　叢書集成初編本

吴地記　［五代］陸廣微　影印文淵閣四庫全書本
長安志　［宋］宋敏求　影印文淵閣四庫全書本
雍録　［宋］程大昌　中華書局二〇〇二年黄永年點校本
六朝事迹類編　［宋］張敦頤　影印文淵閣四庫全書本
廬山記　［宋］陳舜俞　影印文淵閣四庫全書本
吴郡志　［宋］范成大　叢書集成初編本
乾道臨安志　［宋］周淙　影印文淵閣四庫全書本
咸淳臨安志　［宋］潛説友　影印文淵閣四庫全書本
咸淳毗陵志　［宋］史能之　中華書局宋元方志叢刊本
嘉定鎮江志　［宋］盧憲　中華書局宋元方志叢刊本
吴郡圖經續記　［宋］朱長文　叢書集成初編本
嘉泰會稽志　［宋］施宿　影印文淵閣四庫全書本
嘉泰吴興志　［宋］談鑰　中華書局宋元方志叢刊本
嘉定赤城志　［宋］陳耆卿　影印文淵閣四庫全書本
嚴州圖經　［宋］陳公亮撰　叢書集成初編本
景定建康志　［宋］周應合　影印文淵閣四庫全書本

至順鎮江志　［元］脱因等　中華書局宋元方志叢刊本
嘉靖維揚志　［明］朱懷幹　盛儀　明嘉靖刻本
重刊宜興縣舊志　［明］鄒旦等撰［明］危山等纂　清光緒刊刻宜興荆溪舊志五種本
天台山志　［明］闕名撰　清光緒排印小方壺齋輿地叢鈔第四帙
丹徒縣志　［清］鮑天鍾　清康熙刊本
廣東通志　［清］郝玉麟等　影印文淵閣四庫全書本
浙江通志　［清］曾筠等　影印文淵閣四庫全書本
同治重修蘇州府志　［清］馮桂芬　清光緒刻本
安徽通志　［清］何紹基孫家鼐等　清光緒刊本
湖北通志　［民國］張仲炘等　民國十年湖北省長公署刊本

崇文總目　［宋］王堯臣等　叢書集成初編本
遂初堂書目　［宋］尤袤　叢書集成初編本
郡齋讀書志　［宋］晁公武　四部叢刊三編影袁州刻本
直齋書録解題　［宋］陳振孫　叢書集成初編本
寶刻類編　［宋］闕名　叢書集成初編本

文淵閣書目　［明］楊士奇等　叢書集成初編本
國史經籍志　［明］焦竑　叢書集成初編本
百川書志　［明］高儒　中華書局明代書目題跋叢刊本
菉竹堂書目　［明］葉盛　叢書集成初編本
紅雨樓書目　［明］徐𤊹　古典文學出版社排印本
世善堂藏書目録　［明］陳第　叢書集成初編本
述古堂藏書目　［清］錢曾　叢書集成初編本
孫氏祠堂書目　［清］孫星衍　叢書集成初編本
拜經樓藏書題跋記　［清］吴騫　叢書集成初編本
關中金石記　［清］畢沅　叢書集成初編本
善本書室藏書志　［清］丁丙　清光緒刊本
藝風藏書記　［清］繆荃孫　中華書局清人書日題跋叢刊本
文禄堂訪書記　［清］王文進　民國印本
藏園群書經眼録　［清］傅增湘　中華書局校點本

藝文類聚　［唐］歐陽詢等　上海古籍出版社一九六五年排印本

北堂書鈔　［唐］虞世南等　影印文淵閣四庫全書本
初學記　［唐］徐堅等　中華書局一九六二年排印本
白孔六帖　［唐］白居易［宋］孔傳注　影印文淵閣四庫全書本
太平御覽　［宋］李昉等　中華書局影印本
玉海　［宋］王應麟　影印文淵閣四庫全書本
海録碎事　［宋］葉廷珪　中華書局二〇〇二年李之亮校點本
錦繡萬花谷　［宋］闕名撰　上海辭書出版社影明嘉靖刻本
天中記　［明］陳耀文　影印文淵閣四庫全書本
山堂肆考　［明］彭大翼　影印文淵閣四庫全書本
廣博物志　［明］董斯張　影印文淵閣四庫全書本
古今圖書集成　［清］蔣廷錫陳夢雷等編　中華書局影清雍正印本
老子　［春秋］老子著［魏］王弼注　上海古籍出版社諸子百家叢書本
墨子　［春秋］墨翟著　上海古籍出版社諸子百家叢書影畢沅校本
荀子　［戰國］荀卿著　中華書局一九八三年梁啓雄荀子簡釋本
莊子　［戰國］莊周　上海書店排印王先謙注莊子集解本

韓非子　［戰國］韓非著　中華書局一九六〇年梁啓雄韓子淺解本
戰國策　闕名撰［漢］高誘注　上海書店影國學基本叢書本
國語　闕名撰［三國］韋昭注　上海古籍出版社一九八八年校點本
晏子春秋　闕名撰　上海古籍出版社諸子百家叢書本
列子　（舊題）列禦寇撰［晉］張湛注　上海古籍出版社諸子百家叢書本
山海經　闕名撰［晉］郭璞注　上海古籍出版社一九八〇年袁珂山海經校注本
穆天子傳　闕名撰［晉］郭璞注　上海古籍出版社諸子百家叢書本
禽經　（舊題）師曠撰［晉］張華注　影印文淵閣四庫全書本
孔叢子　（舊題）孔鮒　上海古籍出版社諸子百家叢書本
孔子家語　闕名撰［魏］王肅注　上海古籍出版社諸子百家叢書本
吕氏春秋　［秦］吕不韋編著［漢］高誘注　學林出版社一九八四年陳奇猷校釋本
海内十洲記　（舊題）［漢］東方朔　上海古籍出版社諸子白家叢書本
别國洞冥記　［漢］郭憲　明刻顧氏文房小説本
淮南子　［漢］劉安等　上海古籍出版社諸子百家叢書本
鹽鐵論　［漢］桓寬　上海古籍出版社諸子百家叢書本
法言　［漢］揚雄著［晉］李軌注［宋］闕名音義　四部叢刊初編本

新序　［漢］劉向　上海古籍出版社諸子百家叢書本
説苑　［漢］劉向　上海古籍出版社諸子百家叢書本
列女傳　［漢］劉向　四部叢刊初編本
列仙傳　［漢］劉向　上海古籍出版社諸子百家叢書本
潛夫論　［漢］王符　上海古籍出版社諸子百家叢書本
論衡　［漢］王充　上海古籍出版社諸子百家叢書本
風俗通　［漢］應劭　上海古籍出版社諸子百家叢書本
吴越春秋　［漢］趙曄　上海古籍出版社一九九七年周生春輯校彙考本
越絶書　［漢］袁康　上海古籍出版社一九八五年吴平輯録本
漢武帝内傳　（舊題）［漢］班固　叢書集成初編本
急就篇　［漢］史游撰［唐］顔師古注　四部叢刊續編本
異物志　［漢］楊孚　叢書集成初編本
釋名　［漢］劉熙　叢書集成初編畢沅釋名疏證本
説文解字注　［漢］許慎撰［清］段玉裁注　浙江古籍出版社一九九八年影經韻樓刻本
獨斷　［漢］蔡邕　上海古籍出版社諸子百家叢書本
博物志　［晉］張華　上海古籍出版社諸子百家叢書本

高士傳　［晉］皇甫謐　叢書集成初編本
西京雜記　（舊題）［晉］葛洪　江蘇廣陵古籍刻印社影筆記小説大觀本
抱朴子　［晉］葛洪　上海古籍出版社諸子百家叢書本
神仙傳　［晉］葛洪　上海古籍出版社諸子百家叢書本
搜神記　［晉］干寶　中華書局一九七九年汪紹楹校注本
拾遺記　［晉］王嘉　影印文淵閣四庫全書本
古今注　［晉］崔豹　影印文淵閣四庫全書本
拾遺記　［晉］王嘉　影印文淵閣四庫全書本
搜神後記　（舊題）［晉］陶潛　叢書集成初編本
蓮社高賢傳　［晉］闕名　五朝小説大觀本
世説新語　［宋］劉義慶撰［梁］劉孝標注　中華書局一九八三年余嘉錫世説新語箋疏本
幽明録　［宋］劉義慶　五朝小説大觀本
異苑　［宋］劉敬叔　中華書局一九九六年校點本
述異記　（舊題）［梁］任昉　影印文淵閣四庫全書本
續齊諧記　［梁］吴均　影印文淵閣四庫全書本
荆楚歲時記　［梁］宗懔　影印文淵閣四庫全書本

朝野僉載 〔唐〕張鷟 中華書局一九七九年校點本
教坊記 〔唐〕崔令欽 中國戲劇出版社中國古典戲劇論著集成本
元和姓纂 〔唐〕林寶 中華書局一九九四年岑仲勉校記郁賢皓陶敏整理本
唐國史補 〔唐〕李肇 上海古籍出版社一九五七年校點本
次柳氏舊聞 〔唐〕李德裕 上海古籍出版社一九八五年校點開元天寶遺事十種本
羯鼓録 〔唐〕南卓 影印文淵閣四庫全書本
歷代名畫記 〔唐〕張彦遠 叢書集成初編本
酉陽雜俎 〔唐〕段成式 影印文淵閣四庫全書本
因話録 〔唐〕趙璘 上海古籍出版社一九五七年校點本
尚書故實 〔唐〕李綽 影印文淵閣四庫全書本
明皇雜録 〔唐〕鄭處晦 上海古籍出版社一九八五年校點開元天寶遺事十種本
開天傳信記 〔唐〕鄭綮 上海古籍出版社一九八五年校點開元天寶遺事十種本
幽閒鼓吹 〔唐〕張固 影印文淵閣四庫全書本
樂府雜録 〔唐〕段安節 中國戲劇出版社中國古典戲劇論著集成本
資暇集 〔唐〕李乂 影印文淵閣四庫全書本
劇談録 〔唐〕康軿 影印文淵閣四庫全書本

金華子　〔唐〕劉崇遠　上海古籍出版社一九八八年校點本
玉泉子　〔唐〕闕名　上海古籍出版社一九八八年校點本
雲溪友議　〔唐〕范攄　上海古典文學出版社一九五七年校點本
杜陽雜編　〔唐〕蘇鶚　江蘇廣陵古籍刻印社影筆記小説大觀本
中朝故事　〔唐〕尉遲偓　影印文淵閣四庫全書本
桂苑叢談　〔唐〕馮翊　影印文淵閣四庫全書本
北夢瑣言　〔五代〕孫光憲　中華書局二〇〇二年賈二强點校本
中華古今注　〔五代〕馬縞　影印文淵閣四庫全書本
唐摭言　〔五代〕王定保　上海古典文學出版社一九五七年校點本
鑑誡録　〔五代〕何光遠　叢書集成初編本
雲仙雜記　〔五代〕馮贄　中華書局一九九八年張力偉校點雲仙散録本
清異録　〔五代〕陶谷　影印文淵閣四庫全書本
廣韻　〔宋〕陳彭年等　四部備要本
江南餘載　〔宋〕鄭文寶　叢書集成初編本
楊太真外傳　〔宋〕樂史　中華書局一九七八年汪辟疆唐人小説附載本
太平廣記　〔宋〕李昉等　中華書局一九六一年校點本

南部新書　［宋］錢易　叢書集成初編本
歸田録　［宋］歐陽修　影印文淵閣四庫全書本
洛陽牡丹記　［宋］歐陽修　叢書集成初編本
仇池筆記　［宋］蘇軾　華東師範大學出版社一九八三年校注本
唐語林　［宋］王讜　中華書局一九八七年周勛初唐語林校證本
夢溪筆談　［宋］沈括　影印文淵閣四庫全書本
孔氏談苑　［宋］孔平仲　影印文淵閣四庫全書本
東軒筆録　［宋］魏泰　中華書局一九八三年校點本
邵氏聞見後録　［宋］邵博　中華書局一九八三年校點本
青瑣高議　［宋］劉斧　上海古籍出版社一九八三年排印本
廣川畫跋　［宋］董逌　叢書集成初編本
唐詩紀事　［宋］計有功　上海古籍出版社一九八七年校點本
春渚紀聞　［宋］何薳　中華書局一九八三年校點本
釋常談　［宋］闕名　叢書集成初編本
重修政和證類本草　［宋］唐慎微撰［宋］寇宗奭衍義［金］張存惠重修　四部叢刊初編本
侯鯖録　［宋］趙令畤　中華書局二〇〇二年孔凡禮點校本

老學庵筆記　［宋］陸游　中國書店影陸放翁全集本
入蜀記　［宋］陸游　中國書店影陸放翁全集本
吴船録　［宋］范成大　中華書局二〇〇二年點校范成大筆記六種本
驂鸞録　［宋］范成大　中華書局二〇〇二年點校范成大筆記六種本
桂海虞衡志　［宋］范成大　中華書局二〇〇二年點校范成大筆記六種本
演繁露　［宋］程大昌　影印文淵閣四庫全書本
野客叢書　［宋］王楙　江蘇廣陵古籍刻印社影筆記小説大觀本
類説　［宋］曾慥　影印文淵閣四庫全書本
塵史　［宋］王得臣　影印文淵閣四庫全書本
碧雞漫志　［宋］王灼　中國戲劇出版社中國古典戲劇論著集成本
能改齋漫録　［宋］吴曾　上海古籍出版社一九八〇年排印本
西溪叢語　［宋］姚寬　中華書局一九九三年孔凡禮點校本
容齋隨筆　［宋］洪邁　上海古籍出版社一九九六年校點本
學林　［宋］王觀國　影印文淵閣四庫全書本
耆舊續聞　［宋］陳鵠　中華書局一九九三年孔凡禮點校西塘集耆舊續聞本
藏一話腴　［宋］陳郁　影印文淵閣四庫全書本

遊宦紀聞　［宋］張世南　中華書局一九八三年校點本
困學紀聞　［宋］王應麟　四部叢刊三編本
雞肋編　［宋］莊綽　中華書局一九八三年校點本
中吴紀聞　［宋］龔明之　叢書集成初編本
唐才子傳　［元］辛文房　中華書局傅璇琮主編唐才子傳校箋本
雪履齋筆記　［元］郭翼　影印文淵閣四庫全書本
剡溪漫筆　［明］孫能傳　中國書店影明刻本
本草綱目　［明］李時珍　中國書店影清光緒刻本
玉芝堂談薈　［明］徐應秋　影印文淵閣四庫全書本
七修類稿　［明］郎瑛　上海書店出版社二〇〇一年排印本
蟫精雋　［明］徐伯齡　影印文淵閣四庫全書本
日知録　［清］顧炎武　影印文淵閣四庫全書本
池北偶談　［清］王士禛　影印文淵閣四庫全書本
茶香室叢鈔　［清］俞樾　中華書局一九九五年貞凡等點校本
高僧傳　［梁］釋慧皎　中華書局一九九二年校點本

大唐西域記　[唐]釋玄奘辯機　中華書局一九八五年季羨林等校注本
廣弘明集　[唐]釋道宣編　四部叢刊初編本
續高僧傳　[唐]釋道宣　上海古籍出版社高僧傳合集本
法苑珠林　[唐]釋道世　四部叢刊初編本
一切經音義　[唐]釋玄應　叢書集成初編本
宋高僧傳　[宋]釋贊寧　中華書局一九八七年點校本
景德傳燈録　[宋]釋道元　四部叢刊三編本
翻譯名義集　[宋]釋法雲　四部叢刊初編本
釋氏稽古略　[元]釋覺岸　影印文淵閣四庫全書本
南海寄歸内法傳　[唐]釋義凈　中華書局一九九五年王邦維校注本
真誥　[梁]陶弘景　叢書集成初編本
雲笈七籤　[宋]張君房　四部叢刊初編本
陶淵明集　[晉]陶淵明　中華書局一九七九年逯欽立校注本
庾子山集注　[北周]庾信著[清]倪璠注　中華書局一九八〇年許逸民校點本
分類補注李太白集　[唐]李白著[宋]楊齊賢注[元]蕭士贇補注　四部叢刊初編本

李太白全集　［唐］李白著［清］王琦注　中華書局一九七七年排印本
杜工部草堂詩箋　［唐］杜甫著［宋］蔡夢弼箋　叢書集成初編本
杜詩詳注　［唐］杜甫著［清］仇兆鰲注　中華書局一九七九年排印本
劉禹錫集　［唐］劉禹錫　中華書局一九九〇年校點本
白氏長慶集　［唐］白居易　上海古籍出版社一九八八年版朱金城白居易集箋校本
元氏長慶集　［唐］元稹　四部叢刊初編本
李長吉歌詩彙解　［唐］李賀著［清］王琦彙解　上海古籍出版社一九七八年排印李賀詩歌集注本
樊川文集　［唐］杜牧　上海古籍出版社一九七八年排印本
樊川詩集注　［唐］杜牧著［清］馮集梧注　上海古籍出版社一九七八年排印本
温飛卿詩集　［唐］温庭筠著［清］曾益顧嗣立等箋注　上海古籍出版社一九八〇年排印本
林和靖詩集　［宋］林逋　四部備要本
小畜集　［宋］王禹偁　四部叢刊初編本
臨川先生文集　［宋］王安石　四部備要本
畫墁集　［宋］張舜民　影印文淵閣四庫全書本
嵩山文集　［宋］晁説之　四部叢刊續編本

西臺集　［宋］畢仲游　影印文淵閣四庫全書本
樂静集　［宋］李昭玘　影印文淵閣四庫全書本
范石湖集　［宋］范成大　上海古籍出版社一九八一年排印本
攻媿集　［宋］樓鑰　四部叢刊初編本
澗泉集　［宋］韓淲　影印文淵閣四庫全書本
後村先生大全集　［宋］劉克莊　四部叢刊初編本
晞髮集　［宋］謝翺　影印文淵閣四庫全書本
沙溪集　［明］孫緒　影印文淵閣四庫全書本
通志堂集　［清］納蘭性德　上海古籍出版社影康熙刻本

楚辭補注　［戰國］屈原等撰［漢］王逸注［宋］洪興祖補注　中華書局一九八三年標點本
文選　［梁］蕭統編［唐］李善注　中華書局影印清胡克家刻本
文選　［梁］蕭統編［唐］李善等六臣注　四部叢刊初編本
松陵集　［唐］陸龜蒙編　影印文淵閣四庫全書本
樂府詩集　［宋］郭茂倩　中華書局一九七九年校點本
瀛奎律髓　［元］方回編　上海古籍出版社一九八六年李慶甲集評校點瀛奎律髓彙評本

唐詩品彙　〔明〕高棅　上海古籍出版社影印本
唐詩歸　〔明〕鍾惺　譚元春　四庫全書存目叢書影明萬曆刻本
唐詩鏡　〔明〕陸時雍　影印文淵閣四庫全書本
唐詩解　〔明〕唐汝詢　四庫全書存目叢書影明萬曆刻本
删補唐詩選脈箋釋會通評林　〔明〕周珽　四庫全書存目補編叢書影明崇禎刻本
唐風定　〔明〕邢昉　思適齋一九三四年影明刻本
唐詩快　〔清〕黄周星　清康熙刻本
删訂唐詩解　〔清〕吴昌祺　清康熙刻本
而庵説唐詩　〔清〕徐增　四庫全書存目叢書影清康熙刻本
唐詩成法　〔清〕屈復　清乾隆刻本
唐詩箋注　〔清〕黄叔燦　清乾隆刻本
重訂唐詩别裁集　〔清〕沈德潛　中華書局影印本
唐詩合解箋注　〔清〕王堯衢　清刻本
唐詩摘抄　〔清〕黄生選評〔清〕朱之荆增訂　黄山書社何慶善點校唐詩評三種本
唐詩矩　〔清〕黄生　周氏師古堂所編書本
唐人萬首絶句選評　〔清〕王士禛編　宋顧樂評　清稿本

唐詩三百首　［清］孫洙選編章燮注　浙江文藝出版社一九八三年排印本
全唐詩　［清］彭定求等　中華書局一九六〇年校點本
全唐文　［清］董誥等　上海古籍出版社影揚州官刻本
全唐詩補編　陳尚君　中華書局一九九二年第一版

文心雕龍　［齊］劉勰　人民文學出版社一九八一年周振甫文心雕龍注釋本
詩品　［梁］鍾嶸　中華書局排印歷代詩話本
樂府古題要解　［唐］吴兢　中華書局排印歷代詩話續編本
本事詩　［唐］孟棨　中華書局排印歷代詩話續編本
詩人主客圖　［唐］張爲　中華書局排印歷代詩話續編本
臨漢隱居詩話　［宋］魏泰　中華書局排印歷代詩話本
詩話總龜　［宋］阮閲　人民文學出版社一九八七年校點本
彦周詩話　［宋］許顗　中華書局排印歷代詩話本
荆溪林下偶談　［宋］吴子良　叢書集成初編本
韻語陽秋　［宋］葛立方　中華書局排印歷代詩話本
對牀夜語　［宋］范晞文　中華書局排印歷代詩話續編本

後村詩話　［宋］劉克莊　中華書局一九八三年校點本
苕溪漁隱叢話　［宋］胡仔　人民文學出版社一九六二年校點本
詩人玉屑　［宋］魏慶之　中華書局上海編輯所一九五九年排印本
北山詩話　［宋］闕名　江蘇古籍出版社二〇〇二年張伯偉編校稀見本宋人詩話四種本
吳禮部詩話　［元］吳師道　中華書局排印歷代詩話續編本
唐詩品［明］徐獻忠　明刻本朱警唐百家詩卷首
升庵詩話　［明］楊慎　中華書局排印歷代詩話續編本
詞品　［明］楊慎　中華書局排印唐圭璋詞話叢編本
四溟詩話　［明］謝榛　中華書局排印歷代詩話續編本
詩藪　［明］胡應麟　上海古籍出版社一九七九年排印本
唐音癸籤　［明］胡震亨　上海古籍出版社一九八一年校點本
詩源辯體　［明］許學夷　人民文學出版社一九八七年校點本
吟窗雜録　［明］陳應行編　中華書局影明刻本
詩辯坻　［清］毛先舒　上海古籍出版社清詩話續編本
載酒園詩話　［清］賀裳　上海古籍出版社清詩話續編本
圍爐詩話　［清］吳喬　上海古籍出版社清詩話續編本

柳亭詩話 〔清〕宋長白 四庫全書存目叢書影清光緒刻本
帶經堂詩話 〔清〕王士禛 人民文學出版社一九六三年校點本
師友詩傳録 〔清〕王士禛等 上海古籍出版社清詩話本
隨園詩話 〔清〕袁枚 人民文學出版社一九八二年校點本
詩學全書 〔清〕袁枚 江蘇古籍出版社袁枚全集本
談龍録 〔清〕趙執信 上海古籍出版社清詩話本
蠖齋詩話 〔清〕施閏章 上海古籍出版社清詩話本
歷代詩話 〔清〕吴景旭 影印文淵閣四庫全書本
義門讀書記 〔清〕何焯 中華書局一九八七年崔高維點校本
古今詞話 〔清〕沈雄 中華書局排印唐圭璋詞話叢編本
一瓢詩話 〔清〕薛雪 上海古籍出版社清詩話本
説詩晬語 〔清〕沈德潛 上海古籍出版社清詩話本
劍谿説詩 〔清〕喬億 上海古籍出版社清詩話續編本
重訂中晚唐詩人主客圖 〔清〕李懷民 清嘉慶刻本
石洲詩話 〔清〕翁方綱 上海古籍出版社清詩話續編本
讀雪山房唐詩序例 〔清〕管世銘 上海古籍出版社清詩話續編本

甚園詩説　［清］冒春榮　上海古籍出版社清詩話續編本
秋窗隨筆　［清］馬位　上海古籍出版社清詩話本
石園詩話　［清］余成教　上海古籍出版社清詩話續編本
養一齋詩話　［清］潘德輿　上海古籍出版社清詩話續編本
小清華園詩談　［清］王壽昌　上海古籍出版社清詩話續編本
問花樓詩話　［清］陸鎣　上海古籍出版社清詩話續編本
筱園詩話　［清］朱庭珍　上海古籍出版社清詩話續編本
蕙風詞話　［清］況周頤　人民文學出版社一九六〇年校點本
三唐詩品　［清］宋育仁　古今文藝叢書本
詩境淺説　俞陛雲　北京出版社二〇〇三年校點本
唐聲詩　任半塘　上海古籍出版社一九八二年版

修訂後記

一九八二年，當時我正在鄭文先生的指導下攻讀碩士研究生，在書店見到上海古籍出版社影印的張承吉文集，發現其中所收詩比全唐詩所收張祜詩多出許多，便有意將張祜研究作爲學位論文的題目。徵得先生同意後，遂一頭扎進搜集張祜資料和解讀其詩的工作，這才發現這真是一件不自量力、自討苦吃的事情。唐人關於張祜軼聞逸事的記載倒是不少，却頗多抵牾，詩也難解的很，甚至絞盡腦汁也想不出所以然來。在經過許多艱苦的探討之後，總算有了個大致眉目，有幸在論文答辯中獲得通過，我想先生們肯定的是我的努力。後來，又對原稿作了很大修改，趙逵夫教授主編詩賦研究叢書，將我的書列入其中，於一九九七年由甘肅文化出版社出版，書名爲張祜詩集校注，爲簡體横排本。今天再來看當年的書，錯誤不勝枚舉，多如牛毛，令人汗顔。

此後關於張祜及其詩的許多問題仍然縈繞於腦際，揮之不去，多方探求始終未棄，一有新的發現或見解即記之於書中，累積亦可謂多多。此書後於二〇〇七年得由巴蜀書社重新出版，書名依舊，仍收在詩賦研究叢書中。修訂後的張祜詩集校注除改爲繁體豎排、校與注分列之外，最重要的自然是改正錯誤與增補資料。修改之多，有的地方甚至與先前之書面目全非。

書是焕然一新了，但并未感到心滿意足，對許多問題的思考也未停止，因而又發現了一些應當修改之處。宋蜀刻張承吉文集錯字甚多，大多是刻書時所造成的（曾因此懷疑宋本爲何稱善本，看來也不能一概而論）。張祜詩前半部分作品比較明顯的誤字全唐詩收入時已改正了不少。後半部分因無其他文獻可校，對於明顯的錯字作了徑改，實是無奈之舉。不敢肯定的地方便「疑作某」，本屬推測性質，自然不免有郢書燕説之處。如題岳州徐員外雲夢新亭十韻「宿涵曹推遠」之「宿涵」，原疑爲「宿涇」之誤，并引曹植詩，後覺得可能是「宿酒」，用徐邈事，爲用當家事。再如戊午年感事抒懷一百韻謹寄獻太原裴令公淮南李相公漢南李僕射宣武李尚書「壞屋薦來偏」之「壞屋」原疑作「坏屋」，坏爲土牆，後於孔子家語中覓得顔回事與壞屋有關，「壞」字不誤。注釋如投陳許崔尚書二十韻「馬足虚行地」，因張祜詩愛用典故，遂遍翻典籍尋找與馬足有關的故實，却一無所獲，又想是否文字有訛誤？後改變思路，認爲此句不過是説騎馬奔馳而已，方覺順當。張承吉文集中也有誤收他人之詩，集外詩中尤多，與他人互見者都作了辯證。然個别辯證却也存在問題，如將冬日并州道中寄荆門舍一詩判爲僞作，便無依據。

這次承蒙上海古籍出版社將此書收入中國古典文學叢書中，甚感榮幸，遂利用再版的機會，對此書再作全面修訂。具體工作如下：一是按照上古的出版體例，於專有名詞下加專名綫，改書名號爲加波浪綫；二是再校張祜詩，重寫校記，改正取捨不當的文字；三是在注釋方面改正已發現的錯誤，并利用新發現的唐人墓志，增加了一些有關人物的資料，如寄盧載中的盧載、叙詩中的劉復。適當增加了一些詞語的注釋，於疑難處酌加解釋。四是覆核引文。原以爲引文都已覆核原書，不會有誤，這次覆檢，還真發現了幾處引文的失誤，即使無關大局，也是不應有的瑕疵。

張祜繫年剛完成時，我曾戲作打油散曲山坡羊一首：「搜零拼碎，鈎沉接墜，把一個詩人胡編配。論東西，道白黑，蒙冤原告難堂對，反正證人也都作了鬼。真，也是你；假，也是你。」實是自我嘲諷。時至如今，此書一改再改，誰又敢説一定符合詩人的實際情況、是作品的真實面目呢？校注者所能做到的，也僅是力求復原而已。葛兆光先生在二〇一七年北京大學研究生畢業典禮上的演講中説：「在學術研究這一行，比的常常是馬拉松，而不是百米，不能堅持就没有收獲。」此喻甚是。如果只對學術研究而言，則是一場没有終點的馬拉松。余不敏，只能靠堅持，儘管堅持了幾近四十年，對於這項研究却不敢自詡，錯誤和不當之處肯定有的是，留待專家學者的批評指正。

感謝上古編輯室主任劉賽對本書的支持。本書的責編彭華女士覆核引文底本一絲不苟，糾正了數處疏誤，并對一些注釋與校勘取捨提出了很好的意見，裨益良多，亦在此表示誠摯的感謝。

尹占華

二〇一九年十二月於西北師範大學寓所

《中國古典文學叢書》已出書目

詩經今注	高亨注
楚辭今注	湯炳正、李大明、李誠、熊良智注
司馬相如集校注	[漢]司馬相如著　金國永校注
揚雄集校注	[漢]揚雄著　張震澤校注
張衡詩文集校注	[漢]張衡著　張震澤校注
阮籍集	[魏]阮籍著　李志鈞等校點
陸機集校箋	[晉]陸機著　楊明校箋
陶淵明集校箋(修訂本)	[晉]陶潛著　龔斌校箋
世説新語箋疏(修訂本)	[南朝宋]劉義慶撰　余嘉錫箋疏　周祖謨等整理
世説新語校釋(增訂本)	[南朝宋]劉義慶撰　[南朝梁]劉孝標注　龔斌校釋
鮑參軍集注	[南朝宋]鮑照著　錢仲聯增補集説校
謝宣城集校注	[南朝齊]謝朓著　曹融南校注集説
江文通集校注	[南朝梁]江淹著　丁福林、楊勝朋校注
文心雕龍義證	[南朝梁]劉勰著　詹鍈義證
詩品集注(增訂本)	[梁]鍾嶸著　曹旭集注
文選	[梁]蕭統編　[唐]李善注
蕭繹集校注	[南朝梁]蕭繹著　陳志平、熊清元校注

玉臺新咏彙校	吴冠文、談蓓芳、章培恒彙校
王梵志詩集校注（增訂本）	[唐]王梵志著　項楚校注
盧照鄰集箋注	[唐]盧照鄰著　祝尚書箋注
駱臨海集箋注	[唐]駱賓王著　[清]陳熙晉箋注
王子安集注	[唐]王勃著　[清]蔣清翊注
陳子昂集（修訂本）	[唐]陳子昂撰　徐鵬校點
孟浩然詩集箋注（增訂本）	[唐]孟浩然著　佟培基箋注
王右丞集箋注	[唐]王維著　[清]趙殿成箋注
李白集校注	[唐]李白著　瞿蜕園、朱金城校注
高適集校注（修訂本）	[唐]高適著　孫欽善校注
杜詩趙次公先後解輯校	[唐]杜甫著　[宋]趙次公注 林繼中輯校
杜詩鏡銓	[唐]杜甫著　[清]楊倫箋注
錢注杜詩	[唐]杜甫著　[清]錢謙益箋注
杜甫集校注	[唐]杜甫著　謝思煒校注
岑参集校注	[唐]岑參著　陳鐵民、侯忠義校注
戴叔倫詩集校注	[唐]戴叔倫著　蔣寅校注
韋應物集校注（增訂本）	[唐]韋應物著　陶敏、王友勝校注
權德輿詩文集	[唐]權德輿撰　郭廣偉校點
王建詩集校注	[唐]王建著　尹占華校注
韓昌黎詩繫年集釋	[唐]韓愈著　錢仲聯集釋
韓昌黎文集校注	[唐]韓愈著　馬其昶校注 馬茂元整理
劉禹錫集箋證	[唐]劉禹錫著　瞿蜕園箋證
白居易集箋校	[唐]白居易著　朱金城箋校
柳宗元詩箋釋	[唐]柳宗元著　王國安箋釋
柳河東集	[唐]柳宗元著　[宋]廖瑩中輯注
元稹集校注	[唐]元稹著　周相録校注

長江集新校	[唐]賈島著　李嘉言新校
張祜詩集校注	[唐]張祜著　尹占華校注
三家評注李長吉歌詩	[唐]李賀著　[清]王琦等評注
樊川文集	[唐]杜牧著　陳允吉校點
樊川詩集注	[唐]杜牧著　[清]馮集梧注
温飛卿詩集箋注	[唐]温庭筠著　[清]曾益等箋注
玉谿生詩集箋注	[唐]李商隱著　[清]馮浩箋注 蔣凡校點
樊南文集	[唐]李商隱著　[清]馮浩詳注 錢振倫、錢振常箋注
皮子文藪	[唐]皮日休著　蕭滌非、鄭慶篤整理
鄭谷詩集箋注	[唐]鄭谷著 嚴壽澂、黄明、趙昌平箋注
韋莊集箋注	[五代]韋莊著　聶安福箋注
李璟李煜詞校注	[南唐]李璟、李煜著　詹安泰校注
張先集編年校注	[宋]張先著　吴熊和、沈松勤校注
二晏詞箋注	[宋]晏殊、晏幾道著　張草紉箋注
乐章集校箋	[宋]柳永著　陶然、姚逸超校箋
梅堯臣集編年校注	[宋]梅堯臣著　朱東潤編年校注
歐陽修詩文集校箋	[宋]歐陽修著　洪本健校箋
歐陽修詞校注	[宋]歐陽修著　胡可先、徐邁校注
蘇舜欽集	[宋]蘇舜欽著　沈文倬校點
嘉祐集箋注	[宋]蘇洵著　曾棗莊、金成禮箋注
王荆文公詩箋注	[宋]王安石著　[宋]李壁箋注 高克勤點校
王令集	[宋]王令著　沈文倬校點
蘇軾詩集合注	[宋]蘇軾著　[清]馮應榴注 黄任軻、朱懷春校點

東坡樂府箋	[宋]蘇軾著　[清]朱孝臧編年 龍榆生校箋
東坡詞傅幹注校證	[宋]蘇軾著　[宋]傅幹注 劉尚榮校證
欒城集	[宋]蘇轍著　曾棗莊、馬德富校點
山谷詩集注	[宋]黄庭堅著　[宋]任淵、史容、 史季温注　黄寶華點校
山谷詩注續補	[宋]黄庭堅著　陳永正、何澤棠注
山谷詞校注	[宋]黄庭堅著　馬興榮、祝振玉校注
淮海集箋注	[宋]秦觀撰　徐培均箋注
淮海居士長短句箋注	[宋]秦觀著　徐培均箋注
清真集箋注	[宋]周邦彦著　羅忼烈箋注
石林詞箋注	[宋]葉夢得著　蔣哲倫箋注
樵歌校注	[宋]朱敦儒著　鄧子勉校注
李清照集箋注(修訂本)	[宋]李清照著　徐培均箋注
陳與義集校箋	[宋]陳與義著　白敦仁校箋
蘆川詞箋注	[宋]張元幹著　曹濟平箋注
劍南詩稿校注	[宋]陸游著　錢仲聯校注
放翁詞編年箋注(增訂本)	[宋]陸游著　夏承燾、吴熊和箋注 陶然訂補
范石湖集	[宋]范成大撰　富壽蓀標校
于湖居士文集	[宋]張孝祥著　徐鵬校點
稼軒詞編年箋注(定本)	[宋]辛棄疾撰　鄧廣銘箋注
辛棄疾詞校箋	[宋]辛棄疾著　吴企明校箋
姜白石詞編年箋校	[宋]姜夔著　夏承燾箋校
後村詞箋注	[宋]劉克莊著　錢仲聯箋注
雁門集	[元]薩都拉著 殷孟倫、朱廣祁校點

揭傒斯全集	[元]揭傒斯著　李夢生標校
高青丘集	[明]高啓著　[清]金檀注 徐澄宇、沈北宗校點
唐寅集	[明]唐寅著　周道振、張月尊輯校
文徵明集(增訂本)	[明]文徵明著　周道振輯校
震川先生集	[明]歸有光著　周本淳校點
海浮山堂詞稿	[明]馮惟敏著 凌景埏、謝伯陽標校
滄溟先生集	[明]李攀龍著　包敬第標校
梁辰魚集	[明]梁辰魚著　吴書蔭編集校點
沈璟集	[明]沈璟著　徐朔方輯校
湯顯祖詩文集	[明]湯顯祖著　徐朔方箋校
湯顯祖戲曲集	[明]湯顯祖著　錢南揚校點
白蘇齋類集	[明]袁宗道著　錢伯城校點
袁宏道集箋校	[明]袁宏道著　錢伯城箋校
珂雪齋集	[明]袁中道著　錢伯城點校
隱秀軒集	[明]鍾惺著　李先耕、崔重慶標校
譚元春集	[明]譚元春著　陳杏珍標校
張岱詩文集(增訂本)	[明]張岱著　夏咸淳輯校
陳子龍詩集	[明]陳子龍著 施蟄存、馬祖熙標校
夏完淳集箋校(修訂本)	[明]夏完淳著　白堅箋校
牧齋初學集	[清]錢謙益著　[清]錢曾箋注 錢仲聯標校
牧齋有學集	[清]錢謙益著　[清]錢曾箋注 錢仲聯標校
牧齋雜著	[清]錢謙益著　[清]錢曾箋注 錢仲聯標校

牧齋初學集詩注彙校	[清]錢謙益著　[清]錢曾箋注 卿朝暉輯校
李玉戲曲集	[清]李玉著 陳古虞、陳多、馬聖貴點校
吴梅村全集	[清]吴偉業著　李學穎集評標校
歸莊集	[清]歸莊著
顧亭林詩集彙注	[清]顧炎武著　王蘧常輯注 吴丕績標校
安雅堂全集	[清]宋琬著　馬祖熙標校
吴嘉紀詩箋校	[清]吴嘉紀著　楊積慶箋校
陳維崧集	[清]陳維崧著　陳振鵬標點 李學穎校補
屈大均詩詞編年校箋	[清]屈大均著　陳永正等校箋
秋笳集	[清]吴兆騫撰　麻守中校點
漁洋精華録集釋	[清]王士禛著 李毓芙、牟通、李茂肅整理
聊齋志異會校會注會評本	[清]蒲松齡著　張友鶴輯校
敬業堂詩集	[清]查慎行著　周劭標點
納蘭詞箋注	[清]納蘭性德著　張草紉箋注
方苞集	[清]方苞著　劉季高校點
樊榭山房集	[清]厲鶚著　[清]董兆熊注 陳九思標校
劉大櫆集	[清]劉大櫆著　吴孟復標點
儒林外史彙校彙評	[清]吴敬梓著　李漢秋輯校
小倉山房詩文集	[清]袁枚著　周本淳標校
忠雅堂集校箋	[清]蔣士銓著　邵海清校 李夢生箋

甌北集	[清]趙翼著　李學穎、曹光甫校點
惜抱軒詩文集	[清]姚鼐著　劉季高標校
兩當軒集	[清]黄景仁著　李國章校點
惲敬集	[清]惲敬著　萬陸、謝珊珊、林振岳標校　林振岳集評
茗柯文編	[清]張惠言著　黄立新校點
瓶水齋詩集	[清]舒位著　曹光甫點校
龔自珍全集	[清]龔自珍著　王佩諍校點
龔自珍詩集編年校注	[清]龔自珍著　劉逸生、周錫䪖校注
水雲樓詩詞箋注	[清]蔣春霖著　劉勇剛箋注
人境廬詩草箋注	[清]黄遵憲著　錢仲聯箋注
嶺雲海日樓詩鈔	[清]丘逢甲著　丘鑄昌標點